教育部人文社会科学研究青年基金项目资助【09XJCZH001】
宝鸡文理学院重点学科建设经费资助

关辅世族文化习性与文学观念研究

——以3—4世纪百年为中心

李剑清 著

中国社会科学出版社

图书在版编目(CIP)数据

关辅世族文化习性与文学观念研究：以3—4世纪百年为中心 / 李剑清著.
—北京：中国社会科学出版社，2014.3
ISBN 978-7-5161-4023-9

Ⅰ.①关… Ⅱ.①李… Ⅲ.①家族—研究—陕西省—魏晋南北朝时代
②中国文学—古典文学研究—魏晋南北朝时代 Ⅳ.①K820.9②I206.2

中国版本图书馆CIP数据核字(2014)第045350号

出 版 人 赵剑英
责任编辑 周晓慧
责任校对 邓晓春
责任印制 李 建

出 版 中国社会科学出版社
社 址 北京鼓楼西大街甲158号（邮编100720）
网 址 http://www.csspw.cn
中文域名:中国社科网 010-64070619
发 行 部 010-84083685
门 市 部 010-84029450
经 销 新华书店及其他书店

印 刷 北京市大兴区新魏印刷厂
装 订 廊坊市广阳区广增装订厂
版 次 2014年3月第1版
印 次 2014年3月第1次印刷

开 本 710×1000 1/16
印 张 27
插 页 2
字 数 427千字
定 价 75.00元

目　　录

序一 …………………………………………………………… 姜剑云(1)
序二　不尽长江滚滚来 ………………………………………… 王　磊(4)

绪论 ………………………………………………………………… (1)
一　选题的学术意义及研究现状 …………………………………… (1)
(一)研究内容 ……………………………………………………… (1)
(二)学术意义 ……………………………………………………… (5)
(三)研究现状 ……………………………………………………… (6)
二　关辅世族的政治位势、文化习性及文学观念之关系 ………… (7)
三　写作要旨及主要思路 ………………………………………… (9)

第一章　弘农杨氏 ………………………………………………… (11)
一　弘农杨氏世系 ………………………………………………… (11)
二　弘农杨氏的政治位势 ………………………………………… (15)
(一)崛起:西汉诸杨 ……………………………………………… (15)
(二)鼎盛:东汉“四世三公” ……………………………………… (19)
(三)衰落:汉魏易鼎时代的杨彪、杨修父子 …………………… (23)
(四)边缘中突起:两晋时代的弘农杨氏 ………………………… (25)
(五)政治、军事核心力量:北朝时代的弘农杨氏 ……………… (31)
三　弘农杨氏的文化习性 ………………………………………… (39)
(一)初涉经史:西汉时代弘农杨氏的文化习性 ………………… (39)
(二)“尚经术,慕节义”:东汉时代弘农杨氏的文化习性 ……… (40)
(三)风气新变:建安时代弘农杨氏的文化习性 ………………… (43)

（四）染玄渐武：两晋时代弘农杨氏的文化习性 ……………… （44）
（五）崇文尚武：北朝时代弘农杨氏的文化习性 ……………… （46）
四　弘农杨氏的文学观念 …………………………………… （48）

第二章　杜陵杜氏 …………………………………………… （57）
一　杜氏家族世系 ……………………………………………… （57）
二　杜氏家族桑梓与经济实力 ………………………………… （58）
（一）杜氏桑梓："杜衍·茂陵·杜陵·一泉坞" ……………… （58）
（二）杜氏家族的经济实力 …………………………………… （61）
三　杜陵杜氏的政治位势 ……………………………………… （63）
（一）名盛一时：西汉杜氏 …………………………………… （63）
（二）一蹶不振：东汉杜氏 …………………………………… （70）
（三）雄风重振：魏晋南北朝杜氏 …………………………… （71）
四　杜陵杜氏的文化习性 ……………………………………… （94）
（一）西汉杜氏：刑律世家 …………………………………… （94）
（二）西汉后期至魏晋杜氏：经术世家 ……………………… （96）
（三）南北朝杜氏：尚武世家 ………………………………… （103）
五　杜陵杜氏的文学观念 …………………………………… （106）

第三章　京兆韦氏 …………………………………………… （113）
一　京兆韦氏世系 …………………………………………… （113）
二　韦氏桑梓变迁："彭城·邹城·平陵·杜陵" ………………… （117）
三　京兆韦氏的政治位势 …………………………………… （119）
（一）崛起：汉初楚国太傅韦孟 ……………………………… （119）
（二）鼎盛：西汉两世丞相 …………………………………… （120）
（三）享誉政坛：东汉诸韦 …………………………………… （123）
（四）家声克振：汉魏之际的韦氏 …………………………… （127）
（五）辗转沉浮：十六国时代的韦氏 ………………………… （129）
（六）地位显赫：北朝韦氏 …………………………………… （132）
（七）晚渡之次等世族：南朝韦氏 …………………………… （148）
四　京兆韦氏的文化习性 …………………………………… （162）

（一）“诗书相传”：两汉魏晋韦氏家族的文化习性 …………（162）
（二）军功显赫：南北朝韦氏的文化习性 …………………（166）
五　京兆韦氏的文学观念 ……………………………（169）

第四章　北地傅氏 ………………………………（183）
一　傅氏世系 ……………………………………（183）
二　傅氏郡望的变迁 ………………………………（184）
三　北地傅氏的政治位势 ……………………………（188）
（一）西汉傅介子：傅氏崛起者 ………………………（189）
（二）东汉傅燮：傅氏家族的关捩人物 …………………（190）
（三）走向权力中心：汉魏之际的傅氏 …………………（195）
（四）晚渡的次等世族：东晋傅氏 ……………………（211）
（五）蹑居高位：刘宋时代的傅氏 ……………………（212）
（六）代不乏人：齐梁时代的傅氏 ……………………（223）
（七）备受倚重的汉族世族：北朝傅氏… ………………（233）
四　北地傅氏的文化习性 ……………………………（240）
（一）“慕经术、尚节义”：东汉后期傅氏家族的文化习性 ……（240）
（二）“以儒为主、兼杂纵横”：汉魏之际傅氏家族的文化
习性 ……………………………………………（242）
（三）抨击“虚无放诞”：魏晋之际傅氏家族的文化习性 ……（244）
（四）“崇文尚武”：南北朝时代傅氏家族的文化习性 ………（255）
五　北地傅氏的文学观念 ……………………………（260）

第五章　京兆挚氏与挚虞 …………………………（282）
一　京兆挚氏谱系… ………………………………（282）
二　京兆挚氏的政治位势 ……………………………（286）
（一）素无位势：两汉诸挚… …………………………（286）
（二）地位崛起：曹魏太仆卿挚模 ………………………（287）
（三）仕宦世家：西晋诸挚… …………………………（287）
三　京兆挚氏的文化习性 ……………………………（292）
（一）退身修德，好隐逸 ……………………………（292）

(二)狷洁清俭,尚气节 …………………………………………… (294)
(三)世传儒学,致世用 …………………………………………… (295)
四 京兆挚虞的文学观念 ………………………………………… (298)
(一)"宇宙本体与政教伦理本体"文学观念… …………………… (301)
(二)"情志"文学观念 …………………………………………… (303)
(三)"通变"文学观念 …………………………………………… (305)

第六章 关辅世族的文化习性和文学观念
——以3—4世纪百年为中心… ……………………………………… (308)
一 关辅世族政治位势变迁与百年命运 ………………………… (308)
(一)汉魏六朝关辅世族仕宦与政治位势变迁 ………………… (308)
(二)汉魏六朝关辅世族婚姻与政治位势变迁 ………………… (326)
(三)汉魏六朝关辅世族迁徙与政治位势变迁 ………………… (338)
(四)百年蓄势:3—4世纪关辅世族的政治命运 ……………… (341)
二 关辅世族文化习性变迁与百年转型 ………………………… (344)
(一)汉魏六朝关辅世族文化习性特质与变迁… ……………… (345)
(二)汉魏六朝关辅世族文化习性的家族差异… ……………… (356)
(三)汉魏六朝关辅世族文化习性的培育途径… ……………… (357)
(四)百年转型:3—4世纪关辅世族的文化习性 ……………… (369)
三 关辅世族文学观念演进与百年关捩 ………………………… (374)
(一)汉魏六朝关辅世族文学观念的演进… …………………… (374)
(二)汉魏六朝关辅世族文学观念的特质… …………………… (378)
(三)百年关捩:3—4世纪关辅世族的文学观念 ……………… (386)
四 关辅世族文化人格精神与现代意义 ………………………… (390)
(一)百年荣光:3—4世纪关辅世族人格… …………………… (390)
(二)汉魏六朝关辅世族的文化人格精神及现实意义 ……… (392)

主要参考文献 …………………………………………………… (397)

索引 ……………………………………………………………… (402)

后记 ……………………………………………………………… (419)

序　一

剑清将“教育部人文社科基金项目”成果《关辅世族文化习性与文学观念研究——以3—4世纪百年为中心》一书的清样寄来，嘱我为之序。亦师亦友的我，为他在学术研究道路上能有所进益，由衷地感到高兴啊！

相较于传统的魏晋南北朝文学研究，剑清的《关辅世族文化习性与文学观念研究——以3—4世纪百年为中心》一书确有点“剑走偏锋”的感觉，其选题角度果真是独辟蹊径。试想，在魏晋南北朝时代，关中三辅籍的文士无论如何也算不上一流的诗人、文学家，而且，流传至今的作品数量也不甚丰富。因此，一般是不会有人致意于此的，而剑清同志之所以会关注这一群体，可能与他作为陕西学者的文化身份相关，他对历史文化积淀深厚的陕西有着真挚的深情。当然，学术研究不光靠深情，还得靠眼光。试想，他如果只是按时期将关中籍作家、作品做蜻蜓点水式分析评价，则意义不大。他能够剑走偏锋，将研究点聚焦在文学观念及其演变上，立马赢得了一片新天地。他将关辅籍文士还原到家族谱系下，从而洞悉家族政治位势、文化习性与文学观念的隐秘关系。同时，相较于史学界的魏晋南北朝士族研究，剑清的研究路数与之有别。关于魏晋南北朝士族，史学界前贤时彦多将士族阶层作为一个整体加以研究，而剑清认为，同一阶层也会因地域分异而形成不同的文化性格。他着力考察了关中三辅一带的世家大族，蠡测关辅世族在汉魏六朝的政治处境、历史命运和文学观念。因此说，他的研究不是单纯的、审美分析的文学研究，而是跨学科的综合研究。我想，他的此项研究能获得2009年“教育部人文社科基金项目”的资助，当然就有了充分的理由与依据了。

从已杀青的书稿看，他一共探讨了关辅世族群体中的弘农杨氏、杜陵杜氏、京兆韦氏、北地傅氏和京兆挚氏五大家族。在研究的过程中，他以正史资料为主，兼采姓氏、墓志资料，较为详尽地梳理了家族世系，较为准确地总结了五大家族在不同阶段的政治位势和文化习性特点，基本上勾画了这些家族的发展脉络和历史命运。这不仅说明剑清钩沉史料的基本功是很扎实的，也说明他有自觉的“历史的意识”或“历史的观念”。尤其最后一章，不仅能够看出剑清处理复杂问题时从“大处着眼，小处着手”，游刃有余，曲尽其致的动力，而且能感受到他强烈的淑世情怀和现代意识。

当然，《关辅世族文化习性与文学观念研究》也存在着一些不足。譬如，在该书所归纳的关辅世族文化习性和文学观念的特质中，哪些属于整个世族阶层的共性特质？哪些属于关辅世族的个性特质？对此可稍加说明。再者，在我看来，关辅世族文学观念只是关辅文学所涉及之一个方面，似乎还有拓展的空间。还有，应该再多一些关于关辅籍文士作品的艺术分析。

剑清的学术研究领域在不断拓展，科研能力在不断提升。记得在第一封信中，他说自己志于陆机研究，并陆续发表了数十篇论文，2010年，他寄来了专著《西晋文风演变研究》。可见，他已经从具体的作家作品研究拓展到整个西晋文学，关注起文风演变的问题了。而后又拓展到汉魏六朝时代，关注起关辅世族的文化习性与文学观念问题。从后记中可以看到，他今年申报的“地域分野：汉晋之际文士流徙与文学研究”课题获得了国家社科基金项目的资助。这说明，他跳开某一地域空间，以更大的地域视野来研究汉魏两晋的文士流动与文学关系了。学术研究是永无止境的，希望剑清坚持不懈地继续努力，取得更多的学术成果，形成鲜明的学术个性。

和剑清虽未谋面，我们却有着纯净质朴的交往。大约在2006年的一天，我突然收到一封来自西北山城的书信，颇感诧异！展读来信，可以想象西北一隅有这么一位志于魏晋文学研究的年轻学人，“嘤其鸣矣，求其友声”，其意甚诚，其举甚雅！我为之所动，短信回复之。纯以神交的六七年间，曾收到他寄来的新作，接听过不少学业交流探讨的电话，收到过无数条嘘寒问暖的短信。他执弟子礼，言必称先生，敬我有加。我则视他为好友，有来必复，复当尽言。这恐怕就是古人所说的君子之交，也是人生中最真挚的友谊！他嘱我为序，我自当乐之！

姜剑云

2013年10月于河北大学

序二　不尽长江滚滚来

深秋季节，暮雨潇潇，不由想起杜甫的两句诗："无边落木萧萧下，不尽长江滚滚来。"这也是我当下心境的写照。

面前摆着剑清的书稿《关辅世族文化习性与文学观念研究》，翻阅之后，思绪起伏，颇多感慨。

时间过得真快。转眼之间，剑清大学毕业已 12 年了，而我退休也已 10 年。年届古稀的我心慕老庄，寄情山水，已萌生告别学术之意。而剑清在 12 年间由苦读学子变为青年学人，在学术研究之路上有了一个良好的开端。如果说我是一棵删繁就简的"三秋树"，那么，当年我教过的一批学生在各自的岗位上奋发向上，努力拼搏，都取得了不俗的成绩，学术上也各有建树，成了领异标新的"二月花"。剑清就是他们之中的一个佼佼者。

学术讲究的传承和创新，需要接力赛那样一棒接一棒地传下去，"薪尽火传"。中国学术研究正处在代际传承的关键时期，20 世纪的老一代学人已大批退出学术舞台，亟须新一代年轻学者接班。许多青年学者在器识、学养方面与前辈尚有较大差距，还需砥砺，方堪重任。看到"小荷才露尖尖角"，已使人欣喜万分，毕竟那是未来的希望所在。从剑清的书稿中，我看到了三点值得肯定的地方。一是把义理之学和考据之学结合起来。中国传统的学术研究分义理和考据两派，即宋学和汉学。义理派重形而上的理论研究，考据派重文字、史料的训诂辨析，两者各有所长。剑清在史料的搜集考证方面下了很大工夫，使文学理论的研究避免了空疏之弊。二是把宏观研究建立在扎实的微观研究基础之上。文学观念的变化属于宏观层面，是从大处着眼。家族个案研究属于微观层面，是从小处着手的实证研究。有了五大家族的政治地位、文化习性与文学观念变化的翔实资料，对魏晋之际关辅世族的文学观念的综合论述就显得有据可依。三是注意借鉴社会学、人类学的研究方法。学科间的交叉、融合、渗透是当代的一大趋势，文学研究不能局限于传统的思路和方法。这部书稿中对家族个案的研究明显地受到社会学、人类学的影响，使文学研究有了一个新的切入点。

当然，剑清的学术探索刚刚开始，还略显稚嫩，书稿后半部在理论分析上稍欠力度和深度，这有待以后学术功力的提高。

学术研究既要传承、积累，更要创新。真正的学者都是淡泊名利，耐得住寂寞的人。他们在山重水复中毅然前行，寻找那柳暗花明的新发现、新成果。愿剑清以此自勉，往更高处攀登，愿青年学人如不尽长江滚滚而来。

王　磊

2013年10月30日

绪　论

一　选题的学术意义及研究现状

（一）研究内容

所谓“关辅世族”，即形成于两汉之际的“三辅”之地京兆、扶风、冯翊的关中世族。

“关辅”，“关中三辅”之简称，主要指古代关中[①]的“三辅”之地，辖今陕西中部地区。“关辅”一词，古已有之。东汉时代，被誉为“关西孔子”的杨震就著有《关辅古语》[②]一书。“三辅”概念，形成于西汉时代。汉高祖扫平狼烟后，登上大宝之位，初定都于雒阳，后在戍卒娄敬的建议下，定都长安。《汉书·高帝纪》曰：“帝乃西都洛阳。……戍卒娄敬求见，说上曰：‘陛下取天下与周异，而都雒阳，不便，不如入关，据秦之固。’上以问张良，良因劝上。是日，车驾西都长安。”[③]从此，关中成为汉王朝的京畿重地。西汉时代，关中行政区域的名称屡有变化：高祖时代几经变化，后复称内史。[④]景帝时代，分内史为左、右内史，与主爵中尉（不久改为主爵都尉）同治长安城中，

---

① “关中”之名，形成于战国时期，属《禹贡》之雍州境内。中古时代，关中的辖地范围不一，有“大关中”与“小关中”之分。此处所谓的“关中”，指小关中。

② 据《三辅黄图》知，杨震著有《关辅古语》，此书在刘宋时代已佚，《三辅黄图》引杨震《关辅古语》三则：《卷二·汉宫》两则，《卷四》一则（见何清谷《三辅黄图校释》，中华书局2005年版，第130、143、254页）。

③ 班固：《汉书》，中华书局1962年版，第54—58页。

④ 秦王朝时期，关中的行政区域称为内史郡。汉高祖元年，将其划归于塞国与雍国。二年，又将其分为渭南郡、河上郡、中地郡。九年，再合之，沿袭秦王朝内史郡之名（参见《汉书·地理志》）。

所辖皆京畿之地，故合称“三辅”。《汉书·景帝纪》曰：“二千石上其官属，三辅举不如法令者，皆上丞相御史请之。”[①] 颜师古注曰：“时未有京兆、冯翊、扶风之名。此三辅者，谓主爵中尉及左右内史也。”[②] 武帝太初元年（前104年）改左右内史、主爵都尉为京兆尹、左冯翊、右扶风。从此，京兆尹、右扶风、左冯翊等行政区域被称为“三辅”，成为西汉的政治经济文化中心。

在中古时代政治舞台上占主导地位的社会阶层——门阀世族，盛行于东汉时代，肇兴于西汉时代。东汉世家大族是在西汉豪强大族的基础上发展而来的。田余庆《东晋门阀政治·后论》注释中说：“西汉豪强大族的一部分，经济势力日益巩固，又得为儒学世家，由通经入仕，而使自己政治地位上升，遂成为东汉的世家大族。”[③] 关辅大地云集了全国各地的士人，他们在风云际会中进入王朝体制之内，获得政治地位，进而瞻顾宗族，加强子弟文化教育，逐步成为世家大族。甚至举族迁徙而来，成为关辅世族群体的重要来源。如汉武帝修建茂陵时，曾迁徙大量的关外豪族至茂陵。来自南阳衍地的杜周在长安任廷尉史，元朔二年（前127年）前后，其家徙至关中茂陵（今陕西兴平北）一带。汉宣帝在杜东原修建陵园，“徙丞相、将军、列侯、吏二千石、赀百万者杜陵。”[④] 杜周少子杜延年以列侯、二千石的身份徙居杜陵，发展为杜陵杜氏家族。再如曾徙居山东邹城的韦氏家族，其子嗣韦贤被征为博士，来到京师长安。因汉昭帝营建平陵，举家由邹徙居平陵邑。其少子韦玄成值汉宣帝营建杜陵之机，将家族徙居京兆杜陵，京兆韦氏家族已成为关辅的名族。再如曾迁徙到北地郡的傅氏，因其子孙傅介子因功受封进入西汉王朝体制之中。其子孙在东汉王朝的置郡入关的过程中，[⑤] 进入关辅大地，成为泥州傅氏家族。另外，先秦时代，关辅一带的土著宗族也得以发展，成为关辅世族的另一来源。如先秦晋国名臣向叔子孙因罪

---

① 班固：《汉书》，中华书局1962年版，第149页。

② 同上。

③ 田余庆：《东晋门阀政治》，北京大学出版社2005年版，第270页。

④ 班固：《汉书·地理志》，中华书局1962年版，第1642页。

⑤ 东汉王朝因原北地郡的胡羌叛乱，曾三次将北地郡徙如关中。安帝永初五年（111年），北地郡内寄池阳（今陕西三原县北），汉顺帝永和六年（141年），又徙寄冯翊郡境内。

逃至华山，遂居华阴，其子孙中的杨熹以旧秦骑士追随汉王刘邦，因功受封赤泉侯，成为弘农杨氏的崛起者。此后，弘农杨氏成为关辅世族。再如殷商时代挚国的中女嫁到西周，是为周文王之母。其子嗣以国为姓，且世居长安。东汉武帝时代的隐士挚峻即为京兆挚氏之先祖。其实，关辅世族远不止于上述数家族，还包括扶风马氏、扶风窦氏、扶风班氏、武功苏氏等。

众所周知，魏晋是世族转型的时代。两汉旧世族经汉末、建安的动荡、纷纭，渐渐演变为魏晋士族阶层。唐长孺称“门阀制度源于两汉以来的地方大姓势力”[①]，田余庆说：“东汉所见世家大族，是魏晋士族先行阶段的形态。”[②]“如果就社会阶层演变的整体言之，魏晋士族却是东汉世家大族发展的延续。没有东汉世家大族的存在，就不可能出现魏晋士族阶层。”[③] 两汉关辅旧族在魏晋时代经历了蜕变与转型，其中，一些家族随着时光的推移而逐渐消失在历史的尘埃中，不少的世家大族，如弘农杨氏、杜陵杜氏、京兆韦氏、北地傅氏等，曾一度失去昔日的辉煌，但经过艰难的追寻，取得了显赫的政治位势和文化影响力。然而，魏晋时代的关辅旧族并未完全转型为玄学士族，政治位势也无法和门阀士族新贵相提并论，文化影响力无法和玄学名士同日而语。正如田余庆先生所云：“魏晋以来，玄学逐渐取代了儒学的统治地位，过去的世家大族阶层也逐渐演变而成士族阶层。”[④]“两晋时期，儒学家族如果不入玄风，就产生不了为世所知的名士，从而也不能继续维持其尊显的士族地位。”[⑤] 也就是说，两汉以来的世家大族要演变成门阀士族，首先要变儒学为玄学，由儒入玄。虽然魏晋之际的关辅世族子嗣渐染玄风，如弘农杨氏中的“遂纵酒，不以官事为意，逍遥卒岁”的杨准和素有“高韵、神检”之称的杨乔、杨髦、杨朗兄弟，杜陵杜氏之杜预、杜乂，北地傅氏之傅玄等，但整个家族仍以儒学为主，并未完全转型为玄学士族。尤其在东晋时代，关辅世族中诸多家族也随之南渡，少数地

---

① 唐长孺：《魏晋南北朝隋唐史三论》，武汉大学出版社 1993 年版，第 42 页。

② 田余庆：《东晋门阀政治》，北京大学出版社 2005 年版，第 270 页。

③ 同上书，第 271 页。

④ 同上书，第 291 页。

⑤ 同上书，第 292 页。

位较高的房系，迁至长江下游的建业一带。如杜预之孙、杜锡之子杜乂随晋王室南迁，虽未获得崇高的政治位势，但仍保留了汉魏旧族的显赫声望，受到王羲之、桓彝等人的赞赏。再如西晋司隶校尉傅咸的长子——傅敷南渡后，曾被东晋元帝引为镇东从事中郎，其家族曾在江浙一带发展。多数地位较低的关辅世族，随流民迁至襄阳一带，追随门阀甲族。如弘农杨氏之杨朗，得到东晋大将军王敦的推荐。如永嘉之乱后，京兆挚氏家族中历任安丰、新蔡、西阳太守、随郡内史的挚瞻，依附大将军王敦；如杨朗侄子杨亮、侄孙杨佺期居于襄阳、江陵一带，沦为等次士族与流民统帅。再如杜预儿子杜耽后嗣——杜逊率族人南徙至襄阳一带。有甚者，关辅世族中还有不少家族房系子嗣滞留北方，成为北朝时代汉族文化家族的主体。无论南渡还是滞留北土的关辅世族，都历经苦难，备受坎坷。所幸杂居襄阳一带的次等世族——关辅世族子嗣，由文趋武，成为流民武装集团的统帅，在东晋南朝时代的政治舞台上发挥了重要作用，如弘农杨氏杨佺期，北地傅氏傅亮，杜陵杜氏杜骥、杜幼文父子等。滞留北土的关辅世族经历屈辱之后，受到少数民族政权的礼遇，在北魏、西魏、北周时代，逐渐成为关陇军事集团的核心势力。

本课题研究的主体是在3—4世纪百年间颇有影响力的关辅世族，①而非全部的关辅世族。具体包括弘农杨氏、杜陵杜氏、京兆韦氏、北地傅氏、京兆挚氏五大家族。至于显赫于两汉时代、沉寂于汉晋之际（3—4世纪）的关辅世族，如扶风马氏、扶风窦氏、扶风班氏、武功苏氏等，皆不在本书的讨论之列。还有一点须提前申明，我们研究的是曾迁徙至关中三辅，并崛起于三辅的世族，也许因各种原因（如政治经济文化中心的东移、南迁或因时局动荡等），这些家族成员虽迁徙至他乡，但在他们的心目中，关辅始终是他们的桑梓，他们往往自称郡望为

---

① 这五大家族在3—4世纪的政治、学术、文学、艺术等领域影响力颇大。在政治领域里，关辅世族群体中的弘农杨氏之杨彪、杨修；杜陵杜氏之杜畿、杜预，北地傅氏之傅嘏、傅玄、傅咸、傅祗等都具有相当的政治位势。在学术思想上，关辅世族中的杜陵杜氏之杜理、杜预，北地傅氏之傅嘏、傅玄，京兆挚虞等的学术造诣很高。在文学方面，弘农杨氏之杨修，京兆韦氏之韦诞，杜陵杜氏之杜预，北地傅氏之傅玄、傅咸、傅亮以及京兆挚氏之挚虞的文学作品颇丰，而且其文学观念及文学理论也是相当成熟的。在艺术方面，京兆韦氏之韦诞在书法上造诣颇高。

关中三辅。如迁至襄阳的杜骥，成为襄阳杜氏的先祖，但他始终称自己为杜陵杜氏。因此，关中往往成为他们的“文化徽志”。

当然，北地傅氏家族有些特殊，北地郡本位于今甘肃庆阳一带，东汉时代，胡羌叛乱，该郡的治所迁至冯翊郡西部。魏晋时代，该郡依然寄寓冯翊郡境，辖泥阳（今陕西耀县东南）、富平（今陕西富平县内）二县，郡治在泥阳。北地傅氏家族在东汉时代进入关中三辅，又称泥阳傅氏。因此，笔者将北地傅氏家族纳入关辅世族群体。虽然他们所认同的郡望地在甘肃庆阳一带，但毕竟在关中三辅之地长期生活。而且，甘肃陇西一带本身又属于大关中范畴，也可以称为大关中意义上的文化世族。

（二）学术意义

本课题研究的学术意义有以下三点：

其一，有利于揭示汉代关辅世族在3—4世纪百年间的政治激荡、异端思想蓬起时代所作出的艰难抉择。随着东汉以降政治文化中心的东移，居于关辅一带的世族因仕宦或羌族动乱而迁居东都洛阳。寓居京洛的关辅世族不仅对关中怀着极强的地域文化认同，而且面临着如何提高政治位势等问题。因为汉晋时代，关辅世族的政治位势远不如东汉的南阳世族、曹魏的颍汝世族以及两晋的王谢高门甲族。关辅世族在政治激荡、异端思想蓬起的时代，试图强化固有的文化习性，以提高政治影响力和政治位势。

其二，有利于揭示3—4世纪关辅世族的文化习性及其现实意义。所谓“文化习性”，是某一政治（集团）阶层为了适应政治的需要所采取的一种集体性的、持久性的规则行为的生成机制，包括自我期待、应对方略、行事标准等。尤其在政治风气转移，本集团或阶层的政治位势下移、政治文化的影响力日渐式微的情况下，会自觉或不自觉地进行机制调整。汉晋时代，关辅世族不断强化自己的文化习性，保持儒学文化性格。

其三，有利于揭示关辅世族“尚经术”学术理路对文学观念的影响和思想价值，进而揭示汉晋时代文学观念的历史层次。鲁迅先生提出“文学自觉”，概括了3—4世纪的文学“革易前型”，这一提法得到学界的普遍认同。20 世纪 40 年代，汤用彤先生从魏晋玄学的兴起来思考文学理论（文学观念）的新变。[①] 80 年代，李泽厚从哲学角度解释了“文学自觉”的内涵，标举“人的自觉”，别具一格。如果说，玄学促发了魏晋“文学自觉”，那么，关辅世族依然遵循的儒学、经术的学术取向对魏晋“文学自觉”有何影响？两汉至魏晋时代关辅世族文学观念有没有发生嬗变？从整个汉晋时代来看，文学观念的演进呈现出多层次性，既受新学术、新观念的刺激，又受以关辅世族为代表的旧思想、旧观念的制约。从文学思想史的角度看，不能简单地以“新”“旧”二元对峙思维来评判，“新”有“新”的用处，“旧”有“旧”的作用。“旧”可以补救“新”的偏执，以实现通变。

（三）研究现状

现代关中地域文化研究最早可以追溯到 20 世纪三四十年代。著名史学家陈寅恪先生在《隋唐制度渊源略论稿》中提出了“关陇集团”“关中本位”的学术理论，导夫先路。著名史学家顾颉刚、谭其骧、史念海等先生着力考察了中国历代地理疆域的沿革，尤其在 60 年代，史念海先生的鸿文《古代的关中》，为关中地域文化研究提供了学术资源。50 年代至 70 年代末，马克思主义的唯物史观与现实主义文学观念贯穿于古代文学研究中，而地域文化、地缘文学的研究思路受到了很大程度的屏蔽。20 世纪八九十年代，随着思想解放和文化自觉，地域文化研究成为显学。在地域史学方面，以张岂之、史念海、郭琦先生主编的《陕西通史》为代表。在地域文化方面，以卢云的《汉晋文化地理》为代表。在地域文学方面，以曹道衡先生的《南朝文学与北朝文学研究》为代表，该书高屋建瓴地论述了从汉到西晋的不同地区的文化状况。李浩教授的《唐代关中士族与文学》从“地域—家族”文化角度研究了唐代关中士族与士族文学。新世纪以来，吕卓民的《长安韦杜家族》论述了韦、杜两大家族的兴亡历史，但该书缺乏共时性的比较

① 汤用彤先生的《魏晋玄学与文学理论》一文，虽发表于 1980 年《中国哲学史研究》第一期上，但此篇文章是据他为昆明西南联大的讲演提纲和在美国加州大学授课讲义（英文）整理而成的（参见《〈魏晋玄学论稿〉导读》一文）。

研究视野。张灿辉的《六朝区域史研究》探讨了六朝不同区域政治力量的变迁情况，包括雍州地域。另外，在学术界出现的家族个案研究中，涉及关辅世族研究的著作有香港学者邓国光的《挚虞研究》（1990），魏明安、赵以武的《傅玄研究》（1996），广西师范大学安朝辉的博士论文《汉晋北地傅氏家族与文学》（2011），王力平在博士论文《中古杜氏家族研究》基础上修订出版的《中古杜氏家族的变迁》（2006），西北大学王伟博士的论文《唐代京兆韦氏家族与文学研究》（2009），吉林大学孟祥娟的博士论文《隋唐京兆韦氏家族文学论考》（2010），北京大学徐昌盛的博士论文《挚虞研究》（2012）等。

目前，学术界尚未有关于汉晋时代关辅世族政治位势、文化习性与文学观念的研究，因而，有必要对此作进一步的研究和探讨。

二 关辅世族的政治位势、文化习性及文学观念之关系

所谓"政治位势"，是指在某一政治（集团）势力中所占据的政治资本和所处的政治地位。这是衡量某一政治集团势力政治影响力的重要指标。

东汉以来的世家大族是中古时代的主要社会阶层，[①] 关辅世族是其重要组成部分。关辅世族在两汉时代往往"累世为官"，在中央政府中具有崇高的政治地位。如西汉京兆韦氏韦贤、韦玄成父子久居丞相之位，杜陵杜氏杜周、杜延年父子贵为御史大夫。东汉弘农杨氏"四世三公"。可以说，关辅世族政治集团势力以经学、刑律之学为文化资本，在王朝政坛上占据着重要的政治位势。魏晋时代，关辅世族的政治位势远不及中原（河南一带）的世族集团。[②] 魏晋关辅世族不得不调整

① 参见万绳楠整理的《陈寅恪魏晋南北朝讲演录》、毛汉光的《中国中古社会史论》、唐长孺的《魏晋南北朝史论丛》《魏晋南北朝史拾遗》、钱穆的《略论魏晋南北朝学术文化与当时门第之关系》（论文）、余英时的《士与中国文化》、田余庆的《东晋门阀政治》等。

② 建安时代，颍汝世族崛起，成为曹魏政权所倚重的政治势力。西晋时代，河内的儒学世族成为司马氏政权所倚重的政治势力。东晋时代，王、谢等高门甲族成为新兴的政治力量。

文化策略，以提高本集团的政治位势。

所谓“文化习性”，是某一政治（集团）阶层为了适应政治的需要所采取的一种集体性的、持久性的规则行为的生成机制，包括自我期待、应对方略、行事标准等。尤其在政治风气转移以及本集团或阶层的政治位势下移、政治文化的影响力日渐式微的情况下，自觉或不自觉地进行着观念机制的调整。

早在东汉时代，关辅世族就面临着政治位势下移的危机，其权势远不及南阳世族显赫。关辅世族根据东汉王朝的文化政策，旋即作出调整，即在“光武中兴，爱好经术”的感召下，向文化世族（经学）转变，塑造了“慕经学、重节义”的学术传统。关辅世族出现了儒学型的政治家，如宋弘、韦彪、杨震等，提高了政治位势；创造了辉煌的经史学术文化，如马融、班彪、班固等。然而，在3—4世纪的百年间，关辅世族不仅政治位势远不及崛起的颍汝世族，还面临着学术思想的断裂问题。具体而言，汉晋之际，河南一带的学术思想如刑名学与玄学悄然兴起，成为主流学术，而关辅世族依然赓续着东汉以来的儒家经术之学。在关辅世族的知识图景中，既已接触到新兴的玄学，又因浓厚的传统儒家经术思想，积势难返，很难迅速完成学术观念和人生价值追求的转型。这期间必定有激烈的文化碰撞以及深切的精神阵痛。魏晋关辅世族所具有的强烈的政治意识，成为最大的自我期待，他们渴望恢复昔日的政治辉煌。他们以秉承和强化两汉以来的“尚经术”学术取向为应对方略，以坚守儒学耿介刚正的人格修养为行事标准，这种文化习性使他们失去了思想的创造力，但那种经世致用和节义操守在“士无特操”的魏晋时代，显得尤为可贵。

所谓文学观念，是指对文学本体、文学文体及文学功能的认知，文学观念支配着文学家的文学实践。汉晋时代关辅文化世族秉承儒家经学精神，看重文学的社会功能，视“志”为文学之本体，看重“风人之致”，将自然生命升华为道德生命、功业生命等。“赋者，古诗之流也”，具有“润色宏业”的政治功能。这种文学观念在魏晋“文学自觉”的时代显然落后了。我们应该看到，关辅世族受到“文学自觉”潮流的洗礼，自觉不自觉地更新着文学观念，开始重视乐府诗、五言诗以及南北民歌，接受“缘情”文学，接受骈俪、律化，尊重文学的相对独立地位。可以说，3—4 世纪的关辅世族文学观念从“经籍著述”大文学向“缘情”文学的演进，呈现出复杂的多元态势。关辅世族从经学世族彻底转变为“崇艺文”的文学世族，要经历更长的历史阶段。这种转变是从汉晋时代开始的，直到隋唐时代才得以完全蜕变。

综上所述，从关辅世族的政治位势、文化习性与文学观念的关系看，三者之间具有关联性规律——因为关辅世族的政治位势的变化才引起了文化习性的调整；而文化习性的改变又推动了文学观念的更新。这种关联性实质上是中古文化传统的生发机制以及赓续衍变的内在动力。这不仅是关辅世族文化生发与衍变的特质性规律，更是中古社会整个世族阶层所具有的普适性规律。因此，从政治位势、文化习性与文学观念的关联性考察中古文化以及中古世族文学，不失为一条行之有效的研究路径。

三 写作要旨及主要思路

本课题研究的对象是 3—4 世纪的关辅世族群体，包括弘农华阴杨氏家族、杜陵杜氏家族、京兆韦氏家族、北地傅氏家族以及文学理论家挚虞。

本书共三大部分，第一部分是绪论，主要论述选题的学术意义、研究现状及写作思路等。第二部分是关辅世族个案研究，共五章。第一章“弘农杨氏”，探讨汉魏六朝时代弘农杨氏家族的政治位势变迁，文化习性以及文学观念；第二章“杜陵杜氏”，探讨汉晋南北朝时代杜氏家族的历史命运及其政治位势、文化习性和文学观念；第三章“京兆韦氏”，探讨汉晋南北朝京兆韦氏家族的政治位势、家学家风以及文学观念；第四章“北地傅氏”，以傅玄、傅咸为中心，探讨汉晋南北朝时代北地傅氏家族的政治意识、学术取向和文学成就以及文学观念；第五章“京兆挚氏”，重点讨论挚虞的礼学思想、文学理论以及在西晋文学理论研究中的地位与价值。第三部分属理论建构板块，第六章“关辅世族的文化习性和文学观念——以 3—4 世纪百年为中心”进行宏观论述以及理论阐释。

本课题希望达到的目的有：其一，在汉魏六朝的大时段中，分析关辅世族在魏晋时代的历史命运。其二，从文化习性角度分析关辅世族的文化转型，揭示关辅世族的文化取向和人格操守。其三，分析关辅世族的文学观念与政治位势、文化习性的关系。需要说明的一点是，本书副标题为“以3—4世纪百年为中心”，但在实际论述中已超越此时限，上溯至两汉时代，下究至南北朝甚至隋唐时代。之所以拓展了讨论的时限，主要考虑是如果仅就3—4世纪来考察关辅世族，则看不清其来龙去脉。只有上溯至两汉时期，才能把握关辅世族的形成，以及政治位势的变迁。只有下究至南北朝时代，才能揭橥3—4世纪关辅世族文化习性转型的意义。

第一章　弘农杨氏

杨氏作为中国古老的姓氏之一，其先祖为姬姓，后因食邑改为杨姓。秦汉时代，杨氏杨熹追随刘邦，因功封侯。其后嗣子孙杨敞官至丞相，被封安平敬侯。东汉时代，弘农杨氏家族出现了杨震、杨赐、杨秉、杨彪“四世太尉，德业相续”的鼎盛局面，“与袁氏具为东京名族”[①]。总之，崛起的弘农杨氏家族，成为关辅大地上的一大名族。

一　弘农杨氏世系

翻检《汉书》《后汉书》《新唐书》等有关弘农杨氏家族的史料时，我们发现愈是后出的史籍，对其家族源起追溯得愈加遥远。《汉书·杨敞传》未交代杨敞的任何家世信息。《后汉书·杨震传》将杨氏家族的源起追溯至西汉早期的杨熹。《新唐书·宰相世系》则上溯至西周宣王时代或晋武公子伯侨。这种层累式的溯祖是东汉以来“钟鸣鼎食”的弘农杨氏家族的现实需要，也是后世史家受魏晋南北朝士族社会风尚影响的结果。

据《新唐书·宰相世系》记载，杨氏在古为姬姓。一说是西周后期周宣王的儿子尚父的后裔，另一说是晋武公的儿子伯侨的后裔。无论其谁，皆为姬姓。《国语·晋语》记载：

> 凡黄帝之子二十五宗，其得姓者十四人，为十二姓。姬、酉、祁、己、滕、箴、任、荀、僖、姞、儇、依是也。唯青阳与仓林氏

① 范晔：《后汉书》，中华书局1965年版，第1790页。

同于黄帝，故皆为姬姓。[①]

可见姬姓是黄帝时代氏族部落中的12个子氏族之一。

据《新唐书·宰相世系》中的“叔向，晋太傅，食采杨氏，其地平阳杨氏县是也。叔向生伯石，字食我，以邑为氏，号曰杨石”[②]记载知“杨氏”得姓之由，以封邑命之。《新唐书·宰相世系》记载，杨氏与华阴（今陕西华阴市所辖）关联，是在鲁昭公二十八年的祈盈之乱后。《新唐书·宰相世系》曰：“叔向生伯石，字食我，以邑为氏，号曰杨石。党于祁盈，盈得罪于晋，并灭羊舌氏。叔向子孙逃于华山仙谷，遂居华阴。”[③]杨伯石获罪之事，《左传》《国语》等史籍均有记载。《左传·昭公二十八年》曰：“夏六月，晋杀祈盈及杨食我。食我，祈盈之党也，而助乱，故杀之，遂灭祈氏、羊舍氏。”[④]至于《新唐书》记载“叔向子孙逃于华山仙谷，遂居华阴”之说，前代史籍并无明文记载。秦末汉初，浮出历史地表的杨熹是否属叔向子嗣，除《新唐书·宰相世系》记载外，其他史籍均无记载。按《新唐书·宰相世系》记载，杨熹属叔向子嗣。如果杨熹属叔向子嗣，应籍于华阴。奇怪的是，据《史记·高祖功臣侯者年表第六》记载，杨熹从“杜”起以郎中骑身份追随汉王刘邦，“杜”即杜县。据谭其骧先生考证，在今陕西户县境，[⑤]而非华阴。杨熹何时注籍于杜县，尚不得知。史籍第一次将杨氏与弘农华阴联系在一起，当属班固《汉书》。《汉书·杨敞传》曰：“杨敞，华阴人也。给事大将军莫（幕）府，为军司马，霍光爱厚之。”[⑥]在《后汉书·杨震传》的提示下，我们知道杨敞是汉初赤泉侯杨熹的四世孙。当代学者何德章、马力群在《两汉弘农杨氏》一文中说：“杨敞是早先即居家于弘农华阴，还是成为高级官吏后在华阴置办家业，因而宅居，亦难深究，总之，杨敞注籍弘农华阴，是史籍记载中

① 《国语》，上海古籍出版社1998年版，第356页。

② 欧阳修：《新唐书》，中华书局1975年版，第2346页。

③ 同上。

④ 杨伯峻：《春秋左传注》，中华书局1983年版，第1492页。

⑤ 见谭其骧主编《中国历史地图集》第二卷，地图出版社1982年版，第5—6页。

⑥ 班固：《汉书》，中华书局1962年版，第2888页。

杨氏与弘农发生关系的第一个重要人物。”①

虽然《新唐书·宰相世系》记载枝捂甚多，但毕竟为我们追溯弘农杨氏发源提供了必要线索。《新唐书·宰相世系》曰：

杨氏出自姬姓，周宣王子尚父封为杨侯。一云晋武公子伯侨生文，文生突，羊舌大夫也。又云晋之公族食邑于羊舌，凡三县：一曰铜鞮，二曰杨氏，三曰平阳。突生职，职五子：赤、肸、鲋、虎、季夙。赤字伯华，为铜鞮大夫，生子容。肸字叔向，亦曰叔誉。鲋字叔鱼。虎字叔罴，号“羊舌四族”。叔向，晋太傅，食采杨氏，其地平阳杨氏县是也。叔向生伯石，字食我，以邑为氏，号曰杨石。党于祁盈，盈得罪于晋，并灭羊舌氏。叔向子孙逃于华山仙谷，遂居华阴。有杨章者，生苞、朗、款。苞为韩襄王将，守修武，子孙因居河内。朗为秦将，封临晋君，子孙因居冯翊。款为秦上卿，生硕，字太初，从沛公征伐，为太史。八子：鹖、奋、魋、儵、熊、喜、鹋、魋。喜字幼罗，汉赤泉严侯。生敷，字伯宗，赤泉定侯。生胤，字毋害。胤生敞，字君平，丞相、安平敬侯。二子：忠、恽。忠，安平顷侯。生谭，属国、安平侯。二子：宝、并。宝字稚渊。二子：震、衡。震字伯起，太尉。五子：牧、里、秉、让、奉。牧字孟信，荆州刺史、富波侯。二子：统、馥。十世孙孕，孕六世孙渠，渠生铉，燕北平郡守。生元寿，后魏武川镇司马，生惠嘏。②

据此并参照《史记》《汉书》《后汉书》《三国志》《晋书》《魏书》、杨勇《汪藻世说新语人名谱校笺》等史籍资料，做弘农杨氏家族世系表如下：

① 何德章、马力群：《两汉弘农杨氏》，见《魏晋南北朝隋唐史资料》2005年第22辑。

② 欧阳修：《新唐书》，中华书局1975年版，第2346—2347页。

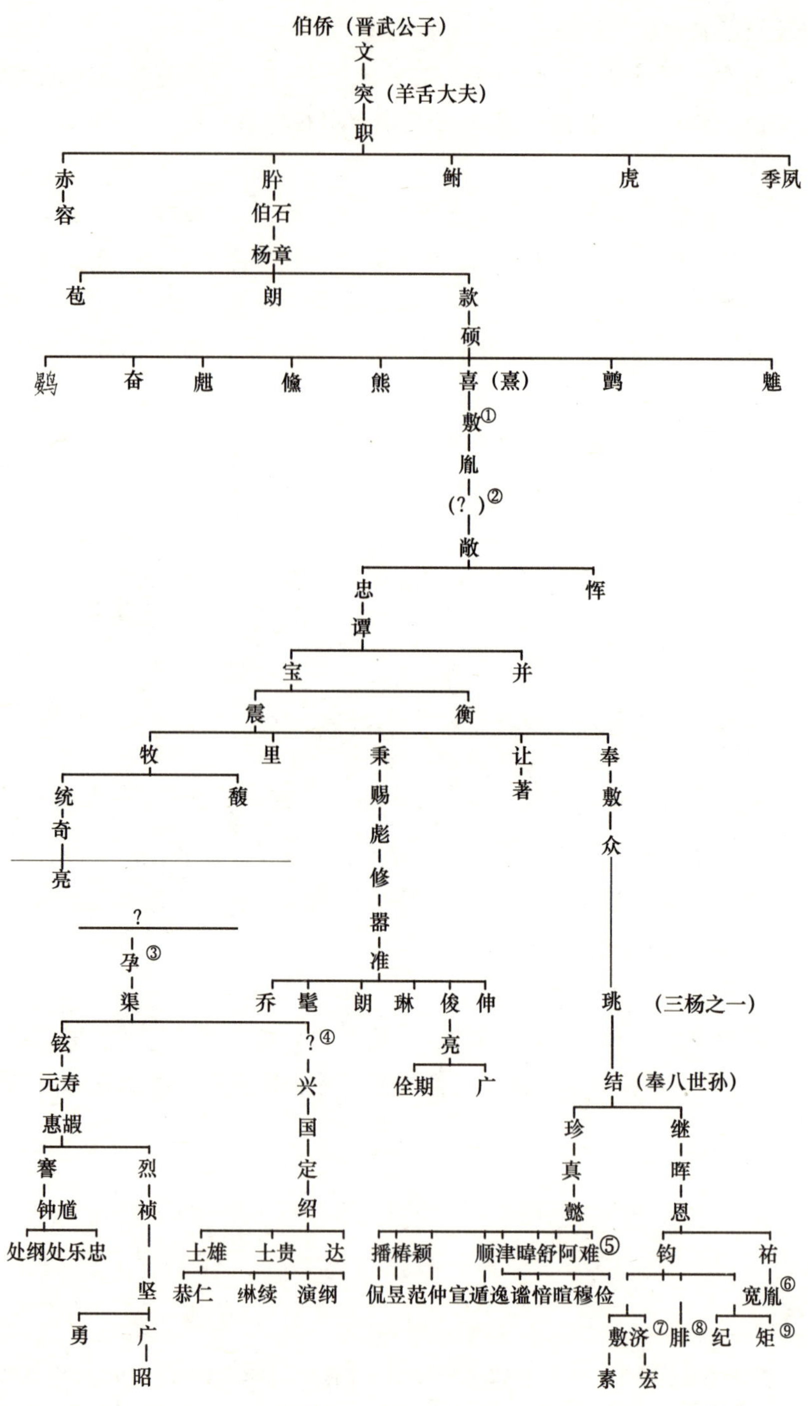
伯侨（晋武公子）
文
突（羊舌大夫）
职
赤
肸
鲋
虎
季夙
容
伯石
杨章
苞
朗
款
硕
鹖
奋
彪
儵
熊
喜（熹）
鹳
魋
敷①
胤
（？）②
敞
忠
恽
谭
宝
并
震
衡
牧
里
秉
让
奉
统
馥
赐
著
敷
奇
彪
众
亮
修
？
嚣
孕③
准
渠
乔
髦
朗
琳
俊
伸
珧
（三杨之一）
铉
？④
亮
元寿
兴
佺期
广
结（奉八世孙）
惠嘏
国
珍
继
謇
烈
定
真
晖
钟馗
祯
绍
懿
恩
处纲处乐忠
士雄
士贵
达
播椿颖
顺津暐舒阿难⑤
钧
祐
坚
恭仁
绑续
演纲
侃昱范仲宣遁逸谧愔暄穆俭
宽胤⑥
勇
广
敷济⑦
腓⑧
纪
矩⑨
昭
素
宏

二　弘农杨氏的政治位势

所谓政治位势，是指在某一政治（集团）势力中所占据的政治资本和所处的政治地位，这是衡量某一政治集团势力的政治影响力的重要指标。弘农杨氏家族在中古时代的王朝政坛上占有一席之地。

（一）崛起：西汉诸杨

1. “赤泉侯”杨熹：弘农杨氏的发迹者

风云际会的秦末，旧秦骑士杨熹选择追随刘邦集团，在轰轰烈烈的楚汉之争中博取军功，被封赤泉侯。《史记·高祖功臣侯者年表第六》“赤泉”条：“以郎中骑汉王二年从起杜，属淮阴，后从灌婴共斩项羽，侯，千九百户。”[10]据表知，汉王二年，郎中骑杨熹从杜地追随汉王刘邦，先隶属于淮阴侯韩信，后改隶灌婴。因夺得项王尸体一部分有功，

---

①赵世超：《新唐书宰相世系表集校》考订，应从《史记》做杨殷。

②据《后汉书·杨震传》记载推算，杨敞为杨喜四代孙。又据《汉书·功臣表》“元康四年，喜玄孙茂陵不更孟尝诏赐黄金十斤，复家”，知杨敞非嫡子的旁系子孙。

③《新唐书·宰相世系》记载杨孕为杨震之十世孙，杨渠为杨孕六世孙，误也。赵超《新唐书宰相世系表集校》订伪条曰：“《隋书·高帝纪》：汉太尉震八代孙铉。案震当汉灵帝时。前燕当晋成帝时。相去一百七十余年，不应遽传十七世也，当从《隋纪》。”又《新唐书·宰相世系》不记杨孕之父祖，暂从牧后嗣。

④《新唐书·宰相世系》云：“观王房本出渠孙兴，后魏新平郡守”，知杨兴系杨震之杨牧一系，其祖父为杨渠，其父不知。

⑤据赵超《汉魏南北朝墓志汇编》（天津古籍出版社 1992 年版，第 90、62 页）的“杨舒墓志”“杨阿难墓志”知，杨懿第六子杨舒，第七子杨阿难。

⑥据赵超《汉魏南北朝墓志汇编》（第 90 页）“北魏杨胤墓志”，知其父为杨祐。

⑦罗新、叶炜：《新出土魏晋南北朝墓志疏证》“杨济墓志”，中华书局 2005 年版，第 284 页。

⑧罗新、叶炜：《新出土魏晋南北朝墓志疏证》“杨腓墓志”，第 412 页。

⑨罗新、叶炜：《新出土魏晋南北朝墓志疏证》“杨矩墓志”，第 607 页。

⑩司马迁：《史记》，中华书局 1982 年版，第 937 页。

汉高祖七年封为赤泉侯。日籍华人学者李开元认为："杨熹追杀项羽，是杨家发迹的起点，也是杨家最引以为自豪的伟业。"[①] 杨熹虽不属于刘邦集团中叱咤风云的角儿，正如何德章、马力群在《两汉弘农杨氏》一文中所说："《汉书》所列汉高祖有功诸侯的位次，计136人，杨熹排在第103位，可见他在汉初军功贵族集团中的地位并不重要，而且杨熹及其子、孙，我们找不到担任朝廷公卿及地方郡守的任何证据"[②]，但杨熹是杨氏家族中的发迹者。这种家族的荣光深远地影响了杨氏子孙。据李开元研究，《史记·项羽本纪》所记载的杨熹追杀项羽的生动场面，极有可能是从其女婿杨敞处听来的，[③] 而杨敞正是杨熹的四世孙。《史记·项羽本纪》曰：

> 是时，赤泉侯为骑将，追项王，项王嗔目而叱之，赤泉侯人马俱惊，辟易数里。[④]
>
> 项王……乃自刎而死。王翳取其头，余骑相蹂践争项王，相杀者数十人。最其后，郎中骑杨熹、骑司马吕马童……各得其一体。五人共会其体，皆是。故分其地为五，封吕马童为中水侯，封王翳为杜衍侯，封杨熹为赤泉侯。[⑤]

因此，弘农杨氏是楚汉之争中崛起的军功家族。杨氏家族的崛起，与秦汉之际的大变局有关。清代学者赵翼《廿二史札记》"汉初布衣将相之局"条：

> 惟其威虐毒痡，人人思乱，四海鼎沸，草泽竟奋，于是汉祖以

---

① ［日］李开元：《论史记叙事中的口述传承》，《司马迁与史记论集》第七辑，陕西人民出版社2006年版，第31页。

② 何德章、马力群：《两汉弘农杨氏》，见《魏晋南北朝隋唐史资料》2005年第22辑。

③ ［日］李开元：《论史记叙事中的口述传承》，《司马迁与史记论集》第七辑，第31页。

④ 司马迁：《史记》，中华书局1982年版，第334页。

⑤ 同上。

匹夫起事，角群雄而定一尊。其君既起自布衣，其臣亦自多亡命、无赖之徒，立功以取将相，此气运为之也。[①]

身处下层的旧秦骑士杨熹在风云际会之时，一跃为“汉初军功受益阶层”（李开元语），可是杨熹子嗣在汉代并未获得更多的政治经济利益，甚至一度沦为平民。据《史记·高祖功臣侯者年表第六》“赤泉”条记载，杨熹子杨敷、孙杨毋害世袭侯位，至景帝元光二年，杨毋害获罪而侯国被除。

2. 杨敞、杨恽：弘农杨氏的奠基者

西汉昭帝时代，弘农杨氏家族中出现一位重要的政治人物——杨敞，官至丞相，封安平侯。杨敞、杨恽成为弘农杨氏家族开始世族化的奠基者。

杨敞步入仕途，与大将军霍光有很大的关系。他起先在将军府中任幕僚、军司马、长史，并得到赏识。后迁为大司农，再迁御史大夫乃至丞相，被封为安平侯。或许因家族被褫夺侯爵久居下僚，杨敞养成了畏事自保的谨慎性格。无论是在上官桀谋反，还是霍光谋废昌邑王事件上，这种性格表现得淋漓尽致。据《汉书·杨敞传》记载，昭帝崩，大将军霍光与车骑将军张安世谋欲废昌邑王，派大司农田延年向丞相杨敞通报。“敞惊惧，不知所言，汗出洽背，徒唯唯而已”[②]，全赖其夫人（司马迁之女）力劝其听命大将军，以免身死家灭之祸。“敞、夫人与延年参语许诺，请奉大将军教令，遂共废昌邑王，立宣帝。”[③]

杨敞死后，长子杨忠袭侯位，“以敞居位定策安宗庙，益封三千五百户”[④]。次子杨恽虽未能袭父侯，但凭借着横溢的才华、精深的学问以及敏锐的政治嗅觉而封侯，“霍氏谋反，恽先闻知，因侍中金安上以

① 赵翼：《廿二史札记》，中国书店1987年版，第304页。
② 班固：《汉书》，中华书局1962年版，第2889页。
③ 同上。
④ 同上。

闻，召见言状。霍氏伏诛，恽等五人皆封，恽为平通侯，迁中郎将”①。杨恽在任整顿郎官中，“荐举其高弟有行能者，至郡守九卿。郎官化之，莫不自厉，绝请谒货赂之端，令行禁止，宫殿之内翕然同声。由是擢为诸吏光禄勋，亲近用事”②，位居九卿，显赫一时，父子二人成为弘农杨氏的奠基者。尤其杨恽能“轻财好义”，瞻顾宗族，着意培育杨氏在弘农一地的宗族势力。《汉书·杨敞传附杨恽传》曰：

初，恽受父财五百万，及身封侯，皆以分宗族。后母无子，财亦数百万，死皆予恽，恽尽复分后母昆弟。再受赀千余万，皆以分施。③

杨恽在《报孙会宗书》中说：

恽家方隆盛时，乘朱轮者十人，位在列卿，爵为通侯，总领从官，与闻政事。④

可见，弘农杨氏在昭宣二帝时代官秩至二千石者多达十人，甚至担任天子的宿卫工作，参与重大政治事务。杨恽为官清廉，“恽居殿中，廉絜无私，郎官称公平”⑤。当然，杨恽的性格也有缺点，比如自伐行治，多尖刻少宽恕，缺乏儒家“恕”的精神，“然恽伐其行治，又性刻害，好发人阴伏，同位有忤己者，必欲害之，以其能高人”⑥。其实，才高者必恃才傲物，行高者必标榜行径，这是理想主义者的性格悲剧。杨恽也在所难免。加之，杨恽年轻气盛，仕途顺畅，权势显赫，导致他

① 班固：《汉书》，中华书局 1962 年版，第 2889 页。
② 同上书，第 2890 页。
③ 同上。
④ 同上书，第 2895 页。
⑤ 同上书，第 2890 页。
⑥ 同上书，第 2890—2891 页。

失去理智，才会加害同僚，标榜自我，因此结怨树敌。由于戴长乐的告发，杨恽下狱，后来被免为庶人。杨恽失去爵位，居家治产业，聚财为乐，以泄胸中不平之气。朋友孙会宗写信劝诫，杨恽回信为自己的行为辩解。《汉书·杨敞传附杨恽传》曰：

> 恽既失爵位，家居治产业，起室宅，以财自娱。岁余，其友人安定太守西河孙会宗，智略士也，与恽书谏戒之，为言大臣废退，当阖门惶惧，为可怜之意，不当治产业，通宾客，有称誉。恽宰相子，少显朝廷，一朝以晻昧语言见废，内怀不服，报会宗书曰。①

《汉书·杨敞传附杨恽传》称，驺马猥佐成借日食之变告发杨恽，此信成为罪证。杨恽以“大逆无道”被腰斩，亲朋受牵连。杨谭为其兄杨忠之子，袭封安平侯，官至典属国。因杨恽事亦丢官失爵。杨氏其他人物亦大受冲击，弘农杨氏的官僚化、世家化进程因而中止。

（二）鼎盛：东汉“四世三公”

西汉时代，弘农杨氏世族化进程虽在杨恽获罪被杀、族子杨谭免官事件中一度中断，但东汉时代杨震、杨秉、杨赐、杨彪等凭借着“尚经术，慕节义”的文化习性，取得了“四世太尉”的政治地位。清代赵翼《廿二史札记》“四世三公”条所说：

> 杨震官太尉，其子秉，代刘矩为太尉。秉子赐，代刘郃为司徒，又代张温为司空。赐子彪，代董卓为司空，又代黄琬为司徒，代淳于嘉为司空，代朱俊为太尉，录尚书事。自震至彪，凡四世皆为三公。②

自杨震以来，杨氏四世为太尉，被史家誉为“柱国之臣”（范晔

---

① 班固：《汉书》，中华书局 1962 年版，第 2894 页。

② 赵翼：《廿二史札记》，中国书店 1987 年版，第 60—61 页。

《后汉书·杨震传》赞曰："杨氏载德，仍世柱国"）。作为柱国大臣，杨氏祖孙四代不得不面对东汉外戚与宦官交替擅政的局面，并与之做殊死斗争。

1. 太尉杨震

杨震虽出仕晚暮之年，但凭借其纯正的学术修养及师门桓氏的政治声望迅速晋升，以个人道德修养与质直不苟的行为影响士风日下的东汉政治，并最终使弘农杨氏成为东汉数一数二的盛门[①]。《后汉书·杨震传》曰：

> 常客居于湖，不答州郡礼命数十年，众人谓之晚暮，而震志愈笃。年五十，乃始仕州郡。[②]

据何德章、马力群研究，杨震"始仕州郡"之年当在和帝永元（89—104年）末，这正是东汉政治走向腐败、社会趋于动荡的时期。自然灾害严重、百姓流亡、官吏腐败，朝廷宣言整顿，是"不答州郡礼命数十年"的杨震出仕的时代背景。正是这样的时代背景促使杨震改变笃志学术的初衷，以学术救世的心态步入业已腐败的官场，恪守个人道德理想，直道而行，试图通过个人影响改变汉帝国官僚的性格，并不惜为之献出生命，以失败的抗争为自己及家族带来无上的光荣。[③]

汉安帝即位，邓太后临朝执政，大将军邓陟辅国。大将军邓陟"闻其贤而辟之"。汉安帝延光二年，官拜太尉。安帝亲政后，放纵宦官中常侍樊丰、乳母王圣等亲近，司徒杨震为了维护伦理纲常，上疏弹劾王圣、刘环等人，坚决抵制外戚们有悖礼法纲常的人事请托。杨震甚至敢于批评皇帝的越制行为，如批评安帝为乳母王圣修宅，耗费巨亿，导致"宰司辟召，承望旨意，招来海内贪污之人，受其货赂，至有臧锢弃世之徒复得显用。白黑溷淆，清浊同源，天下讙哗，咸曰财货上流，为朝结讥"[④]。再如延光二年，太尉杨震借地震上疏规劝安帝。杨震多次上

---

① 何德章、马力群：《两汉弘农杨氏》，《魏晋南北朝隋唐史资料》2005年第22辑。

② 范晔：《后汉书》，中华书局1965年版，第1759页。

③ 何德章、马力群：《两汉弘农杨氏》，《魏晋南北朝隋唐史资料》2005年第22辑。

④ 范晔：《后汉书》，第1764页。

疏剀切陈词，引起安帝的不满，最终被宦官诬告，“因饮酖而卒，时年七十余”[①]。

2. 太尉杨秉

杨震中子杨秉也因通明《尚书》被征，“桓帝即位，以明尚书征入劝讲，拜太中大夫、左中郎将，迁侍中、尚书”[②]。杨秉40岁乃应司空辟，拜侍御史，任太尉。

桓帝即位后，大将军梁冀专擅威柄，迫害李固、杜乔等公卿名臣。桓帝将微服去梁冀之子河南尹梁胤府中，杨秉上疏阻止。桓帝凭借亲近的宦官势力，诛杀梁冀后，大肆封赏宦官单超、唐衡等五人为侯。五侯贪纵，倾动内外，引起士人不满。白马令李云露布上书，移副三府。李云的书奏激怒了桓帝，杨秉替李云请命被免官。“延熹三年，白马令李云以谏受罪，秉争之不能得，坐免官，归田里。”[③] 延熹五年，杨秉任太尉，针对“是时宦官方炽，任人及子弟为官，布满天下，竞为贪淫，朝野嗟怨”[④]，上疏要求廉察。杨秉的建议得到桓帝批准，查处官员五十多人，“天下莫不肃然”[⑤]。同时，杨秉针对当时下层计吏升任为郎官，造成官员机构臃肿的风气，上疏建议应该断绝下吏的晋升之途，以达到精简机构的目的。此项建议得到桓帝的采纳，并取得了良好的政治效果。

杨秉先弹劾中常侍侯览弟益州刺史侯参贪虐，侯参畏罪自杀，再参劾侯览及中常侍具瑗。因为弹劾中朝宦官，受到桓帝的诘问。杨秉振振有词，不能屈。桓帝迫不得已，免侯览官职，削具瑗封国。杨秉大受鼓舞，“每朝廷有得失，辄尽忠规谏，多见纳用”[⑥]。

3. 太尉杨赐

其杨震之孙、杨秉之子杨赐在建宁初年，以《尚书桓君》章句拜为帝师，侍讲华光殿，后迁少府、光禄勋。“灵帝当受学，诏太傅、三

---

① 范晔：《后汉书》，中华书局1965年版，第1766—1767页。

② 同上书，第1769页。

③ 同上书，第1771页。

④ 同上书，第1772页。

⑤ 同上。

⑥ 同上书，第1774页。

公选通《尚书桓君章句》宿有重名者，三公举赐，乃侍讲于华光殿中。迁少府、光禄勋。"[①] 杨赐借灵帝询问"青虵见御坐"事，上疏批评时政，要求灵帝"惟陛下思干刚之道，别内外之宜，崇帝乙之制，受元吉之祉，抑皇甫之权，割艳妻之爱"[②]。熹平二年，杨赐官拜司空，不久以灾异免。熹平五年，又拜司徒。杨赐上疏批评朝廷授爵不循次第和灵帝喜好微行。因征辟党人，被免职。不久，又拜光禄大夫。光和元年，杨赐又借灵帝咨询"虹霓昼降嘉德殿"事，与议郎蔡邕上疏，批评宦官当政和鸿都门学。因此，杨赐得罪了得势的宦官曹节等人，因帝师身份免于追究。光和元年冬，拜杨赐为司徒。杨赐上疏阻止灵帝修"毕圭苑"和"灵昆苑"。光和五年，杨赐官拜太尉。中平元年，杨赐因诏对"黄巾贼"事切直而忤旨，被免。杨赐任司徒的时候，太平道领袖张角等人的势力在蔓延，杨赐"召掾刘陶告曰：'张角等遭赦不悔，而稍益滋蔓，今若下州郡捕讨，恐更骚扰，速成其患。且欲切敕刺史、二千石，简别流人，各护归本郡，以孤弱其党，然后诛其渠帅，可不劳而定，何如?'陶对曰：'此孙子所谓不战而屈人之兵，庙胜之术也。'赐遂上书言之。会去位，事留中。"[③] 后来灵帝在南宫见到杨赐的书奏文本，下诏封杨赐为临晋侯。

4. 太尉杨彪

杨震曾孙、杨赐之子杨彪在"熹平中，以博习旧闻，公交车征拜议郎，迁侍中、京兆尹"[④]。汉献帝兴平元年，任太尉。

东汉后期，经过轮番洗牌后，以何进为代表的外戚集团被宦官势力诛杀，而后宦官势力被袁绍彻底绞杀，儒学名臣在党锢之祸中元气大伤，国家权柄被董卓这样的军阀势力所把持。东汉各地方豪强纷纷纠集武力，出现"十八路诸侯"割据的混乱局面，"今王室大坏，九州幅裂，乱靡有定，生民无几"[⑤]。朝廷中，以弘农杨氏为代表的儒学公卿名族与军阀董卓等极力斡旋，维护朝廷纲纪。东汉中平六年，弘农杨氏

① 范晔：《后汉书》，中华书局1965年版，第1776页。
② 同上。
③ 同上书，第1784页。
④ 同上书，第1786页。
⑤ 应劭、吴树平校释：《风俗通义校释》，天津古籍出版社1980年版，第1页。

名儒杨彪为司徒。适逢军阀董卓在京肆意横行。董卓提议迁都长安以避关东义兵，司徒杨彪在百官皆不敢言的情况下极力反对。《后汉书·杨彪传》曰：

> 明年，关东兵起，董卓惧，欲迁都以违其难。乃大会公卿议曰："高祖都关中十有一世，……"百官无敢言者。彪曰："移都改制，天下大事，故盘庚五迁。殷民胥怨……"卓作色曰："公欲沮国计邪！"①

《三国志·董卓传》裴注引华峤《汉书》也有相似记载。与霸道的魔头董卓相争，需以身家性命相赌，杨彪不会不知其中的凶险。这足以看出杨彪的耿介刚正性格。董卓被杀后，李傕、郭汜反目，杨彪又一次挺身而出，指斥郭汜说："群臣公斗，一人劫天子，一人质公卿，此可行乎？"② 幸得中郎将杨密等人进谏，乃得原宥。在郭汜和李傕二军混战中，杨彪等十余人极尽臣节，侍奉汉献帝归洛阳。

（三）衰落：汉魏易鼎时代的杨彪、杨修父子

1. 杨彪：在排挤与拉拢夹缝之中

建安时代，时异势变。曹操倚重于河南颍汝集团迅速崛起，成为决定汉末政治走向的政治力量。曹操为了加强自己的政治地位，必须打击旧有的异己力量，弘农杨氏首当其冲。杨彪处在被排挤与拉拢的政治夹缝之中，只能辞职。

建安元年，曹操迎汉献帝至许都。"时天子新迁，大会公卿，兖州刺史曹操上殿，见彪色不悦，恐于此图之，未得宴设，托疾如厕，因出还营。彪以疾罢。"杨彪因鄙视出身卑下的曹操，激化了与曹操的矛盾，被迫免官。曹操借袁术僭号之机，欲将杨彪执而杀之，幸得孔融出面营救，才免于难。建安十一年，操纵政权的曹操剥夺了所有因恩泽封侯的名族，杨彪的侯位被除。杨彪"见汉祚将终，遂称脚挛不复行，

---

① 范晔：《后汉书》，中华书局 1965 年版，第 1786—1787 页。

② 陈寿：《三国志》，中华书局 1959 年版，第 184 页。

积十年”[①]。曹操主政，杨彪受到排挤、打击。曹魏黄初时，魏文帝曹丕却极力拉拢杨彪，“公卿朝朔旦，并引故汉太尉杨彪，待以客礼。诏曰：‘……公故汉宰臣，乃祖已来，世著名节，年过七十，行不逾矩，可谓老成人矣，所以宠异以章久德。其赐公延年杖及几凭；请谒之日，便使杖入，又可使著鹿皮冠。’”[②] 遭到杨彪的拒绝，“彪辞曰：‘尝以汉朝为三公，值世衰乱，不能立尺寸之益，若复为魏臣，于国之选，亦不为荣也。’帝不夺其意。”[③] 黄初四年，魏文帝强迫杨彪接受光禄大夫的官职。《三国志·文帝纪》裴注引《续汉书》：

> 黄初四年，诏拜光禄大夫，秩中二千石，朝见位次三公，如孔光故事。彪上章固辞，帝不听，又为门施行马，致吏卒，以优崇之。[④]

在汉魏易鼎之际，弘农杨氏杨彪遭到新的政治力量——曹操的打击，不得不隐居，这意味着弘农杨氏失去了昔日的政治地位，弘农杨氏家族的政治地位一落千丈。杨氏子孙不得不考虑如何调整家族文化习性，以适应时代的新要求，改变家族的式微局面。杨彪之子——杨修担负起这样的家族使命。

2. 杨修：跻身曹氏集团、寻求突破

建安时代，曹操奉行“唯才是举”的宗旨，网罗诸多名家子弟，杨修凭借才华，跻身于曹操集团，成为炙手可热的人物。《三国志·陈思王传》裴注引《典略》：“杨修字德祖，太尉彪子也。谦恭才博，建安中，举孝廉，除郎中，丞相请署仓曹属主簿。是时，军国多事，修总知内外，事皆称意。”[⑤] 杨修受到曹操器重，太子曹丕及诸人争着与他交结，“自魏太子已下，并争与交好。又是时临淄侯植以才捷爱幸，来意投修，数与修书，……其相往来，如此甚数”[⑥]。

杨修与父祖杨彪、杨赐、杨秉、杨震相比较，已经脱去了儒学的思

---

① 范晔：《后汉书》，中华书局 1965 年版，第 1789 页。

② 陈寿：《三国志》，中华书局 1959 年版，第 78 页。

③ 同上书，第 78—79 页。

④ 同上。

⑤ 同上书，第 558—560 页。

⑥ 同上书，第 561 页。

想桎梏，一变为洒脱倜傥的名士。其父杨彪以“东京名族”，从骨子里鄙视曹操这样出身低微的人，何况曹操“赘阉遗丑”（陈琳《为袁绍檄豫州》语）。曹操虽在群雄逐鹿中胜出，迎天子献帝到许都，但在杨彪的眼中，曹操俨然暴发户一般。这才会在“天子新迁，大会公卿”的大会上，看到曹操上殿，便流露出鄙夷的眼光。面对曹操“挟天子以令诸侯”，杨彪无能为力，只能称病引退，“彪见汉祚将终，遂称脚挛不复行，积十年”①。而杨修并无这等僵化的顽固观念，乐于为曹操效命。从伦理道德的角度评判，才有范晔《后汉书》“修虽才子，渝我淳则”的批判；但从家族适应时代发展的角度看，杨修这种自由通脱的观念，适应了时代的新要求，改变了家族式微的局面。

最终，杨修因介入曹丕曹植立嗣之争，被曹操杀害。《三国志·陈思王传》裴注引《世语》：“修……与丁仪兄弟，皆欲以植为嗣。太子患之，……太祖故修遂以交构赐死。”② 杨修被杀，还与其世族身份有关，“且以袁术之甥，虑为后患，遂因事杀之”③。

（四）边缘中突起：两晋时代的弘农杨氏

1. 显赫的“三杨”：杨骏、杨济和杨珧

曹魏时代，政治位势一落千丈的弘农杨氏子嗣，处在权力的边缘地带。西晋时代，杨氏子嗣“三杨”——杨骏、杨济和杨珧从边缘突起，曾显赫一时。《晋书·杨骏传》并未记载其父祖，因此“三杨”的世次不详。汪藻《世说新语人名谱》列为别族，认为“皆震后，莫知其世次。临晋，必赐后。蕣亭，必众后也”④。临晋侯杨骏是东汉杨赐的后裔，而杨珧是杨众——杨奉之子的后裔。陶新华先生认为杨骏、杨济是杨秉的六世孙，杨珧是杨奉的六世孙，不曾证之。⑤

---

① 陈寿：《三国志》，中华书局 1959 年版，第 1789 页。

② 同上书，第 560—561 页。

③ 同上书，第 1789 页。

④ 杨勇：《世说新语校笺》第四册，中华书局 2006 年版，第 145 页。

⑤ 陶新华：《魏晋南北朝弘农杨氏的发展道路》，《杭州师范学院学报》1998 年第 2 期。据赵超《汉魏南北朝墓志汇编》“杨颖墓志”记载：“汉太尉震之十二世孙，晋尚书令瑶（应为珧）之七世孙。”由此上推，故知杨珧为杨震子杨奉六世孙。杨骏、杨济与杨珧为族兄弟，班辈相同，故知杨骏、杨济为杨秉之六世孙。

"三杨"以外戚身份突起，《晋书·杨骏传》记载，杨骏"以后父超居重位，自镇军将军迁车骑将军，封临晋侯"[①]。并官至太尉、太子太傅、都督中外诸军事，侍中、录尚书事，总揽西晋的军、政大权。杨济位至镇南、征北将军，太子太傅；杨珧位尚书令、卫将军。史称："而骏及珧、济势倾天下，时人有'三杨'之号。"[②]"三杨"并不是凭借着门第阀阅登上显贵之位的，"骏自知素无美望"[③]，这说明弘农杨氏杨骏的声望不足以处此显位。因此，杨骏专权很快就失败了，被诛三族。只有杨珧的儿子杨超被晋惠帝特诏赦免。《晋书·杨骏传》曰：

> 永宁初，诏曰："舅氏失道，宗族陨坠，渭阳之思，孔怀感伤。其以蓩亭侯杨超为奉朝请、骑都尉，以慰《蓼莪》之思焉。"[④]

2. 荣光尚存：杨嚣、杨准父子

两晋时代，弘农杨氏子孙尚知名于世。杨修之子杨嚣是晋武帝司马炎的心腹，担任典军将军。《三国志·陈思王传》裴注引《世语》："修子嚣，嚣子准，皆知名于晋世。嚣，泰始初为典军将军，受心膂之任，早卒。准字始丘，惠帝末为冀州刺史。"[⑤]弘农杨氏杨准及其六子皆以玄学"高韵、神检"称，均有台辅之望。《三国志·陈思王传》裴注引荀绰《冀州记》曰："（杨）乔、髦皆为二千石。俊，太傅掾。"[⑥]

3. 南渡后的次等士族：杨朗与杨亮、杨佺期父子

（1）杨朗：颇负声望却久居下位

永嘉之乱，衣冠南渡之后，弘农杨氏过江稍晚，未能取得重要的政治位势。虽然杨准之子杨朗被社会品评为沉着、精明、阅历多、有果断，但久处下位，不得升迁。《世说新语·赏誉第八》曰：

---

① 房玄龄：《晋书》，中华书局1974年版，第1177页。

② 同上书，第1177页。

③ 同上书，第1178页。

④ 同上书，第1180页。

⑤ 陈寿：《三国志》，中华书局1959年版，第561页。

⑥ 同上书，第561页。

世目杨朗沈审经断。蔡司徒云："若使中朝不乱，杨氏作公方未已。"谢公云："朗是大才。"①

又云：

王大将军与丞相书，称杨朗曰："世彦识器理政，才隐明断。既为国器，且是杨侯准之子。位望殊为陵迟，卿亦足与之处。"②

《世说新语·识鉴第七》曰：

王大将军始下，杨朗苦谏不从，遂为王致力。乘中鸣云露车迳前，曰："听下官鼓音，一进而捷。"王先把其手曰："事克，当相用为荆州。"既而忘之。以为南郡。王败后，明帝收朗，欲杀之。帝寻崩，得免。后兼三公，署数十人为官属。此诸人当时并无名，后皆被知遇。于时称其知人。③

王敦起兵反晋，杨朗苦谏不得，只能为王敦效命。后来，王敦兵败被杀，杨朗被晋明帝俘获。因为晋明帝驾崩，免于一死。后来杨朗兼尚书三公曹，任命了十多人做属吏。这些人起初都是无名之辈，后来被重用，名闻于世。当时人称杨朗善于知人。《世说新语》刘孝标注引王隐《晋书》："朗有器识才量，善能当世。仕至雍州刺史。"④

（2）杨亮：晚渡南方的次等士族

杨朗之侄、杨俊之子杨亮，因永嘉之乱，五胡乱华，滞留北方，曾在少数民族政权中入仕为官。《晋书·杨佺期传》曰："杨佺期……父亮，少仕伪朝，后归国。"⑤ 晋永和十二年（356），东晋征西大将军桓温伐姚襄，杨亮在此时才归东晋，《晋书·姚襄载记》曰："晋征西大

① 徐震堮：《世说新语校笺》，中华书局1984年版，第251页。

② 同上书，第249—250页。

③ 同上书，第218—219页。

④ 同上书，第218页。

⑤ 房玄龄：《晋书》，中华书局1974年版，第2200页。

将军桓温自江陵伐襄，……先是，弘农杨亮归襄，襄待以客礼。后奔桓温，温问襄于亮，亮曰：'神明器宇，孙策之俦，而雄武过之。'其见重如是。"[①] 杨亮归晋后，居襄阳一带。襄阳一带成为流民的聚集地，襄阳也是东晋侨梁州的治所，杨亮任梁州刺史，后以辅国将军伐蜀，取得丰硕的战果，不仅攻下五座城池，还生擒了前秦苻坚的大将军魏光。"（太元）八年……夏五月，辅国将军杨亮伐蜀，拔五城，擒苻坚将魏光。"[②]

仇池氐王杨世先降于前秦苻坚，后归顺东晋。杨世死后，其子杨纂代立。杨世弟杨统起兵与侄子杨纂分争。苻坚派大将苻雅、杨安以及益州刺史王统率兵七万以助杨统。东晋梁州刺史杨亮遣郭宝率骑兵千余人救杨纂，两军交锋于陕中，杨纂被苻雅击败。不久，梁州刺史杨亮派其子杨广袭仇池，杨广大军与前秦大将杨安交战，不慎战败。东晋沮水一带的戍卒"皆委城奔溃"，杨亮只好退守磬险，以致前秦杨安进入汉川。苻坚大举进攻蜀地，杨亮率巴獠万余拒之，战于青谷。战败之后，杨亮奔会西城，加固城防。由于其他城池失守，杨亮固守的西城最终被攻破。东晋太元八年（383），杨亮以辅国将军率兵伐蜀，配合桓冲十万大军攻打襄阳。

（3）杨佺期：流民武装统帅

杨亮长子杨佺期，是东晋后期政治舞台上一位极重要的人物。"而时人以其晚过江，婚宦失类，每排抑之。"[③] 正是因为弘农杨氏受到永嘉之乱的影响，过江甚晚，受到东晋门阀士族的排挤，东晋门阀士族每每以"婚宦失类"为口实排抑弘农杨氏。杨佺期不甘心，自认为门第高贵，远非过江的诸族可比，甚至听到他人将弘农杨氏与琅玡王氏相提并论，愤愤不已。"自云门户承籍，江表莫比，有以其门地比王珣者，犹恚恨。"[④]

或许杨佺期兄弟身上流淌着少数民族的血液，可能其父杨亮"少仕伪朝"，娶了少数民族妻子。杨佺期"沈勇果劲"，其兄杨广及弟杨思平等"皆强犷粗暴"，均有少数民族的"尚武"之风。杨佺期出身军

① 房玄龄：《晋书》，中华书局 1974 年版，第 2963—2964 页。

② 同上书，第 232 页。

③ 同上书，第 2200 页。

④ 同上。

旅，他率领的北方流民武装成为东晋后期军事战略的重要屏障，多次击退苻坚军队的进攻。《晋书·杨佺期传》曰：

> 佺期少仕军府。咸康中，领众屯成固。苻坚将潘猛距守康回垒，佺期击走之，其众悉降，拜广威将军、河南太守，戍洛阳。[①]
>
> 苻坚将窦冲率众攻平阳太守张元熙于皇天坞，佺期击走之。佺期自湖城入潼关，累战皆捷，斩获千计，降九百余家，归于洛阳，进号龙骧将军。[②]

杨佺期因此被拜广威将军、龙骧将军。由此可见，至此弘农杨氏因晚渡及婚宦失类而不得预于胜流，由高门沦落为次等士族。虽沦落为次等士族，但因为其统帅的雍州流民武装而受到门阀士族的拉拢，成为东晋后期重要的政治力量。强藩荆州刺史——江陵士族殷仲堪依靠杨佺期势力对抗东晋的中枢——司马道子和王宝国等的排挤。田余庆先生在《东晋门阀政治》一书中论述道："太元二十一年九月，孝武帝暴死，安帝继位，……安帝是白痴，他继位后中枢政柄全归司马道子掌握。道子所信任的王国宝及国宝从弟王绪二人……王国宝、王绪力主司马道子裁损王恭和殷仲堪的兵权。王恭等则缮甲勒兵，表请北伐，实际上是严阵以窥中枢之隙。隆安元年（397）四月，王恭表列王国宝罪状，举兵入讨。王恭举兵，本与殷仲堪有约。……江陵殷仲堪以中诏超授得州，时人不以方伯相许，缺乏自重的条件。但荆州一旦与朝廷反目，可以聚集可观的军事力量：其一，荆州都督所部；其二，桓氏在荆州的故义；其三，由杨佺期率领的以襄阳为后方的流民武装，这是荆州可用的最重要的军力。当雍州刺史郗恢、南蛮校尉殷、南郡相江绩表示不赞同荆州起兵时，殷仲堪立即引杨佺期势力入荆，以杨佺期代江绩为南郡相。杨佺期更驱逐郗恢，席卷雍、梁、秦州。这样，荆州就结成了殷仲堪、桓玄、杨佺期的联盟，殷居方伯，桓多故义，杨有实力。"[③]可见，门阀士

---

① 房玄龄：《晋书》，中华书局 1974 年版，第 2200 页。

② 同上。

③ 田余庆：《东晋门阀政治》，北京大学出版社 2005 年版，第 226—227 页。

族殷仲堪若没有杨佺期武装力量的支持，则难有作为。当东晋后期另一强藩青兖二州刺史——王恭上表讨伐中枢王宝国时，荆州刺史殷仲堪响应。但因为殷仲堪“素无戎略”，只得依靠杨佺期和桓玄等人，授以荆州军司马，将军旅诸事皆委之。杨佺期率领荆州兵马，与桓玄等会合，攻至长江下游的石头城，东晋王朝只好任杨佺期为雍州刺史，都督梁雍秦三州诸军事。杨佺期一举拿下雍州，遣还原雍州刺史郗恢，席卷梁雍秦三州。然而，因为门阀士族的等级观念，桓玄素以寒族排抑裁损杨佺期。这最终激化了次等士族杨佺期和门阀士族桓玄的矛盾。“佺期、仲堪与桓玄素不穆，佺期屡欲相攻，仲堪每抑止之。玄以是告执政，求广其所统。”① “佺期内怀忿惧，勒兵建牙，声云援洛，欲与仲堪袭玄。”② 杨佺期与桓玄兵戎相见，最终因殷仲堪无能，杨佺期战败被杀。

弘农杨氏杨佺期在东晋末年，成为极重要的政治势力。田余庆先生高屋建瓴地分析道：“如果说有什么势力在这十余年中真正起了作用，那就是上下游所倚恃的军队，上游是以杨佺期雍州兵为主的军队，以襄阳为巢穴；下游是刘牢之的北府军。上下游这两支军队，都是由边境地区的北来流民为主体而组成的。军队的统领，刘牢之是出自将门的次等士族；杨佺期虽出弘农杨氏高门，亦因晚渡及婚宦失类而不得预于胜流，实际地位与刘牢之相近，只能算做次等士族。北府军和雍州兵，军队都是由次等士族武将率领的，而武将则由门阀士族指挥，武将与门阀士族之间一直存在矛盾。……在门阀政治无法继续，皇权政治不得复兴的条件下，只有刘牢之、杨佺期的军队具有澄清局势、恢复安定的潜在作用。但是这些伧荒武将并不理解自己能起的作用和自己的历史使命不具备使自己的军队完全脱离门阀士族附庸地位的意识。他们没有一定的方向，始终只有在百年门阀政治造成的迷宫里跌跌撞撞。”③ 从这些精妙的分析论述中，我们可以看出杨佺期在东晋门阀政治中虽无政治高位，但足以影响东晋门阀政治的走向。可惜杨佺期未能意识到自己的历史使命，依附于门阀士族，战败被杀，这既未能完成历史任命，也给杨

① 房玄龄：《晋书》，中华书局 1974 年版，第 2201 页。

② 同上书，第 2201 页。

③ 田余庆：《东晋门阀政治》，北京大学出版社 2005 年版，第 234—235 页。

氏家族带来了灭顶之灾。“会玄诸军至，佺期退走，余众尽没，单马奔襄阳。玄追军至，佺期与兄广俱死之，传首京都，枭于朱雀门。弟思平，从弟尚保、孜敬，俱逃于蛮。……思平、尚保后亦以罪诛，杨氏遂灭。”[①]

（五）政治、军事核心力量：北朝时代的弘农杨氏

北魏早年，弘农杨氏杨震之子杨奉一系子嗣杨珍[②]投奔北魏，不仅成为富实之家，[③] 而且其子孙在北魏时代历任太守、刺史之职。如杨珍为上谷太守，杨真为河内、清河二郡太守，杨懿为洛川刺史、封弘农公。《魏书·杨播传》记载：

> 高祖结，仕慕容氏，卒于中山相。曾祖珍，太祖时归国，卒于上谷太守。祖真，河内、清河二郡太守。父懿，延兴末为广平太守，有称绩。高祖南巡，吏人颂之，加宁远将军，赐帛三百匹。征为选部给事中，有公平之誉。除安南将军、洛州刺史，未之任而卒。赠以本官，加弘农公，谥曰简。[④]

据陶新华先生统计，弘农杨氏在北魏朝廷中任要职者约30人，其中位登三公者3人，曾任光禄大夫者8人，曾任九卿者7人，曾任尚书令、仆射和列曹尚书者9人；历任过侍中者5人，历任过散骑常侍者11人，历任过镇将者12人。还有11人曾任刺史，11人曾任太守，3人为州中正，7人封、袭爵位12，另有11人先后历42任五品以上将军。[⑤] 弘农杨氏加快了少数民族政权的汉化进程。尤其在宇文氏的西魏

---

① 房玄龄：《晋书》，中华书局1974年版，第2201—2202页。

② 据《新唐书·宰相世系》（中华书局1975年版，第2360页）“太尉震子奉……八世孙结，仕慕容氏中山相。二子：珍、继”知，杨珍系杨震之子杨奉子嗣。又据罗新、叶炜《新出土魏晋南北朝墓志疏证》（中华书局2005年版，第144—146页）“杨侃墓志”知，北魏杨珍一支为西晋尚书令杨珧之后裔。墓志将“杨珧”误写为“杨瑶”，罗新、叶炜已疏证。

③ 魏收《魏书·杨椿传》（中华书局1974年版，第1289页）：“我家入魏之始，即为上客，给田宅，赐奴婢马牛羊，遂成富室。”

④ 魏收：《魏书》，第1279页。

⑤ 陶新华：《魏晋南北朝弘农杨氏的发展道路》，《杭州师范学院学报》1998年第2期。

北周时代，成为关陇军事集团的核心势力。

1. 杨播兄弟：北魏倚重汉族世族

北魏孝文帝大力推行门阀制度，谋求鲜卑族与汉族士族的深入合作，弘农杨氏杨奉后裔杨播、杨椿、杨津等兄弟登上政治舞台。他们深受北魏冯太后、孝文帝恩宠，任帝、后近侍。杨播任中散、给事。“播少修整，奉养尽礼。擢为中散，累迁给事，领中起部曹。”① 杨椿拜中散，迁内给事。“播弟椿，……迁内给事，与兄播并侍禁闱。”② 杨津任冯太后侍御中散，“顺弟津，……年十一，除侍御中散”③。

杨椿晚年回忆兄弟三人近侍孝文帝、冯太后事，说：

> 太和初，吾兄弟三人并居内职，兄在高祖左右，吾与津在文明太后左右。于时口敕，责诸内官，十日仰密得一事，不列便大瞋嫌。诸人多有依敕密列者，亦有太后、高祖中间传言构间者。吾兄弟自相诫曰：……④

杨播、杨椿兄弟不仅贵为内侍之臣，还多次领兵，骁勇善战。杨播将兵北击蠕蠕，南讨齐梁，建立军功，被赐爵华阴伯，“（杨播）除龙骧将军、员外常侍，转卫尉少卿，常侍如故。与阳平王颐等出漠北击蠕蠕，大获而还。高祖嘉其勋，赐奴婢十口。迁武卫将军，复击蠕蠕，至居然山而还”⑤。杨椿出镇豫州、梁州，在梁州刺史任上，成功说服叛军杨集始归降，“初，武兴王杨集始为杨灵珍所破，降于萧鸾。至是，率贼万余自汉中而北，规复旧土。椿领步骑五千出顿下辨，贻书集始，开以利害。集始执书对使者曰：‘杨使君此书，除我心腹之疾。’遂领其部曲千余人来降。”⑥ 杨津受命安北将军、假抚军将军、北道大都督、右卫、左卫、抚军将军，出镇定州。

---

① 魏收：《魏书》，中华书局 1974 年版，第 1279 页。
② 同上书，第 1284—1285 页。
③ 同上书，第 1296 页。
④ 同上书，第 1290 页。
⑤ 同上书，第 1279 页。
⑥ 同上书，第 1285 页。

这一时期，弘农杨氏家族十分显赫，出现像杨椿这样一生“位登侍中、尚书，四历九卿，十为刺史，光禄大夫、仪同、开府、司徒、太保”的政治人物。杨椿说：“汝家仕皇魏以来，高祖以下乃有七郡太守、三十二州刺史，内外显职，时流少比。”① 史家评曰：“杨播兄弟，俱以忠毅谦谨，荷内外之任，公卿牧守，荣赫累朝，所谓门生故吏遍于天下。”②

由于魏末杨播之子杨侃参与孝庄帝诛尔朱荣的密谋，杨奉一系的杨珍一房支被尔朱荣余党报复杀戮殆尽。《魏书·杨播传附杨侃》曰：“庄帝将图尔朱荣也，侃与其内弟李晞、城阳王徽、侍中李彧等，咸预密谋。尔朱兆之入洛也，侃时休沐，遂得潜窜，归于华阴。普泰初，天光在关西，遣侃子妇父韦义远招慰之，立盟许恕其罪。侃从兄昱恐为家祸，令侃出应，假其食言，不过一人身殁，冀全百口。侃往赴之，秋七月，为天光所害。”③ 逊位在家的叔父杨椿也遇害。《魏书·杨播传附杨椿》曰：“椿还华阴逾年。普泰元年七月，为尔朱天光所害，年七十七，时人莫不冤痛之。”④ 堂兄杨昱被杀，“孝庄还宫，还复前官。及父椿辞老，请解官从养，诏不许。尔朱荣之死也，昱为东道行台，率众拒尔朱仲远。会尔朱兆入洛，昱还京师。后归乡里，亦为天光所害。”⑤ 只有杨愔等人逃脱劫难，投奔高欢。

2. 杨愔：东魏、北齐执政宰相

杨津之子杨愔在家族罹难中有幸逃脱，投奔高洋势力。“神武见之悦，除太原公开府司马，转长史，复授大行台右丞，封华阴县侯，迁给事黄门侍郎，妻以庶女。又兼散骑常侍，为聘梁使主。”⑥ 东魏武定末年（549），先后被高洋任为吏部尚书、侍中、卫将军。《北齐书·杨愔传》曰：“武定末，以望实之美，超拜吏部尚书，加侍中、卫将军，侍学典选如故。”⑦ 北齐天保三年（552）杨愔迁尚书右仆射。“天保初，以本官领太子少傅，别封阳夏县男。又诏监太史，迁尚书右仆射。尚太

① 魏收：《魏书》，中华书局 1974 年版，第 1290—1291 页。

② 同上书，第 1304 页。

③ 同上书，第 1284 页。

④ 同上书，第 1291 页。

⑤ 同上书，第 1294 页。

⑥ 李百药：《北齐书》，中华书局 1972 年版，第 456 页。

⑦ 同上书，第 456 页。

原长公主，即魏孝静后也。”[1] 天保八年（557）转左仆射，次年迁尚书令，为天保一朝（550—560）年的执政宰相。“九年，徙尚书令，又拜特进、骠骑大将军。”[2] 但高洋死后，杨愔为鲜卑贵族所杀。

3. 关陇军事集团：杨忠及杨宽、杨敷、杨绍

西魏、北周时代，弘农杨氏杨牧一系子嗣杨忠和杨继一房子嗣杨宽等人活跃于政治舞台之上，成为关陇政治集团的核心势力。

（1）杨牧一系子嗣杨忠：关陇军事集团中杨氏之代表

杨忠系东汉太尉杨震之子杨牧之后裔，其高祖杨元寿为北魏武川镇司马，其家迁居神武树颓焉（今山西寿阳县北境），其祖杨烈任龙骧将军、太原郡守，其父杨祯以军功任建远将军。《周书·杨忠传》曰：

> 高祖元寿，魏初，为武川镇司马，因家于神武树颓焉。祖烈，龙骧将军、太原郡守。父祯，以军功除建远将军。[3]

杨忠追随宇文泰入关中，因军功封侯。《周书·杨忠传》曰：“及齐神武举兵内侮，忠时随信在洛，遂从魏孝武西迁，进爵为侯。仍从平潼关，破回洛城。除安西将军、银青光禄大夫。”[4] 西魏大统三年（537），杨忠随宇文泰战沙苑、河桥，破黑水稽胡，战邙山，屡建军功。后出镇穰城，都督三荆二襄二广南雍平信随江二郢淅十五州诸军事，与南朝萧梁政权做对抗，“朝廷因之，将经略汉、沔，乃授忠都督三荆二襄二广南雍平信随江二郢淅十五州诸军事，镇穰城。以伯符为乡导，攻梁齐兴郡及昌州，皆克之”[5]。杨忠被赐姓普六如氏，《周书·杨忠传》曰：“魏恭帝初，赐姓普六如氏，行同州事。”[6] 北周建立后，杨忠位至柱国大将军，封隋国公，迁大司空。“武成元年，进封隋国公，邑万户，别食竟陵县一千户，收其租赋。……保定二年，迁大司空。”[7]

---

① 李百药：《北齐书》，中华书局 1972 年版，第 456 页。

② 同上。

③ 令狐德棻：《周书》，中华书局 1971 年版，第 314 页。

④ 同上书，第 315 页。

⑤ 同上收，第 316 页。

⑥ 同上书，第 317 页。

⑦ 同上。

杨忠死后，赠太保、同朔等十三州诸军事、同州刺史，本官如故。谥曰桓。其子杨坚是大隋王朝的缔造者。

（2）杨宽兄弟：杨奉一系杨继一房子嗣

①杨宽：北魏、西魏、北周之关陇杨氏勋贵

西魏北周时代，弘农杨氏杨奉一系杨继一房子嗣杨宽兄弟等政治位势显赫。杨宽高祖杨继投奔北魏，成为“富室”。曾祖杨晖任北魏库部给事、洛州刺史。祖父杨恩为河间太守，父亲杨钧为抚军将军、七兵尚书、北道行台等。

杨宽随父杨钧出镇恒州，授将军、高阙戍主。其父杨钧死后，镇城军民共推杨宽，抵御边贼，城陷后，流落异乡。后来镇城乱贼败亡，杨宽始得还朝。“弱冠，除奉朝请。属钧出镇恒州，请从展效，乃改授将军、高阙戍主。时茹茹既乱，其主阿那瑰来奔，魏帝遣使纳之，诏钧率兵卫送。宽亦从，以功拜行台郎中。时北边贼攻围镇城，钧卒，城民等推宽守御。寻而城陷，宽乃北走茹茹。后讨镇贼，破之，宽始得还朝。”[①] 北魏孝庄帝登基后，任通直散骑侍郎，领河南尹丞，行洛阳令。杨宽以都督从太宰、上党王元天穆讨平邢杲的叛乱。拜中军将军、太府卿、华州大中正，封澄城县伯，邑三百户。曾以镇北将军、使持节、大都督抵御尔朱世隆的叛乱。北魏孝武帝即位后，杨宽任散骑常侍、骠骑将军、给事黄门侍郎，监内典书事，后任阁内大都督，负责北魏孝武帝的禁旅，随从孝武帝入关中，升任吏部尚书，封为华山郡公。“孝武与齐神武有隙，遂召募骑勇，广增宿卫。以宽为阁内大都督，专总禁旅。从孝武入关，兼吏部尚书。录从驾勋，进爵华山郡公，邑一千二百户。”[②]

西魏时代，杨宽曾迁车骑大将军、太子太傅、仪同三司。拜侍中、都督泾州诸军事、泾州刺史，骠骑大将军、开府仪同三司、都督东雍州诸军事、东雍州刺史，河州刺史，兼大丞相府司马、尚书左仆射、将作大监，廷尉卿等职。《周书·杨宽传》曰：

---

① 令狐德棻：《周书》，中华书局1971年版，第364—365页。

② 同上书，第367页。

大统初，迁车骑大将军、太子太傅、仪同三司。三年，使茹茹，迎魏文悼后。还，拜侍中、都督泾州诸军事、泾州刺史。五年，除骠骑大将军、开府仪同三司、都督东雍州诸军事、东雍州刺史，即本州也。十年，转河州刺史。十六年，兼大丞相府司马。……魏废帝初，入为尚书左仆射、将作大监，坐事免。魏恭帝二年，除廷尉卿。①

北周时代，杨宽拜大将军，增邑一千二百户。因讨吐谷浑军功，别封宜阳县公，邑一千户。总管梁、兴等十九州诸军事、梁州刺史。《周书·杨宽传》曰：

世宗初，拜大将军，增邑一千二百户。从贺兰祥讨吐谷浑，破之，别封宜阳县公，邑一千户。除小冢宰，转御正中大夫。武成二年，诏宽与麟趾学士参定经籍。……保定元年，除总管梁、兴等十九州诸军事、梁州刺史。其年，薨于州。赠华、陕、虞、上、潞五州刺史。谥曰元。②

②杨穆：北魏军政大员

杨宽兄杨穆北魏时代拜中军将军、金紫光禄大夫，除车骑将军、都督并州诸军事、并州刺史。《周书·杨宽传》曰：

孝武末，宽请以澄城县伯让穆，诏许之。仍拜中军将军、金紫光禄大夫，除车骑将军、都督并州诸军事、并州刺史。卒于家。赠骠骑大将军、开府仪同三司、华州刺史。③

③杨俭：西魏军政大员

杨宽兄杨俭在西魏时代都督东雍华二州诸军事、骠骑大将军、开府

---

① 令狐德棻：《周书》，中华书局1971年版，第367页。

② 同上。

③ 同上书，第368页。

仪同三司、华州刺史。《周书·杨宽传》曰：

> 孝武西迁，除侍中、骠骑将军。大统初，以本官行东秦州事，加使持节、当州大都督。从破齐神武于沙苑，封夏阳县侯，邑八百户。七年，领大丞相府谘议参军，出为都督东雍华二州诸军事、骠骑大将军、开府仪同三司、华州刺史。八年，卒于家。赠本官，谥曰静。①

④杨敷：西魏、北周军政柱国

杨宽长兄杨暄之子杨敷，在西魏时代拜奉车都尉、历任尚书左士郎中、祠部郎中、大丞相府墨曹参军、帅都督、平东将军、太中大夫，加抚军将军、通直散骑常侍，迁廷尉少卿。《周书·杨敷传》曰：

> 魏建义初，袭祖钧爵临贞县伯，邑四百户。除员外羽林监。大统元年，拜奉车都尉。历尚书左士郎中、祠部郎中、大丞相府墨曹参军、帅都督、平东将军、太中大夫，加抚军将军、通直散骑常侍。魏恭帝二年，迁廷尉少卿。②

北周时代，杨敷进爵为侯，增邑并前八百户，持节、蒙州诸军事、蒙州刺史，加车骑大将军、仪同三司。天和五年（570），杨敷“以勤察”进位骠骑大将军、开府仪同三司。天和六年（571），出镇汾州诸军事、汾州刺史，进爵为公，增邑一千五百户。北齐段孝先率五万大军攻城，杨敷殊死抵御，兵败被俘，郁郁而终。其子杨素，素有文武才略，北周末年，任上柱国、清河郡公，成为隋王朝著名的政治家。

（3）杨牧一系子嗣杨绍：西魏、北周军政柱国

杨绍系东汉太尉杨震之子杨牧一系子嗣，其曾祖杨兴，任北魏新平郡守。《新唐书·宰相世系》云：“观王房本出渠孙兴，后魏新平郡

---

① 令狐德棻：《周书》，中华书局1971年版，第368页。

② 同上书，第599页。

守。"[①] 其祖父杨国为镇西将军，父亲杨定为新兴太守。《周书·杨绍传·校勘记》引《文馆词林》卷四五二薛道衡《后周大将军杨绍碑铭》"祖国，镇西将军。父定，新兴太守"[②]。

杨绍是北魏后期、西魏、北周时代著名的武将。《周书·杨绍传》称"绍少慷慨，有志略，屡从征伐，力战有功"[③]。北魏永安年间，"授广武将军、屯骑校尉、直荡别将"以来，以军功封平乡男爵，加征西将军、金紫光禄大夫。后又迁卫将军、右光禄大夫，进爵冠军县伯。西魏时代，杨绍"进爵为公，增邑六百户。累迁车骑将军、通直散骑常侍、骁卫将军、左光禄大夫"[④]。西魏大统十三年（547），"录前后功，增邑通前二千二百户，除燕州刺史。累迁大都督、车骑大将军、仪同三司。"[⑤] 因征伐有功，"尝奴婢一百口，进骠骑大将军、开府仪同三司，除衡州刺史，赐姓叱利氏"[⑥]。北周初年，杨绍"进位大将军"[⑦]。

综上所述，从西汉时代崛起的弘农杨氏，在东汉中后期政治位势显赫，作为经学世家，他们位登三公，与宦官集团进行了殊死对抗。建安时代，弘农杨氏作为捍卫东汉皇权的名族代表，遭受曹操势力的打击。西晋时代，弘农杨氏成为司马氏的亲信，其子孙尚官至二千石，甚至有台辅之望。但永嘉之乱后，弘农杨氏在"王与马共天下"的东晋门阀政治中失去了政治位势，以致沦落为次等士族。但弘农杨氏杨佺期凭借自己率领的雍州流民武装，成为有可能影响东晋后期门阀政治走向的重要力量。可以说，弘农杨氏虽无政治高位却有影响东晋政治大局之重势。历史机遇稍纵即逝，杨佺期兄弟没有完成历史使命，却给家族带来了灭顶之灾。而滞留北方的弘农杨氏子嗣在北朝时代，历经百般磨难，凭借着世族声望和军事才华再度崛起，成为关陇军事集团中的核心势力之一。弘农杨氏不仅加快了北朝少数民族政权的汉化进程，而且担负起了结束长达四百年分裂的历史使命，为缔造统一的大隋帝国做了充足的

① 欧阳修：《新唐书》，中华书局1975年版，第2350页。
② 同上书，第509页。
③ 同上。
④ 同上书，第500页。
⑤ 同上书，第501页。
⑥ 同上。
⑦ 同上。

准备。

三　弘农杨氏的文化习性

中古时代，以血缘和地缘关系为纽带的家族既是社会的组织形式，又是文化传承的重要方式。世族大家为了保持门第兴盛，世代承传的优势，除了在政治、经济上积极作为外，还特别重视加强对其子弟的文化教育，培养其德行和才干。[①] 这就锻造出家族的家学家风传统。尤其在国家政令不畅，学校制度废弛的时代，家族担负着传承学术文化的重任。陈寅恪先生在《隋唐制度渊源略论稿》中说："盖自汉代学校制度废弛，博士传授之风气止息以后，学术中心移于家族。"[②] 他在《崔浩与寇谦之》一文中进一步阐释说："盖有自东汉末年之乱，首都洛阳之太学，失其为全国文化学术中心之地位，而汉族至学术文化变为地方化及家门化矣。故论学术，只有家学之可言，而学术文化与大族盛门常不可分离也。"[③]

（一）初涉经史：西汉时代弘农杨氏的文化习性

《史记》《汉书》记载了西汉初创业功臣杨熹及其嫡系后裔的事迹，他们的文化面貌无从查考。弘农杨氏的奠基者杨敞初任霍光幕府司马，并受到赏识，官至丞相，具有相当的文化水准和儒学修养，这从杨敞等上书太后《奏废昌邑王》与《奏立皇曾孙》等公文中所引证的《诗经》《春秋》《周礼》等可知。杨敞的儿子杨恽受外家祖司马迁《史记》的熏陶，精通《春秋》等儒学经典，成为弘农杨氏中较早接受儒学的人物。"恽母，司马迁女也。恽始读外祖《太史公记》，颇为《春秋》。以材能称，好交英俊诸儒，名显朝廷。"[④] 杨恽在母亲——一位颇有胆识的杰出女性的教导下，开始研读外祖父司马迁的《史记》，精熟儒家历史经典《春秋》。而且，杨恽颇具文学才华，其《报孙会宗书》

① 参见钟仕伦《魏晋南北朝美育思想研究》，中国社会科学出版社 2006 年版。

② 陈寅恪：《隋唐制度渊源略论稿》，上海古籍出版社 1982 年版，第 17 页。

③ 陈寅恪：《金明馆丛稿初编》，上海古籍出版社 1980 年版，第 131 页。

④ 班固：《汉书》，中华书局 1962 年版，第 2889 页。

为汉文学之名篇。这是弘农杨氏家族涉经史的开端，在东汉时代弘农杨氏成为文化世族。

（二）“尚经术，慕节义”：东汉时代弘农杨氏的文化习性

杨恽获罪后，政治上失势的弘农杨氏子嗣检讨自身行为，更加重视自身的道德修养。杨谭之子、杨震之父杨宝便是极具代表性的关键人物。《续齐谐记》所记载的杨宝黄雀白环的传说，就透露了杨氏家族的这一转向。《后汉书·杨震传》李贤注引《续齐谐记》曰：“宝年九岁时，至华阴山北，见一黄雀为鸱枭所搏，坠于树下，为蝼蚁所困。宝取之以归，置巾箱中，唯食黄花，百余日毛羽成，乃飞去。其夜有黄衣童子向宝再拜曰：‘我西王母使者，君仁爱救拯，实感成济。’以白环四枚与宝：‘令君子孙洁白，位登三事，当如此环矣。’”[①] 弘农杨氏子嗣明经学，崇道德、尚气节，逐步凝聚成“尚经术，慕节义”的家风传统。顾炎武《日知录》“两汉风俗”条中云：“以故东汉之世，虽人才之倜傥不及西京，而士风家法，似有过于前代。”[②] 弘农杨氏家族子嗣中倜傥风流不及前代之杨恽，却以“能守家风，为世所贵”（李贤注引华峤《后汉书》语）。弘农杨氏的文化习性，具体有以下四个方面的内容。

第一，明《经》通《传》。杨震的父亲杨宝“习《欧阳尚书》，哀、平之世，隐居教授”[③]。虽然杨宝亡故较早，杨震年纪尚幼，但他深受父亲的影响，十分好学。后来拜著名学者桓郁为师，学习《欧阳尚书》。因为勤奋，能“明经博览，无不穷究”，而赢得东京诸儒的激赏，“诸儒为之语曰：‘关西孔子杨伯起。’”[④] 如其中子杨秉“少传父业，兼明《京氏易》，博通书传”[⑤]。其少子杨奉，“笃志博闻，议者以为能世其家。”[⑥] 其孙杨赐亦能“少传家学，笃志博闻”[⑦]。其曾孙杨

---

① 范晔：《后汉书》，中华书局1965年版，第1759页。

② 顾炎武著，陈垣校注：《日知录校注》，安徽大学出版社2007年版，第720页。

③ 范晔：《后汉书》，第1759页。

④ 同上。

⑤ 同上书，第1769页。

⑥ 同上书，第1769页。

⑦ 同上书，第1775页。

彪，也能“少传家学”[①]。从上述记载可见，弘农杨氏以《欧阳尚书》为家学，兼明《易》学，傍涉书传，代代相承。

第二，笃志教授。杨震热爱教育事业，“常客居于湖，不答州郡礼命数十年，众人谓之晚暮，而震志愈笃”[②]。弘农杨氏子孙多能继承家业，如杨秉“常隐居教授”[③]。杨赐“常退居隐约，教授门徒”[④]。杨众，“敷早卒，子众，亦传先业”[⑤]。可见，弘农杨氏虽贵至三公，其子孙不浮华，不进竞，能弦歌不辍，笃志于教授事业。

第三，清廉洁正。弘农杨氏以“洁白”著称。宗族流传着先祖杨宝少年救黄雀，黄衣童子赠环的故事。杨震为人廉洁，拒不受馈。他早在湖城教授时期，力耕种植，学生中有人偷偷帮他种植蓝物，他立即拔掉，并且拒绝后继者。《后汉书·杨震传》李贤注引《续汉书》曰：“少孤贫，独与母居，假地种殖，以给供养，诸生尝有助种蓝者，震辄拔，更以距其后，乡里称孝。”[⑥] 杨震任东莱太守，上任途中路过昌邑县，县令王密是杨震的学生，因杨震推荐而出仕。为了答谢知遇之恩，王密深夜到驿馆拜见杨震，并以巨额金钱相送，他义正词严地谢绝了。可见其清廉品质和道德操守。《后汉书·杨震传》曰：“当之郡，道经昌邑，故所举荆州茂才王密为昌邑令，谒见，至夜怀金十斤以遗震。震曰：‘故人知君，君不知故人，何也？’密曰：‘暮夜无知者。’震曰：‘天知，神知，我知，子知。何谓无知！’密愧而出。”[⑦] 杨震居官期间，不治产业，家人常蔬食步行，有故旧长者劝其治产业，为子孙谋。杨震不肯，而是希望为子孙留得“清白”之誉。《后汉书·杨震传》曰：“子孙常蔬食步行，故旧长者或欲令为开产业，震不肯，曰：‘使后世称为清白吏子孙，以此遗之，不亦厚乎！’”[⑧] 正是杨震言传身教，其子孙也以廉洁称。杨震之子杨秉官至太尉，为官刚正不阿，清廉自养，提

---

① 范晔：《后汉书》，中华书局1965年版，第1786页。
② 同上书，第1759页。
③ 同上书，第1769页。
④ 同上书，第1775页。
⑤ 同上书，第1769页。
⑥ 同上书，第1760页。
⑦ 同上。
⑧ 同上。

出“三不惑”。《后汉书·杨震传附杨秉传》曰：“自为刺史、二千石，计日受奉，余禄不入私门。故吏赍钱百万遗之，闭门不受。以廉洁称。”[①]“秉性不饮酒，又早丧夫人，遂不复娶，所在以淳白称。尝从容言曰：‘我有三不惑：酒，色，财也。’”[②] 杨震子孙虽贵为三公，却不骄奢淫逸，不浮躁奔竞，能持廉洁之操守，故为世人所贵。华峤《后汉书》曰：“东京杨氏、袁氏，累世宰相，为汉名族。然袁氏车马衣服极为奢僭；能守家风，为世所贵，不及杨氏也。”[③] 因此，弘农杨氏赢得了“载德”之誉（范晔《后汉书》曰：“杨氏载德”）。

第四，辅国以忠。东汉政治格局中存在着三股政治力量。一是外戚集团；二是宦官集团；三是具有儒学信仰的公卿名臣。外戚集团和宦官集团往往成为幼主依赖的政治势力，外戚集团和宦官集团常争权夺势，水火不容。具有儒学信仰的公卿名臣更容易和外戚集团合作，对抗名声狼藉的宦官势力，以维护朝廷纲纪。弘农杨氏就是“辅国以忠”的公卿名臣。这主要表现在两个方面：一是对抗得势的宦官集团或军阀势力。“邓太后崩，内宠始横。安帝乳母王圣，因保养之勤，缘恩放恣；圣子女伯荣出入宫掖，传通奸赂。”[④] 杨震上疏请出王圣，要求安帝收回王圣之女——伯荣的丈夫刘环的侯爵，坚决抵制外戚们有悖礼法纲常的人事请托。太尉杨秉在“是时宦官方炽，任人及子弟为官，布满天下，竞为贪淫，朝野嗟怨”的时候，上疏要求廉察，他的建议得到桓帝批准。“帝从之。于是秉条奏牧守以下匈奴中郎将燕瑗、青州刺史羊亮、辽东太守孙諠等五十余人，或死或免，天下莫不肃然。”[⑤]杨秉弹劾气焰方炽的中常侍侯览、具瑗，迫使桓帝罢免侯览官职，削去具瑗的封国。杨赐在灵帝时代，于金商门崇德署答诏问，指斥宦官中常侍乐松、任芝等，因得罪宦官曹节等人被免。杨彪在献帝时代，不畏强权，指斥董卓的迁都之议。“明年，关东兵起，董卓惧，欲迁都以违其难。乃大会公卿议曰：‘高祖都关中十有一世，光武宫洛阳，于今亦十世

① 范晔：《后汉书》，中华书局1965年版，第1769页。
② 同上书，第1775页。
③ 同上书，第1790页。
④ 同上书，第1761页。
⑤ 同上书，第1772页。

矣。案《石包谶》，宜徙都长安，以应天人之意。’百官无敢言者。彪曰：‘移都改制，天下大事，故盘庚五迁，殷民胥怨。昔关中遭王莽变乱，宫室焚荡，民庶涂炭，百不一在。光武受命，更都洛邑。今天下无虞，百姓乐安，明公建立圣主，光隆汉祚，无故捐宗庙，弃园陵，恐百姓惊动，必有糜沸之乱。石包室谶，妖邪之书，岂可信用？’”[①]

二是敢于规劝皇帝的越制行为。杨震及其子孙怀着儒学信仰，运用今文经学的“经世致用”理路，及时规劝皇帝的越制行为。杨震针对安帝纵容乳母王圣等人，希望皇帝能“惟陛下绝婉娈之私，割不忍之心，留神万机，诫慎拜爵，减省献御，损节征发。令野无鹤鸣之叹，朝无小明之悔，大东不兴于今，劳止不怨于下。拟踪往古，比德哲王，岂不休哉！”[②] 刘环因娶王圣之女伯荣而袭其从弟刘护的爵位，杨震上疏批评：“臣闻高祖与群臣约，非功臣不得封，故经制父死子继，兄亡弟及，以防篡也。伏见诏书封故朝阳侯刘护再从兄环袭护爵为侯。护同产弟威，今犹见在。臣闻天子专封封有功，诸侯专爵爵有德。今环无佗功行，但以配阿母女，一时之闲，既位侍中，又至封侯，不稽旧制，不合经义，行人喧哗，百姓不安。陛下宜览镜既往，顺帝之则。”[③] 杨震从今文经术的思维解释地震，批评皇帝亲近佞臣，导致佞臣们“骄溢逾法，多请徒士，盛修第舍，卖弄威福。道路讙哗，众所闻见”，希望安帝能“唯陛下奋干刚之德，弃骄奢之臣，以掩訞言之口，奉承皇天之戒，无令威福久移于下”[④]。杨秉针对桓帝轻率微服去跋扈的梁冀之子梁胤府舍，规劝皇帝。

弘农杨氏家族正是凭借这种文化习性提升了政治位势，成为“四世三公”的政治世族。

（三）风气新变：建安时代弘农杨氏的文化习性

东汉后期，经过轮番洗牌后，以何进为代表的外戚集团被宦官势力诛杀，而后宦官势力被袁绍彻底绞杀，儒学名臣在党锢之祸中元气大

---

① 范晔：《后汉书》，中华书局 1965 年版，第 1786—1787 页。

② 同上书，第 1761 页。

③ 同上书，第 1761—1762 页。

④ 同上书，第 1765 页。

伤，国家权柄被董卓这样的军阀势力所把持。东汉各地方豪强纷纷纠集武力，出现“十八路诸侯”割据的混乱局面。“今王室大坏，九州幅裂，乱靡有定，生民无几。”[①] 曹操就是在这种板荡时局中崛起的政治势力，他凭借着“唯才是举”的原则，逐鹿中原。在“唯才是举”的时代，杨修凭借其才能，实现了人生理想，提高了家族声望。建安时代，弘农杨氏人物杨修身上发生了两大新变。

1. **以才干称**。杨修凭借自己出众的才华，赢得了魏武帝曹操的称誉，成为曹操集团中炙手可热的人物。《三国志·陈思王传》裴注引《世语》：“修年二十五，以名公子有才能，为太祖所器。”[②] 就连太子曹丕及诸人也争着交结杨修。《三国志·陈思王传》裴注引《典略》：“杨修字德祖，太尉彪子也。谦恭才博，建安中，举孝廉，除郎中，丞相请署仓曹属主簿。是时，军国多事，修总知内外，事皆称意。自魏太子已下，并争与交好。”[③]

2. **观念自由**。杨修与父祖杨彪、杨赐、杨秉、杨震相比较，已经脱去了儒学的思想桎梏，成为洒脱倜傥的名士。父亲杨彪以“东京名族”，从骨子里鄙视曹操这样出身低微的人，何况曹操“赘阉遗丑”（陈琳《为袁绍檄豫州》语）。曹操虽在群雄逐鹿中胜出，迎天子献帝到许都，但在杨彪的眼中，曹操俨然暴发户一般。这才会在“天子新迁，大会公卿”的大会上，看到曹操上殿，流露出鄙夷的眼光。面对曹操“挟天子以令诸侯”，杨彪无能为力，只能称病引退，而杨修并无这等僵化的顽固观念，乐于为曹操效命。从伦理道德的角度看，范晔在《后汉书》中说“修虽才子，渝我淳则”；但从家族适应时代发展的角度看，杨修这种自由通脱的观念，符合了时代的新要求，因此能够扭转家族式微的局面。

（四）染玄渐武：两晋时代弘农杨氏的文化习性

杨修在曹丕、曹植争储中被杀后，弘农杨氏子嗣备受曹魏皇族猜

---

① 应劭撰，吴树平校释：《风俗通义校释》，天津古籍出版社 1980 年版，第 1 页。

② 陈寿：《三国志》，中华书局 1959 年版，第 560 页。

③ 同上书，第 588 页。

忌、排挤，而在西晋时期，却成为司马氏极力拉拢的对象。杨修之子杨嚣成为晋武帝的心腹，曾任典军将军。弘农杨氏与皇室司马氏结为婚姻，杨文宗之女杨艳、杨骏之女杨芷均入宫立为晋武帝皇后，晋惠帝系元皇后杨艳之子。杨骏等曾以外戚身份显赫一时，旋即失败被杀。八王之乱中，杨修之孙杨准虽外任冀州刺史，却"纵酒，不以官事为意，逍遥卒岁而已"，渐染玄学名士习气。《三国志·陈思王传》裴注引荀绰《冀州记》曰："准见王纲不振，遂纵酒，不以官事为意，逍遥卒岁而已。成都王知准不治，犹以其为名士，惜而不责，召以为军谋祭酒。府散停家，关东诸侯议让以准补三事，以示怀贤尚德之举。事未施行而卒。"[①] 杨准与著名的玄学名士裴颀、乐广友情甚笃。《世说新语·品藻篇第九》曰："冀州刺史杨准二子乔与髦，俱总角为成器。准与裴颀、乐广友善，遣见之。颀性弘方，爱乔之有高韵，谓准曰：'乔当及卿，髦小减也。'广性清淳，爱髦之有神检，谓准曰：'乔自及卿，然髦尤精出。'准笑曰：'我二儿之优劣，乃裴、乐之优劣。'论者评之，以为乔虽高韵，而神检不逮；乐言为得。然并为后出之俊。"[②] 可见，裴颀、乐广赏评杨准二子杨乔、杨髦，皆是以杨准为参照的。杨乔与其父杨准皆有"高韵"，即玄学中追求的玄远冲淡之旨。杨髦不仅有"高韵"，更有"神检"。在玄学家乐广看来，杨髦远过其父兄杨准、杨乔。《世说新语》刘孝标注引《八王故事》曰："杨准有六子，曰乔、髦、朗、琳、俊、伸，皆得美名，论者以为悉有台辅之望。文康庾公每追叹曰：'中朝不乱，诸杨作公未已也！'"[③] 杨准之子杨朗，受到东晋高门甲族名士的赏识，司徒蔡谟也有"若使中朝不乱，杨氏作公方未已"之叹，谢安称赞杨朗有"大才"[④]，大将军王敦在给丞相王导的信中称："世彦识器理政，才隐明断。既为国器，且是杨侯准之子。位望殊为陵迟，卿亦足与之处。'"[⑤] 虽然杨朗从大将军王敦谋反被俘，但得以赦免。后来

① 陈寿：《三国志》，中华书局 1959 年版，第 561 页。

② 徐震堮：《世说新语校笺》，中华书局 1984 年版，第 276 页。

③ 同上书，第 251 页。

④ 同上。

⑤ 同上书，第 249—250 页。

曾兼任尚书三公曹，任命了十多人做属吏。“于时称其知人。”① 可见，杨朗精通识鉴之学。

永嘉之乱后，弘农杨氏家族有滞留北方者，如杨准之孙、杨俊之子杨亮，在五胡的铁骑中为了结坞自保，渐开崇武之风。虽仕于姚襄政权，后归东晋。前已揭其战功。其子杨广、杨思平“皆强犷粗暴”、杨佺期“沈勇果劲”，“崇武”之风甚笃。尤其杨佺期以次等士族统帅襄阳的流民武装，在东晋中后期的政治、军事格局中占有一席之地。杨佺期依附于门阀士族之间，在对抗桓玄的战斗中，战败被杀。“弟思平，从弟尚保、孜敬，俱逃于蛮。……思平、尚保后亦以罪诛，杨氏遂灭。”② 由此，弘农杨氏子嗣湮没无闻于南朝。

（五）崇文尚武：北朝时代弘农杨氏的文化习性

如前所说，永嘉之乱后，滞留北方的弘农杨氏在十六国时代，渐开尚武之风。弘农杨氏杨奉一系子孙杨珍、杨继兄弟在中山国败亡后奔北魏，受到北魏政权的礼遇，“即为上客，给田宅，赐奴婢马牛羊，遂成富室”③。杨珍、杨继及其子孙得到北魏政权的任用，如杨珍曾任上谷太守，杨珍之子杨真曾任河内、清河二郡太守。杨珍之孙杨懿，曾任广平太守。可以说，北魏政权的礼遇为弘农杨氏家族持续世族化提供了宽松的政治环境和物质保障。弘农杨氏子孙也赢得了更高的政治位势，一方面强化世族文化传统，壮大家族的文化影响力；另一方面不遗余力地修习武功。

杨氏家族崇俭戒奢，清白传家。杨椿在《诫子孙》中回忆说：“国家初，丈夫好服彩色。吾虽不记上谷翁时事，然记清河翁时服饰，恒见翁著布衣韦带，常约敕诸父曰：‘汝等后世，脱若富贵于今日者，慎勿积金一斤、彩帛百匹已上，用为富也。’又不听治生求利，又不听与势家作婚姻。至吾兄弟，不能遵奉。今汝等服乘，以渐华好，吾是以知恭俭之德，渐不如上世也。”④ 杨播兄弟门风纯厚，礼仪森然，正如杨椿

---

① 徐震堮：《世说新语校笺》，中华书局1984年版，第219页。

② 房玄龄：《晋书》，中华书局1974年版，第2201—2202页。

③ 魏收：《魏书》，中华书局1974年版，第1289页。

④ 同上书，第1290—1291页。

所说的："又吾兄弟若在家，必同盘而食；若有近行，不至，必待其还，亦有过中不食，忍饥相待。吾兄弟八人，今存者有三，是故不忍别食也。又愿毕吾兄弟世，不异居、异财，汝等眼见，非为虚假。"[①] 史臣称赞道："播家世纯厚，并敦义让，昆季相事，有如父子。播刚毅。椿、津恭谦，与人言，自称名字。兄弟旦则聚于厅堂，终日相对，未曾入内。有一美味，不集不食。厅堂间，往往帏幔隔障，为寝息之所，时就休偃，还共谈笑。"[②] 杨播家族重视文化教育，家族开设学馆，"愔一门四世同居，家甚隆盛，昆季就学者三十余人。学庭前有柰树，实落地，群儿咸争之，愔颓然独坐。其季父暐适入学馆，见之大用嗟异，顾谓宾客曰：'此儿恬裕，有我家风。'"[③] 杨播从子、杨津之子杨愔"六岁学史书，十一受《诗》、《易》，好《左氏春秋》。"[④]"幼丧母，曾诣舅源子恭，子恭与之饮，问读何书，曰：'诵《诗》。'子恭曰：'诵至《渭阳》未邪？'愔便号泣感噎，子恭亦对之歔欷，遂为之罢酒。子恭后谓津曰：'常谓秦王不甚察慧，从今已后，更欲刮目视之。'"[⑤] 杨愔受到从兄杨昱的器重。"愔从父兄黄门侍郎昱特相器重，曾谓人曰：'此儿齿未落，已是我家龙文。更十岁后，当求之千里外。'昱尝与十馀人赋诗，愔一览便诵，无所遗失。及长，能清言，美音制，风神俊悟，容止可观。人士见之，莫不敬异，有识者多以远大许之。"[⑥] 杨愔从兄杨昱言对得宜，四座皆叹服。《魏书·杨播传附杨昱》记载："尚书令王肃除扬州刺史，出顿于洛阳东亭，朝贵毕集，诏令诸王送别，昱伯父播同在饯席。酒酣之后，广阳王嘉、北海王详等与播论议竞理，播不为之屈。北海顾谓昱曰：'尊伯性刚，不伏理，大不如尊使君也。'昱前对曰：'昱父道隆则从其隆，道洿则从其洿；伯父刚则不吐，柔亦不茹。'一坐叹其能言。肃曰：'非此郎，何得申二公之美也。'"[⑦] 杨昱曾引《春秋》，辩驳从兄杨深事。"侃兄深，时为徐州行台，府州咸

---

① 魏收：《魏书》，中华书局1974年版，第1290—1291页。
② 同上书，第1302页。
③ 李百药：《北齐书》，中华书局1972年版，第453页。
④ 同上。
⑤ 同上。
⑥ 同上。
⑦ 魏收：《魏书》，第1291页。

欲禁深。昱曰：‘昔叔向不以鲋也见废，《春秋》贵之。奈何以侃罪深也？宜听朝旨。’”[①] 可见，杨昱谙熟《春秋》等儒家典籍。史称杨播之子杨侃“颇爱琴书，尤好计画。时播一门，贵满朝廷，儿侄早通，而侃独不交游，公卿罕有识者。亲朋劝其出仕，侃曰：‘苟有良田，何忧晚岁，但恨无才具耳。’”[②] 杨播从子杨辩“有风度才学”[③]。北朝时期的弘农杨氏家族不仅重视礼法、门风和家学，还能研习武略。如前所述，在北魏时期出仕的弘农杨氏30余人中，便有11人先后历42任五品以上将军。[④] 杨播、杨椿、杨津兄弟皆有武略，征战疆场，名垂史册。西魏、北周时期，弘农杨氏杨忠、杨坚、杨宽、杨穆、杨绍等人皆任军界要职，成为关陇军事集团的核心力量。

四　弘农杨氏的文学观念

一个家族对文学的认知必将受到整个时代文学观念的影响。弘农杨氏崛起于楚汉之争的乱局时代，“尚军功”而“轻艺文”，不将精力心血放到文学方面。汉武帝时代，儒学思想被确立为统治思想后，仍施行着“以经术润饰吏事”的策略。昭宣二帝时代，继承武帝衣钵，强调“霸王道”的治国思想，弘农杨氏家族由军功贵族渐变为文吏官宦家族。弘农杨氏以“吏事”为务，如杨敞参与废昌邑王立宣帝的政治事件，如杨恽整饬郎官制度。虽然杨恽受到外祖父司马迁《史记》的影响，对儒家经典《春秋》颇有研究，但这还是顺应“霸王道”政治需要的。杨恽也是弘农杨氏家族中第一位文学家，他的《报孙会宗书》系汉文学名篇，被录入《昭明文选》。有趣的是，《昭明文选》将其文列于《司马子长报任少卿书》之后，可以见出，外祖、孙二人之间的渊源。吴北江称：“子幼学业，渊源外祖，此文亦脱胎《报任安书》，而悍厉过之，乃其获罪之由。而文字俊美，夐绝千古矣。”[⑤] 杨恽在

① 魏收：《魏书》，中华书局1974年版，第1293页。
② 同上书，第1281页。
③ 同上书，第1293页。
④ 陶新华：《魏晋南北朝弘农杨氏的发展道路》，《杭州师范学院学报》1998年第2期。
⑤ 高步瀛：《两汉文举要》，中华书局1990年版，第166页。

《报孙会宗书》中讲述了其沉浸在诗、酒、舞等艺术生活中的情景：

> 家本秦也，能为秦声。妇，赵女也，雅善鼓瑟。奴婢歌者数人，酒后耳热，仰天拊缶而呼乌乌，其诗曰："田彼南山，芜秽不治。种一顷豆，落而为萁。人生行乐耳，须富贵何时！"是日也，拂衣而喜，奋袖低卬，顿足起舞……[①]

当然，这并不意味着杨恽具有清晰的文学意识，只不过是其外祖父司马迁所云的"皆意有所郁结，不得通其道"（《报任安书》语）而已。因为两汉时代的文学观念、文学意识根本不具备自觉的条件。随着西汉元成二帝的提倡，经学思想极为昌盛。皮锡瑞《经学历史》曰：

> 天下学士靡然向风。元帝犹好儒生，韦、匡、贡、薛，并致辅相，自后公卿之位未有不从经术进者……四海之内学校如林。汉末太学诸生至三万人，为古来未有之盛事。[②]

尤其在东汉初年光武皇帝刘秀鉴于经术信仰日渐崩溃，改而"尊崇节义，敦厉名实"，儒学思想得到了更新。

东汉时期，弘农杨氏以"明《经》通《传》"和"笃志教育"为家族事业，提升了家族的文化水准，成为著名的文化家族，弘农杨氏在文学方面乏善可陈，而致意于经术政治。我们从杨震死前的遗言中就可以看出，他遗憾不能诛杀"奸臣狡猾"，不能禁止"嬖女倾乱"。他说："死者士之常分。吾蒙恩居上司，疾奸臣狡猾而不能诛，恶嬖女倾乱而不能禁，何面目复见日月！身死之日，以杂木为棺，布单被裁足盖形，勿归冢次，勿设祭祠。"[③] 杨震之死，颇有殉道的意味。范晔《后汉书》并未记载杨震、杨秉、杨赐、杨彪文章卷数。在《隋书·经籍志》中，除杨修外，无弘农杨氏任何著述的记载。这说明弘农杨氏的文学观念十

---

① 班固：《汉书》，中华书局1962年版，第2896页。

② 皮锡瑞：《经学历史》，中华书局1959年版，第101页。

③ 范晔：《后汉书》，中华书局1965年版，第1766页。

分淡薄。据《三辅黄图》一书知，杨震尚著有《关辅古语》[①]，但此书在刘宋时代已经佚失。清代学者严可均是从《后汉书》中辑录出杨震、杨秉、杨赐、杨彪等文章若干篇的，均是与政治有关的疏奏之文，非有意为文。可以说，自杨震始，弘农杨氏连广义的文学都乏善可陈，何遑辞赋等艺文？

弘农杨氏不仅疏于著述，而且公开批判辞赋、艺文等。杨赐上疏批判“鸿都门学”，即是明证。关于“鸿都门学”，《后汉书》仅有两处记载。《后汉书·灵帝纪》曰：

> 光和二年“二月始置鸿都门学生。注：鸿都，门名也，于内置学。时其中诸生，皆敕州、郡、公举召能为尺牍辞赋及工书鸟篆者相课试，至千人焉。”[②]

《后汉书·蔡邕传》曰：

> 初，帝好学，自造《皇羲篇》五十章，因引诸生能为文赋者。本颇以经学相招，后诸为尺牍及工书鸟篆者，皆加引召，遂至数十人。侍中祭酒乐松、贾护，多引无行趣势之徒，并待制鸿都门下，喜陈方俗闾里小事，帝甚悦之，待以不次之位。[③]

从上述资料中可以看出，鸿都门学是灵帝开设的书法、绘画、辞赋创作的文艺型学府。[④] 杨赐上疏批判“鸿都门学”曰：

> 又鸿都门下，招会群小，造作赋说，以虫篆小技见宠于时，如驩兜、共工更相荐说，旬月之闲，并各拔擢，乐松处常伯，任芝居

---

① 《三辅黄图》中引杨震《关辅古语》三则：卷二《汉宫》两则，卷四一则（何清谷：《三辅黄图校释》，中华书局2005年版，第130、143、254页）。

② 范晔：《后汉书》，中华书局1965年版，第340—341页。

③ 同上书，第1991—1992页。

④ 参见胡旭《汉魏文学嬗变研究》（厦门大学出版社2004年版）之“鸿都门学”一节。

纳言。蝈俭、梁鹄俱以便辟之性，佞辩之心，各受丰爵不次之宠，而令搢绅之徒委伏畎亩，口诵尧舜之言，身蹈绝俗之行，弃捐沟壑，不见逮及。冠履倒易，陵谷代处，从小人之邪意，顺无知之私欲，不念《板》、《荡》之作，《虺》《蜴》之诫。殆哉之危，莫过于今。①

杨赐批判"鸿都门学"的理由，一是受其根深柢固的传统观念的影响，轻视文学艺术。他认为书法、音乐、绘画、辞赋等艺术与经世致用无关，属于小道末技。二是因等级观念的影响，鄙视出身下层的艺术家的道德品行。其中不乏"无行趣势之徒"，且"喜陈方俗闾里小事"。这在杨赐看来，不利于劝导灵帝。三是鸿都门学诸生多由宦官引荐。杨赐这样的儒学名臣与声名狼藉的宦官水火不容，故而憎恶由宦官引荐的鸿都门学的诸生们。在杨赐看来，灵帝对鸿都门学的诸生们多加提拔，会破坏整个社会的等级制度，甚至危害到国家安全。在弘农杨氏的思想观念和人生价值中，以经术为尚、以政治为重，鄙薄书法、绘画、音乐、辞赋等艺文，这说明弘农杨氏的文学观念十分淡薄，整个东汉时代的文学观念也是如此。刘勰《文心雕龙·时序篇》论述曰：

然中兴之后，群才稍改前辙；华实所附，斟酌经辞；盖历政讲聚，故渐靡儒风者也。降及灵帝，时好辞制，造《羲皇》之书，开鸿都之赋。而乐松之徒，招集浅陋；故杨赐号为"驩兜"，蔡邕比之"俳优"。其余风遗文，盖蔑如也。②

建安时代，风起云涌，风气大变。"建安之末，区宇方辑。魏武以相王之尊，雅爱诗章；文帝以副君之重，妙善辞赋；陈思以公子之豪，下笔琳琅。并体貌英逸，故俊才云蒸：仲宣委质于汉南，孔璋归命于河北；伟长从宦于青土，公干徇质于海隅；德琏综其斐然之思，元瑜展其翩翩之乐；文蔚、休伯之俦，于叔、德祖之侣，傲雅觞豆之前，雍容衽

① 范晔：《后汉书》，中华书局1965年版，第1780页。

② 范文澜：《文心雕龙注》，人民文学出版社1958年版，第673页。

席之上，洒笔以成酣歌，和墨以藉谈笑。观其时文，雅好慷慨；良由世积乱离，风衰俗怨，并志深而笔长，故梗概而多气也。”[①] 在这样的时代中，弘农杨氏出现了一代文学大家——杨修。杨修受建安风气的感染，开始改变家族轻视文学的传统观念。《后汉书·杨震传附杨修传》曰：“（杨）修所著赋、颂、碑、赞、诗、哀辞、表、记、书凡十五篇。”[②]《隋书·经籍志》录《杨修集》一卷。[③] 杨修的文学才华引起曹植的关注，曹植认为杨修“高视上京”，可与建安诸子较短长，他说：

> 然今世作者，可略而言也。昔仲宣独步于汉南，孔璋鹰扬于河朔，伟长擅名于青土，公干振藻于海隅，德琏发迹于大魏，足下高视于上京。(《与杨祖德书》)[④]

杨修是否和建安七子并驾齐驱，我们姑且不论。但对弘农杨氏家族来说，终于出现了以文学著称的人物，开始重视文学（辞赋）创作。据《后汉书·杨震传附杨修传》记载，杨修有诗赋等著述15篇，数量虽不多，但与其先祖相比，已经是伟大的进步了。杨修作品至今仅存《许昌宫赋》《节游赋》《神女赋》《出征赋》《孔雀赋》及《答临淄侯笺》《司空荀爽述赞》等7篇，且多残帙。

杨修是一位早慧的贵公子，今存的《司空荀爽述赞》作于汉献帝初平三年（192），年仅18岁。[⑤]“赞”是古代的一种文体，其对象主要是人。刘勰《文心雕龙·颂赞篇》曰：

> 然本其为义，事生奖叹，所以古来篇体，促而不广，必结言于四字之句，盘桓乎数韵之辞；约举以尽情，昭灼以送文，此其体也。[⑥]

---

① 范文澜：《文心雕龙注》，人民文学出版社1958年版，第673—674页。

② 范晔：《后汉书》，中华书局1965年版，第1790页。

③ 《隋书·经籍志》录后汉文士文集多达70部，弘农杨氏仅有《杨修集》。

④ 赵幼文：《曹植集校注》，人民文学出版社1984年版，第153页。

⑤ 参见曹道衡、沈玉成《中古文学史料丛考》“杨修事迹”条，中华书局2003年版，第20页。

⑥ 范文澜：《文心雕龙注》，第158—159页。

年仅 18 岁的杨修，已经十分熟悉“赞”体的创作规范，并能以“四言之句”“数韵之辞”来彰明汉司空荀爽的德行。尤其注意的是，杨修称赞荀爽能“砥心《六经》，探索道奥，瞻乾坤而知阴阳之极，载而集之，独说十万余言”，就是说杨修极重视文章著述。这意味着青年杨修的文学（著述）观念趋于自觉。杨修的《司空荀爽述赞》虽称不上名篇，但文辞清峻，韵律和谐。可见，年轻的杨修已具有极强的文字驾驭能力。

《许昌宫赋》作于建安初年，“建安元年九月始迁都许昌，宗庙社稷制度初立。作为新宫，须费时日，或在建安三年前后竣工”[①]。杨修选择“赋体”写许昌宫，是有规可循的。汉世已经出现了像班固的《两都赋》、张衡的《二京赋》、扬雄的《甘泉赋》和王延寿的《鲁灵光殿赋》佳构宏制，杨修以《许昌宫赋》追蹑前贤。从今存的《许昌宫赋》中，我们可以看出许昌宫的规制和天子威仪。《许昌宫赋》远不及《两都赋》《二京赋》“明绚富丽”，也不及《甘泉赋》“深玮”，更不及《鲁灵光殿赋》那般“含飞动之势”。这并不是杨修文学才华匮乏，而是赋写之对象许昌宫规模远不及前者宏大。尤其是，文中想象汉献帝入住许昌宫后，面对春风，临窗而坐，身后是绘着斧形花纹的屏风，俯着身子查看玉几上的地图，神情凝重，想往日兴隆，极为传神。

杨修的《神女赋》作于建安十三年。时杨修随曹操大军南征至江陵。[②] 同时代的文学家陈琳、王粲皆有《神女赋》（《艺文类聚》卷七九），应是同时同题之作。[③] 杨修受同僚文士陈琳、王粲等人的感发而为此赋。赋中极尽神女美貌多情之能事，以及自己垂慕不已、进退失据的复杂心理。杨修的《神女赋》虽不比曹植《洛神赋》情绪浓烈、辞藻丽雅，但气氛颇为妙曼。况且时间上早于曹植的《洛神赋》（曹植《洛神赋》作于黄初三年），为其先鞭。

建安九年，曹操攻克邺城后，将大本营移至邺城。建安十三年冬，

---

① 参见曹道衡、沈玉成《中古文学史料丛考》，中华书局 2003 年版，第 20 页。

② 同上。

③ 同上书，第 66 页。

曹操攻克荆州，流寓南方的大批文士遂得北还，邺下文人集团得以形成。杨修是邺下文人集团中唯一一位关中籍文士，他的《出征赋》《节游赋》《孔雀赋》诸赋皆为邺下同游之作。《出征赋》有“公命临淄，守于邺都”句，据《三国志·武帝纪》建安十九年“秋七月，公征孙权”记载，及《三国志·陈思王曹植传》“十九年，徙封临淄侯，太祖征孙权，使植留守邺，戒之曰：‘吾昔为顿丘令，年二十三。思此时所行，无悔于今。今汝年亦二十三，可不勉与’”的记载，知杨修《出征赋》作于建安十九年七月间。杨修《出征赋》以辞赋形式赞美曹操出征的声威及临淄侯曹植守邺的勤勉。

在《孔雀赋》中，杨修借世人对孔雀前后的不同态度，寄予着对临淄侯曹植的同情。曹植在建安二十二年失其父曹操的宠爱。由此可知，杨修此赋作于建安二十二年以后。[①] 正如徐公持先生所论：“其时曹植已失父宠，‘世人’态度自不免随之有所改变，故曹植有‘世人之待士，亦咸如此’之感慨。而杨修当时仍与曹植保持着较密切的关系，足见其重义之风。”[②]

《节游赋》应是与曹植等邺下文人相互酬唱之作。[③] 赋中写到自己在闲暇之余，与邺下文人同游北园。北园中天高气爽，百卉滋生，彷徨于林中，赏奇树异花。御舟载笑，欢欣至极，乘车而返。《节游赋》颇具“至于草区禽族，庶品杂类，则触兴致情，因变取会。拟诸形容，则言务纤密；象其物宜，则理贵侧附。斯又小制之区畛，奇巧之机要也”（《文心雕龙·诠赋篇》）的规制，开骈俪赋之先声。

杨修《答临淄侯笺》作于建安二十一年。[④] 临淄侯曹植写信给杨修，其中有“仆少好词赋，迄至于今二十有五年矣”句，可见《与杨德祖书》作于曹植二十五岁。据《三国志·陈思王曹植传》“十九年，

---

① 参见曹道衡、沈玉成《中古文学史料丛考》，中华书局2003年版，第20—21页。

② 徐公持：《魏晋文学史》，人民文学出版社1999年版，第135页。徐公持认为曹植失父宠在建安二十一年，不确。《三国志·陈思王曹植传》有“二十二年，……由是重诸侯科禁，而植宠日衰”的记载。

③ 《曹植集》中有《节游赋》。赵幼文先生曰：“考《艺文类聚》卷二十八引杨修《节游赋》，未见王粲、徐干之作，疑此赋作于诸人逝世之后……故疑此赋或创制于建安二十二年大疫之后。”

④ 参见曹道衡、沈玉成《中古文学史料丛考》，第20—21页。

徙封临淄侯，太祖征孙权，使植留守邺，戒之曰：‘吾昔为顿丘令，年二十三。思此时所行，无悔于今。今汝年亦二十三，可不勉与’”[①] 记载知，曹植二十三岁为建安十九年。由此可推出，曹植的《与杨德祖书》作于建安二十一年。杨修的《答临淄侯笺》也应作于这一年。

杨修在《答临淄侯笺》的书信中阐发了自己的论文见解，徐公持先生曰：“此笺采润固稍逊植书，而气韵流贯，词义通达，则有过之；二人同为才子，杨修显出更为老到成熟，此中差异，固是性格学养使然，抑亦杨修年事稍长之故欤？”[②]《答临淄侯笺》标志着弘农杨氏家族的文学观念的变化。

其文有两点值得注意，其一：论文已涉及作文之人的精神个性。《答临淄侯笺》曰：

> 伏惟君侯，少长贵盛，体发、旦之资，有圣善之教。远近观者，徒谓能宣昭懿德，光赞大业而已，不复谓能兼览传记，留思文章。今乃含王超陈，度越数子矣。观者骇视而拭目，听者倾首而竦耳。非夫体通性达，受之自然，其孰能至于此乎？[③]

杨修夸赞曹植能“含王超陈，度越数子”，主要是因为“非夫体通性达，受之自然，其孰能至于此乎？”已经开了“文以气为主”（曹丕《典论·论文》）的先声。

其二，提出文章与功业并行不悖，改变文学是经术政治的附庸观念，执“文学自觉”之先鞭。

> 今之赋颂，古诗之流，不更孔公，风雅无别耳。修家子云，老不晓事，强著一书，改编其少作。若此，仲山、周旦之俦，为皆有愆邪！君侯忘圣贤之显迹，述鄙宗之过言，窃以为未之思也。若乃不忘经国之大美，流千载之英声，铭功景钟，书名竹帛，斯自雅

① 陈寿：《三国志》，中华书局 1965 年版，第 557 页。

② 徐公持：《魏晋文学史》，人民文学出版社 1999 年版，第 136 页。

③ 严可均：《全上古三代秦汉三国六朝文·后汉文》，中华书局 1958 年版，第 757 页。

量，素所畜也，岂与文章相妨害哉？[①]

杨修针对曹植《与杨德祖书》中说的“辞赋小道，固未足以揄扬大义，彰示来世也。昔杨子云，先朝执戟之臣耳，犹称‘壮夫不为’也；吾虽薄德，位为藩侯，犹庶几戮力上国，流惠下民，建永世之业，流金石之功，岂徒以翰墨为勋绩，辞颂为君子哉”[②] 的观点，坦率地反驳了曹植的错误认识：“君侯忘圣贤之显迹，述鄙宗之过言，窃以为未之思也”，认为文章并不妨害建立功业。徐公持先生《魏晋文学史》已揭橥出其理论价值：“杨修认为‘文章’的写作，是‘经国之大美’，可以‘流千载之英声’。此说与曹丕‘经国之大业，不朽之盛事’（《典论·论文》）之说意义相近，而杨修之说在前，故更有价值。”[③] 如果从家族文化的角度看，尤其与杨赐批判“鸿都门学”的态度相比较，这标志着弘农杨氏的文学观念发生了翻天覆地的变化。杨修改变了其家族“尚经术”的思想传统，将文学与政治功业、不朽追求相提并论，这本身就是“文学自觉”。因为在汉代经学昌明的时代，经术政治一统天下，辞赋文章只能处在经学和政治的附庸之下，根本无独立可言。一旦将文学与政治功业和人生不朽理想相提并论，不仅给旧有文化家族的发展找到了出路，也给下层能文之士注入了创作信念，具有很强的现实意义。

综上所述，弘农杨氏的文学观念在汉末之际发生了深刻变化。建安时代，弘农杨氏的代表人物杨修，改变了先祖“重经术、轻艺文”的文学观念，将文学与政治功业、人生理想相融，不仅具有很强的理论价值，而且具有很强的现实意义。

---

① 严可均：《全上古三代秦汉三国六朝文·后汉文》，中华书局1958年版，第757—758页。

② 赵幼文：《曹植集校注》，人民文学出版社1984年版，第154页。

③ 徐公持：《魏晋文学史》，人民文学出版社1999年版，第136页。

第二章 杜陵杜氏

杜氏是我国古老的姓氏之一，其先祖为祁姓，可上溯到黄帝时代。《国语·晋语》曰："凡黄帝之子二十五宗，其得姓者十四人，为十二姓。姬、酉、祁、己、滕、箴、任、荀、僖、姞、儇、依是也。唯青阳与仓林氏同于黄帝，故皆为姬姓。"① 汉武帝时代，南阳杜周"以文墨小吏，位至三公"，举族迁至长安，世称杜陵杜氏。杜陵杜氏为关中世代簪缨之家。

一 杜氏家族世系

《新唐书·宰相世系》曰：

> 杜氏出自祁姓，帝尧孙刘累之后。在周为唐杜氏，成王灭唐，以封弟叔虞，改封唐氏子孙于杜城，京兆杜陵县是也。杜伯入为宣王大夫，无罪被杀，子孙分适诸侯之国，居杜城者为杜氏。在鲁有杜泄，避季平子之难，奔于楚，生大夫绰。绰生段，段生赫，赫为秦大将军，食邑于南阳衍邑，世称杜衍。赫少子秉，上党太守，生南阳太守札。札生周，御史大夫，以豪族徙茂陵。三子：延寿、延考、延年。延年字幼公，御史大夫，建平敬侯。六子②：缓、继、他、绍、续、熊。熊字少卿，荆州刺史，

---

① 《国语》，上海古籍出版社 1998 年版，第 356 页。

② 赵超《新唐书·宰相世系表集校》"订伪"："《前汉书·杜周传》：缓六弟。则延年有七子矣。缓中弟钦最知名，《表》独缺之，何也？"（中华书局 1998 年版，第 181 页）

> 生后汉谏议大夫穰，字子饶。二子：敦，笃。敦字仲信，西河太守，生邦，字召伯，中散大夫。三子：宾、宏、繁。宾字叔达，举有道不就。二子：翕、崇。崇字伯括，司空掾，生畿。畿字伯侯，为河东太守、丰乐戴侯。三子：恕、理、宽。恕字伯务[①]，弘农太守、幽州刺史。生预，字元凯，晋荆州刺史、征南大将军、当阳侯。四子：锡、跻、耽、尹。锡字世嘏，为尚书左丞。曾孙悊。二子：楚、秀。秀二子：果[②]、皎。皎生徽，徽字晔，隋怀州长史、丰乡侯。生咤、淹。[③]

据以上及《史记》《汉书》《后汉书》《三国志》等资料，综合王力平《中古杜氏家族的变迁》的考证，做京兆杜陵杜氏家族世系表如下页图。

二　杜氏家族桑梓与经济实力

（一）杜氏桑梓："杜衍·茂陵·杜陵·一泉坞"

据《新唐书·宰相世系》记载"杜氏出自祁姓，帝尧孙刘累之后。在周为唐杜氏，成王灭唐，以封弟叔虞，改封唐氏子孙于杜城，京兆杜陵县是也"[④]，知杜氏以封地为姓。其先祖祁姓在周成王时代受封于杜城（即汉长安东南杜陵一带），遂以封地为氏。到了周宣王时代，杜国与周王室的矛盾激化，周宣王以莫须有的罪名杀害杜伯，杜国灭亡，杜氏子孙流散诸国。秦汉之际，杜伯后裔杜赫为秦大将军，采邑于南阳衍邑，世称杜衍。[⑤] 杜衍成为秦汉时代杜氏的桑梓地。

---

① 赵超：《新唐书·宰相世系表集校》"订伪"："《三国志·杜畿传》：字务伯。"（中华书局1998年版，第182页）

② 赵超：《新唐书·宰相世系表集校》"订伪"："而果当作杲。杜杲应是杜皎之子。"（中华书局1998年版，第182页）

③ 欧阳修：《新唐书》，中华书局1975年版，第2418—2419页。

④ 同上书，第2418页。

⑤ 见《新唐书·宰相世系》"杜氏条"，第2418页。

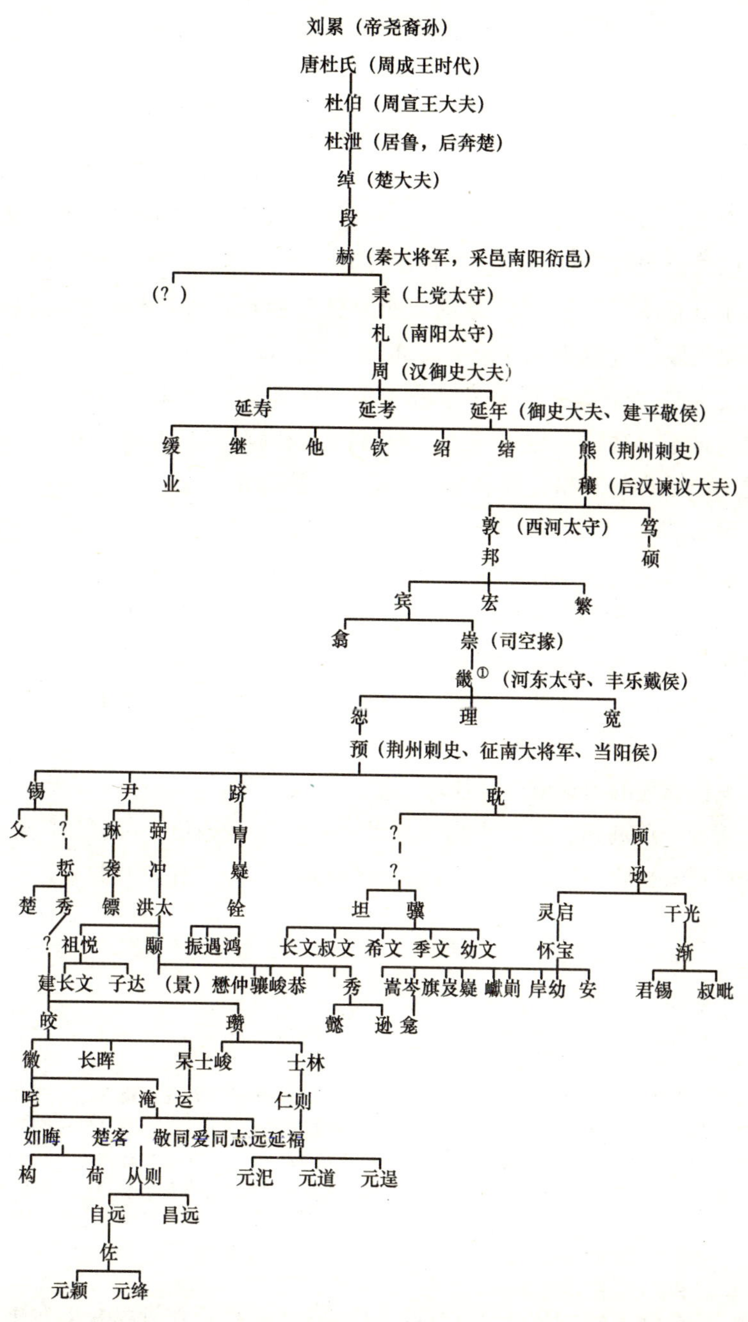

①认为杜畿为杜笃兄杜敦玄孙，其父为杜崇。南宋邓名世《古今姓氏书辨证》则认为杜畿之父为杜崇之兄杜翕，不知何据。总之，杜畿之父祖难以确定。此处暂从《新唐书·宰相世系》之说。

汉武帝时代，杜氏家族由杜衍迁至关中茂陵一带，《新唐书·宰相世系》记载：“（杜）周，御史大夫，以豪族徙茂陵。”① 杜周青年时代在南阳为吏，《汉书·杜周传》曰：“义纵为南阳太守，以周为爪牙，荐之张汤，为廷尉史。”② 又云：“初，杜周武帝时徙茂陵。”③《汉书》并未明确记载杜周徙至茂陵的具体时间，据王力平研究，当是汉武帝元朔二年（前127）。④ 也就是说，杜周极可能在京师任廷尉史之后，举家徙至茂陵（今陕西兴平北）一带。

汉宣帝“元康元年春，以杜东原上为初陵，更名杜县为杜陵。徙丞相、将军、列侯、吏二千石、赀百万者杜陵”⑤。杜周少子杜延年以列侯、二千石的身份徙居杜陵。《汉书·杜周传》云：“至（杜）延年徙杜陵云。”⑥

由此可见，从汉武帝元朔二年（前127）至宣帝元康元年（前65）间，南阳的“杜衍”杜氏家族先迁徙到茂陵再迁徙至杜陵一带，成为汉代关中的一大世族。从此，杜陵成为杜氏家族的发祥地。⑦

东汉末年，杜陵杜氏家族中出现一位以孝廉出身的寒素之士——杜畿。其父早亡，杜畿少孤贫，早年为京兆尹司马芳（防）的故吏。这说明，杜氏家族的活动依然在杜陵一带。东汉末年，黄巾起义，天下大乱。杜畿携母避乱荆州，建安中期，杜畿从荆州返乡葬母，可知杜氏先祖茔坟仍在长安杜陵。《三国志》裴注引《魏略》曰：“在荆州数岁，继母亡

---

① 欧阳修：《新唐书》，中华书局1975年版，第2418页。

② 班固：《汉书》，中华书局1962年版，第2659页。

③ 同上书，第2683页。

④ 王力平在《中古杜氏家族的变迁》一书中认为，汉武帝营建茂陵后，又三次迁徙各地豪杰、富商至茂陵护园，第一次迁徙为初置茂陵之年，即建元二年（前137）或三年，但此时杜周尚在南阳为吏。第二次迁徙为元朔二年（前127），……第三次迁徙为太始元年（前96）。杜周一支大概就是在元朔二年以后迁徙到茂陵的，因为太始年间，杜周已在京师为御史大夫（商务印书馆2006年版，第21页）。

⑤ 班固：《汉书·地理志》，中华书局1962年版，第1642页。

⑥ 班固：《汉书》，第2683页。

⑦《新唐书·宰相世系》“杜氏”中没有明确区分杜陵、京兆。唐人林宝《元和姓纂》中也没有提出“杜陵杜氏”。宋人陈彭年等所重修的《广韵》中，将杜氏分为京兆、襄阳、濮阳三个郡望。但杜陵是杜氏的发祥地，唐代杜氏自称京兆杜陵人，可见，杜陵在其心目中的地位。

后，以三辅开通，负其母丧北归。”① 杜畿殉职后，其子杜恕袭爵，魏明帝嘉平年间，曾一度以疾去官，在宜阳一带经营宗族势力。《三国志》裴注引《杜氏新书》曰：“恕遂去京师，营宜阳一泉坞，因其垒巉之固，小大家焉。”② 宜阳毗邻京都洛阳，“一泉坞”又名“一全坞”，亦名“乙泉坞”，原是历史悠久的军事要塞。《水经注》“洛水条”曰：“城在川北原上，高二十丈，南北东三箱，天险峭绝，惟筑西面即为固，一合之名，起于是矣。”③ 杜恕扶老携幼来此定居，一定还有聚族自保之意。从此，杜陵杜氏子嗣们把宜阳“一泉坞”作为家族的新坟茔，杜畿、杜恕父子就葬于此。《通典》卷一七七《州郡》河南“福昌县”条注云：“魏尚书仆射杜君畿、幽州刺史杜君恕墓并在今县北。”

由此可见，随着王朝的政治文化中心东移至洛阳，杜陵杜氏家族的社会经济活动地也集中在洛阳周围。但到了杜预时代，情况发生了变化。杜预死后，就葬在偃师首阳山。《晋书·杜预传》曰：

> 预先为遗令曰：“……吾去春入朝，因郭氏丧亡，缘陪陵旧义，自表营洛阳城东首阳之南为将来兆域。而所得地中有小山，上无旧冢。其高显虽未足比邢山，然东奉二陵，西瞻宫阙，南观伊洛，北望夷叔，旷然远览，情之所安也。故遂表树开道，为一定之制，至时皆用洛水圆石，开遂道南向，仪制取法于郑大夫，欲以俭自完耳。棺器小敛之事，皆当称此。”子孙一以遵之。④

当然，杜预作为西晋勋贵之首，按朝制当葬于帝王陵墓之侧，以显示朝廷的恩宠以及崇高的政治地位，所以他才会为自己选择洛阳东北首阳山，作为百年之后的茔坟。

（二）杜氏家族的经济实力

就在杜氏从杜衍迁往茂陵、杜陵等地的历程中，其家族经济实力得

---

① 陈寿：《三国志》，中华书局1959年版，第494页。

② 同上书，第506页。

③ 郦道元著，陈桥驿校证：《水经注校证》，中华书局2007年版，第366页。

④ 房玄龄：《晋书》，中华书局1974年版，第1032—1033页。

以发展。西汉中期，杜周最初任廷尉史时，家族财力十分困乏，史称“始周为廷史，有一马”[①]。但在朝廷任职后，家族的经济基础得到发展，“及久任事，列三公，而两子夹河为郡守，家訾累巨万矣。”[②] 其子杜延年告发上官杰父子等人谋反，被封建平侯，食邑二千户。[③] 而后又在霍光废昌邑王、立宣帝时，“延年以定策安宗庙，益户二千三百，与始封所食邑凡四千三百户”[④]。杜延年“久典朝政，上任信之，出即奉驾，入给事中，居九卿位十余年，赏赐赂遗，訾数千万”[⑤]。杜延年出任北地太守，曾以政绩卓著，“上使谒者赐延年玺书，黄金二千斤，徙为西河太守”。[⑥] 杜延年致仕后，得到汉宣帝的再次赏赐，“天子优之，使光禄大夫持节赐延年黄金百斤、酒，加致医药，延年遂称病笃”[⑦]。此时，杜陵杜氏家族的经济基础发生了根本性变化。汉元帝永光二年（前42），西羌发生叛乱，杜延年长子杜缓曾出钱谷数百万以助军费。“元帝初即位，谷贵民流，永光中西羌反，缓辄上书入钱、谷以助用，前后数百万。”[⑧] 正如王力平所说，杜陵杜氏家族以其雄厚的财力，成为皇权背后的强大支柱。[⑨]

从《三国志·杜畿传》“少孤，继母苦之，以孝闻”的记载看，杜陵杜氏家族至杜畿时代，家道中落。后因杜畿建立了不朽功勋，被封关内侯、丰乐亭侯，食邑百户，家族的经济实力稍有恢复。其子杜恕袭爵，但因性格耿直，“不合朝士”，晚年被贬谪至章武，褫夺了爵位，家族的经济实力有所回落。甘露二年（257），儒士乐详上疏缅怀杜畿功绩，朝廷才封杜恕之子杜预为丰乐亭侯，食邑百户。《三国志·杜恕传》曰：“甘露二年，河东乐详年九十馀，上书讼畿之遗绩，朝廷感焉。诏封恕子预为丰乐亭侯，邑百户。”[⑩]

---

① 班固：《汉书》，中华书局1962年版，第2662页。

② 同上书，第2661页。

③ 班固《汉书》此处未明确食邑户数，但后文有“延年以定策安宗庙，益户二千三百，与始封所食邑凡四千三百户”知，封建平侯时，食邑为二千户。

④ 班固：《汉书》，第2665页。

⑤ 同上。

⑥ 同上书，第2666页。

⑦ 同上。

⑧ 同上。

⑨ 王力平：《中古杜氏家族的变迁》，商务印书馆2006年版，第30页。

⑩ 陈寿：《三国志》，中华书局1959年版，第507页。

魏晋之际，在杜预的努力下，杜陵杜氏家族迅速振兴。他出任镇西长史，“唯预以智获免”之功，增邑千一百五十户。又因平吴之功，进爵当阳侯，增食邑至9600户。其少子杜耽也被封为亭侯，食邑1000户。从杜氏家族这些数以万计的食邑户，以及在法律内所应享有的占田荫客的特权来看，西晋初年杜氏家族的祖业得以光复，其宗族规模之庞大，经济实力之雄厚，都不难想象，而这些因素奠定了京兆杜氏在魏晋之际享有崇高的社会地位，并能自立于门阀士族之林的重要基础。[①]

三　杜陵杜氏的政治位势

（一）名盛一时：西汉杜氏

西汉前期，据说杜周的父亲官居南阳太守，但杜氏家族的政治位势不高。杜周杜延年父子时代，也就是家族迁往茂陵、杜陵的过程中，杜氏家族政治位势逐步提高，这充分反映出西汉中后期士人与宗族结合的历史走向。[②] 具体说，杜周以“文墨小吏，致位三公”（《汉书·杜周传》班固赞语），进而发展形成宗族的势力。因此，杜陵杜氏在西汉政治舞台上具有一定的位势。

1. 御史大夫杜周：杜氏的崛起者

西汉武帝时期，杜周凭借个人的政治才干，由地方进入中央政府，成为政治舞台上的重要人物。具体说来，杜周被南阳太守义纵举荐为廷尉史，成为廷尉张汤的掾属，并多次受到张汤的褒奖。杜周在任廷尉史期间，曾办理重大案件，史载杜周“为廷尉史。使案边失亡，所论杀甚多”[③]。廷尉史杜周奏事于武帝，颇合武帝之意，“奏事中意，任用”[④]。武帝元狩二年（前121）春，张汤任御史大夫，武帝派杜周做御史中丞。杜周在御史中丞任上，“与减宣更为中丞者十余岁”[⑤]。

在打击地方富商势力、增加国家财富的过程中，杜周发挥了重要的

---

① 王力平：《中古杜氏家族的变迁》，商务印书馆2006年版，第53页。

② 参见余英时《东汉政权之建立与士族大姓之关系》之《士与中国文化》，上海人民出版社2003年版，第196—197页。

③ 班固：《汉书》，中华书局1962年版，第2659页。

④ 同上。

⑤ 同上。

作用。武帝时期，富商大贾“因其富厚，交通王侯，力过吏势，以利相倾”①，试图通过控制经济命脉以左右政治权力。朝廷为了抑制商人势力，筹备军费，颁布了算缗、告缗法。当时，“杨可高缗遍天下，中家以上大抵皆遇告”②。杜周则“乃分遣御史、廷尉正监分曹往，即治郡国缗钱，得民财物以亿计；奴婢以千万数；田，大县数百顷，小县百余顷；宅亦如之。于是商贾中家以上大氐破，民偷甘食好衣，不事畜臧之业，而县官以盐、铁、缗钱之故，用少饶矣”③。

武帝元封二年（前109），杜周入主廷尉府，贵为九卿。杜周在主掌廷尉时，大兴诏狱，见风使舵，为史家所诟病。荀悦《前汉纪》云：

> 周……为廷尉，诏狱繁多，二千石系者，新故相因，不减百余人，郡国一岁或千余。章大者连罪证案数百人，小者数十人，远者数千里，今者数百里。会诏狱，因责章告，不服，以掠笞定之。于是闻有罪者皆亡匿。狱久者十余年，赦而相告言，大抵尽诬，以为不道，廷尉及中都官诏狱，罪至六七万人，吏所增加十余万人。尝冬狱未竟，会立春，有宽大令，周蹶地叹曰：“复假吾数十日，足吾事矣！”其酷暴如此。④

赵翼《廿二史札记》卷三《武帝时刑罚之滥》曰：

> 《杜周传》，武帝时，诏狱益多，二千石系廷尉者，不下百余人。其它谳案，一岁至数千余章，大者连逮证案数百人，小者数十人，远者数千里，近者数百里。既到狱，吏责如章告不服，则笞掠定之。于是皆亡匿。狱久者，至更数赦，十余岁犹相告言，大抵诋以不道。以上廷尉，及中都诏狱，逮至六七万人，吏所增加，又十有余万。是可见当日刑狱之滥也。民之生于是时，何其不幸哉。⑤

杜周任执金吾时，在惩治桑弘羊和卫皇后昆弟子案件中，受到武帝的

---

① 班固：《汉书·食货志下》，中华书局1962年版，第1132页。

② 同上书，第1170页。

③ 同上。

④ 《前汉纪》卷一五《孝武六》，《四部丛刊》初编本。

⑤ 赵翼：《廿二史札记》，中国书店1987年版，第34—35页。

器重，升任为三公御史大夫。《汉书·杜周传》曰："周……后为执金吾，逐捕桑弘羊、卫皇后昆弟子刻深，上以为尽力无私，迁为御史大夫。"[①]

杜周以文吏出身，官至御史大夫，使得杜陵杜氏家族的政治位势大幅提升。就在杜周任御史大夫期间，他的两个儿子杜延寿、杜延考出任河南、河内太守。三河之地——河南、河东、河内三郡位居汉王朝腹地，因此，三河太守往往被王朝内部炙手可热的政治权贵所把持。这在刺史田仁的奏章中说得很明确："三河太守皆内依贵人，与三公有亲属，无所畏惮。"[②]"是时，河南、河内太守皆御史大夫杜父兄子弟也，河东太守石丞相子孙也。"[③] 杜周在朝任御史大夫，其子杜延寿、杜延考分任河南太守、河内太守，权倾一时，声势显赫。但其子杜延寿、杜延考在任上，肆行货贿，"为政酷暴"，受到刺史田仁的弹劾。尽管杜周极力周旋，杜延寿、杜延考仍下狱被诛，杜氏家族受到沉重的打击。

2. 杜延年父子：杜氏发扬者

西汉昭帝时期，杜周的第三个儿子杜延年步入仕途，家族的政治位势才渐次恢复。

（1）杜延年：御史大夫

杜延年（？—前53），字幼公。大将军霍光"以延年三公子，吏材有余，补军司空"[④]，成为大将军霍光的掾属。始元四年（前83），杜延年担任校尉"将南阳士击益州"，平定了益州叛乱，升任谏议大夫。昭帝元凤元年（前80），杜延年因告发鄂邑长公主、燕王旦、上官杰、上官安父子谋反，被封为建平侯，升任太仆右曹给事中。作为大将军霍光的掾属，杜延年对朝政多有补益，善于通过大将军霍光的执政，实现自己的政治理想。《汉书·杜周传附杜延年传》曰：

> 见国家承武帝奢侈师旅之后，数为大将军光言："年岁比不登，流民未尽还，宜修孝文明政，示以俭约宽和，顺天心，说民意，年岁宜应。"光纳其言，举贤良，议罢酒榷、盐、铁，皆自延

① 班固：《汉书》，中华书局1962年版，第2661页。

② 司马迁：《史记》，中华书局1982年版，第2781—2782页。

③ 同上。

④ 班固：《汉书》，第2661页。

年发之。[①]

昭帝病逝，昌邑王即位，无德被废。宣帝被大将军霍光立为皇帝，也跟杜延年推荐有关。宣帝即位，对杜延年大力褒奖。《汉书·杜周传附杜延年传》曰：

> 大将军霍光、车骑将军张安世与大臣议所立。时，宣帝养于掖廷，号皇曾孙，与延年中子佗相爱善，延年知曾孙德美，劝光、安世立焉。宣帝即位，褒赏大臣，延年以定策安宗庙，益户二千三百，与始封所食邑凡四千三百户。[②]

杜延年再次被封，杜陵杜氏家族的政治、经济位势得到进一步巩固。这与杜延年"为人安和，备于诸事"的性格和才干有关。杜延年得到"上任信之，出即奉驾，入给事中，居九卿位十余年，赏赐赂遗，訾数千万"[③]。霍光死后，其子霍禹与宗族谋反，杜延年作为霍氏故吏，被丞相魏相弹劾，"遣吏考案，但得苑马多死，官奴婢乏衣食，延年坐免官，削户二千"[④]，被贬为北地太守、西河太守。直到五凤中（宣帝年号，前57—前54），杜延年又升任为御史大夫。《汉书·杜周传附杜延年传》曰："五凤中，征入为御史大夫。延年居父官府，不敢当旧位，坐卧皆易其处。是时四夷和，海内平，延年视事三岁，以老病乞骸骨。"[⑤]

杜陵杜氏在武帝、宣帝朝出现了官居御史大夫的杜周、杜延年父子，足见其家族政治位势之高。

杜延年共有七子，长子杜缓，袭父爵。杜缓少时，任郎官，和其父一样，都以校尉随军征战，立过军功，而后升任谏议大夫，迁上谷都尉，并为雁门太守。杜缓拜为太常——九卿之一，杜缓的六个弟弟中，五人——杜继、杜他、杜绍、杜绪、杜熊等都有相当的政治地位，史称

---

① 班固：《汉书》，中华书局1962年版，第2664页。

② 同上书，第2665页。

③ 同上。

④ 同上。

⑤ 同上。

"缓六弟，五人至大官，少弟熊历五郡二千石、三州牧刺史有能名"[①]。尤其杜熊，任荆州刺史。[②] 唯独杜钦官位不显，但他在兄弟中最知名。有趣的是，《汉书》对"至大官"的杜继、杜他、杜绍、杜绪、杜熊等人记载极为简略，但对"官不至"的杜钦记载相当详细。也许班固看中杜钦之于杜陵杜氏家族，意义独特。正如王力平所说的："杜钦的成名，标志着杜氏家族发展过程中的一个重要阶段，即此时杜氏已经完成了从势单力薄的文吏之家向豪门世家的过渡。"[③] 其实，杜钦身上已经改变了先祖的家族学术取向。在"杜陵杜氏的文化习性"中将详细论述，此处从略。

（2）杜钦：高级幕僚

杜钦，字子夏。他"不好为吏"的主要原因有两个方面：一是家族的经济实力雄厚，二是自身的生理缺陷——目盲所导致。《汉书·杜周传附杜钦》曰："家富而目偏盲，故不好为吏。"[④]

杜钦被辅政大将军王凤举荐为武库令，并成为王凤的高级幕僚。虽然杜钦的政治地位不高，但他主要通过大将军王凤，实现自己的政治理想。比如，通过上奏王凤试图实现"九女之制"，刺世风的奢欲无度；通过策对试图讽喻成帝"好色无厌"的缺点。

杜钦任大将军王凤幕僚，主要有三方面的政治贡献：

一是谋国之善政。《汉书·杜周传附杜钦》曰：

> 征诣大将军莫府，国家政谋，凤常与钦虑之。数称达名士王骏、韦安世、王延世等，救解冯野王、王尊、胡常之罪过，及继功臣绝世，填抚四夷，当世善政，多出于钦者。[⑤]

二是讽喻大将军王凤。《汉书·杜周传附杜钦》曰：

> 见凤专政泰重，戒之曰："昔周公身有至圣之德，属有叔父之

① 班固：《汉书》，中华书局1962年版，第2667页。
② 欧阳修：《新唐书》，中华书局1975年版，第31页。
③ 参阅王力平《中古杜氏家族的变迁》，商务印书馆2006年版，第33页。
④ 班固：《汉书》，第2667页。
⑤ 班固：《汉书》，第2675—2676页。

亲，而成王有独见之明，无信谗之听，然管、蔡流言而周公惧。穰侯，昭王之舅也，权重于秦，威震邻敌，有旦莫偃伏之爱，心不介然有间，然范雎起徒步，由异国，无雅信，开一朝之说，而穰侯就封。及近者武安侯之见退，三事之迹，相去各数百岁，若合符节，甚不可不察。愿将军由周公之谦惧，损穰侯之威，放武安之欲，毋使范雎之徒得间其说。”①

三是既能在王凤受弹劾时，杜钦为之辩解使其化险为夷，又能为王凤补过将美。《汉书·杜周传附杜钦》曰：

顷之，复日蚀，京兆尹王章上封事求见，果言凤专权蔽主之过，宜废勿用，以应天变。于是天子感悟，召见章，与议，欲退凤。凤甚忧惧，钦令凤上疏谢罪，乞骸骨，文指甚哀。太后涕泣为不食。上少而亲倚凤，亦不忍废，复起凤就位。凤心惭，称病笃，欲遂退。钦复说之曰：“将军深悼辅政十年，变异不已，故乞骸骨，归咎于身，刻己自责，至诚动众，愚知莫不感伤。虽然，是无属之臣，执进退之分，絜其去就之节者耳，非主上所以待将军，非将军所以报主上也。昔周公虽老，犹在京师，明不离成周，示不忘王室也。仲山父异姓之臣，无亲于宣，就封于齐，犹叹息永怀，宿夜徘徊，不忍远去，况将军之于主上，主上之与将军哉！夫欲天下治安变异之意，莫有将军，主上照然知之，故攀援不遣，《书》称公毋困我！唯将军不为四国流言自疑于成王，以固至忠。”凤复起视事。上令尚书劾奏京兆尹章，章死诏狱。章既死，众庶冤之，以讥朝廷。钦欲救其过，复说凤曰：“京兆尹章所坐事密，吏民见章素好言事，以为不坐官职，疑其以日蚀见对有所言也。假令章内有所犯，虽陷正法，事不暴扬，自京师不晓，况于远方。恐天下不知章实有罪，而以为坐言事也。如是，塞争引之原，损宽明之德。钦愚以为宜因章事举直言极谏，并见郎从官展尽其章，加于往前，以明示四方，使天下咸知主上圣明，不以言罪下也。若此，则流言消

① 班固：《汉书》，中华书局1962年版，第2676页。

释，疑惑着明。”凤白行其策。钦之补过将美，皆此类也。[①]

《汉书·杜周传附杜钦》记载“（杜）钦子及昆弟支属至二千石者且十人”[②]，虽未记载具体姓名，但仅凭“至二千石者且十人”的情况看，西汉末年杜陵杜氏家族的政治势力依旧雄厚。

3. 太常杜业

杜业，杜缓之子，史称“业有材能，以列侯选，复为太常”[③]。《汉书·杜周传附杜业》曰：“业成帝初尚帝妹颍邑公主”[④]，杜业成为皇室驸马，因此，杜陵杜氏的政治地位和社会影响日渐提高。

西汉成哀之际，皇权旁落，“朝无骨鲠之臣，宗室诸侯微弱”（杜业语），杜业“数言得失，不事权贵”，指斥丞相翟方进和卫尉定陵侯淳于长等人擅权，因此受到打击被免太常，后担任函谷关都尉。后来，定陵侯淳于长获罪，要遣送至定陵郡国。定陵侯的舅舅红阳侯担心杜业打击报复，便写信请托。《汉书·杜周传附杜业》曰：“诚哀老姊垂白，随无状子出关，愿勿复用前事相侵。”[⑤] 杜业受人请托，并未睚眦必报，放定陵侯出关。没料想定陵侯“伏罪复发，下洛阳狱”，丞相翟方进派人到杜业家搜查，搜出红阳侯的书信，“奏业听请，不敬，坐免就国”[⑥]。可见，杜业又一次受到丞相打击。丞相翟方进死后，杜业上书揭发其罪行：认为翟方进本来和淳于长沆瀣一气，在淳于长获罪后，翟方进不但不恐惧收敛，反而乘机打击报复，排除异己。削夺红阳侯立的官爵，弹劾后将军朱博、巨鹿太守孙宏、故少府陈咸，使其免官归家，弹劾巨鹿太守孙宏，纯属假公济私，泄一己之私愤。杜业上书不仅揭发了死去的丞相，还指斥师丹等人。

汉哀帝即位后，杜业又将矛头指向王莽外戚势力。上书称：“王氏世权日久，朝无骨鲠之臣，宗室诸侯微弱，与系囚无异，自佐史以上至

---

① 班固：《汉书》，中华书局 1962 年版，第 2677—2678 页。

② 同上书，第 2678 页。

③ 同上。

④ 同上书，第 2683 页。

⑤ 同上书，第 2678—2679 页。

⑥ 同上书，第 2679 页。

于大吏皆权臣之党。曲阳侯根前为三公辅政，知赵昭仪杀皇子，不辄白奏，反与赵氏比周，恣意妄行，谮诉故许后，被加以非罪，诛破诸许族，败元帝外家。内嫉妒同产兄姊红阳侯立及淳于氏，皆老被放弃。新喋血京师，威权可畏。高阳侯薛宣有不养母之名，安昌侯张禹奸人之雄，惑乱朝廷，使先帝负谤于海内，尤不可不慎。陛下初即位，谦让未皇，孤独特立，莫可据杖，权臣易世，意若探汤。宜蚤以义割恩，安百姓心。窃见朱博忠信勇猛，材略不世出，诚国家雄俊之宝臣也，宜征博置左右，以填天下。此人在朝，则陛下可高枕而卧矣。昔诸吕欲危刘氏，赖有高祖遗臣周勃、陈平尚存，不者，几为奸臣笑。"[①] 杜业直指"王氏世权"，批评奸佞小人张禹、薛宣等人，举荐朱博等忠勇之人，举荐得人。王莽秉政，杜业被远徙合浦，不久忧惧而死。《汉书·杜周传附杜业》曰："哀帝崩，王莽秉政，诸前议立庙尊号者皆免，徙合浦。业以前罢黜，故见阔略，忧恐，发病死。业成帝初尚帝妹颍邑公主，主无子，薨，业家上书求还京师与主合葬，不许，而赐谥曰荒侯，传子至孙绝。"[②] 西汉末年，杜陵杜氏中杜业一支的子孙失去了贵族身份的荫庇，遂一蹶不振。[③]

（二）一蹶不振：东汉杜氏

东汉时代，杜氏家族子嗣都淡出历史的地表，政治位势一落千丈。虽然说杜延年少子杜熊一房，也曾累世官宦，如杜熊之子杜穰，任东汉谏议大夫；杜穰之子杜敦，任西河太守、汉阳公；杜敦之子杜邦，任中散大夫；杜宾之子杜翕，任太子少傅，但其政治位势大不如西汉时代。东汉时代，杜陵杜氏家族杜熊一房中的显宦，也仅记载在《新唐书·宰相世系表》《元和姓纂》《古今姓氏书辨证》等中，正史《后汉书》并无记载，倒是《后汉书·文苑传》记载了出自杜陵杜氏的一位文学家——杜笃。

---

① 班固：《汉书》，中华书局1962年版，第2681—2682页。

② 同上书，第2682—2683页。

③ 王力平：《中古杜氏家族的变迁》，商务印书馆2006年版，第34页。

（三）雄风重振：魏晋南北朝杜氏

汉魏之际，杜陵杜氏家族终于浮出历史的地表，《三国志》中记载了著名的政治家杜畿、杜恕父子。

1. 河东太守杜畿：曹氏股肱

杜畿（162—224），字伯侯。《三国志·杜畿传》中并未记载其父族姓名。《三国志》裴注引《傅子》曰：

> 畿，汉御史大夫杜延年之后。延年父周，自南阳徙茂陵，延年徙杜陵，子孙世居焉。①

杜畿颇有孝行，20 岁左右任京兆郡功曹、守郑县令。这一时期，杜畿曾任京兆尹司马芳（防）的吏属。② 学术界考证司马芳（防）即司马懿之父。③ 可见，杜陵杜氏与司马氏之间的关系密切，这种关系一直影响着杜陵杜氏家族在两晋时代的政治命运。东汉末年，朝廷“举孝廉，除汉中府丞”，因天下大乱，杜畿弃官客居荆州避乱。建安中期，关中与荆州间的关防开放，杜畿归乡葬母，途中遭劫，因智略过人而免祸。因与京兆尹张时有旧，任功曹。杜畿志向远大，不久后即前往政治中心——许昌。杜畿得到尚书令荀彧器重，并在荀彧的举荐下，任“司空司直，迁护羌校尉，使持节，领西平太守”。时值曹操平定河北，而高干在并州叛乱，河东郡人卫固、范先等以借请原河东太守王邑为名，和高干勾结，“外以请邑为名，而内实与干通谋”④。形势严峻，曹操满怀忧惧地问计于荀彧：“关西诸将，恃险与马，征必为乱。张晟寇殽、渑间，南通刘表，固等因之，吾恐其为害深。河东被山带河，四邻多变，当今天下之要地也。君为我举萧何、寇恂以镇之。”⑤ 荀彧举荐

① 陈寿：《三国志》，中华书局 1959 年版，第 494 页。

② 参见王力平《中古杜氏家族的变迁》，商务印书馆 2006 年版，第 45 页。王力平从出土碑刻《司马芳（防）残碑》（现藏西安碑林博物馆）中证实杜畿与司马芳（防）的关系。

③ 参阅杨励三《司马芳残碑》，《文物》1965 年第 9 期。

④ 陈寿：《三国志》，中华书局 1959 年版，第 494 页。

⑤ 同上。

杜畿为河东太守。《三国志》裴注引《傅子》:“傅子曰:或称畿勇足以当大难,智能应变,其可试之。”①

杜畿临危受命,孤身前往河东。因卫固等人派兵绝陕津,夏侯惇的大军未至。杜畿无法渡黄河,有人建议等大军到来方能渡河。杜畿单车直往,出其不意。到河东后,范先欲杀之,当面杀掉“主簿已下三十馀人”,杜畿临危不惧,举动自若。而后,杜畿略施计谋,剪除卫固、范先等人的势力,从而有效地瓦解了卫固、范先等人的叛乱,稳定了河东分崩离析的政局。杜畿在河东力倡宽刑惠政,大兴文教,开学宫,亲自持经教授。“畿治之,崇宽惠,与民无为。民尝辞讼,有相告者,畿亲见为陈大义,遣令归谛思之,若意有所不尽,更来诣府。乡邑父老自相责怒曰:‘有君如此,奈何不从其教?’自是少有辞讼。班下属县,举孝子、贞妇、顺孙,复其繇役,随时慰勉之。渐课民畜牸牛、草马,下逮鸡豚犬豕,皆有章程。百姓勤农,家家丰实。畿乃曰:‘民富矣,不可不教也。’于是冬月修戎讲武,又开学宫,亲自执经教授,郡中化之。”②

杜畿在河东大力屯田,为曹操经略汉中、蒲阪提供了有力的物质保障。《三国志·杜畿传》曰:“韩遂、马超之叛也,弘农、冯翊多举县邑以应之。河东虽与贼接,民无异心。太祖西征至蒲阪,与贼夹渭为军,军食一仰河东。及贼破,馀畜二十馀万斛。”③ 又云:“太祖征汉中,遣五千人运,运者自率勉曰:‘人生有一死,不可负我府君。’终无一人逃亡,其得人心如此。”④ 因此,杜畿多次受到曹操的褒奖,“太祖下令曰:‘河东太守杜畿,孔子所谓禹,吾无间然矣’。增秩中二千石”⑤。杜畿不仅为河东的经济文化开发作出了巨大贡献,也为杜陵杜氏家族带来了无上的荣誉。魏文帝即位后,赐杜畿为丰乐亭侯、邑百户,并征为尚书、司隶校尉。在文帝征伐孙吴期间,“以畿为尚书仆

① 陈寿:《三国志》,中华书局1959年版,第494页。

② 同上。

③ 同上。

④ 同上书,第496—497页。

⑤ 同上书,第496页。

射，统留事”[①]。不久，文帝出幸许昌，又使杜畿居守洛阳。

东汉末年，士大夫群体的地域分化观念已经相当自觉。[②] 杜畿虽受到荀彧和曹操集团的器重，始终受到得势的颍汝世族集团的警觉。因此，在曹操当政时期，杜畿曾一度任尚书，但很快再次外迁为河东太守。“魏国既建，以畿为尚书。事平，更有令曰：‘昔萧何定关中，寇恂平河内，卿有其功，间将授卿以纳言之职；顾念河东吾股肱郡，充实之所，足以制天下，故且烦卿卧镇之。’”[③] 曹操给出的理由十分堂皇，不管如何，式微的关辅世族群体中出现了政治位势较高的杜陵杜氏家族。黄初五年间，杜畿受诏造御楼船，在孟津试船时，遇风浪殉职。《三国志·杜畿传》曰：“帝为之流涕。诏曰：‘昔冥勤其官而水死，稷勤百谷而山死。故尚书仆射杜畿，于孟津试船，遂至覆没，忠之至也。朕甚愍焉。’追赠太仆，谥曰戴侯。”[④]

2. 杜恕：专心向公，违忤司马懿

杜恕，字务伯，杜畿长子。杜畿殉职后，杜恕继承父亲爵位。史称杜恕为人“推诚以质，不治饰，少无名誉”[⑤]。杜恕虽生于贵胄之家，但他入仕较晚，直到而立之年，才因门荫任黄门侍郎。

《三国志》裴注引《杜氏新书》曰：

> 恕少与冯翊李丰俱为父任，总角相善。及各成人，丰砥砺名行以要世誉，而恕诞节直意，与丰殊趣。丰竟驰名一时，京师之士多为之游说。而当路者或以丰名过其实，而恕被褐怀玉也。由此为丰所不善。恕亦任其自然，不力行以合时。丰以显仕朝廷，恕犹居家自若。明帝以恕大臣子，擢拜散骑侍郎，数月，转补黄门侍郎。[⑥]

杜恕在朝为官，光明磊落，“不结交援，专心向公。每政有得失，

---

① 陈寿：《三国志》，中华书局 1959 年版，第 497 页。

② 参阅余英时《汉晋之际士之新自觉与新思潮》之《士与中国文化》，上海人民出版社 2003 年版。

③ 陈寿：《三国志》，第 497 页。

④ 同上。

⑤ 同上书，第 498 页。

⑥ 同上。

常引纲维以正言，于是侍中辛毗等器重之”[①]。虽然杜恕受到侍中辛毗等人的器重，也无法改变坎坷的仕途命运。杜恕在朝八年，其论议亢直，曾议刺史不领兵、议考核不如人尽其才、抨击尚书郎廉昭失职怠政，在此等奏章中，他呼吁加强皇权，反对弱干强枝等，鲜明地表达了自己的政治主张。正如王力平所说的：“在魏末政坛中，难得有杜恕这样振聋发聩之声。”[②] 杜恕为人亢直，不阿权贵，不合朝士，“故屡在外任”。他先后出任弘农太守、河东太守、淮北都督护军、幽州刺史，加建威将军，使持节，护乌丸校尉等职。杜恕在外任期间，“务存大体而已，其树惠爱，益得百姓欢心，不及于畿”[③]。嘉平元年（249），因幽州军将误杀鲜卑边人，杜恕被征北将军程喜弹劾，“下廷尉，当死”。当政者司马氏因感念杜畿“勤事水死”，免杜恕为庶人，被贬边章武郡。杜恕在嘉平四年（252）卒于章武，幽死他乡。杜恕被贬系征北将军程喜陷害而致。《三国志·杜恕传》曰：

> 时征北将军程喜屯蓟，尚书袁侃等戒恕曰：“程申伯处先帝之世，倾田国让于青州。足下今俱杖节，使共屯一城，宜深有以待之。”而恕不以为意。[④]

《三国志》裴注引《杜氏新书》曰：

> 喜欲恕折节谢己，讽司马宋权示之以微意。恕答权书曰：“况示委曲。夫法天下事，以善意相待，无不致快也；以不善意相待，无不致嫌隙也。而议者言，凡人天性皆不善，不当待以善意，更堕其调中。仆得此辈，便欲归蹈沧海乘桴耳，不能自谐在其间也。然以年五十二，不见废弃，颇亦遭明达君子亮其本心；若不见亮，使人刳心着地，正与数斤肉相似，何足有所明，故终不自解说。程征北功名宿著，在仆前甚多，有人出征北乎！若令下官事无大小，咨

---

① 陈寿：《三国志》，中华书局1959年版，第498页。

② 王力平：《中古杜氏家族的变迁》，商务印书馆2006年版，第48页。

③ 陈寿：《三国志》，第505页。

④ 同上。

而后行，则非上司弹绳之意；若咨而不从，又非上下相顺之宜。故推一心，任一意，直而行之耳。杀胡之事，天下谓之是邪，是仆谐也；呼为非邪，仆自受之，无所怨咎。程征北明之亦善，不明之亦善，诸君子自共为其心耳，不在仆言也。”喜于是遂深文劾恕。①

《晋书·杜预传》曰：

初，其父与宣帝不相能，遂以幽死。②

杜陵杜氏家族与司马氏家族关系耐人寻味。杜畿早年就是司马懿的父亲司马防的故吏，然而，杜恕却与司马懿不相能，主要是杜恕刚正不阿。这在杜恕抨击尚书郎廉昭的奏章中提到“近司隶校尉孔羡辟大将军狂悖之弟，而有司嘿尔，望风希指，甚于受属。选举不以实，人事之大者也”就足以体现出来。据裴松之所说，大将军即司马懿。也就是说，杜恕在奏章中连带弹劾司马懿的五弟司马通。以杜恕“专心向公”的性格，对司马懿父子擅政之举定会心存鄙夷。因此，余嘉锡先生认为：“盖恕之得罪，是出懿意。”③

3. 征南大将军杜预：西晋一代名臣

西晋时期，杜预凭借与司马氏联姻和个人才智，取得了不朽的功业，彪炳史册，也使得杜陵杜氏家族的政治位势空前显赫。

杜预（222—284），字元凯，杜恕之子。由于家族的变故，杜预成长道路上充满了艰辛和挫折。杜预作为待罪之人的子嗣，受到贵族名士的鄙夷和排斥。《世说新语·方正篇》曰：“预少贱，好豪侠，不为物所许。杨济既名氏，雄俊不堪，不坐而去。”④《世说新语》刘孝标注引《语林》曰：“中朝方镇还，不与元凯共坐。”⑤《世说新语·方正篇》曰：“杜预拜镇南将军，朝士悉至，皆在连榻坐。时亦有裴叔则。羊稚

① 陈寿：《三国志》，中华书局1959年版，第506—507页。

② 房玄龄：《晋书》，中华书局1974年版，第1025页。

③ 余嘉锡：《世说新语笺疏》，中华书局2007年版，第347页。

④ 同上书，第346页。

⑤ 同上书，第348页。

舒后至，曰：‘杜元凯乃复连榻坐客！’不坐便去。杜请裴追之，羊去数里住马，既而俱还杜许。”[①]

由此可见，即使已经步入仕途并建立功业后的杜预，仍受到贵族名士的鄙夷。余嘉锡先生分析道：“《晋书》琇为司马师妻景献皇后之从父弟，杨济亦司马炎妻武悼皇后之叔父，与杜预并为晋室懿亲。预功名远出其上，而二人皆鄙预如此者，盖以预为罪人之子，出身贫贱，故不屑与之同坐也。”[②] 可谓中的之论。

对杜预而言，更可怕的是，因为父亲与司马懿之间的罅隙，给他的政治仕途笼罩上一层阴霾。《晋书·杜预传》曰：“初，其父与宣帝不相能，遂以幽死，故预久不得调。”[③] 直到司马懿病逝后，这层政治阴霾才消散殆尽。晋公司马昭将妹妹高陆公主嫁给杜预，借助这种婚姻纽带关系，杜预才有机会进入西晋政治权力的中枢，被拜为尚书郎，并恢复了先祖杜畿的丰乐亭侯爵位。《晋书·杜预传》曰：“文帝嗣立，预尚帝妹高陆公主，起家拜尚书郎，袭祖爵丰乐亭侯。”[④] 杜预“博学多通，明于兴废之道”[⑤]，不仅志向远大，常以“德不可以企及，立功立言可庶几也”自勉，颇有祖父之风；且智慧超凡，早在钟会伐蜀期间，杜预以镇西长史随军同往。破蜀后，钟会起谋反之心，众多僚佐或因参与谋反兵败被杀，或因反对谋反被钟会杀害，“唯预以智获免，增邑千一百五十户”[⑥]。杜预不仅能以智获免，而且能不顾个人安危，筹略军事。《晋书·杜预传》曰：

> 时虏寇陇右，以预为安西军司，给兵三百人，骑百匹。到长安，更除秦州刺史，领东羌校尉、轻车将军、假节。属虏兵强盛，石鉴时为安西将军，使预出兵击之。预以虏乘胜马肥，而官军悬乏，宜并力大运，须春进讨，陈五不可、四不须。鉴大怒，复奏预

① 余嘉锡：《世说新语笺疏》，中华书局2007年版，第348页。
② 同上。
③ 房玄龄：《晋书》，中华书局1974年版，第1025页。
④ 同上。
⑤ 同上。
⑥ 同上。

擅饰城门官舍，稽乏军兴，遣御史槛车征诣廷尉。以预尚主，在八议，以侯赎论。其后陇右之事卒如预策。是时朝廷皆以预明于筹略，会匈奴帅刘猛举兵反，自并州西及河东、平阳，诏预以散侯定计省闼，俄拜度支尚书。①

杜预以安西军司增援陇右，到长安后，任秦州刺史，领东羌校尉、轻车将军、假节，听命安西将军石鉴。石鉴任司隶校尉时因“宿憾”弹劾杜预，令杜预出兵击敌。杜预以为敌军“乘胜马肥，而官军悬乏”，主张合力运输物资，开春后方可进攻，并向石鉴“陈五不可、四不须”。石鉴大怒，复弹劾杜预，“遣御史槛车征诣廷尉”②。杜预被诬后，曾得到从父杜有道妻严氏的劝诫：“谚云忍辱至三公。卿今可谓辱矣，能忍之，公是卿坐。”③ 多亏杜预尚公主的身份，“以侯赎论”④。虽然杜预被下狱，但陇右战事果如他所料。从此，朝廷上下都知道杜预明于筹略。晋廷下诏令杜预“以散侯定计省闼，俄拜度支尚书”⑤。

在西晋初的政治生活中，杜预曾参与了晋初的典章制度法律的创制和修订工作。杜预任河南尹，能“以京师王化之始，自近及远，凡所施论，务崇大体”⑥，为地方官吏之楷模。杜预任度支尚书，谋划西北边事。此外，杜预建造桥梁，开辟屯田，兴修水利等。总之，杜预在朝多年，“损益万机，不可胜数，朝野称美，号曰‘杜武库’”⑦。

杜预平生以“德不可以企及，立功立言可庶几也”自勉，在西晋伐吴的统一事业中建立了不朽的功业，彪炳史册。尤其在坚定晋武帝伐吴决心上起到至关重要的作用。他假节行平东将军，领征南军司，后代羊祜领镇南大将军、都督荆州诸军事等，期间大破吴将张政，使反间计，使吴主孙皓临战换将，“以成倾荡之势”。《晋书·杜预传》曰：

---

① 房玄龄：《晋书》，中华书局1974年版，第1027页。

② 同上。

③ 同上书，第2509页。

④ 同上书，第1027页。

⑤ 同上。

⑥ 同上书，第1026页。

⑦ 同上书，第1028页。

时帝密有灭吴之计，而朝议多违，唯预、羊祜、张华与帝意合。祜病，举预自代，因以本官假节行平东将军，领征南军司。及祜卒，拜镇南大将军、都督荆州诸军事，给追锋车年版，第二驸马。预既至镇，缮甲兵，耀威武，乃简精锐，袭吴西陵督张政，大破之，以功增封三百六十五户。政，吴之名将也，据要害之地，耻以无备取败，不以所丧之实告于孙皓。预欲间吴边将，乃表还其所获之众于皓。皓果召政，遣武昌监刘宪代之。故大军临至，使其将帅移易，以成倾荡之势。①

杜预赢得了战局的气势之后，上表晋武帝请示伐吴日期，晋武帝狐疑不定。杜预旬月间连上两表，陈述内外形势。最终在张华的努力下，晋武帝决定了攻伐东吴的具体时间。太康元年（280），杜预拜征南大将军，陈兵江陵，率樊显、尹林、邓圭、周奇等部循江西上，“旬日之间，累克城邑，皆如预策焉”②。攻克江陵后，力排众议，一举攻下秣陵，实现了国家统一。《晋书·杜预传》曰：

时众军会议，或曰：“百年之寇，未可尽克。今向暑，水潦方降，疾疫将起，宜俟来冬，更为大举。”预曰：“昔乐毅藉济西一战以并强齐，今兵威已振，譬如破竹，数节之后，皆迎刃而解，无复着手处也。”遂指授群帅，径造秣陵。所过城邑，莫不束手。议者乃以书谢之。③

杜预以儒将身份参加伐吴大业，史称“预身不跨马，射不穿札，而每任大事，辄居将率之列”④，其风采可见一斑。杜预也因平吴之功，进爵当阳侯，增食邑至9600户，从杜畿到杜预，杜陵杜氏家族三代以文韬武略彪著史册，又一次走向辉煌。

① 房玄龄：《晋书》，中华书局1974年版，第1028页。
② 同上书，第1030页。
③ 同上。
④ 同上书，第1031页。

杜预有四子，除长子杜锡外，由于史料记载不一，[①] 杜尹、杜跻、杜耽三人伯仲长幼难断。杜锡兄弟四人在永嘉之乱前，就步入仕途，且取得重要的职位。杜锡任吏部郎、尚书左丞；[②] 杜尹出任弘农太守；[③] 杜跻任新平太守；[④] 杜耽为凉州军司。[⑤] 他们兄弟四人经历了西晋宗室的“八王之乱”，永嘉丧乱。杜锡房一支随晋王室南渡，其余三房支滞留北方，遭受流离之苦，被迫迁徙，沦为石赵政权奴役下的戍卒。直到后赵石虎建武四年（338），镇远将军王擢上表，这些家族的处境才有所改变，不仅免去了兵籍，还准予返回故里。《晋书·载记第六·石季龙》曰：

> 镇远王擢表雍、秦二州望族，自东徙已来，遂在戍役之例，既衣冠华胄，宜蒙优免，从之。自是皇甫、胡、梁、韦、杜、牛、辛等十有七姓蠲其兵贯，一同旧族，随才铨叙，思欲分还桑梓者听之；其非此等，不得为例。[⑥]

在此，我们须分述杜预四子及后嗣们在永嘉之乱前后的政治位势和家族命运。

4. 杜锡一系子嗣

（1）杜锡：亮直忠烈

杜预长子杜锡，字世嘏，少有声誉。起家为长沙王司马乂的文学，后任为愍怀太子的中舍人。《晋书·杜预传附杜锡传》曰：“锡字世嘏，少有盛名，起家长沙王乂文学，累迁太子中舍人。”[⑦]

杜锡天性亮直忠烈，做太子中舍人。愍怀太子幼时极为聪睿，长大

---

① 《元和姓纂》记载为“杜锡、杜尹、杜跻、杜耽”；《新唐书·宰相世系》记载为：“杜锡、杜跻、杜耽、杜尹”；《古今姓氏书辨证》记载：“杜锡、杜耽、杜跻、杜尹”。本书则从《元和姓纂》之说。

② 房玄龄：《晋书》，中华书局1974年版，第1033页。

③ 同上书，第1713页。

④ 《元和姓纂（附四校记）》卷六杜氏条。

⑤ 房玄龄：《晋书》，第2223页。《元和姓纂（附四校记）》卷六杜氏条作凉州刺史。

⑥ 房玄龄：《晋书》，第2770页。

⑦ 同上书，第1033页。

后不学无术，一味与宦妾媵们游荡贪玩，一点也意识不到皇室内部的政治险恶。太子舍人杜锡考虑到太子非贾后所出，而贾后性情暴戾，心里不安，多次劝诫太子“修德进善，远于谗谤”[①]。结果，愍怀太子发怒，置钢针于杜锡的毡垫上，杜锡坐之，“刺之流血”。事后，还当面羞辱杜锡。《晋书·杜预传附杜锡传》曰：“性亮直忠烈，屡谏愍怀太子，言辞恳切，太子患之。后置针着锡常所坐处毡中，刺之流血。他日，太子问锡：‘向着何事？’锡对：‘醉不知。’太子诘之曰：‘君喜责人，何自作过也。’”[②] 杜锡在赵王伦篡权后，担任治书御史。严词拒绝得势的宵小之辈孙秀的求交。因杜锡名高，孙秀不敢加害。《晋书·杜预传附杜锡传》曰：“赵王伦篡位，以为治书御史。孙秀求交于锡，而锡拒之，秀虽衔之，惮其名高，不敢害也。”[③] 杜锡后迁吏部郎、尚书左丞等职，中年早逝。《晋书·杜预传附杜锡传》曰：“惠帝反政，迁吏部郎、城阳太守，不拜，仍迁尚书左丞。年四十八卒，赠散骑常侍。”[④]

（2）杜乂：盛名江左

两晋之际，杜锡之子杜乂（？—321），字弘治。杜锡死后，杜乂袭父爵。永嘉之乱，衣冠南渡，杜乂随晋王室南迁。也许因杜乂非琅邪王司马睿的旧属，即使过江较早，也不能同王导等琅邪王氏家族等高门士族相提并论。因此，杜氏家族中的杜乂未获得崇高的政治位势，只能凭借着父祖的余荫，袭当阳侯，辟公府掾。杜乂一变家族固有的儒学门风，以玄学名士的身份活跃于东晋上层社会。杜乂的姿容受到王羲之、桓彝等人的品题和赞赏。《晋书·外戚传·杜乂传》曰：

> 性纯和，美姿容，有盛名于江左。王羲之见而目之曰：“肤若凝脂，眼如点漆，此神仙人也。”桓彝亦曰：“卫玠神清，杜乂形清。”[⑤]

① 房玄龄：《晋书》，中华书局1974年版，第1458页。

② 同上。

③ 同上。

④ 同上。

⑤ 同上书，第2414页。

杜乂一支过江后，虽没能像琅邪王氏家族的王导等人在东晋政治中发挥举足轻重的作用，但仍保留了汉魏旧族的显赫声望，杜乂娶河东名士裴遐之女，玄学名士、太尉王衍外孙女——裴穆为妻。裴氏以“中表之美，高于当世”，永嘉之乱后，与杜乂渡江，生下女儿杜陵阳之后。杜乂早卒，裴氏“嫠居养后，以礼自防，甚有德音”，受到朝廷的表彰，封为高安乡君、广德县君。百姓称颂为“杜姥”。《晋书·后妃传·成恭杜皇后》曰：

裴氏名穆，长水校尉绰孙，太傅主簿遐女，太尉王夷甫外孙。中表之美，高于当世。遐随东海王越遇害，无子，唯穆渡江，遂享荣庆，立第南掖门外，世所谓杜姥宅云。[1]

杜乂还通过戚族与东晋司马氏王室再次联姻。晋成帝时，杜乂与裴氏之女杜陵阳以“奕世名德”被选为皇后，即成恭皇后。《晋书·后妃传·成恭杜皇后》曰：

成恭杜皇后，讳陵阳，京兆人，镇南将军预之曾孙也。……成帝以后奕世名德，咸康二年备礼拜为皇后，即日入宫。[2]

（3）杜瓒：尚公主，居高位

杜瓒系杜锡另一子[3]的后世子嗣。其父杜建，北魏辅国将军，赠蒙州刺史。《北史·杜杲传》曰：“杜杲……祖建，魏辅国将军，赠蒙州刺史。”[4] 其兄长杜皎，仪同三司、武都郡守，死后赠开府仪同、大将军、遂州刺史。《北史·杜杲传》曰：“父皎，仪同三司、武都郡

① 房玄龄：《晋书》，中华书局1974年版，第974页。

② 同上书，第973页。

③ 《元和姓纂》卷六杜氏条曰：“元凯，晋荆州刺史、征南大将军、当阳侯，长子锡，曾孙悊，生楚、秀”云云，但《晋书》云杜乂无子。因此，杜悊之祖父应是杜乂的兄弟。杜锡另一子的名字、身世不详，永嘉之乱后滞留北方，《元和姓纂》记载其孙杜悊及杜悊之子杜楚、杜秀等。

④ 李延寿：《北史》，中华书局1974年版，第2428页。

守。"① 《旧唐书·杜如晦传》曰："曾祖皎，周赠开府仪同、大将军、遂州刺史。"② 杜瓒与鲜卑王室联姻，政治地位较高，杜瓒娶魏孝武帝妹妹新丰公主，贵为驸马。历任北魏黄门侍郎兼度支尚书、卫大将军、西道大行台。《北史·杜杲传》曰：

> 其族父攒（瓒），……攒（瓒）时仕魏，为黄门侍郎，兼度支尚书、卫大将军、西道大行台，尚孝武妹新丰公主。③

杜瓒一支子嗣中，不乏人才。杜瓒家族闺门整肃，礼法谨严，加之联姻北魏王室及著名士族清河崔氏，世代簪缨，堪称北朝周隋间最具影响力的士族家族之一。④

（4）杜杲："娴有辞辩，善于占对"的外交能臣

杜杲系仪同三司、武都郡守杜皎之子，杜瓒之侄。因其学涉经史，有当世干略，深得族父杜瓒器重，被荐于朝廷。《北史·杜杲传》曰：

> 杲学涉经史，有当世干略，其族父攒（瓒），清贞有识鉴，深器重之，常曰："吾家千里驹也。"……因荐之朝廷。永熙三年，起家奉朝请。⑤

入周后，杜杲任修城郡守，因平叛有功，入为司会上士，奉命出使陈，不辱使命，为两国交好作出贡献。《北史·杜杲传》曰：

> 初，陈文帝弟安成王顼为质于梁，及江陵平，顼随例迁长安。陈人请之，周文帝许而未遣。至是，帝欲归之，命杲使焉。陈文帝大悦，即遣使报聘，并赂黔中数州地，仍请画野分疆，永敦邻好。以杲奉使称旨，进授都督，行小御伯，更往分界。陈于是归鲁山

---

① 李延寿：《北史》，中华书局1974年版，第2428页。
② 刘昫：《旧唐书》，中华书局1975年版，第2467页。
③ 李延寿：《北史》，第2428页。
④ 参见王力平《中古杜氏家族的变迁》，商务印书馆2006年版，第62页。
⑤ 李延寿：《北史》，第2428页。

郡。帝乃拜项柱国大将军，诏杲送之还国。陈文帝谓杲曰："家弟今蒙礼遣，实是周朝之惠。然不还鲁山，亦恐未能及此。"杲答曰："安成之在关中，乃咸阳一布衣耳。然是陈之介弟，其价岂止一城？本朝亲睦九族，恕己及物，上遵太祖遗旨，下思继好之义，所以发德音者，盖为此也。若知止侔鲁山，固当不贪一镇。况鲁山梁之旧地，梁即本朝籓臣，若以始末言之，鲁山自合归国。云以寻常之土，易己骨肉之亲，使臣犹谓不可，何以闻诸朝廷！"陈文帝惭恧久之，乃曰："前言戏之耳！"自是接遇有加常礼。及还，引升殿，亲降御座，执手以别。朝廷嘉之，授大都督、小载师下大夫，行小纳言，复聘于陈。[①]

随后，南朝陈之大将华皎叛陈入北周，周武帝命卫公直、都督元定等出兵援救，结果两国战事蜂起。周武帝派杜杲再次使陈，"论保境息人之意"。杜杲高超的外交艺术，为北周、陈两国的交好作出贡献。史称："杲有辞辩，闲于占对，前后将命，陈人不能屈，陈宣帝甚敬异之。"[②]

北周静帝大象二年（580），杜杲以"申州刺史，加开府仪同大将军，进爵为侯，除同州刺史"[③]。入隋后，杜杲迁工部尚书，西南道行台兵部尚书，其家族政治位势甚为显赫。入唐后，杜锡一支的后嗣中出现了著名的政治家杜如晦、杜楚客等。杜如晦衷心辅佐唐太宗李世民，官至尚书右仆射，"仍知选事，与房玄龄共掌朝政。至于台阁规模及典章人物，皆二人所定，甚获当代之誉，谈良相者，至今称房、杜焉"[④]。杜楚客官拜给事中，后拜为蒲州刺史，"甚有能名"。"后历魏王府长史，拜工部尚书，摄魏王泰府事。"[⑤] 即使杜楚客因参与魏王李泰的争夺立嗣活动，却也"以其兄有佐命功，免死，废于家"[⑥]。

---

① 李延寿：《北史》，中华书局1974年版，第2428—2429页。

② 同上书，第2430页。

③ 王力平在《中古杜氏家族的变迁》中认为杜杲加开府仪同大将军，进爵为侯在入隋之后，此说误也。

④ 刘昫：《旧唐书》，中华书局1975年版，第2468页。

⑤ 同上书，第2470页。

⑥ 同上。

5. 杜尹一系

(1) 杜尹：据守坞堡，抵抗胡兵

杜预次子杜尹，永嘉之乱时任弘农太守，率部伍退守洛阳宜阳的一泉坞，被乱兵杀害。《晋书·魏浚传》曰：

> 时杜预子尹为弘农太守，屯宜阳界一泉坞，数为诸贼所抄掠。尹要该共距之，该遣其将马瞻将三百人赴尹。瞻知其无备，夜袭尹杀之，迎该据坞。坞人震惧，并服从之。①

其后嗣一直未离开北土，北魏末年至东魏初年，杜尹子嗣取得了相当高的社会地位。

(2) 杜洪太：北魏军政大臣

杜尹五代孙杜洪太，字道廓，北魏孝文帝时，出使高丽，除安远将军、下邳太守，转梁郡太守。太和年间（477—499），除鹰扬将军、绛城镇将，带新昌、阳平二郡太守。《魏书·杜铨传附杜洪太》曰：

> 铨族子洪太，字道廓。延兴中为中书博士。后使高丽，除安远将军、下邳太守，转梁郡太守。太和中，除鹰扬将军、绛城镇将，带新昌、阳平二郡太守。②

(3) 杜祖悦：杜洪太长子及后嗣

杜洪太长子杜祖悦，字士豁。初为大将军刘昶参军，后迁天水、仇池太守，行南秦州事，后入朝任太尉、汝南王府咨议参军。后又出任高阳太守。《魏书·杜铨传附杜祖悦》曰：

> 祖悦，字士豁，颇有识尚。大将军刘昶参军事，稍迁天水、仇池二郡太守，行南秦州事。正光中，入为太尉、汝南王悦谘议参

---

① 房玄龄：《晋书》，中华书局1974年版，第1713页。

② 魏收：《魏书》，中华书局1974年版，第1019页。

军。出除高阳太守，卒于郡。[①]

杜祖悦之子杜长文，字子儒。官至挽郎、员外散骑侍郎，稍迁尚书郎，跟随叔父杜颙守岐州有功，赐爵始平伯，加平东将军。东魏孝静帝天平末年（534—537），卒于安西将军、光禄大夫，赠中军将军、度支尚书、雍州刺史。《魏书·杜铨传附杜长文》曰：

肃宗挽郎、员外散骑侍郎，稍迁尚书郎。以随叔颙守岐州勋，赐爵始平伯，加平东将军。天平末，卒于安西将军、光禄大夫。赠中军将军、度支尚书、雍州刺史。[②]

杜长文四弟杜子达，东魏武定中期（543—550），任文襄王大都督府户曹参军。《魏书·杜铨传附杜长文》曰："长文第四弟子达，武定中，齐文襄王大都督府户曹参军。"[③]

（4）杜颙：杜洪太次子及后嗣

杜洪太次子杜颙，字思颜。史称"颇有干用"，先仕北中府录事参军，后迁为厉威将军、盱眙太守，带大徐戍主。北魏孝昌二年（526），任西征军司，行岐州事，"以守岐州勋，封平阳县开国伯，邑五百户"。后转任岐州刺史、泾州刺史等职。任都督，防守岐州，抵挡万俟丑奴的进攻，升任镇西将军、光禄大夫，并以守岐州之功，"赏安平县开国伯，食邑五百户"。大约在东魏初年，为征西将军、金紫光禄大夫，战死关西。《魏书·杜铨传附杜颙》曰：

祖悦弟颙，字思颜，颇有干用。解褐北中府录事参军。正光中，稍迁厉威将军、盱眙太守，带大徐戍主。元法僧之叛也，颙逃窜获免。后为谏议大夫。孝昌二年，为西征军司，行岐州事。萧宝夤起逆，颙据州不从。还，除征虏将军、东荆州刺史。以守岐州

① 魏收：《魏书》，中华书局1974年版，第1019页。

② 同上书，第1019—1020页。

③ 同上书，第1020页。

勋，封平阳县开国伯，邑五百户。武泰中，转授岐州刺史。永安中，除泾州刺史。时万俟丑奴充斥关右，不行。乃为都督，防守岐州。丑奴攻之，不克。事宁，除镇西将军、光禄大夫。以勋又赏安平县开国伯，食邑五百户。以平阳伯转授第二子景仲。后为征西将军、金紫光禄大夫，没于关西。①

据杜颙后嗣、晚唐文坛著名诗人杜牧的《自撰墓铭》云“后魏太尉颙，封安平公，及予九世，皆葬少陵”可知，从杜颙开始，这一支子孙即以京兆之少陵原（即汉杜陵）为家族墓地，世世代代归葬少陵。入唐后，杜颙后裔杜行敏官至常州刺史，荆州益州二长史，封南阳公，杜佑为唐代著名的史论家，杜牧为唐代著名的文学家。

6. 杜跻一系

（1）杜跻：滞留北方

杜预三子杜跻在永嘉之乱时任新平太守，杜跻一房在永嘉之乱后滞留北方，在少数民族政权中任职。如杜跻之子杜胄在前秦时期曾任太尉长史，② 其孙杜嶷为后燕“慕容垂秘书监，仍侨居赵郡”③。尤其是其曾孙杜铨进入北魏政治体制，取得了一定的政治位势。

（2）杜铨：北魏杜氏宗正，渐践高位

杜跻曾孙杜铨，在北魏初年，被征为中书博士，受到北魏太武帝拓跋焘的器重。《魏书·杜铨传》曰：“铨学涉有长者风，与卢玄、高允等同被征为中书博士。”④ 北魏太武帝拓跋焘为了安葬岳父杜豹，因仰慕汉魏关中郡姓，故以京兆杜氏的杜铨为宗正，令其与杜超子道生迎豹丧柩，致葬邺南。作为汉魏京兆杜陵杜氏之后，杜铨不仅得到北魏太武帝拓跋焘的赏识，而且与北魏皇室的戚族叙亲，由赵徙魏，进入北魏政治中心。杜铨后迁为散骑侍郎，转中书侍郎，赐爵新丰侯。卒后，赠平南将军、相州刺史、魏县侯。《魏书·杜铨传》曰：

---

① 魏收：《魏书》，中华书局 1974 年版，第 1020 页。

② 《魏书·杜铨传》记载为杜胄任“苻坚太尉长史”，而《元和姓纂》记载为“太尉”。

③ 魏收：《魏书》，第 1018 页。

④ 同上。

初，密太后父豹丧在濮阳，世祖欲命迎葬于邺，谓司徒崔浩曰："天下诸杜，何处望高？"浩对京兆为美。世祖曰："朕今方改葬外祖，意欲取京兆中长老一人，以为宗正，命营护凶事。"浩曰："中书博士杜铨，其家今在赵郡，是杜预之后，于今为诸杜之最，即可取之。"诏召见。铨器貌瑰雅，世祖感悦，谓浩曰："此真吾所欲也。"以为宗正，令与杜超子道生迎豹丧柩，致葬邺南。铨遂与超如亲。超谓铨曰："既是宗近，何缘复侨居赵郡？"乃迎引同属魏郡焉。迁散骑侍郎，转中书侍郎，赐爵新丰侯。卒，赠平南将军、相州刺史，魏县侯。①

（3）杜铨长子杜振：中书博士

杜铨之子杜振，② 举秀才，任中书博士。《魏书·杜铨传》曰："子振，字季元。太和初，举秀才，卒于中书博士。"③

（4）杜铨次子杜遇：龙骧将军、中散大夫

杜铨之子杜遇，起家奉朝请。转员外散骑侍郎、尚书起部郎中。因窃官材瓦建私宅，为清议所鄙，迁龙骧将军、中散大夫。出为河东太守。卒，赠中军将军、都官尚书、豫州刺史。《魏书·杜铨传》曰：

子遇，字庆期。起家奉朝请。转员外散骑侍郎、尚书起部郎中。窃官材瓦起立私宅，清论鄙之。迁龙骧将军、中散大夫。出为河东太守。卒，赠中军将军、都官尚书、豫州刺史，谥曰惠。④

（5）杜铨三子杜鸿：司徒仓曹参军

杜铨之子杜鸿，在魏孝武帝永熙年间任司徒仓曹参军。《魏书·杜铨传》曰："子鸿，永熙中，司徒仓曹参军。"⑤

---

① 魏收：《魏书》，中华书局 1974 年版，第 1018—1019 页。

② 王力平在《中古杜氏家族的变迁》中认为杜铨有二子：杜遇、杜鸿，而将《魏书·杜铨传》中"子振"（杜铨之子杜振）理解为杜子振，并以为杜子振是杜铨的后人。

③ 魏收：《魏书》，第 1019 页。

④ 同上。

⑤ 同上。

7. 杜耽一系

(1) 杜耽：凉州军司

杜预之少子杜耽，永嘉之乱前后，滞留河西，任凉州军司。《晋书·张轨传》曰：

> 晋昌张越，凉州大族，谶言张氏霸凉，自以才力应之。从陇西内史迁梁州刺史。越志在凉州，遂托病归河西，阴图代轨，乃遣兄镇及曹祛、麹佩移檄废轨，以军司杜耽摄州事，使耽表越为刺史。①

由于河西之地远离西晋政治中心——洛阳，许多有志之士如挚虞等人就意识到凉州是八王之乱的避难之乐土。《晋书·张轨传》曰：

> 秘书监缪世征、少府挚虞夜观星象，相与言曰："天下方乱，避难之国唯凉土耳。张凉州德量不恒，殆其人乎！"②

永嘉之乱时，杜耽担任凉州军司，职务不高，但政治地位极大。其父杜预就由军司继任主帅。杜耽子嗣曾滞留凉州一带，至其子杜逊才南迁至襄阳。

(2) 杜逊及其子孙：杜耽子嗣一系

①杜逊：东晋魏兴太守

杜逊系杜耽之孙，《元和姓纂》卷六杜氏襄阳望条：

> 当阳侯元凯少子耽，晋凉州刺史；生顾，西海太守；生逊，过江。随元帝南迁，居襄阳。逊官至魏兴太守，生灵启、干元。③

由此可知，杜耽后嗣杜逊率族人南徙至襄阳，大约是在东晋初年

---

① 房玄龄：《晋书》，中华书局1974年版，第2223页。

② 同上书，第2222页。

③ 《元和姓纂（附四校记）》卷六杜氏条罗振玉校"干元"应为"干光"。

(317) 前后。杜耽之孙杜逊官至魏兴太守。永嘉之乱，北方次等士族南迁至襄阳，襄阳成为当时雍州、秦州士族的汇聚地。[①] 由于东晋时代襄阳地区仍是南北交兵的前沿阵地，时失时复，无有定准。朝廷对该地虽设有刺史，但治所无常，且无实土，所属郡县大都有军府实行军政支配，因此难以走上正常运转轨道。[②] 杜逊一支在襄阳一带的政治位势尚无法与洛阳胜流王导等相提并论。但到了齐梁时代，杜逊一支的子孙以武功显名。

②杜怀宝及子嗣：齐梁武族

《梁书·杜崱传》曰：

> (杜崱) 父怀宝，少有志节，常邀际会。高祖义师东下，随南平王伟留镇襄阳。天监中，稍立功绩，官至骁猛将军、梁州刺史。大同初，魏梁州刺史元罗举州内附，怀宝复进督华州。值秦州所部武兴氐王杨绍反，怀宝击破之。[③]

梁武帝大同初年，东魏高欢复围南郑，杜怀宝携子杜嶷参加战斗。《南史·杜崱传》曰：

> 大同初，魏军复围南郑，怀宝命第三子嶷帅二百人，与魏前锋战于光道寺溪，矢中其目，失马，敌人交槊将至，嶷斩其一骑而上，驰以归。[④]

杜怀宝的儿子杜嶷，史称“(杜) 嶷膂力绝人，便马善射，一日中战七八合。所佩霜明朱弓四石余力，斑丝缠槊长二丈五，同心敢死士百七十人。每出杀伤数百人，敌人惮之，号为杜彪”[⑤]。杜崱率兄侄等族

① 参见谭其骧《晋永嘉丧乱后之民族迁徙》，《燕京学报》第15期。

② 参阅张灿辉《六朝区域史研究》之“雍州进程研究”，岳麓书社2008年版，第22页。

③ 姚思廉：《梁书》，中华书局1973年版，第642页。

④ 李延寿：《南史》，中华书局1975年版，第1556页。

⑤ 同上。

人投奔梁武帝，杜崱任持节、信威将军、武州刺史。俄迁宣毅将军，领镇蛮护军、武陵内史，枝江县侯，邑千户。侯景之乱爆发，杜崱戡乱有功，加散骑常侍、持节、督江州诸军事、江州刺史，增邑千户。其后，杜崱破郭建元、战陆纳、讨武陵王，战功卓著。

侯景之乱中，杜崱兄弟杜岸以及杜岑之子杜龛都发挥了重要作用。《梁书·杜崱传附杜岸》曰：

> 岸，字公衡。少有武干，好从（纵）横之术。太清中，与崱同归世祖，世祖以为持节、平北将军、北梁州刺史，封江陵县侯，邑一千户。岸因请袭襄阳，世祖许之。岸乃昼夜兼行，先往攻其城，不克。岳阳至，遂走依其兄巘于南阳，巘时为南阳太守。岳阳寻遣攻陷其城，岸及巘俱遇害。[①]

《梁书·杜崱传附杜龛》曰：

> 龛，崱第二兄岑之子。少骁勇，善用兵，亦太清中与诸父同归世祖，世祖以为持节、忠武将军、郢州刺史，中庐县侯，邑一千户。与叔幼安俱随王僧辩讨河东王，平之。又随僧辩下，继徐文盛军至巴陵，闻侯景袭陷郢州，西上将至，乃与僧辩等守巴陵以待之。景至，围之数旬，不克而遁。迁太府卿、安北将军、督定州诸军事、定州刺史，加通直散骑常侍，增邑五百户。仍随僧辩追景至江夏，围其城。景将宋子仙弃城遁，龛追至杨浦，生擒之。大宝三年，众军至姑孰，景将侯子鉴逆战，龛与陈霸先、王琳等率精锐击之，大败子鉴，遂至于石头。景亲率其党会战，龛与众军奋击，大破景，景遂东奔。论功为最，授平东将军、东扬州刺史，益封一千户。[②]

尽管杜崱及其子嗣以军功显名，但是他们几乎全部陷入了萧绎与萧

---

① 姚思廉：《梁书》，中华书局1973年版，第643页。

② 同上书，第644页。

詧（岳阳王）叔侄间的斗争，并投靠了萧绎。不幸战败，萧詧“获巘、岸等并其母妻子女，并斩于襄阳北门。……尽诛诸杜宗族亲者，幼弱下蚕室，又发其坟墓，烧其骸骨，灰而扬之，并以为漆椀”①。杜龛任吴兴太守，拥兵自重，“龛乃据吴兴以拒之，频败陈文帝军”②。但他“勇而无略”，被陈霸先所败。“后杜泰降文帝，龛尚醉不觉，文帝遣人负出项王寺前斩之。王氏因截发出家，杜氏一门覆矣。”③

（3）杜骥及其子孙：杜耽后嗣一系

①杜骥父祖南渡

杜耽后嗣中的另一支杜骥大约在刘宋时代迁至襄阳。《宋书·杜骥传》曰：

> 杜骥，字度世，京兆杜陵人也。高祖预，晋征南将军。曾祖耽，避难河西，因仕张氏。苻坚平凉州，父祖始还关中。④

杜骥父祖避难于河西之地，及苻坚平凉州后，始返关中。直到宋武帝刘裕伐后秦（417），杜骥一房子嗣随之渡江，定居襄阳一带。就在杜骥一支迁往襄阳之前的东晋时期，地处长江上游的荆襄地区一直是琅邪王氏与颍川庾氏权力竞逐的焦点，其后庾氏与桓氏为控制襄阳展开了激烈争斗。⑤ 刘宋王朝始设侨雍州，治所襄阳。《宋书·州郡三·雍州刺史》曰：

> 胡亡氐乱，雍、秦流民多南出樊、沔，晋孝武始于襄阳侨立雍州，并立侨郡县。宋文帝元嘉二十六年，割荆州之襄阳、南阳、新野、顺阳、随五郡为雍州，而侨郡县犹寄寓在诸郡界。⑥

---

① 李延寿：《南史》，中华书局1975年版，第1558页。

② 同上书，第1559页。

③ 同上。

④ 沈约：《宋书》，中华书局1974年版，第1720页。

⑤ 参阅田余庆《庾氏之兴和庾王江州之争·襄阳的经略》，《东晋门阀政治》，北京大学出版社2005年版。

⑥ 沈约：《宋书》，第1135页。

襄阳的政治军事地位和经济实力大大加强，雍州势力在刘宋王朝的政治地位渐渐提高。① 迁居襄阳的杜氏子嗣因渡江稍晚，受到清议的鄙视，杜坦为之耿耿于怀，"晚度北人，朝廷常以伧荒遇之，虽复人才可施，每为清涂所隔，坦以此慨然"②。杜坦借与宋武帝刘裕谈史籍的机会鸣不平。《宋书·杜骥传》曰：

> 尝与太祖言及史籍，上曰："金日磾忠孝淳深，汉朝莫及，恨今世无复如此辈人。"坦曰："日磾之美，诚如圣诏。假使生乎今世，养马不暇，岂办见知。"上变色曰："卿何量朝廷之薄也。"坦曰："请以臣言之。臣本中华高族，亡曾祖晋氏丧乱，播迁凉土，世叶相承，不殒其旧。直以南度不早，便以荒伧赐隔。日磾胡人，身为牧圉，便超入内侍，齿列名贤。圣朝虽复拔才，臣恐未必能也。"上默然。③

②杜骥兄弟：任职军界，位至刺史

南渡的杜陵杜氏家族在襄阳一带迅速发展，与汉魏关中旧士族建立了广泛的社会联系。《宋书·杜骥传》曰："北土旧法，问疾必遣子弟。骥年十三，父使候同郡韦华。华子玄有高名，见而异之，以女妻焉。"④直到宋文帝元嘉年间（424—453），杜骥得以进入仕途，政治位势得以提高。《宋书·杜骥传》曰：

> 桂阳公义真镇长安，辟为州主簿，后为义真车骑行参军，员外散骑侍郎，江夏王义恭抚军刑狱参军，尚书都官郎，长沙王义欣后军录事参军。⑤

① 参阅张灿辉《六朝区域史研究》之"雍州进程研究"，岳麓书社2008年版，第23—25页。

② 沈约：《宋书》，中华书局1974年版，第1720—1721页。

③ 同上书，第1721页。

④ 同上。

⑤ 同上。

杜骥加建武将军，随刘彦之入河南，镇守洛阳。《宋书·杜骥传》曰：

> 元嘉七年，随到彦之入河南，加建武将军。索虏撤河南戍悉归河北，彦之使骥守洛阳。洛阳城不治既久，又无粮食，及彦之败退，骥欲弃城走，虑为太祖所诛。①

③杜幼文：跻身中枢

杜坦、杜骥子孙已从最初的边郡太守逐渐跻身政权中枢，杜骥的第五子杜幼文，任散骑侍郎、黄门侍郎等职，后出任梁、南秦二州刺史，集军政大权于一身，家族势力达到鼎盛。"幼文所莅贪横，家累千金，女伎数十人，丝竹昼夜不绝。"② 杜坦儿子杜叔宝则为右军参军，后挟制豫州刺史殷琰，成为左右豫州地方政治的豪族。杜氏家族势力的迅速崛起和过度膨胀，引起了刘宋皇室的警觉和不满。"帝微行夜出，辄在幼文门墙之间，听其弦管，积久转不能平，于是自率宿卫兵诛幼文、勃、超之等。幼文兄叔文为长水校尉，及诸子侄在京邑方镇者并诛。"③

综上所述，在需要加强皇权统治的西汉时代，杜氏凭借着"刑律"之学迅速崛起。家族的代表人物杜周、杜延年父子进入王朝权力的中枢，整个家族也迁徙到政治文化中心——长安杜陵一带。尽管杜陵杜氏家族在东汉时代淡出历史的地表，但杜氏子嗣仍绵延不绝，蓄势待发。东汉末年至曹魏时代，杜陵杜氏家族再次崛起，出现了被曹操誉为"萧何、寇恂之臣"的杜畿。曹魏时代，杜陵杜氏的政治位势虽比不上颍汝士族，但也成为曹魏皇室团结和倚重的政治势力。西晋时代，在杜预的努力下，杜陵杜氏家族达到鼎盛。杜氏家族的社会经济基础也由京兆杜陵迁徙至洛阳一带。永嘉之乱后，杜陵杜氏子嗣星散南北。得以南渡的杜陵杜氏子嗣已沦为次等士族，其家族的政治

---

① 沈约：《宋书》，中华书局1974年版，第1721页。

② 同上书，第1722页。

③ 同上。

位势也无法与“洛阳胜流如王导等者”相比。即使在南朝时代，有杜氏子嗣发达一时，最终也落得“杜氏一门覆矣”。而滞留在北方的杜陵杜氏家族，饱受战乱与流离之苦。直到北朝时代，杜氏家族再次以军功著称，成为关陇集团的核心力量，为隋唐时代杜氏家族的政治崛起积蓄了力量。总之，汉魏时代的关辅高门华族——杜陵杜氏家族在汉魏六朝的政治格局及士族集群中具有极其重要的政治位势，影响深远。

四 杜陵杜氏的文化习性

所谓“文化习性”，是某一阶层在政治位势下移、政治文化的影响力日渐式微的情况下所采取的一种集体性的、持久性的、规则行为的生成机制，包括自我期待、应对方略、行事标准等。汉魏六朝时代，杜陵杜氏家族的文化习性发生了几次重大转向。具体说来，西汉前期，古老的杜氏家族失去昔日的政治辉煌，杜氏后嗣杜周、杜延年父子能够顺应王朝政治文化的需要，凭借“尚刑律”的文化习性而进入政权中枢，为家族的崛起作出巨大贡献。西汉后期至西晋的几百年中，杜陵杜氏家族的文化习性一变为尚经学，出现了杜钦、杜理、杜预等著名经史学家。西晋至南北朝时代，杜陵杜氏家族以“尚军功”为家族的文化习性，试图改变永嘉之乱以后多舛的家族命运，并取得了一定的成效。

（一）西汉杜氏：刑律世家

秦汉之际，杜氏家族的杜赫，任秦大将军，采邑南阳衍邑。其子孙杜秉、杜札虽任上党太守、南阳太守，但到杜周时代，只能在南阳为文墨小吏，可见其家族昔日的声势已荡然无存。在这种处境下，杜周凭借着个人才干和熟知刑律之学，进入武帝朝的政治权力中枢。其子杜延年继承刑律之学，使得家族文化习性得以赓续。因此，杜氏成为汉代著名的刑律世家。

杜氏家族的杜周、杜延年父子选择刑律之学作为家学，这与汉武帝、宣帝两代“任刑罚”的政治环境有关。儒学虽然在武帝时代被确立为统治思想，但此时的儒学也有法家化的倾向。[①] 董仲舒所倡导的儒学就包含着刑名思想。《汉书·董仲舒传》曰："天道之大者在阴阳。阳为德，阴为刑；刑主杀而德主生。"[②] 汉武帝一方面任用儒学之士来建设新的政治意识形态，另一方面任用执行"法令"的吏人。汉宣帝继承武帝的衣钵，强调以"霸王道"治国，宣帝对太子说："自有制度，本以霸、王道杂之；奈何纯任德教，用周政乎！"[③] 杜周以"文墨小吏"起家，在南阳太守义纵的举荐下，任廷尉史，从此走上仕途。他曾任御史中丞、廷尉、御史大夫等要职，在打击地方豪强势力，强化皇权统治，制定律令等多方面颇具建树。杜周所订刑律，时人称其为《大杜律》。这虽在《史记》《汉书》等史籍中未有任何记载，但在后世文献中尚有一些线索。[④] 宋洪适《隶释》卷七《车骑将军冯绲碑》记载："少耽学问，习父业，治《春秋》严、《韩诗》仓氏，兼律《大杜》。"[⑤] 又《荆州从事苑镇碑》云："肇建仁义之基，始创五福之衢，韬律《大杜》，宗皋陶、甫侯之遗风。"[⑥] 清代学者惠栋曰："（杜）周所定者，为《大杜律》，《荆州从事苑镇碑》云：'韬律《大杜》'是也；其（了）延年所定者，为《小杜律》，《丹阳太守郭旻碑》云：'治律《小杜》'是也。"[⑦]《后汉书·郭躬传》李贤太子等注曰："《前书》，杜周武帝时为廷尉、御史大夫，断狱深刻。少子延年亦明法律，宣帝时又为御史大夫。对父故言小。"[⑧] 杜延年在其父熏陶下，"亦明法律"[⑨]，著有《小杜律》。"刑律之学"已成杜陵杜氏之家学。《小杜律》流传甚广，为后世所研习。如东汉郭弘、郭躬父子等人均习《小杜律》。郭躬讲授《小杜律》，"徒众常数百人"[⑩]。

---

① 参见余英时《汉代循吏与文化传播》，《士与中国文化》，上海人民出版社2003年版，第125页。

② 班固：《汉书》，中华书局1962年版，第2502页。

③ 班固：《汉书·元帝纪》，第277页。

④ 参阅王力平《中古杜氏家族的变迁》，商务印书馆2006年版，第22—23页。

⑤ 洪适：《隶释·隶续》，中华书局1983年版，第86页。

⑥ 同上书，第138页。

⑦ 王先谦：《后汉书集解·郭躬传》引惠栋语，中华书局1984年版，第155页。

⑧ 范晔：《后汉书》，中华书局1965年版，第1543页。

⑨ 班固：《汉书》，第2662页。

⑩ 范晔：《后汉书》，第1543页。

尽管《大杜律》《小杜律》均已失传，但并不影响我们对杜陵杜氏作为刑律世族的认识。杜延年在刑律的理念和操作层面均有别于其父杜周，其执法治狱尚宽平仁恕。《汉书·杜周传附杜延年》曰："光持刑罚严，延年辅之以宽。"[①] 赢得史学家班固"德器自过，爵位尊显"的称赞。

（二）西汉后期至魏晋杜氏：经术世家

西汉后期，杜延年的子嗣中终于出现了"好经书"的杜钦，这标志着杜陵杜氏家族以家学为核心的文化习性的转变。《汉书·杜周传附杜钦传》曰：

> 钦字子夏，少好经书，家富而目偏盲，故不好为吏。茂陵杜邺与钦同姓字，俱以材能称京师，故衣冠谓钦为"盲杜子夏"以相别。钦恶以疾见诋，乃为小冠，高广财二寸，由是京师更谓钦为"小冠杜子夏"，而邺为"大冠杜子夏"云。[②]

杜钦好经学，与西汉后期崇尚经术的时代潮流有关。杜钦不仅熟知"经书之学"，且能把经学思想渗透到时政评论中。《汉书·杜周传附杜钦》曰：

> 自上为太子时，以好色闻，及即位，皇太后诏采良家女。钦因是说大将军凤曰："礼壹娶九女，所以极阳数，广嗣重祖也；必乡举求窈窕，不问华色，所以助德理内也；娣侄虽缺不复补，所以养寿塞争也。故后妃有贞淑之行，则胤嗣有贤圣之君；制度有威仪之节，则人君有寿考之福。废而不由，则女德不厌；女德不厌，则寿命不究于高年。"《书》云："或四三年"，言失欲之生害也。男子五十，好色未衰；妇人四十，容貌改前。以改前之容侍于未衰之年，而不以礼为制，则其原不可救而后徕异态；后徕异态，则正后

---

① 班固：《汉书》，中华书局1962年版，第2662页。

② 同上书，第2667页。

自疑而支庶有间适（嫡）之心。是以晋献被纳谗之谤，申生蒙无罪之辜。今圣主富于春秋，未有适（嫡）嗣，方乡术入学，未亲后妃之议。将军辅政，宜因始初之隆，建九女之制，详择有行义之家，求淑女之质，毋必有色声音技能，为万世大法。夫少，戒之在色，《小卞》之作，可为寒心。唯将军常以为忧。①

这是杜钦作为辅国大将军王凤的智囊，为王凤所谏之言。杜钦能从成帝个人私生活喜好和皇太后的诏命等细枝末节中看出政治隐忧，希望大将军王凤能通过皇太后影响成帝，戒奢欲。杜钦言论中明引儒学经典，如《尚书》《诗经·小雅·小弁》等，暗引《易》《论语》以及《春秋》《左传》等史实。杜钦的进言温润博雅，旨意切近，可见其经学功底何等深厚！大将军王凤被说服，“白之太后”，皇太后以没有“故事”——以往先例质疑。

杜钦再次申论“九女之制”，以固大将军王凤之意，以释皇太后之疑：

《诗》云：“殷监不远，在夏后氏之世”。刺戒者至迫近，而省听者常怠忽，可不慎哉！前言九女，略陈其祸福，甚可悼惧，窃恐将军不深留意。后妃之制，夭寿治乱存亡之端也。迹三代之季世，览宗、宣之飨国，察近属之符验，祸败曷常不由女德？是以佩玉晏鸣，《关雎》叹之，知好色之伐性短年，离制度之生无厌，天下将蒙化，陵夷而成俗也。故咏淑女，几以配上，忠孝之笃，仁厚之作也。夫君亲寿尊，国家治安，诚臣子至愿，所当勉之也。《易》曰：“正其本，万物理。”凡事论有疑未可立行者，求之往古则典刑无，考之来今则吉凶同，卒摇易之则民心惑，若是者诚难施也。今九女之制，合于往古，无害于今，不逆于民心，至易行也，行之至有福也，将军辅政而不蚤定，非天下之所望也。唯将军信臣子之愿，念《关雎》之思，逮委政之隆，及始初清明，为汉家建无穷

① 班固：《汉书》，中华书局1962年版，第2667页。

之基，诚难以忽，不可以遴。[①]

杜钦此论，一是要博征典故，论证“九女之制”。二是要劝大将军王凤早立法度。在第一层意旨中，杜钦征引《诗经·大雅·荡》《诗·关雎》（鲁诗）、《易》以及殷高宗、周宣王等史实，论证“九女之制”。《汉书》颜师古注引“臣瓒曰：‘天子一娶九女，夏殷之制也，钦故举前代之约以刺今之奢也’”[②]。可谓知音之论。也就是说，杜钦并不是要恢复夏殷之制，而是借此讽刺汉世的奢欲。因此，杜钦在申论中道出“九女之制”背后的旨意——“刺戒者至迫近，而省听者常怠忽，可不慎哉！”从杜钦所言的“凡事论有疑未可立行者，求之往古则典刑无，考之来今则吉凶同，卒摇易之则民心惑，若是者诚难施也”可以看出，他绝非一介腐儒，思想中依然流淌着父祖“尚刑律”的血液。他针对大将军王凤的性格缺陷——多优柔，少刚断，即《汉书》所云的“不能自立法度”，鼓励王凤早立法度，建无穷之基。

汉建始四年（前29）夏，成帝在白虎殿召见直言之士，询问思想意识形态的六大问题——“天地之道何贵？王者之法何如？《六经》之义何上？人之行何先？取人之术何以？当世之治何务？”要求他们“各以经对”。杜钦已预其中，他的策对如下：

臣闻天道贵信，地道贵贞；不信不贞，万物不生。生，天地之所贵也。王者承天地之所生，理而成之，昆虫草木靡不得其所。王者法天地，非仁无以广施，非义无以正身；克己就义，恕以及人，《六经》之所上也。不孝，则事君不忠，莅官不敬，战陈无勇，朋友不信。孔子曰：“孝无终始，而患不及者，未之有也。”孝，人行之所先也。观本行于乡党，考功能于官职，达观其所举，富观其所予，穷观其所不为，乏观其所不取，近观其所为主，远观其所主。孔子曰：“视其所以，观其所由，察其所安，人焉廋哉?”取人之术也。殷因于夏尚质，周因于殷尚文，今汉家承周、秦之敝，宜抑

① 班固：《汉书》，中华书局1962年版，第2669—2670页。

② 同上书，第2668页。

文尚质，废奢长俭，表实去伪。孔子曰"恶紫之夺朱"，当世治之所务也。臣窃有所忧，言之则拂心逆指，不言则渐日长，为祸不细，然小臣不敢废道而求从，违忠而耦意。臣闻玩色无厌，必生好憎之心；好憎之心生，则爱宠偏于一人；爱宠偏于一人，则继嗣之路不广，而嫉妒之心兴矣。如此，则匹妇之说，不可胜也。唯陛下纯德普施，无欲是从，此则众庶咸说，继嗣日广，而海内长安。万事之是非何足备言！①

杜钦的策对剀切真率，主旨鲜明，要言不烦。他将经书之学运用得炉火纯青、得心应手，尤其能在看似收束处——完成帝的"六问"之后，笔锋一转，翻出新意，直指成帝的"好色无厌"，从皇帝的个人生活的小问题中看出潜在的政治危机，思想穿透力极强。

杜钦不仅能从儒学理论入手分析现实的政治问题，而且能以经术释灾异。史载，汉成帝建始三年（前 30），皇帝诏举贤良方正能言之士，答日蚀、地震之变。杜钦被合阳侯梁放举荐，得以答问。他引经据典，从春秋历史分析日蚀、地震等灾异与人事的关系，进而分析成帝时代的政治隐忧。杜钦不仅谙熟《春秋》等经史文献，而且有着强烈的现实关怀。

魏晋时代，传统的经学思想已经衰落，而关辅世族中的杜陵杜氏依然秉持两汉以来的家学传统。杜畿经营河东时，曾大兴文教，开学宫，亲自持经教授，并任用学成归乡的乐详为文学祭酒。《三国志》裴注引《魏略》曰：

建安初，详闻公车司马令南郡谢该善左氏传，乃从南阳步诣〔许，从〕该问疑难诸要，今左氏乐氏问七十二事，详所撰也。所问既了而归乡里，时杜畿为太守，亦甚好学，署详文学祭酒，使教后进，于是河东学业大兴。至黄初中，征拜博士。②

① 班固：《汉书》，中华书局 1962 年版，第 2669—2670 页。
② 陈寿：《三国志》，中华书局 1959 年版，第 507 页。

杜畿大力推广乐详的“左氏春秋”学，《三国志》裴注引《魏略》曰：“至今河东特多儒者，则畿之由矣。”[①] 曹魏初期，刑名学思想在曹操等人的提倡下迅速蔓延，儒学渐衰。杜畿能崇儒士，大兴文教，难能可贵。其子杜恕对汉朝灭亡后经学中衰之势，深为忧虑，他指出：“今之学者，师商、韩而上法术，竞以儒家为迂阔，不周世用，此最风俗之流弊，创业者之所致慎也。”[②]

杜恕被贬章武（河北一带），仍然不忘关心朝政，积极著述，著有《体论》《兴性论》等文章。《三国志》裴注引《杜氏新书》曰：

> 以为人伦之大纲，莫重于君臣；立身之基本，莫大于言行；安上理民，莫精于政法；胜残去杀，莫善于用兵。夫礼也者，万物之体也，万物皆得其体，无有不善，故谓之体论。[③]

《隋书·经籍志》也将《杜氏体论》四卷归为儒家类中，无论是从杜恕对《体论》主旨的论述，还是后人的学术分类，都可以看出杜恕为儒家经学型学者。

曹魏时代，杜陵杜氏家族致力于《左传》的研究，杜畿的少子杜宽虽中年早逝，其著作属草创，但皆流传于世。《三国志》裴注引《杜氏新书》曰：

> 弟宽，字务叔。清虚玄静，敏而好古。以名臣门户，少长京师，而笃志博学，绝于世务，其意欲探赜索隐，由此显名，当涂之士多交焉。举孝廉，除郎中。年四十二而卒。经传之义，多所论驳，皆草创未就，惟删集《礼记》及《春秋左氏传解》，今存于世。[④]

杜预也重视对儒学经典《左传》的研究，自称有“《左传》癖”。

---

① 陈寿：《三国志》，中华书局1959年版，第496页。
② 同上书，第502页。
③ 同上书，第507页。
④ 同上书，第508页。

《晋书·杜预传》曰：

预常称“济有马癖，峤有钱癖”。武帝闻之，谓预曰：“卿有何癖?”对曰：“臣有《左传》癖。”[1]

玄学风靡的魏晋之际，洛阳一带的士族盛行玄风，而关辅世族杜陵杜氏家族，仍然秉持两汉经学理路。杜预即是如此。他恪守父祖两代治《左传》的传统，“少而好学，在官则勤于吏治，在家则滋味典籍”(《自述》，见《全晋文》卷四三)。史称杜预“博学多通，明于兴废之道，常言：‘德不可以企及，立功立言可庶几也’”[2]，常常以儒学的“立功立言”为人生期许，甚至刻石纪功。《晋书·杜预传》曰：

预好为后世名，常言“高岸为谷，深谷为陵”，刻石为二碑，纪其勋绩，一沈万山之下，一立岘山之上，曰：“焉知此后不为陵谷乎!”[3]

杜预在平吴大业中建立了不朽功勋，实现了自己的人生理想之一——立功不朽，进而专意著述事业，以实现自己的另一人生理想——立言不朽。他致力于《左传》的研究，撰成了《春秋左氏经传集解》等著作。《晋书·杜预传》曰：

既立功之后，从容无事，乃耽思经籍，为《春秋左氏经传集解》。又参考众家谱第，谓之《释例》。又作《盟会图》、《春秋长历》，备成一家之学，比老乃成。又撰《女记赞》。[4]

西晋时代，玄学盛行，杜预的《春秋左氏经传集解》不为世人所重，却受到著名礼学家挚虞的推崇，在学术史上占有一席之地，奠定了

① 房玄龄：《晋书》，中华书局1974年版，第1032页。
② 同上书，第1025页。
③ 同上书，第1031页。
④ 同上。

崇高的学术地位。《晋书·杜预传》曰：

当时论者谓预文义质直，世人未之重，唯秘书监挚虞赏之，曰："左丘明本为《春秋》作传，而《左传》遂自孤行，《释例》本为《传》设，而所发明何但《左传》，故亦孤行。"①

《北史·儒林传》曰：

大抵南北所为章句，好尚互有不同。江左，《周易》则王辅嗣，《尚书》则孔安国，《左傅》则杜元凯。河洛，《左传》则服子慎，《尚书》、《周易》则郑康成。《诗》则并主于毛公，《礼》则同遵于郑氏。南人约简，得其英华；北学深芜，穷其枝叶。考其终始，要其会归，其立身成名，殊方同致矣。②

虽然南北朝学术风尚不同，各有宗述。具体说，江左一带的南朝，习《左传》者皆尊杜注；③ 而京洛北朝一带，则推尊服虔注，但杜预的注在北朝也颇有影响。《北史·儒林传》曰：

又有姚文安、秦道静，初亦学服氏，后兼更讲杜元凯所注。其河外儒生，俱伏膺杜氏。④

杜预《春秋左氏经传集解》的学术价值在于将《左传》"从古字古言的章句训诂，扩展为对传文意义的阐发。杜预把这种训诂与义理兼备的学术风格，作为贯穿《集解》全书的一项撰著原则。正是这项撰著原则孕育出南北朝以至隋唐的经学义疏之学。关于刘欣、贾逵等人的失误之处，杜预认为他们不应杂引阴阳、图谶以及《公羊传》和《谷梁

① 房玄龄：《晋书》，中华书局 1974 年版，第 1032 页。

② 李延寿：《北史》，中华书局 1974 年版，第 2709 页。

③ 参阅赵伯雄《春秋学史》第四章之第三节"杜预与春秋经传集解"，山东教育出版社 2004 年版。

④ 李延寿：《北史》，第 2709 页。

传》附会传文，这样就紊乱了《左传》的本来面貌。他主张以《左传》和《春秋》经文互相说明，不掺入无关的内容。这是杜预《集解》的第二项撰著原则，也是他被思想史家们称之为‘左氏忠臣’的缘由”①。他所提出的凡例，即“微而显”“志而晦”“婉而成章”“尽而不污”“惩恶而劝善”“五体”之说，不仅对《左传》的研究具有很强的现实意义，也启发了刘勰的文学思想，提出了“六义”之说。杜预不仅学识渊博，人生阅历丰富，而且吸收了玄学清谈的简洁明快的风格，因此他的《春秋左氏经传集解》多实践智慧，少迂阔之气，尚约简、得英华，尤其以史解经，充满了鲜明的时代精神。②

杜预后嗣中的杜坦、杜骥等人将“左传学”经史之学作为家族的家学，并薪火相传。《北史·儒林传》曰：“晋世，杜预注《左氏》。预玄孙坦，坦弟骥，于宋朝并为青州刺史，传其家业，故齐地多习之。”③另外，杜干光、杜叔毗祖孙二人也能继承家学传统，并有所成就，《隋书·经籍志》载有杜干光的《春秋释例引序》。从杜叔毗“励精好学，尤善《左氏春秋》”的记载中，看得出他是继承了祖父杜干光治《春秋学》的传统。

（三）南北朝杜氏：尚武世家

大约在永嘉之乱后，杜陵杜氏家族子嗣郡望纷立，星散南北。杜氏家族的文化习性从“尚经术”渐变为“尚军功”，这与南北朝时局动荡的社会历史环境不无关系。

襄阳位居长江上游，屏障荆州，是旧梁、雍州次等士族及流民的汇聚地。东晋朝廷通过笼络流民豪帅等方式，加强对襄阳的控制。④至齐梁时代，襄阳一带的世族武装成为政权倚重的力量。陈寅恪先生从《梁书·萧颖达传》所记载的阐文“江陵素畏襄阳人”一语中，揭示东晋后期桓玄、刘毅等襄阳武装的政治作用。他说：“即前此之桓玄、刘

---

① 参阅张岂之《陕西通史·思想卷》，陕西人民出版社1997年版，第139—140页。

② 参阅王力平《中古杜氏家族的变迁》，商务印书馆2006年版，第235页。

③ 李延寿：《北史》，中华书局1974年版，第2708页。

④ 参阅田余庆《东晋门阀政治》，北京大学出版社2005年版。

毅、沈攸之，后此之梁元帝、萧詧诸人之兴亡成败皆与之有关也。”[①]由此推论襄阳一带世族的性质为“俱是有战斗力的武人集团”[②]。迁至襄阳的杜氏家族进而转变为武功家族，这从刘宋时代的杜骥“元嘉中，任遇甚厚，历后军将军，龙骧将军”“元嘉七年，随到彦之入河南，加建武将军。索虏撤河南戍悉归河北，彦之使骥守洛阳”等记载中可看得出来。

如果说，杜骥兄弟还能恪守家族的经学传统，在青州等地传授《春秋左传学》，那么杜氏家族的杜逊一支子嗣则完全成为武人集团。史称杜怀宝“少有志节，常邀际会”。曾追随梁武帝“义师东下，随南平王伟留镇襄阳”。“天监中，稍立功绩，官至骁猛将军、梁州刺史。”杜怀宝父子曾平内乱，御外敌。他的儿子杜嶷，史称“嶷膂力绝人，便马善射，一日中战七八合。所佩霜明朱弓四石余力，斑丝缠槊长二丈五，同心敢死士百七十人。每出杀伤数百人，敌人惮之，号为杜彪”[③]。七子杜崱率兄侄等族人投奔梁元帝。梁元帝依靠杜崱家族势力击败岳阳王萧詧（萧绎叔父），杜氏家族因此也付出了惨重代价。

永嘉之乱后，滞留北方的杜氏家族曾依托坞堡等文化绿洲，组织武装力量积极抵抗少数民族政权的铁骑，如杜预次子杜尹任弘农太守，率部伍退守洛阳宜阳的一泉坞。抗击失败后，杜氏家族沦为少数民族政权奴役下的戍卒，与其他汉魏旧族如皇甫、胡、梁、韦、牛、辛等一样，被迫戍守他方，饱受流离之苦。直到后赵石虎建武四年（338），因镇远将军王擢的上表，才免除兵役徭役等。甚至有些成员已经进入少数民族政权中，如杜瓒，史称“攒（瓒）时仕魏，为黄门侍郎，兼度支尚书、卫大将军、西道大行台，尚孝武妹新丰公主”[④]。再如杜杲，北周时代，他多次出访萧齐政权，娴有辞辩，与著名文学家徐陵周旋，建立功勋。北周静帝大象二年（580），“加开府仪同大将军，进爵为侯，除

---

① 陈寅恪：《金明馆丛稿初编述·东晋王导之功业》，三联书店 2001 年版，第 71 页。
② 同上书，第 72 页。
③ 李延寿：《南史》，中华书局 1975 年版，第 1556 页。
④ 同上书，第 2428 页。

同州刺史”[①]。杜铨在北魏初年，被征为中书博士，杜铨族子杜洪太亦被征为中书博士。可见，北魏时代杜陵杜氏家族仍是“尚经学”的文化世族。当然，在尚武精神流行的北朝，杜陵杜氏家族也习染了此风。比如北魏孝文帝时代，杜氏子嗣多任武职，如杜洪太除安远将军、鹰扬将军、绛城镇将等，比如杜长文任平东将军，比如杜颙任厉威将军、盱眙太守，带大徐戍主。由此看来，在南北朝时代，无论是南渡襄阳还是滞留北方的杜氏家族均出现了尚军功的文化习性，这是南北朝世族文化极为重要的特征之一。

当然，杜陵杜氏家族文化习性的变迁是渐变的，甚至是重合的。比如杜延年时代，杜氏家族仍以“尚刑律”为主，但已经出现了儒家的仁恕精神端倪。从杜钦开始，杜氏家族的文化习性主要是“尚经术”，但杜钦本人辅佐大将军王凤，渴望王凤早立法度。东汉末年，杜畿身上依然流淌着先祖“尚刑律”的血液。《三国志·杜畿传》曰：“年二十，为郡功曹，守郑县令。县囚系数百人，畿亲临狱，裁其轻重，尽决遣之，虽未悉当，郡中奇其年少而有大意也。”[②] 西晋时代，杜预治《春秋左氏传》，他也因熟知刑律而参与晋武帝朝的法律修订工作。《晋书·杜预传》曰：“与车骑将军贾充等定律令，既成，预为之注解，乃奏之曰：‘法者，盖绳墨之断例，非穷理尽性之书也。故文约而例直，听省而禁简。例直易见，禁简难犯。易见则人知所避，难犯则几于刑厝。刑之本在于简直，故必审名分。审名分者，必忍小理。古之刑书，铭之钟鼎，铸之金石，所以远塞异端，使无淫巧也。今所注皆纲罗法意，格之以名分。使用之者执名例以审趣舍，伸绳墨之直，去析薪之理也。’诏班于天下。”[③]

南北朝时代，杜陵杜氏以“尚军功”为家族的文化习性，这可以上溯到杜预时代，虽然他“身不跨马，射不穿札”，却“每任大事，辄居将帅之列”，指挥伐吴战斗并建立不朽功勋。南北朝时代杜氏家族子嗣也常任将军，甚至出现了“号为杜彪”的杜嶷之辈，杜氏家族成为

---

① 王力平《中古杜氏家族的变迁》认为杜杲加开府仪同大将军，进爵为侯在入隋之后。此说误也。

② 陈寿：《三国志》，中华书局 1959 年版，第 493—494 页。

③ 房玄龄：《晋书》，中华书局 1974 年版，第 1026 页。

了军功世族。可以说，南北朝时代，杜陵杜氏子嗣一方面依靠军功提高家族的政治位势，另一方面依靠既有的经学传统来确证家族的文化身份和社会影响。

五 杜陵杜氏的文学观念

从两汉时代开始，世族大姓极其重视子弟的文化教育事业，这便提升了家族的文化水准，建立了家族的家学渊源，从而形成了良好的家风，逐步成为魏晋南北朝士族社会的雏形。陈寅恪先生指出："夫士族之特点既在其门风之优美，不同于凡庶，而优美之门风，实基于学业之因袭。"① "所谓士族者，其初并不专用其先代之高官厚禄为其惟一之表征，而实以家学及礼法等标异于其它诸姓。"② 钱穆先生也指出："当时门第传统共同理想，所期望于门第中人，上自贤父兄，下至佳子弟，不外两大要目：一则希望其能具孝友之内行，一则希望其能有经籍文史学业之修养。此两种希望，并合成为当时共同之家教。其前一项之表现，则成为家风；后一项之表现，则成为家学。"③ 可见，世族大姓家族往往以两大课目培育家族子弟：一是儒学内行，使之"具有孝友之内行"；二是以经籍文史学业为主的家族家学。文学自然成为世族家学题中应有之义。然而，两汉时代的文学观念既与先秦时代文学观念不同，也与现代文学观念有异。具体地说，两汉时代的文学涵盖了经术、法律等学术门类。④

杜陵杜氏家族以刑律之学为家学传统，应该说是文质极强的世族家族。因为按照西汉人的理解，刑律之学属于文学。《史记·太史公自序》曰："汉兴，萧何次律令，韩信申军法，张苍为章程，叔孙通定礼仪，则文学彬彬稍进。"⑤ 我们也可以从东汉杜笃的"杜氏文明善政，

---

① 陈寅恪：《唐代政治史述论稿》，上海古籍出版社1980年版，第172页。

② 同上。

③ 钱穆：《略论魏晋南北朝学术文化与当时门第之关系》，《新亚学报》1963年第5卷第2期。

④ 参阅郭绍虞《中国文学批评史》第三篇第一章"由史籍中窥见汉人对于文学之认识"，百花文艺出版社1999年版。

⑤ 司马迁：《史记》，中华书局1982年版，第3319页。

而笃不任为吏”的感喟中了解杜氏家族的文质性。西汉中期，杜陵杜氏将刑律之学作为家族教育的主要课目，其目的仍在于“为吏”。这样的政治目的，使家族的文化教育缺乏带有词章意义的文辞训练。因此，我们可以从史籍中见到杜氏的政治章奏，但见不到杜氏的辞赋创作。即使在西汉后期，杜陵杜氏家族以经术之学为家学取向，轻视文章辞赋的观念亦未改观。

东汉时期，情况似乎发生了变化。最直接的表现是，杜陵杜氏家族出现了一位善于辞赋创作的杜笃。杜笃能入《文苑传》，可见他的文学声誉较高。两汉之际，杜陵杜氏家族日渐式微。《后汉书·文苑传·杜笃传》没有记载杜笃父祖姓名，却提到其高祖（应为曾祖父）——杜延年。《后汉书·文苑传·杜笃传》曰：“杜笃字季雅，京兆杜陵人也。高祖延年，宣帝时为御史大夫。”[①] 杜笃父祖姓名见于《新唐书·宰相世系》，其父为杜穰，任东汉谏议大夫。其祖父为杜熊，任荆州刺史。《新唐书·宰相世系》曰：“熊字少卿，荆州刺史，生后汉谏议大夫穰，字子饶。二子：敦，笃。”[②]《元和姓纂》将杜笃误认为杜延年的孙子，岑仲勉先生有校证。《元和姓纂》曰：“汉御史大夫周，本居南阳，以豪族徙茂陵；子延年，又徙杜陵。延年孙笃，入《后汉（书）文苑传》。”[③] 岑仲勉《校记》曰：“《后汉书》一一〇上《笃传》：‘高祖延年’，《新表》则云延年生熊，熊生穰，穰生二子敦、笃，又以笃为延年曾孙，均与此不合。”[④]（岑校记中云《后汉书》“一一〇上”，应为“八十卷上”）

由于史料记载付之阙如，我们无法弄清杜陵杜氏家族文学观念变化的具体情况，但可以感受到杜氏家族文学观念的变化。首先，史载“（杜）笃少博学”，由此可知，杜笃家族依然是文化家族，杜氏子弟有机会接触更多的文化典籍。其次，史称杜笃少时“不修小节，不为乡人所礼”，由此可知，杜笃“不修小节”绝非仅仅是个人之爱好，而与

① 范晔：《后汉书》，中华书局1965年版，第2595页。
② 欧阳修：《新唐书》，中华书局1975年版，第31页。
③ 林宝著，岑仲勉校：《元和姓纂（附四校记）》，中华书局1994年版，第911页。
④ 同上。

东汉初年的“不修节操”士风有关。[①] 杜笃既然“不为乡人所礼”，失去乡里举察的机会，只好徙居美阳（扶风郡武功县内）。因“与美阳令游，数从请托，不谐，颇相恨”，为县令迫害入狱。

杜笃在京师狱中，却因个人的文学才华而免罪。时值大司马吴汉去世，汉光武帝诏群儒献诔。杜笃于狱中所作的诔文，受到光武帝的赏识。因此，杜笃不仅免刑，还得到赏赐。《后汉书·文苑传·杜笃传》曰：“会大司马吴汉薨，光武诏诸儒诔之，笃于狱中为诔，辞最高，帝美之，赐帛免刑。”[②] 试想，如果不是杜笃早年对辞赋等文章的爱好和训练，他的诔文也不会被汉光武帝评为“辞最高”。由此也可推知，杜笃家族的文学观念发生了变化。

杜笃的《大司马吴汉诔》今存于《艺文类聚》四十七卷中。清人孙星衍《续古文苑》二十校云：“案此盖未全，故征兹居不协韵”[③]，可备一说。但从文意看，似为全帙。此诔文受到南朝刘勰的好评。刘勰《文心雕龙·诔碑篇》曰：“杜笃之诔，有誉前代。吴诔虽工，而他篇颇疏。岂以见称光武而改盼千金哉!”[④] 在刘勰看来，杜笃的《大司马吴汉诔》，十分工整，“有誉前代”。他考虑了杜笃其他诔作，认为不能因光武帝称颂而抬高其他作品的声誉，刘勰此种态度十分科学、严谨。其实，我们结合杜笃作诔的具体语境，即杜笃在狱中，作诔是他唯一可抓的救命稻草，他焉能不重视，况且是光武皇帝亲自下诏要求群儒作诔呢?

此诔不仅让杜笃免于牢狱之灾，而且充分彰显了杜陵杜氏家族的文学修养，杜笃由是显名。这大大激发了杜笃的赋作创作激情。杜笃于汉光武帝建武二十九年（53）前后创作了颇具影响力的《论都赋》。[⑤]《论都赋》之主旨，据《后汉书·文苑传·杜笃传》曰：“笃以关中表里山河，先帝旧京，不宜改营洛邑。”[⑥] 可见，杜笃《论都赋》事关东

---

① 参阅蓝旭《东汉士风与文学》第二章“东汉初期”第一节“谨固自守之风”，人民文学出版社2004年版。

② 范晔：《后汉书》，中华书局1965年版，第2595页。

③ 转引自范文澜《文心雕龙注》，人民文学出版社1958年版，第219页。

④ 同上书，第213页。

⑤ 刘跃进：《秦汉文学编年史》，商务印书馆2006年版，第375页。

⑥ 范晔：《后汉书》，第2595页。

汉早期重大的政治事件，“光武帝定都洛阳，而不回迁长安，引起朝野震动，成为牵动全社会的中心问题，也为文学家普遍关注”[①]。恐怕杜笃并非以文学家身份言说此事，也许是作为关辅旧族对关中充满了无限的眷恋，这从班固的《两都赋》“西土耆老咸怀怨思，冀州上之眷顾”中可看得出来。《论都赋》中先以客之疑问领起，以为“洛邑之渟瀯，曷足以居乎万乘哉？咸阳守国利器，不可久虚，以示奸萌”，对定都洛阳发表不同意见，并主张迁都长安。接着以“笃未甚然甚言也”引出作者的见解，“故因为述大汉之崇，世据雍州之利，而今国家未暇之故，以喻客意”，晓之以都洛不迁的原因，劝慰其消除对朝廷的不满。表面上看，似乎是站在朝廷的立场反对迁都，但其真正意图却不在此。下文不仅以大部分篇幅赞美西都长安，而且在赞颂光武中兴时，也时时寄寓讽谏之意。如他解释光武帝都洛不迁的原因是“今天下新定，矢石之勤始瘳，而主上方以边垂为忧，忿葭萌之不柔，未遑于论都而遗思雍州也”。言外之意是等天下平定后会返都长安。再如，杜笃历数汉王朝自高祖至平帝传十一世的发展变化，并且铺写西京地形之易守难攻，委婉暗示迁都的必要性，以呼应“故存不忘亡，安不讳危，虽有仁义，犹设城池也”的主张。[②] 杜笃《论都赋》不仅引发了强烈的社会反响，而且刺激了京都赋的繁荣。除此之外，还有著名文学家傅毅的《洛都赋》、崔骃《反都赋》以及班固的《两都赋》。

除《论都赋》之外，杜笃还创作了《祓禊赋》《首阳山赋》《众瑞赋》《书槴赋》等。《祓禊赋》亦非全帙。从残存的文章看，杜笃描绘了王侯公主、富商大贾等人齐聚洛水之滨，美酒佳肴，祓禊灾厄。想象着那些头戴翡翠、耳挂明珠、身着彩衣的窈窕淑女美媵艳姝们，伫立水涯，春风微吹，襟带飘飘，动人情魄的样子；也想象着那些头戴高冠、身着长裾的隐逸之士、鸿儒俊生们“坐沙渚，谈诗书，咏伊吕，歌唐虞”的倜傥之姿。在《首阳山赋》中，他先铺写首阳山环境之幽静，再设想与伯夷、叔齐二老之间的问对，将历史典故还原为生动的文学形

---

① 袁行霈主编：《中国文学史》第一卷，高等教育出版社 1999 年版，第 241 页。

② 参阅蓝旭《东汉士风与文学》第二章第五节“文学创作的两大主题”，人民文学出版社 2004 年版，第 115—116 页。

象，创造性地诠释了首阳山的隐逸文化。《书槴赋》系咏物之赋。咏物之赋，皆取“比德”之义。杜笃此赋取象得体，比德自然，风格典雅。《众瑞赋》残缺不全，今仅存只言片语。

杜笃著述颇丰，《后汉书·文苑传·杜笃传》曰：“所著赋、诔、吊、书、赞、《七言》、《女诫》及杂文，凡十八篇。又著《明世论》十五篇。”[①]《隋书·经籍志》曰：“后汉车骑从事《杜笃集》一卷。”[②]杜笃能致力于文学创作，与他的文学观念有关。首先，他重视文学，积极尝试各种文体的写作。其次，他重视文学的政治伦理功能，强调讽谏意义。如他在《论都赋》的序文中云：“窃见司马相如、杨子云作辞赋以讽主上，臣诚慕之，伏作书一篇，名曰《论都》。”正如蓝旭分析的：“随着文学观念从讽谏到颂美的转变，文学创作也经历了同样的变化。即就向来被认为是东汉赋作中较有特色的京都题材而言，杜笃《论都赋》和班固《两都赋》，……却足以标示赋的创作旨趣从讽谏向颂美的转变轨迹。”[③]

文学家杜笃的出现意味着杜氏家族向文学领域的迈进，标志着家族进入了“有意为文”的时代，因此，杜笃的文学观念也体现了杜陵杜氏观念的转变。杜陵杜氏家族作为文质性很强的刑律、经学世家，向文学领域进军较为顺畅。因为作为刑律世家的杜氏，必然要求对刑律内容的熟稔以及文字的精准、地道。这使得杜氏家族具有了很好的文字修养，再加之，东汉初年的文学观念依然沿袭着前代的路数，与政治、经学密不可分。尤其是在赋学观念上，依然沿袭着扬雄“诗人之赋丽以则，辞人之赋丽以淫”的反思，重申讽谏意义，肯定赋的存在价值。杜笃看重的是辞赋的讽谏意义和政治功能，这并非个人认识水平问题，而是整个时代的认知状态。

风起云涌的建安时代，文士腾跃，文学勃兴，而杜陵杜氏家族在文学上却乏善可陈。曹魏时代，杜恕积极著述，著有《体论》《兴性论》等文章，皆是儒学“经籍著述”观念下的产物。西晋时代，杜预著有

---

① 范晔：《后汉书》，中华书局1965年版，第2609页。

② 魏征：《隋书》，中华书局1973年版，第1057页。

③ 蓝旭：《东汉士风与文学》，人民文学出版社2004年版，第115页。

《春秋左氏经传集解》三十卷、《春秋释例》十五卷及《春秋左氏传评》二卷，[①] 也属经史之学。但值得注意的是，杜预似乎受到西晋诗风的感染，曾致力于诗歌创作。钟嵘《诗品》"下品"有"晋骠骑王济、晋征南将军杜预、晋廷尉孙绰、晋征士许询"条，曰："永嘉以来，清虚在俗。王武子辈，诗贵道家之言。爰洎江表，玄风尚备。真长、仲祖、桓、庾诸公犹相袭。世称孙、许，弥善恬淡之词。"[②] 试想，如果杜预没有诗歌创作，尤其是五言诗的创作的话，就不可能进入钟嵘的品评范围之中。也就是说，在钟嵘的时代，尚能见到杜预的诗歌作品，可惜这些作品全部沉寂于历史长河之中。从钟嵘品评可以猜知杜预诗歌的主旨和风格。钟嵘用"王武子辈"涵盖了王济、杜预等人，认为他们的诗"贵道家之言"。在钟嵘看来，王济、杜预等西晋前贤"贵道家之言"的诗是东晋玄言诗潮的滥觞。

杜预创作过类似玄言诗的五言诗歌，虽说其艺术成就甚微，而且对诗歌史来说是微不足道的，但对考察杜氏家族文学观念的变化意义重大。因为五言诗歌发端于东汉末，兴盛于建安时代，"风流未沫"于西晋。五言诗是一种新兴的艺术形式，但传统观念认为是"流俗"之文体。如挚虞在《文章流别论》中说："四言为正，其余虽备曲折之体，而非音之正也。"刘勰《文心雕龙·明诗篇》云："若夫四言正体，则雅润为本；五言流调，则清丽居宗。"[③] 钟嵘《诗品·序》曰："夫四言，文约意广，取效《风》《骚》，便可多得。每苦文繁而意少，故是罕习焉。五言居文词之要，是众作之有滋味者也，故云会于流俗。"[④] 杜预受到时代诗风的感染，渐渐喜欢上五言诗体，甚至尝试着写五言诗。这意味着杜预的文学观念出现了重大转变。首先，杜预没有因为专意经史研究而鄙薄文学。其次，也没有因为传统观念重四言诗而鄙薄五言诗。再次，杜预不仅仅以宽容的态度对待五言诗，还尝试着五言诗创作。最后，杜预虽以儒家经史为尚，并鄙薄玄风，用五言诗书写对玄学的体认，却开东晋玄言诗的先路。当然，杜陵杜氏在杜预时代，其文学

① 《隋书·经籍志一》，中华书局 1973 年版。

② 陈延杰：《诗品注》，人民文学出版社 1961 年版，第 60 页。

③ 范文澜：《文心雕龙注》，人民文学出版社 1958 年版，第 67 页。

④ 陈延杰：《诗品注》，第 2 页。

观念虽出现了新变，但不能说一变为文学士族。杜陵杜氏家族真正成为文学士族，要等到隋唐“以诗取士”的科举制度之后。隋唐时代，杜预后嗣——襄阳杜氏中出现了杜易简、杜审言。杜易简9岁即能属文，后进士及第，博学有高名，著有《御史台杂注》五卷，文集二十卷。杜审言以进士及第，与李峤、崔融、苏味道等人并称为“文章四友”，有文集十卷。盛唐时代，杜氏家族出现了顶尖级的大诗人杜甫，杜甫以“诗是吾家事”勉励儿子，并教育儿孙“熟知《文选》理”。中唐时代，杜陵杜氏出现了杜元颖，被白居易称为“诗家律手”，被韩愈称为“清文玉绝瑕”。晚唐时代，京兆杜陵杜氏家族又出现一位文学家杜牧。[①] 晚唐五代，出现了小说家杜光庭，著有《神仙感遇记》五卷。[②] 可见，杜陵杜氏家族在文学观念上的重大转变是漫长的、渐进的。

综上所述，中古时代，关辅地域上的杜陵杜氏家族经过数百年的繁衍发展，其家族的文学观念不断更新，涌现出著名的文学家杜审言、杜甫、杜牧等人，绽放了美丽的文学之花，结出了丰硕的文学果实。

---

① 吕卓民：《长安韦杜家族》，西安出版社2005年版，第178—183页。

② 参阅李浩《唐代关中士族与文学》（增订本），中国社会科学出版社2003年版，第115页。

第三章　京兆韦氏

韦氏是中国古老的姓氏之一，其先祖为风姓，颛顼氏后裔。夏商周三代，受封为诸侯国，后失国。[①]《国语·郑语》曰："大彭、豕韦为商伯。……彭姓彭祖、豕韦、诸稽，则商灭之矣。"[②] 韦昭注曰："大彭，陆终第三子，曰篯，为彭姓，封于大彭，谓之彭祖，彭城是也。豕韦。彭姓之别封于豕韦者也。殷衰，二国相继为商伯。"[③] 汉代，韦氏家族中的代表人物韦贤官至丞相，并迁至平陵。其子韦玄成亦官至丞相，整个家族又迁至京兆杜陵。从此，韦氏家族成为关辅大地上又一世家名族，"城南韦杜，去天尺五"[④]，可见韦氏家族的声威。

一　京兆韦氏世系

《新唐书·宰相世系表四上》曰：

韦氏出自风姓。颛顼孙大彭为夏诸侯，少康之世，封其别孙元哲于豕韦，其地滑州韦城是也。豕韦、大彭迭为商伯，周赧王时，始失国，徙居彭城，为国为氏。韦伯遐二十四世孙孟，为汉楚王傅，去位，徙居鲁国邹县。孟四世孙贤，汉丞相，扶阳节侯，又徙京兆杜陵。生玄成，丞相。生宽。宽生育。育生浚，后汉尚书令。

① 豕韦失国时间，史料记载不一，如班固《汉书·韦贤传》云："周赧王时失国。"《新唐书·宰相世系表》亦云："周赧王时，始失国。"《国语·郑语》云："豕韦、诸稽，则商灭之矣。"当从《汉书·韦贤传》所云。

② 上海师范大学古籍整理研究所校点：《国语》，上海古籍出版社 1998 年版，第 511 页。

③ 同上书，第 513 页。

④ 语出《三秦记》，见刘庆柱《三秦记辑注》，三秦出版社 2006 年版，第 104 页。

生豹，梓潼太守。生着，东海相。孙胄，魏詹事、安城侯。三子：潜、穆、愔。潜号“西眷”。潜曾孙惠度，后魏中书侍郎。生千雄，略阳太守。生郑子，字英，代郡守、兖州刺史。生瑱、字世珍，后周侍中、平齐惠公，号平齐房。二子：峻、师。[①]

又曰：

东眷韦氏：穆曾孙楷，晋长乐、清河二郡守。生逵，慕容垂大长秋卿。生阆，字友观，避地蓟城，后魏太武召为咸阳太守。时关中大乱，所部独安。明元帝尝曰：“我欲有臣皆如阆。”当时以为美谈。子孙因自别为阆公房。二子：范、道珍。[②]

又曰：

道珍字秦宝，后魏威远将军、扶风、冯翊二郡太守。生邕，著作郎、谏议大夫。生弘胄。二子：澄、淹。淹生云起，封彭城公，因号彭城公房。[③]

又曰：

逍遥公房出自阆弟子真嘉，后魏侍中、冯翊、扶风二郡守。二子：旭、祉。旭，南幽州刺史、文惠公。二子：敻、叔裕。敻字敬远，后周逍遥公，号逍遥公房。八子：世康、洸、瓘、颐、仁基、艺、冲、约。[④]

又曰：

郧公房：文惠公旭次子叔裕，字孝宽，隋尚书令、郧襄公。六子：谌、总、寿、霁、津、静、号郧公房。[⑤]

---

① 欧阳修：《新唐书》，中华书局 1975 年版，第 3045 页。
② 同上书，第 3051 页。
③ 同上书，第 3055 页。
④ 同上书，第 3073 页。
⑤ 同上书，第 3086 页。

又曰：

南皮公房：安城侯胄次子愔。愔七代孙景略，后周骠骑将军、右光禄大夫、青州刺史。生瓒，隋仓部侍郎、尚书右丞、司农卿、南皮县伯。四子：叔谐、季武、叔谦、季贞[①]，因号南皮公房。瓒从子元逊，从祖弟子述。[②]

又曰：

驸马房：东眷穆四代孙自璧，自璧四代孙延宾，延宾三子：璋、福、议。至温，诸子尚公主者数人，因号驸马房。[③]

又曰：

龙门公房：安城侯胄次子愔，愔生达，达六世孙挺杰，后周抚军将军、平州刺史。二子：遵、通。遵，骠骑大将军、晋州大总管府长史、龙门县公，因号龙门公房。通生善嗣。[④]

又曰：

小逍遥公房出自东眷穆曾孙钟。钟生华，随宋高祖渡江居襄阳，生玄，以太尉掾召，不赴。二子：祖征，光禄勋；祖归，宁远长史。祖归三子：纂、阐、睿。纂，南齐司徒记室参军。曾孙弘瑗，至嗣立更号小逍遥公房。[⑤]

据以上及《史记》《汉书》《后汉书》《三国志》《晋书》《魏书》《元和姓纂》等资料，做京兆韦氏家族世系表如下：

---

① 赵超《新唐书·宰相世系表集校》云：“瓒只三子，……无季贞。”（中华书局 1998 年版，第 657 页）

② 欧阳修：《新唐书》，中华书局 1975 年版，第 3099 页。

③ 同上书，第 3103 页。

④ 同上书，第 3107 页。

⑤ 同上书，第 3110 页。

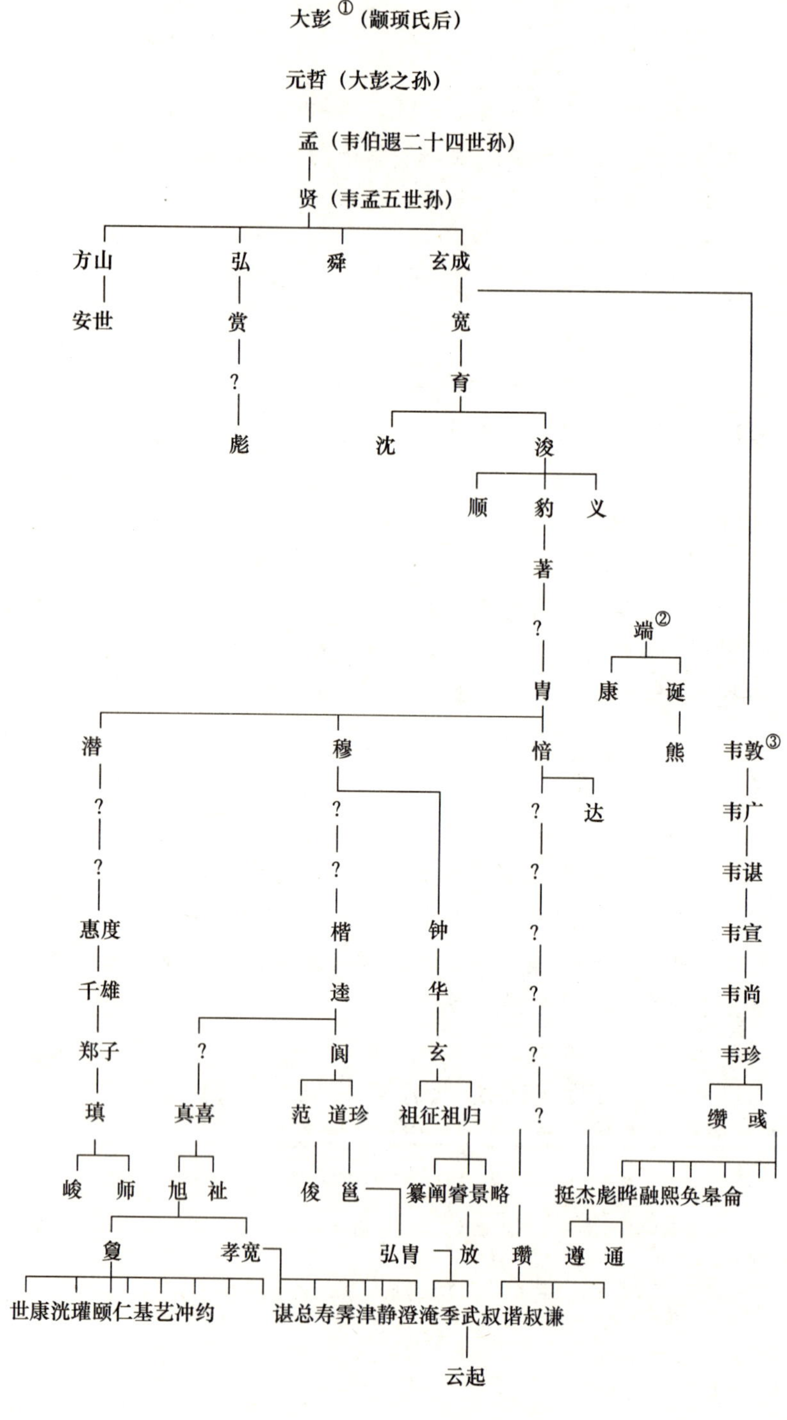
大彭①（颛顼氏后）
元哲（大彭之孙）
孟（韦伯遐二十四世孙）
贤（韦孟五世孙）
方山
弘
舜
玄成
安世
赏
宽
?
育
彪
沈
浚
顺
豹
义
著
?
端②
胄
康
诞
潜
穆
愔
熊
韦敦③
?
?
达
韦广
?
?
?
韦谌
惠度
楷
钟
?
韦宣
千雄
逵
华
?
韦尚
郑子
?
阆
玄
?
韦珍
瑱
真喜
范
道珍
祖征祖归
?
缵
彧
峻
师
旭
祉
俊
邕
纂阐睿景略
挺杰彪晔融熙奂皋俞
敻
孝宽
弘胄
放
瓒
遵
通
世康洸瓘颐仁基艺冲约
谌总寿霁津静澄淹季武叔谐叔谦
云起

二　韦氏桑梓变迁："彭城·邹城·平陵·杜陵"

据典籍记载，韦氏得姓之由，实因封国。韦氏为颛顼后裔，是古老的氏族部落。颛顼孙大彭作为夏朝的诸侯，是重要的氏族部落联盟成员。少康之世，大彭之孙元哲被封豕韦（今河南滑县境内）。殷商时代，大彭氏、豕韦氏为商伯。周赧王时代，因受谗被灭国，子嗣徙居彭城（今江苏徐州市境内）。秦汉之际，韦氏子嗣韦孟在《讽谏诗》中追述了这段家族史，"肃肃我祖，国自豕韦，黼衣朱绂，四牡龙旗。彤弓斯征，抚宁遐荒，总齐群邦，以翼大商，迭彼大彭，勋绩惟光。至于有周，历世会同。王赧听谮，实绝我邦。我邦既绝，厥政斯逸，赏罚之行，非由王室。庶尹群后，靡扶靡卫，五服崩离，宗周以坠。我祖斯微，迁于彭城，在予小子，勤诶厥生，厄此嫚秦，耒耜以耕。"[④]彭城成为韦氏家族的桑梓地。韦孟在《在邹诗》中曰："既去祢祖，惟怀惟顾。"[⑤]据《汉书》颜师古注"父庙曰祢。言去其父祖旧居，所以怀顾也"[⑥]可知，韦孟父祖之庙皆在彭城。西汉初年，高祖刘邦诛灭异姓王韩信后，将其少弟刘交封为楚王，都彭城。《汉书·楚元王传》曰："汉六年，既废楚王信，分其地为二国，立贾为荆王，交为楚王，王薛郡、东海、彭城三十六县，先有功也。"[⑦]楚元王刘交受封后，广招学问之士。彭城一带韦氏家族中的韦孟以贤士身份，任楚元王刘交的太傅，并教授楚夷王、楚王戊等人。《汉书·韦贤传》曰："其先韦孟，家本

---

①《新唐书·宰相世系表》云：大彭之孙元哲别封豕韦。赵超《集校》曰："《新表》言封其别孙元哲云云，不知何据。"《元和姓纂》云："彭子受封豕韦。"

②《三国志》记载韦端官为汉末太仆，但未记载其父祖，因此无法判断其世系关系。据《新唐书·宰相世系》载，韦胄任曹魏詹事。可知，韦端略早于韦胄，故系为韦胄父辈。

③《魏书·韦阆传附韦珍》只记载其父韦尚，今据1998年出土于陕西西安市长安县韦曲北原的《韦彧墓志》知韦尚父韦宣、韦宣父韦谌、韦谌之祖父韦广、韦广之父韦敦。并知韦彧共七子三女，今系出韦彧七子。《韦彧墓志》见罗新、叶炜著《新出土魏晋南北朝墓志疏证》，中华书局2005年版，第128页。

④班固：《汉书》，中华书局1962年版，第3101页。

⑤同上书，第3106页。

⑥同上。

⑦同上书，第1922页。

彭城，为楚元王傅，傅子夷王及孙王戊。”[①]

韦孟作诗讽喻楚王戊，楚王戊不听劝谏，被迫辞官，并举家携弟子们徙居邹城。《汉书·韦贤传》曰：“戊荒淫不遵道，孟作诗风谏。后遂去位，徙家于邹。”[②] 韦孟离开茔坟之地，迁往邹城的心态和过程，从其《在邹诗》中可略窥一斑。《在邹诗》曰：“岂不牵位，秽我王朝。王朝肃清。唯俊之庭，顾瞻余躬，惧秽此征。”[③] 颜师古注云：“此皆孟已去逊辞，不欲显王之过恶也。”[④] 据韦孟《在邹诗》“既去祢祖，惟怀惟顾，祁祁我徒，戴负盈路。爰戾于邹，剪茅作堂，我徒我环，筑室于墙”的追述，可知他举家北徙过程中，追随其左右的学徒人数颇多，至邹城后，韦孟剪茅作堂，众弟子亦环居周围。居邹城后，韦孟仍然心怀楚王，“我既迁逝，心存我旧，梦我渎上，立于王朝。其梦如何？梦争王室。其争如何？梦王我弼。寤其外邦，叹其喟然，念我祖考，泣涕其涟。”[⑤] 邹城是孟子的故乡，学术氛围十分浓厚，“更给予韦氏后代以‘诗书’传家之深刻影响”[⑥]。韦孟在《讽谏诗》中说：“济济邹鲁，礼义唯恭，诵习弦歌，于异他邦。我虽鄙耇，心其好而，我徒侃尔，乐亦在而。”韦孟自称虽年事已高，但对礼乐诗书十分向往，赋诗言志。韦孟之后，子嗣四代，皆居邹城。在邹鲁学术氛围的熏染下，再加上韦氏后人的努力，韦氏也逐渐成为以诗书相传的儒学之家。[⑦] 可见，邹城亦成为韦氏家族的第二故乡，韦孟及其后嗣死后，葬于邹鲁。韦贤曾留第三子韦舜于邹鲁守父祖茔坟。《汉书·韦贤传》曰：“贤四子：长子方山为高寝令，早终；……次子舜，留鲁守坟墓。”[⑧]

大约在汉昭帝时代（前86—前74），韦孟的四世孙韦贤以“邹鲁大儒”身份被征为博士。汉昭帝营建平陵，韦贤以昭帝朝臣身份举家

---

① 班固：《汉书》，中华书局1962年版，第3101页。
② 同上。
③ 同上书，第3105页。
④ 同上。
⑤ 同上书，第3106页。
⑥ 参阅吕卓民《长安韦杜家族》，西安出版社2005年版，第5页。
⑦ 同上。
⑧ 班固：《汉书》，第3107页。

由邹徙居平陵邑。《汉书·韦贤传》曰：“初，贤以昭帝时徙平陵。”[①]至此，韦氏家族已成为汉代关中三辅的冠族。韦贤少子韦玄成值汉宣帝营建杜陵之机，将家族徙居京兆杜陵。汉元帝即位之初，韦玄成“遂继父相位，封侯故国，荣当世焉”[②]。京兆杜陵成为韦氏家族的郡望。

综上所述，古老的韦氏家族，在秦汉时代，经过数代人的努力和文化积累，从彭城迁至邹城再迁至汉代政治文化中心长安，逐渐成为汉代关中著名的文化家族。

三　京兆韦氏的政治位势

（一）崛起：汉初楚国太傅韦孟

西汉前期，韦氏家族的个别成员主要活跃于藩国政治舞台之上。如前所述，韦氏家族中的韦孟担任楚国三代国王（元王、夷王及楚王戊）的太傅，长达四十多年。韦孟见楚王戊荒淫不道，作诗劝谏。楚王戊不听规劝，不思悔改，甚至联合吴王，图谋造反，最终兵败自杀，身败名裂。《汉书·楚元王传》曰：

> 王戊稍淫暴，二十年，为薄太后服私奸，削东海、薛郡，乃与吴通谋。二人谏，不听，胥靡之，衣之赭衣，使杵臼雅舂于市。休侯使人谏王，王曰：“季父不吾与，我起，先取季父矣。”休侯惧，乃与母太夫人奔京师。二十一年春，景帝之三年也，削书到，遂应吴王反。其相张尚、太傅赵夷吾谏，不听。遂杀尚、夷吾，起兵会吴西攻梁，破棘壁，至昌邑南，与汉将周亚夫战。汉绝吴、楚粮道，士饥，吴王走，戊自杀，军遂降汉。[③]

据韦孟《在邹诗》称，自己“退征”——辞官后，曾得到西汉中央政府的征召，但他怀土恋乡，希望楚王戊寤觉并再次征召，暂徙居邹城（今山东邹县境）。错失了进入西汉中央政府的良机，韦氏家族子嗣

① 班固：《汉书》，中华书局1962年版，第3115页。

② 同上书，第3113页。

③ 同上书，第1924页。

五世居邹城，暂无任何政治位势可言。

（二）鼎盛：西汉两世丞相

1. 丞相韦贤

直到汉昭帝时代，韦孟的四世孙韦贤才以“邹鲁大儒”身份进入西汉中央政府。《汉书·韦贤传》曰：“自孟至贤五世。贤为人质朴少欲，笃志于学，兼能《礼》、《尚书》，以《诗》教授，号称邹鲁大儒。征为博士，给事中，进授昭帝《诗》，稍迁光禄大夫、詹事，至大鸿胪。”① 韦氏家族已经从藩国进入中央政府，并取得了相当的政治位势。韦贤以昭帝师傅，位居九卿，即是明证。

昭帝早逝，又无子嗣继承大统。韦贤建议大将军霍光立汉武帝曾孙刘询为帝，是为宣帝。宣帝即位后，心存感激，封韦贤为关内侯，随后任韦贤为丞相，并封为扶阳侯。《汉书·韦贤传》曰：

> 昭帝崩，无嗣，大将军霍光与公卿共尊立孝宣帝。帝初即位，贤以与谋议，安宗庙，赐爵关内侯，食邑。徙为长信少府，以先帝师，甚见尊重。本始三年，代蔡义为丞相，封扶阳侯，食邑七百户。②

尽管汉武帝多次破坏宰相制度，尤其武帝临死前遗诏霍光辅政后，中朝势力（听信皇帝的势力）崛起。“在武帝所设立的将军，皆直属于他自己，而脱离了宰相的系统，故此后即谓之中臣或内臣，此时田千秋为宰相。受武帝遗诏的人，据《霍光传》，在宰相系统中的仅有御史大夫。这便把宰相放置政治核心之外，自然由霍光以大司马将军专政。……但霍光虽然专政，法理上的地位依然是在丞相之下，于是形成名与实的对立。……霍光本是由内朝总摄朝廷，但在名分上，仍不能不承认丞相为‘百僚首’的传统地位，所以勉强作为划分，以敷衍丞相的面子。”③ 因此，韦贤“以先帝师”的身份和“守正持重”的性格，

---

① 班固：《汉书》，中华书局1962年版，第3107页。

② 同上。

③ 参见徐复观《两汉思想史》第一卷，华东师范大学出版社2001年版，第146页。

得到霍光的首肯，代蔡义为丞相。韦贤“守正持重”，政绩却乏善可陈，但能与大将军霍光和谐相处。《汉书·韦贤传》未记载韦贤入相的政绩，恐怕韦贤最大的政治作用就在于与霍光为代表的内朝和谐相处，不致使以宰相为首的外朝受到过大的排挤和打击。虽然韦贤在丞相任上不能发挥更大的政治作为，但对京兆韦氏家族而言，意义却十分重大，意味着京兆韦氏家族在西汉王朝中取得了较高的政治位势。汉宣帝地节三年（前67），韦贤以年事已高上书请求解职致仕，得到宣帝恩准，并受赏赐。《汉书·韦贤传》曰：“地节三年以老病乞骸骨，赐黄金百斤，罢归，加赐第一区。丞相致仕自贤始。”① 韦贤致仕成为我国历史上丞相致仕的第一人。此一举动无疑也开了历史上丞相致仕的先河，并对封建社会时期的整个官僚制度产生了重要的影响，即在各级官僚机构中均实行“告老”制度。②

韦贤四子，次子韦弘，曾官至东海太守，后任太常丞。韦贤欲以韦弘继承爵位，曾敕令其子韦弘辞官避祸。韦弘不听父亲的劝告，牵涉到有关宗庙的案件之中。韦贤病笃之际，韦弘尚系狱中。《汉书·韦贤传附韦玄成》曰：

> 玄成兄弘为太常丞，职奉宗庙，典诸陵邑，烦剧多罪过。父贤以弘当为嗣，故敕令自免。弘怀谦，不去官。及贤病笃，弘竟坐宗庙事系狱，罪未决。室家问贤当为后者，贤恚恨不肯言。③

2. 丞相韦玄成

韦贤第四子韦玄成，是继韦贤之后的京兆韦氏家族的代表人物。韦玄成以“明经”——通晓经学，擢升为谏议大夫，稍后迁大河都尉。由于明经可以入仕，故而邹鲁一带流传的谚语说：“遗子黄金满籝，不如一经。”④ 不过韦玄成仕进道路也不平坦，比如袭父爵一事。因为其父韦贤欲以其兄韦弘袭爵，但因韦弘系狱，韦贤弥留之际，其门下博士义倩等人与宗家计议，矫命上书以韦玄成为嗣。韦玄成深知自己为嗣，

① 班固：《汉书》，中华书局1962年版，第3107页。
② 参阅吕卓民《长安韦杜家族》，西安出版社2005年版，第6页。
③ 班固：《汉书》，第3108页。
④ 参阅黄留珠《秦汉仕进制度》，西北大学出版社1985年版，第190页。

并非父亲韦贤的雅意，只好装疯卖傻，“当袭爵，以病狂不应召”，受到朝廷追究。“大鸿胪奏状，章下丞相、御史案验。”然而韦玄成早年名声远扬，士大夫怀疑他装疯是为“让爵辟兄”。也幸亏其友人上书汉宣帝，宣帝下诏，使丞相、御史勿弹劾之。韦玄成迫不得已，袭父爵扶阳侯。宣帝以韦玄成节气为高，并赐官河南太守。值得注意的是，三河之地——河南、河东、河内三郡位居汉王朝腹地，向来都被炙手可热的政治权贵所把持，宣帝将如此重要的郡守交给韦玄成，既可见对韦玄成的敬重，也可见韦玄成在宣帝时代的政治位势。

韦玄成随后又历任未央宫卫尉、太常等职。就在此时，他却因好友杨恽被诛，受到牵连而免职。杨恽被诛始末，事见“弘农杨氏”章中。“数岁，玄成征为未央卫尉，迁太常。坐与故平通侯杨恽厚善，恽诛，党友皆免官。”[①] 祸不单行，韦玄成以列侯资格侍祀惠帝庙时，因天雨道路泥淖，未按朝例驾驷马车前行，而改骑马至庙下，受到有司弹劾。韦玄成再次被削爵降级处分。“后以列侯侍祀孝惠庙，当晨入庙，天雨淖，不驾驷马车而骑至庙下。有司劾奏，等辈数人皆削爵为关内侯。玄成自伤贬黜父爵，叹曰：‘吾何面目以奉祭祀！’”[②] 韦玄成被削爵后，十分伤心，作诗自责。数年之后，宣帝再次起用韦玄成，任他为淮阳中尉。宣帝遇到十分棘手的事情，他的宠妃张婕妤所生的淮阳宪王刘钦，聪明可爱，有才华，好经书、法律，深得宣帝喜爱。宣帝曾有意立淮阳宪王刘钦为太子，但考虑到太子刘奭是他与许皇后位微时所生，且许皇后早亡，故有不忍之心。宣帝为了防止宪王刘钦萌生夺嫡之心，有意安排曾“佯狂让爵避兄”的韦玄成等辅佐淮阳宪王，希望借以感化宪王。《汉书·韦贤传》曰：“初，宣帝宠姬张婕妤男淮阳宪王好政事，通法律，上奇其才，有意欲以为嗣，然用太子起于细微，又早失母，故不忍也。久之，上欲感风宪王，辅以礼让之臣，乃召拜玄成为淮阳中尉。”[③]

韦玄成得到诏命后，因宪王逗留京师长安，他也没有去淮阳国上任。韦玄成又得到另一诏命，与太子太傅萧望之等人在石渠阁讨论《五经》异同，并条奏上，回答宣帝的问对。汉宣帝死后，太子刘奭顺利即位，是为汉元帝。元帝感恩韦玄成，大加拔擢韦玄成。韦玄成在元

① 班固：《汉书》，中华书局1962年版，第3110页。

② 同上。

③ 同上书，第3112—3113页。

帝时代，历任少府、太子太傅、御史大夫，最后，荣登相位，并复父爵。

京兆韦氏在西汉后期宣、元帝时代的数十年间，出现了两位丞相，可谓荣耀至极。其家族成员也多居高位，韦玄成侄子韦安世历任郡守、大鸿胪、长乐卫尉，亦有“宰相之器”。韦赏为大司马车骑将军，列为三公，赐爵关内侯，食邑千户。京兆韦氏家族中至二千石者多达数十人。《汉书·韦贤传》曰：“宗族至吏二千石者十余人。”[①]

两汉之际的社会动荡使得京兆韦氏的社会地位和政治位势受到很大影响，这从韦氏家族爵位继承的记载中可以看出。《汉书·韦贤传》记载了韦贤封侯的爵位，共传了四世，直到西汉末年天下大乱，侯爵乃绝。

（三）享誉政坛：东汉诸韦

1. 司徒韦彪

两汉之际，汉光武帝刘秀依靠南阳豪族一统天下，南阳豪族自然占据了王朝的政治要津。西汉时代的关辅旧族多因地缘政治关系，失去了获取崇高政治位势的机会。京兆韦氏亦不例外。但东汉历代皇帝多推崇经学，使得以儒学为根基的京兆韦氏家族保持着特殊的社会地位。东汉时代，京兆韦氏家族代表人物韦彪名垂青史。

韦彪（？—89），字孟达，韦贤玄孙、韦赏之孙，好学洽闻，雅称儒宗，官居九卿——大鸿胪。《后汉书·伏侯宋蔡冯赵牟韦列传》曰：

> 韦彪字孟达，扶风平陵人也。[②] 高祖贤，宣帝时为丞相。祖赏，哀帝时为大司马。[③]

韦彪以纯孝见称，这为他入仕奠定了一定的基础。东汉光武帝建武末年，韦彪被举为孝廉，授官郎中。《后汉书·伏侯宋蔡冯赵牟韦列传》曰：

---

① 班固：《汉书》，中华书局1962年版，第3115页。

② 按，韦彪早年曾迁徙至扶风平陵，注籍此地。《后汉书·韦义传》曰：“初，彪独徙扶风。”

③ 范晔：《后汉书》，中华书局1965年版，第917页。

彪孝行纯至，父母卒，哀毁三年，不出庐寝。……建武末，举孝廉，除郎中，以病免，复归教授。①

汉明帝时代，又召韦彪为谒者，三迁为魏郡太守。《后汉书·伏侯宋蔡冯赵牟韦列传》曰：

显宗闻彪名，永平六年，召拜谒者，赐以车马衣服，三迁魏郡太守。②

汉章帝时代，韦彪历任左中郎将、长乐轞尉等职。韦彪上疏自请解职，章帝拜其为奉车都尉，秩中二千石。章帝对韦彪恩宠无比。《后汉书·伏侯宋蔡冯赵牟韦列传》曰：

肃宗即位，以病免。征为左中郎将、长乐轞尉，数陈政术，每归宽厚。比上疏乞骸骨，拜为奉车都尉，秩中二千石，赏赐恩宠，侔于亲戚。③

建初七年（82），韦彪以太常随从汉章帝车驾西巡长安，多次被召见，以备章帝咨问三辅旧事、礼仪风俗。韦彪借机建言，希望追录高祖、宣帝的功臣子嗣，此建议得到汉章帝的采纳。《后汉书·伏侯宋蔡冯赵牟韦列传》曰：

建初七年，车驾西巡狩，以彪行太常从，数召入，问以三辅旧事，礼仪风俗。彪因建言："今西巡旧都，宜追录高祖、中宗功臣，曬显先勋，纪其子孙。"帝纳之。行至长安，乃制诏京兆尹、右扶风求萧何、霍光后。时光无苗裔，唯封何末孙熊为鄼侯。建初二年已封曹参后曹湛为平阳侯，故不复及焉。④

① 范晔：《后汉书》，中华书局1965年版，第917页。

② 同上。

③ 同上。

④ 同上。

韦彪的上疏得到章帝认可，故而得到章帝赏赐、拔擢，还特许韦彪回平陵故里上冢。《后汉书·伏侯宋蔡冯赵牟韦列传》曰：

乃厚赐彪钱珍羞食物，使归平陵上冢。还，拜大鸿胪。[①]

韦彪在东汉前期取得了相当的政治位势，元和二年（85）春，韦彪以司徒身份，陪伴汉章帝东巡。还京后，韦彪以病乞退。汉章帝遣黄门、太医问病，并赐食物。章和二年（88）夏，章帝下诏允许韦彪辞官，“其遣太子舍人诣中臧府，受赐钱二十万”。永元元年（89），韦彪死后，得到朝廷表彰，家人再次获得赏赐。《后汉书·伏侯宋蔡冯赵牟韦列传》曰：

元和二年春，东巡狩，以彪行司徒事从行。还，以病乞身，帝遣小黄门、太医问病，赐以食物。彪遂称困笃。章和二年夏，使谒者策诏曰：“彪以将相之裔，勤身饬行，出自州里，在位历载。中被笃疾，连上求退。君年在耆乂，不可复以加增，恐职事烦碎，重有损焉。其上大鸿胪印绶。其遣太子舍人诣中臧府，受赐钱二十万。”永元元年，卒，诏尚书：“故大鸿胪韦彪，在位无愆，方欲录用，奄忽而卒。其赐钱二十万，布百匹，谷三千斛。”[②]

东汉时代，京兆韦氏家族除韦彪外，还有韦浚及韦义、韦顺、韦豹父子以及韦著等人，亦见诸史籍。据《全唐文》卷七六四萧邺《韦正贯碑》记载“玄成生宽，宽生后汉尚书令浚”[③] 可知，韦浚曾任后汉尚书令，因《后汉书》无传，事迹不得而知。韦浚有三子：韦顺、韦豹、韦义，皆有高名。

---

① 范晔：《后汉书》，中华书局1965年版，第917页。

② 同上书，第919—920页。

③ 林宝著，岑仲勉校：《元和姓纂（附四校记）》，中华书局1994年版，第126页。

2. 韦义：位虽不高，治声颇佳

《后汉书·伏侯宋蔡冯赵牟韦列传》曰：

> 族子义。义字季节。高祖父玄成，元帝时为丞相。初，彪独徙扶风，故义犹为京兆杜陵人焉。①

韦义与兄韦顺、韦豹齐名，初任州郡，由太傅桓焉举荐为理剧，继为广都县长，甘陵、陈县县令。官阶不高，但政绩卓著。在他的治理下，“官曹无事，牢狱空虚”，为世人所称颂。《后汉书·伏侯宋蔡冯赵牟韦列传》曰：

> 义……初仕州郡。太傅桓焉辟举理剧，为广都长，甘陵、陈二县令，政甚有绩，官曹无事，牢狱空虚。数上书顺帝，陈宜依古典，考功黜陟，征集名儒，大定其制。又讥切左右，贬刺窦氏。言既无感，而久抑不迁，以兄顺丧去官。比辟公府，不就。广都为生立庙。及卒，三县吏民为义举哀，若丧考妣。②

韦义的政治位势不高，但他上书汉顺帝，陈述自己的政治主张，即“宜依古典，考功黜陟，征集名儒，大定其制”，甚至贬刺窦氏，受到权贵们的排挤，“久抑不迁”，因兄顺丧去官，数次不应公府的征辟。

3. 韦著：被迫出仕，政任威刑

韦豹之子、韦义从侄韦著，字休明。《后汉书》有传。《后汉书·伏侯宋蔡冯赵牟韦列传》曰：

> 豹子著，字休明。少以经行知名，不应州郡之命。大将军梁冀辟，不就。延熹二年，桓帝公交车备礼征，至霸陵，称病归，乃入云阳山，采药不反。有司举奏加罪，帝特原之。复诏京兆尹重以礼敦劝，著遂不就征。灵帝即位，中常侍曹节以陈蕃、窦氏既诛，海内多怨，欲借宠时贤以为名，白帝就家拜著东海相。诏书逼切，不

---

① 范晔：《后汉书》，中华书局1965年版，第920页。

② 同上书，第921页。

得已，解巾之郡。政任威刑，为受罚者所奏，坐论输左校。又后妻矫恣乱政，以之失名，竟归，为奸人所害，隐者耻之。[①]

韦著以经学知名，汉桓帝曾隆礼征召其入京都，他行至霸陵，遂称病而归。汉灵帝即位之初，政权刚经历了党锢之祸，朝中宦官当政。汉灵帝欲借笼络时贤以摆脱前所未有的信任危机。于是，征韦著为东海王相，他不得已解巾上任。由于“政任威刑”，被人弹劾。再加之，韦著之妻骄纵乱政，声名狼藉。

（四）家声克振：汉魏之际的韦氏

东汉末年，经过黄巾起义的打击之后，曹操依靠崛起的颍汝世族集团，在群雄逐鹿中问鼎中原，并迎汉献帝至许都。因此，颍汝世族集团占据了重要的政治位势。由于西汉时代的关辅旧族京兆韦氏早在东汉后期就失去了昔日的政治位势，对曹操势力并未形成巨大的威胁，加之，京兆韦氏又是三辅之地的望族，曹操需要积极网罗汉代的地方名族。[②]在颍汝世族荀彧举荐和曹操认可下，韦端官拜太仆。

1．韦端父子

（1）太仆韦端

韦端，由于史料记载阙如，其父祖世系不得而知，据《世说新语·巧艺》刘孝标注引《文章叙录》知，韦端系京兆杜陵韦氏，应该是韦玄成的后嗣。《世说新语·巧艺》刘孝标注引《文章叙录》曰：

韦诞字仲将，京兆杜陵人，太仆端子。有文学，善属辞。以光禄大夫卒。[③]

韦端是由颍汝世族荀氏家族的代表人物——荀彧举荐的，这才由凉州刺史迁为太仆。《三国志·荀彧传》裴注引《三辅决录》曰：

---

① 范晔：《后汉书》，中华书局1965年版，第921页。

② 参阅唐长孺《东汉末期的大姓名士》，见《魏晋南北朝史论拾遗》，中华书局1983年版。

③ 徐震堮：《世说新语校笺》，中华书局1984年版，第285页。

端从凉州牧征为太仆。①

（2）凉州刺史韦康

韦康，字符将，太仆韦端之子，被孔融誉为“渊才亮茂，雅度弘毅，伟世之器”；被荀彧誉为“皆称其举。”《三国志·荀彧传》裴注引《三辅决录》曰：“前日元将来，渊才亮茂，雅度弘毅，伟世之器也。”②《三国志·荀彧传》曰：“诸所进达皆称职，唯严象为扬州，韦康为凉州。”③

在荀彧的举荐下，韦康代父为凉州刺史期间，马超反于陇西，凉州被围。韦康虽能长期坚守困城，但始终不能破围解困，最后城陷被杀。《三国志·蜀书·关张马黄赵传第六》曰：

超果率诸戎以击陇上郡县，陇上郡县皆应之，杀凉州刺史韦康，据冀城，有其众。超自称征西将军，领并州牧，督凉州军事。康故吏民杨阜、姜叙、梁宽、赵衢等，合谋击超。阜、叙起于卤城，超出攻之，不能下；宽、衢闭冀城门，超不得入。④

（3）光禄大夫韦诞

韦端之子韦诞，字仲将，被孔融誉为“保家之主”。《三国志·荀彧传》裴注引《三辅决录》曰：“昨日仲将又来，懿性贞实，文敏笃诚，保家之主也。不意双珠，甚珍贵之。”⑤

韦诞在东汉末年至曹魏时代，历任郎中、武都太守、侍中中书监、光禄大夫等职。《三国志》裴注引《文章叙录》曰：

韦诞字仲将，京兆杜陵人，太仆端子。有文才，善属辞章。建安中，为郡上计吏，特拜郎中，稍迁侍中中书监，以光禄大夫逊

① 陈寿：《三国志》，中华书局1959年版，第313页。
② 同上。
③ 同上书，第311页。
④ 同上书，第946页。
⑤ 同上书，第313页。

位，年七十五卒于家。[1]

韦诞在政治上并无太大作为，其成就在书法、文学、史学等方面。魏明帝太和五年，韦诞任侍中，曾撰《魏书》。姚振宗《隋书·经籍志考证》卷三十九之三《三辅决录》佚文曰：

韦诞字仲将，除武都太守，以书不得之郡；转侍中，典作《魏书》，号《散骑书》，一名《大魏书》，凡五十篇。[2]

2. 詹事韦胄

据《元和姓纂》卷二“京兆韦氏”条可知，京兆韦氏家族在曹魏时期还有一位政治人物——韦胄，系东海相韦著的孙子，官居詹事。由于《三国志·魏书》无传，具体行状不得而知。《元和姓纂》卷二“京兆韦氏”条曰：“孟元孙贤，扶阳侯，徙京兆杜陵（应为‘平陵’），生元成。七代孙胄，魏安城侯。”[3] 岑仲勉校记曰：“《全文》七六四萧邺《韦正贯碑》：‘玄成生宽，宽生后汉尚书令浚，浚生梓潼太守豹，豹生东海相著，著孙胄，仕魏为詹事。’”[4]

曹魏时期，京兆韦氏虽代不乏人，但其政治位势远不如颍汝世族集团。尤其在魏晋易代之际，京兆韦氏作为儒学世家，并没有过多染指政治。西晋时期，京兆韦氏家族虽出现了任建威将军、长乐清河二郡太守的韦楷，[5] 但家族政治位势并不高，没有炙手可热的政治人物，也没有风流倜傥的玄学名士。

（五）辗转沉浮：十六国时代的韦氏

1. 韦谀：后赵政权倚重的旧族人物

西晋末年，永嘉之乱，五胡乱华，神州陆沉，衣冠南渡。匈奴、羯、氐、羌等少数民族相继入侵中原，建立了少数民族政权。史称“十六

---

① 陈寿：《三国志》，中华书局1959年版，第621页。

② 参阅陆侃如《中古文学系年》，人民文学出版社1985年版，第492页。

③ 林宝著，岑仲勉校：《元和姓纂（附四校记）》，中华书局1994年版，第126页。

④ 同上。

⑤ 魏收《魏书·韦阆传》曰：“韦阆……祖楷，晋建威将军、长乐清河二郡太守。”

国时代”。汉魏旧族京兆韦氏经历大动荡，子嗣星分南北。无缘南迁的京兆韦氏子嗣只好武装结社，筑坞自保，以对抗少数民族的铁骑。汉化程度较高的少数民族政权的统治者，如前赵刘曜，意识到要巩固对中原的统治，就应该对汉魏关辅旧族采取拉拢政策，故而征京兆韦氏——韦谀为黄门侍郎，“韦谀，字宪道，京兆人也。雅好儒学，善著述，于群言秘要之义，无不综览。仕于刘曜，为黄门郎”①。

京兆韦氏韦谀仕后赵，历任散骑常侍、廷尉，史称韦谀在后赵时代，“前后四登九列，六在尚书，二为侍中，再为太子太傅，封京兆公”②。可见，京兆韦氏在后赵时代的政治位势很高，成为石勒所依靠的汉族世族政治势力之一。

冉魏代赵后，韦谀被拜为光禄大夫。韦谀直谏最高统治者冉闵，希望杀掉降胡，以绝后患。因与冉闵政见不同，韦谀及儿子韦伯阳被冉闵残忍杀害。《晋书·儒林传·韦谀传》曰：

> 至冉闵，又署为光禄大夫。……时闵拜其子胤为大单于，而以降胡一千处之麾下。谀谏曰：“今降胡数千，接之如旧，诚是招诱之恩。然胡羯本为仇敌，今之款附，苟全性命耳。或有刺客，变起须臾，败而悔之，何所及也！古人有言，一夫不可狃，而况千乎！愿诛屏降胡，去单于之号，深思圣五苞桑之诫也。”闵志在绥抚，锐于澄定，闻其言，大怒，遂诛之，并杀其子伯阳。③

2. 韦华：后秦时代的宰辅

十六国时代，京兆韦氏家族中还有一位政治人物——韦华。《晋书》无所本传，其父祖世系不得而知。《晋书》其他传记中有零星的记载，略知其生平行状。《晋书·隐逸传·张忠传》曰：

> 坚遣黄门郎韦华持节策吊，祀以太牢，褒赐命服，谥曰安道先生。④

---

① 房玄龄：《晋书》，中华书局1974年版，第2361页。

② 同上。

③ 同上。

④ 同上书，第2452页。

由此可知，韦华为前秦苻坚的黄门侍郎，苻坚曾派韦华持节凭吊隐士张忠。晋太元三年（378），苻坚长子苻丕受命南攻襄阳，久围不攻。苻坚委派黄门侍郎韦华持节往苻丕营中，限期破城。苻丕只好提前发起进攻，一举攻破襄阳。《晋书·苻坚载记》曰：

> 是时苻丕久围襄阳，御史中丞李柔劾丕以师老无功，请征下廷尉。坚曰："丕等费广无成，实宜贬戮。但师已淹时，不可虚然中返，其特原之，令以功成赎罪。"因遣其黄门郎韦华持节切让丕等，仍赐以剑，曰："来春不捷者，汝可自裁，不足复持面见吾也。"①

淝水之战后，前秦土崩瓦解。韦华在纷乱中流入东晋，蛰居襄阳。后秦政权建立后，京兆韦华等人率襄阳流民一万叛晋归秦，投奔后秦主姚兴。姚兴见韦华归来，遂拜韦华为中书令。韦华之所以叛晋归后秦，主要是对东晋士族政治不满。其后，韦华又任后秦司徒、尚书右仆射等职，位列宰辅，权重当朝。《晋书·姚兴载记》有以下几条：

> 京兆韦华、谯郡夏侯轨、始平庞眺等率襄阳流人一万叛晋，奔于兴。兴引见东堂，谓华曰："晋自南迁，承平已久，今政化风俗何如？"华曰："晋主虽有南面之尊，无总御之实，宰辅执政，政出多门，权去公家，遂成习俗，刑网峻急，风俗奢宕。自桓温、谢安已后，未见宽猛之中。"兴大悦，拜华中书令。②
>
> 兴遣其兼司徒韦华持节策拜纵为大都督、相国、蜀王，加九锡，备物典策一如魏、晋故事，承制封拜悉如王者之仪。③
>
> 尚书郎韦宗希旨劝兴行。兰台侍御史姜楞越次而进曰："韦宗倾险不忠，沮败国计，宜先腰斩以谢天下。脱车驾动轸，六军骇惧，人无守志，取危之道也，宜遣单使以征详等。"兴默然。右仆射韦华等谏曰："若车骑轻动，必不战自溃，嵬营亦未必可至，惟

---

① 房玄龄：《晋书》，中华书局1974年版，第2900页。

② 同上书，第2980页。

③ 同上书，第2992页。

陛下图之。”①

其右仆射韦华闻而谓河南太守慕容筑曰：“皇太子实有恭惠之德，社稷之福也。”②

（六）地位显赫：北朝韦氏

北朝时代，京兆韦氏家族成为少数民族政权维持统治所依靠的社会政治力量。因此，韦氏家族的政治位势得到进一步提高。北魏时代，京兆韦氏子弟相继进入政权各机构中。韦道福、韦崇、韦珍等人彪炳史册。

1. 韦道福、韦欣宗父子一系

（1）韦道福：北魏安远将军

韦道福，韦阆从叔。其父韦罴，深受前秦苻坚丞相王猛的器重，并将女儿嫁于韦罴。淝水之战，前秦战败。韦罴投奔东晋，刘宋时代任辅国将军、秦州刺史。《魏书·韦阆传附韦道福》曰：

阆从叔道福。父罴，为苻坚丞相王猛所器重，以女妻焉。为坚东海太守。坚灭，奔江左，仕刘裕为辅国将军、秦州刺史。③

韦道福随父生长于南朝，少时有谋略，官任盱眙、南沛二郡太守，领镇北府录事参军。刘宋武帝年间，韦道福参与了徐州刺史薛安都北附于魏的行动，以军功擢升为北魏安远将军，并赐爵高密侯。死后追赠为征虏将军、兖州刺史。《魏书·韦阆传附韦道福》曰：

时徐州刺史薛安都谋欲拥州内附，道福参赞其事。以功除安远将军，赐爵高密侯，因此仍家于彭城。卒，赠征虏将军、兖州刺史，谥曰简。④

（2）韦欣宗：北魏大将军

---

① 房玄龄：《晋书》，中华书局1974年版，第2993页。

② 同上书，第3008页。

③ 魏收：《魏书》，中华书局1974年版，第1011页。

④ 同上。

韦道福之子韦欣宗，因随父归魏，被赐爵杜县侯。魏孝文帝初，官拜彭城内史、大将军。广陵侯元衍任徐州刺史，延请韦欣宗为长史。韦欣宗代元衍扶绥州境，甚得民和。魏宣武帝时，韦欣宗升任为通直散骑常侍，不久，又改任太中大夫。死后追封为龙骧将军、南兖州刺史。《魏书·韦阆传附韦欣宗》曰：

> 子欣宗，以归国勋，别赐爵杜县侯。高祖初，拜彭城内史，迁大将军、宋王国刘昶谘议参军。广陵侯元衍为徐州刺史，又请为长史，带彭城内史。抚绥内外，甚得民和。世宗初，除通直散骑常侍，出为河北太守，不行。寻转太中大夫、行幽州事。卒，赠龙骧将军、南兖州刺史，谥曰简。[①]

（3）韦元叡：颍州骠骑府长史

韦欣宗之子韦元叡，官任颍州骠骑府长史。《魏书·韦阆传附韦欣宗》曰："子元叡，武定中，颍州骠骑府长史。"[②] 韦欣宗一族，另有其人，名载史册。如韦欣宗的从父弟韦合宗，卒于东海太守任上。

2. 韦阆父子一系

（1）韦阆：北魏武都太守

韦阆，字友观，北魏人。其祖父韦楷曾任晋建威将军、长乐清河二郡太守。永嘉之乱，滞留北方。其父韦逵任后燕吏部郎、大长秋卿。韦阆少有器望，因后燕内乱，韦阆避祸于河北。北魏太武帝拓跋焘征韦阆为咸阳太守，后继为武都太守。期间，杏城（陕西黄陵西南）镇将郝温与卢水胡盖吴举兵谋反，关中等地深受乱军滋扰，韦阆所在郡县，因他"尽心抚纳"，所受破坏较小。魏明元帝称赞"我欲有臣皆如阆"，一时传为美谈。《魏书·韦阆传》曰：

> 韦阆，字友观，京兆杜陵人。世为三辅冠族。祖楷，晋建威将军、长乐清河二郡太守。父逵，慕容垂吏部郎、大长秋卿。阆少有器望，值慕容氏政乱，避地于蓟城。世祖征拜咸阳太守，转武都太

① 魏收：《魏书》，中华书局1974年版，第1011页。

② 同上。

守。属杏城镇将郝温及盖吴反，关中据乱，阆尽心抚纳，所部独全。在郡十六年，卒。①

《新唐书·宰相世系》曰：

生阆，字友观，避地蓟城，后魏太武召为咸阳太守。时关中大乱，所部独安。明元帝尝曰："我欲有臣皆如阆。"当时以为美谈。②

（2）韦范：北魏华山太守

韦阆长子韦范，曾官任北魏镇西大将军府司马、华山郡太守。魏文成帝时，被赐兴平男爵。《魏书·韦阆传附韦范》曰："子范历镇西大将军府司马，试守华山郡。高宗时，赐爵兴平男。卒。"③

（3）韦俊：所在职守，皆受称颂

韦阆之孙、韦范之子韦俊，字颖超。学业早成，以孝名闻乡里。魏孝文帝太和年间（477—499），袭父爵，历任荆州治中、梁州宁朔府长史、太尉外兵参军、雍州中正、都水使者等职。韦俊一生为官虽不显贵，但所在职位，皆受称颂。因韦俊与左仆射郭祚结为儿女亲家，被权臣于忠迫害而死。直到魏孝明帝熙平元年（516）才得昭雪，被追封为中垒将军、洛州刺史。《魏书·韦阆传附韦俊》曰：

子俊，字颖超，早有学识。少孤，事祖母以孝闻。性温和廉让，为州里所称。太和中，袭爵。除荆州治中，转梁州宁朔府长史。还，为太尉外兵参军、本州中正，迁都水使者。所在有声。世宗崩，领军于忠矫擅威刑，与左仆射郭祚、尚书裴植同时遇害，语在《植传》。时年五十七。俊与祚婚家，为忠所恶，故及于难。临终，俊诉枉于尚书元钦，钦知而不敢申理。俊叹曰："吾一生为善，未蒙善报；常不为恶，今为恶终。悠悠苍天，抱直无诉！"时人咸怨伤焉。熙平元年，追赠中垒将军、洛州刺史，谥曰贞。有子

① 魏收：《魏书》，中华书局1974年版，第1009页。

② 欧阳修：《新唐书》，中华书局1975年版，第3051页。

③ 魏收：《魏书》，第1009页。

十三人。[①]

（4）韦荣绪、韦荣茂、韦子粲兄弟：韦俊之子

韦俊有子十三人，其中见诸史籍者三人，即韦荣绪、韦荣茂、韦子粲。

①韦荣绪：颇涉文史，因战败殁

韦荣绪颇涉文史，官居员外散骑侍郎，任齐王萧宝夤府属。萧宝夤反于关中期间，不幸战亡。《魏书·韦阆传附韦荣绪》曰：

> 长子荣绪，字子光，颇涉文史。袭爵，除员外散骑侍郎、齐王萧宝夤仪同开府属，因战败殁。[②]

②韦荣茂：才干知名，位至刺史

韦荣茂字子晔，以才干知名，历任御史、尚书考功郎中、东秦州刺史、征虏将军等职。雍州刺史萧宝夤叛乱，韦荣茂兄弟战死。《魏书·韦阆传附韦荣茂》曰：

> 荣绪弟荣茂，字子晔。以干局知名。历侍御史、尚书考功郎中。出为征虏将军、东秦州刺史。永熙末，兄弟并殁关西。[③]

③韦子粲：历仕西魏、东魏、北齐，位至刺史

韦子粲，字晖茂，仕郡功曹史，后为大行台郎中，跟随尔朱天光平关右。北魏文帝元宝炬以长安为首都，建立西魏。韦子粲被任命为南汾州（今山西省稷山县南）刺史。东西魏交兵，南汾州城破，韦子粲被俘至晋阳，蒙免于死，后改仕东魏、北齐，由并州长史升任为豫州刺史。

3. 韦崇一系

（1）韦崇：北魏贵戚

韦阆从侄韦崇，字鸿基。其父韦肃在刘义真北伐关中时，被征为主

---

① 魏收：《魏书》，中华书局1974年版，第1009—1010页。

② 同上书，第1010页。

③ 同上。

簿，后随刘义真过江，仕宋历任魏郡弋阳二郡太守、豫州刺史。《魏书·韦阆传附韦崇》曰：

> 阆从子崇，字洪基。父肃，字道寿。刘义真镇关中，辟为主簿，仍随义真度江，历魏郡弋阳二郡太守、豫州刺史。[①]

韦崇年幼早孤，随母北入魏，寓居洛阳。韦崇获得舅父兖州刺史郑羲的赏识，被举荐为中书博士，后任司徒从事中郎。又因女儿选为孝文帝嫔妃，升任为南颍州（今河南漯河市境内）刺史。韦崇在太守任上，为政“不好发摘细事”，甚为郡民感激。几年后，郡中大治。韦崇因此受到魏孝文帝的嘉奖。北魏孝文帝迁都洛阳后，曾任韦崇为司州中正，寻除右将军。后又任武乡郡（山西武乡县境内）、华山郡（陕西花县境内）太守。韦崇虽贵为外戚，但“崇频居衡品，以平直见称”，在郡颇有治声，深受郡民爱戴。《魏书·韦阆传附韦崇》曰：

> 崇年十岁，父卒，母郑氏以入国，因寓居河洛。少为舅兖州刺史郑羲所器赏。解褐中书博士，转司徒从事中郎。高祖纳其女为充华嫔。除南颍川太守，不好发摘细事，常云：“何用小察，以伤大道。”吏民感之，郡中大治。高祖闻而嘉赏，赐帛二百匹。迁洛，以崇为司州中正，寻除右将军，咸阳王禧开府从事中郎，复为河南邑中正。崇频居衡品，以平直见称。出为乡郡太守，更满应代，吏民诣阙乞留，复延三年。在郡九年，转司徒谘议。久之，除华山太守，卒。[②]

（2）韦猷之、韦休之兄弟：北魏军政大员

韦崇有二子：韦猷之、韦休之。韦猷之起家为奉朝请、转为给事中、步兵校尉，稍迁前将军、大中大夫。韦休之起家任安州左将军府城局参军，转为给事中、河南邑中正，稍迁为安西将军、光禄大夫。《魏书·韦阆传附韦崇》曰：

---

① 魏收：《魏书》，中华书局1974年版，第1012页。

② 同上。

子猷之，释褐奉朝请，转给事中、步兵校尉，稍迁前将军、大中大夫。卒。猷之弟休之，起家安州左将军府城局参军，转给事中、河南邑中正，稍迁安西将军、光禄大夫。休之贞和自守，未尝以言行忤物。卒。①

4. 韦珍一系

（1）韦珍：北魏将军、刺史

韦阆族弟韦珍，字灵智。其父韦尚，字文叔。任乐安王良安西府从事中郎。死后，赠安远将军、雍州刺史。《魏书·韦阆传附韦珍》曰：

阆族弟珍，字灵智，高祖赐名焉。父尚，字文叔，乐安王良安西府从事中郎。卒，赠安远将军、雍州刺史。②

韦珍少有志操，起家任京兆王拓跋子推王府常侍，后任尚书南部郎。魏孝文帝初，居住在桐柏山地的少数民族首领桓诞归附北魏，魏孝文帝遂以桓诞为东荆州（治在河南泌阳）刺史。北魏朝廷派韦珍为使，到东荆州协助桓诞慰抚少数民族。韦珍自悬瓠城（今河南汝南）向西行三百余里，遍历桐柏山，宣喻朝廷的恩德。桐柏山一带的少数民族莫不诚心归附。韦珍在桐柏山一带改变少数民族的习俗，史书记载，淮河源头有一座祠堂，当地少数民族用人牲祭祀。韦珍劝谕当地居民以酒脯代人牲祭祀。在韦珍的努力下，当地用人牲祭祀的风俗得到改变。韦珍此行，共招降山民七万余户，并置郡县。魏孝文帝以“奉使称旨”，擢升韦珍为左将军、乐陵镇将，镇守东荆州，并赐爵霸城子。《魏书·韦阆传附韦珍》曰：

高祖初，蛮首桓诞归款，朝廷思安边之略，以诞为东荆州刺史。令珍为使，与诞招慰蛮左。珍自悬瓠西入三百余里，至桐栢山，穷淮源，宣扬恩泽，莫不降附。淮源旧有祠堂，蛮俗恒用人祭之。珍乃晓告曰：“天地明灵，即是民之父母，岂有父母甘子肉味！自今已

① 魏收：《魏书》，中华书局1974年版，第1012页。

② 同上书，第1012—1013页。

后，悉宜以酒脯代用。"群蛮从约，至今行之。凡所招降七万余户，置郡县而还。以奉使称旨，除左将军、乐陵镇将，赐爵霸城子。①

北魏孝文帝太和年间（477—499），南齐司州人谢天盖自称司州刺史，并与北魏相约以州附之，不料事泄。南齐高帝萧道成派将军崔慧景率军围攻司州。北魏则派遣韦珍带领诸镇兵马渡淮援救谢天盖，齐高帝萧道成派将军荀元宾在淮水上堵截韦珍兵马。于是韦珍暗中派遣精锐兵马绕淮水上游潜渡，自己亲率兵马与齐将荀元宾正面对抗。齐军因腹背受敌，大败。韦珍乘胜击破齐将崔慧景军，纳降七千余户，携降民内徙，安置于城阳、刚陵、义阳三郡。魏孝文帝命韦珍移镇比阳，韦珍再次击败齐雍州刺史陈显达的进攻，魏孝文帝以军功赏爵韦珍为侯。《魏书·韦阆传附韦珍》曰：

萧道成司州民谢天盖自署司州刺史，规欲以州内附。事泄，为道成将崔慧景攻围。诏珍率在镇士马渡淮援接。时道成闻珍将至，遣将荀元宾据淮逆拒。珍乃分遣铁马，于上流潜渡，亲率步士与贼对接。旗鼓始交，甲骑奄至，腹背奋击，破之。天盖寻为左右所杀，降于慧景。珍乘胜驰进，又破慧景，拥降民七千余户内徙，表置城阳、刚陵、义阳三郡以处之。高祖诏珍移镇比阳，萧赜遣其雍州刺史陈显达率众来寇。城中将士咸欲出战，珍曰："彼初至气锐，未可便挫，且共坚守，待其攻我疲弊，击之未晚。"于是凭城拒战，杀伤甚众。相持旬有二日，夜开城门掩击之，贼遂奔溃。以功进爵为侯。②

北魏孝文帝亲南征，韦珍自请为前驱。魏文帝擢拔韦珍为显武将军、郢州刺史。韦珍在郢州政绩显著，深受朝廷嘉奖，再次被擢拔为龙骧将军，赐骅骝二匹、帛五十匹、谷三百斛。韦珍将所得赏赐全部分给州内孤贫者。不久，朝廷又给韦珍加平南将军，改任荆州（治在河南鲁山）刺史。这期间，韦珍与尚书卢渊征赭阳，因战败被免官。不久

---

① 魏收：《魏书》，中华书局1974年版，第1013页。

② 同上。

再次起用，任中军大将军、彭城王勰长史。沔北既平，韦珍被拜为建威将军，并鲁阳郡太守。《魏书·韦阆传附韦珍》曰：

> 车驾南讨，珍上便宜，并自陈在边岁久，悉其要害，愿为前驱。诏珍为陇西公源怀卫大将军府长史，转太保、齐郡王长史。迁显武将军、郢州刺史，在州有声绩，朝庭嘉之。迁龙骧将军，赐骅骝二匹、帛五十匹、谷三百斛。珍乃召集州内孤贫者，谓曰："天子以我能绥抚卿等，故赐以谷帛，吾何敢独当？"遂以所赐悉分与之。寻加平南将军、荆州刺史，与尚书卢渊征赭阳，为萧鸾将垣历生、蔡道贵所败，免归乡里。临别谓渊曰："主上圣明，志吞吴会，用兵机要，在于上流。若有事荆楚，恐老夫复不得停耳。"后车驾征樊郢，复起珍为中军大将军、彭城王勰长史。沔北既平，以珍为建威将军，试守鲁阳郡。①

北魏太和二十三年（499）三月，魏孝文帝车驾南征，路经鲁阳郡，诏韦珍为中垒将军。韦珍至淯水，魏孝文帝考虑到控扼魏齐交通咽喉——三鸦路地势险要，因此命韦珍回镇鲁阳，以守三鸦。魏孝文帝亲征期间驾崩，随行大臣密不发丧，直到韦珍驻镇才发丧。太子元恪即位，史称魏宣武帝。韦珍随魏宣武帝及诸大臣护丧至京师。事后，韦珍被升任为中散大夫、寻加镇远将军、太尉谘议参军。《魏书·韦阆传附韦珍》曰：

> 高祖复南伐，路经珍郡，加中垒将军，正太守。珍从至济水，高祖曰："朕顷戎车再驾，卿常翼务中军，今日之举，亦欲与卿同行。但三鸦险恶，非卿无以守也。"因敕珍辞还。及高祖崩于行宫，秘匿而还，至珍郡始发大讳。还，除中散大夫，寻加镇远将军、太尉谘议参军。永平元年卒，时年七十四。赠本将军、南青州刺史，谥曰懿。②

---

① 魏收：《魏书》，中华书局1974年版，第1013—1014页。

② 同上书，第1014页。

京兆韦氏在北魏时代，出现了像韦珍这样的政治军事人才，在朝中的政治位势极高。京兆韦氏家族中的韦珍一支，诸子亦十分干练。

（2）韦缵：北魏平远将军

韦珍长子——韦缵，字遵彦。早慧聪敏，十三岁补入中书学生，深受中书博士李彪的称颂，历官秘书中散、侍御中散、散骑侍郎、太子中舍人、黄门侍郎、司徒右长史、尚书左丞等。韦缵任侍御中散时，常常担任魏孝文帝与高僧大德谈论佛家义理的记录工作，他能“无所遗漏”，深受魏孝文帝的赏识。南齐寿春（今安徽寿县）北附于魏，朝廷派尚书令王肃出镇扬州，王肃辟韦缵为长史、加平远将军，带梁郡太守。扬州刺史王肃死于任上，朝廷诏韦缵代行王肃的职权。南齐萧衍大将姜庆真趁扬州刺史王澄出征之际，攻破寿春外城，北魏很快收复，韦缵却因失职免官。《魏书·韦阆传附韦缵》曰：

> 长子缵，字遵彦。年十三，补中书学生，聪敏明辩，为博士李彪所称。除秘书中散，迁侍御中散。高祖每与名德沙门谈论往复，缵掌缀录，无所遗漏，颇见知赏。转散骑侍郎，徙太子中舍人，仍兼黄门，又兼司徒右长史，寻转长兼尚书左丞。寿春内附，尚书令王肃出镇扬州，请缵为长史，加平远将军，带梁郡太守。肃薨，敕缵行州事。任城王澄代肃为州，复启缵为长史。澄出征之后，萧衍将姜庆真乘虚攻袭，遂据外郭，虽寻克复，缵坐免官。永平三年卒，年四十五。①

（3）韦彧：文武双修，军功封爵

韦珍另一子韦彧，字遵庆。亦以学识见称。起家为奉朝请，不久任太尉骑兵参军、外任雍州治中、雍州别驾，入朝任司徒掾、散骑侍郎、迁平远将军、东豫州刺史。韦彧在东豫州刺史任上，能尽心绥抚当地少数民族，颇受大家信任。据记载，当地少数民族首领田益宗的儿子鲁生、鲁贤背叛父亲归南齐，常带齐军北侵寇掠。自韦彧任东豫州刺史后，鲁生等人送书修礼，不复为患。韦彧认识到州境内少数民族地区“蛮俗荒梗，不识礼仪”，上书请立太学，选诸郡生徒于州太学进行教

---

① 魏收：《魏书》，中华书局1974年版，第1014页。

育。这一举措，大大促进了州境内少数民族的汉化进程。韦彧还在城北设立了宗武馆，培养武职人才。经过韦彧的治理，东豫州之地清肃。任职期满，入京师。适逢京兆王——元继西征，请韦彧担任长史，拜通直散骑常侍，不久擢升为豳夏行台尚书。韦彧因军功封为阴盘县（今甘肃平凉东）开国男爵，食邑二百户。死后又追赠抚军将军、雍州刺史。《魏书·韦阆传附韦彧》曰：

> 缵弟彧，字遵庆，亦有学识。解褐奉朝请，迁太尉骑兵参军。出为雍州治中，转别驾。入为司徒掾，寻转散骑侍郎。稍迁平远将军、东豫州刺史。彧绥怀蛮左，颇得其心。蛮首田益宗子鲁生、鲁贤先叛父南入，数为寇掠。自彧至州，鲁生等咸笺启修敬，不复为害。彧以蛮俗荒梗，不识礼仪，乃表立太学，选诸郡生徒于州总教。又于城北置宗武馆以习武焉。境内清肃。还，遇大将军、京兆王继西征，请为长史，拜通直散骑常侍。寻以本官兼尚书，为豳夏行台。以功封阴盘县开国男，邑二百户。孝昌元年秋，卒于长安。赠抚军将军、雍州刺史，谥曰文。[①]

（4）韦朏：北魏安东将军、东徐州刺史

韦珍之子韦朏，[②] 字遵显。少时，志趣不凡。18岁就辟为本州主簿。值饿馑之岁，韦朏拿出自家的积粟熬粥，救济百姓。韦朏起家为太学博士，迁秘书郎中，稍迁左军将军，为荆郢和籴大使。后南郢州刺史田夷因韦朏父亲韦珍善于处理民族间关系，上书朝廷，请求朝廷任命韦朏为南道别将，驻守荆州。因此，韦朏被任命为南道别将。不久，被任命为南荆州刺史。魏孝明帝末年，韦朏又被擢拔为征虏将军、东徐州刺史、安东将军、散骑常侍。南齐郢州（今湖北武汉）刺史田粗憘率众北犯，韦朏领兵在石羊岗阻击，大败齐军，阵斩田粗憘。因此，韦朏以功封杜县开国子，邑二百户。魏孝庄帝永安三年（530），韦朏卒于任上。死后，朝廷追赠为侍中、车骑将军、雍州刺史。《魏书·韦阆传附

---

① 魏收：《魏书》，中华书局1974年版，第1015页。

② 罗新、叶炜著《新出土魏晋南北朝墓志疏证》之《韦彧妻柳敬怜墓志》疏证中提出异议，认为韦朏不见于韦彧夫妻墓志，从而认为《北史》有误。

韦朏》曰：

> 彧弟朏，字遵显，少有志业。年十八，辟州主簿。时属岁俭，朏以家粟造粥，以饲饥人，所活甚众。解褐太学博士，迁秘书郎中，稍迁左军将军，为荆郢和籴大使。南郢州刺史田夷启称朏父珍往任荆州，恩洽夷夏，乞朏充南道别将，领荆州骁勇，共为腹背。诏从之。未几，行南荆州事。肃宗末，除征虏将军、东徐州刺史，寻迁安东将军，加散骑常侍。萧衍遣其郢州刺史田粗愭率众来寇，朏于石羊岗破斩之，以功封杜县开国子，邑二百户。永安三年，卒于州。赠侍中、车骑将军、雍州刺史，谥曰宣。①

北魏时代，京兆韦氏家族以军功显赫一时，出现了韦道福、韦阆、韦珍、韦朏等人物，其家族的政治位势较高。北朝时代，有一种以在本籍担任刺史或郡守为荣的风气，韦彧和韦朏等人死后被追赠为雍州刺史，可见，北魏政权对京兆韦氏家族的器重。

西魏至北周时期，由于宇文泰“广募关陇豪右以增军旅”，建立一支足以与东魏、梁朝相抗衡的关陇集团，② 作为汉晋时代关辅旧族的京兆韦氏，成为关陇集团的核心力量之一。韦氏家族出现了韦孝宽、韦瑱、韦佑等显达人物。

5. 韦孝宽：关陇军事集团之上柱国

韦孝宽，名叔裕，以字行世。其祖父系韦阆侄子——韦真喜，③ 起家官任中书博士，迁中书侍郎、冯翊太守、扶风太守。《魏书·韦阆传附韦真喜》曰：“阆兄子真喜，起家中书博士，迁中书侍郎、冯翊太守。”④《新唐书·宰相世系表》曰：“逍遥公房出自阆弟子真嘉，后魏

---

① 魏收：《魏书》，中华书局1974年版，第1015—1016页。

② 陈寅恪著，万绳楠整理：《魏晋南北朝史讲演录》，贵州人民出版社2008年版，第263页。

③ 《魏书·韦阆传》作“真喜”，属韦阆兄子。《新唐书·宰相世系表》作“真嘉”，认为是韦阆弟之子。《周书·韦孝宽传》作“直喜”。《北史·韦孝宽传》作“直善”。前些年出土的《韦孝宽墓志》作“真憙。”当从墓志定之。古书中“憙”与“喜”为一字（参阅吕卓民《韦杜家族》注释条，西安出版社2005年版，第20页）。

④ 李百药：《北齐书》，中华书局1972年版，第379—380页。

侍中、冯翊、扶风二郡守。"[1] 韦孝宽其父为韦旭，[2] 曾任武威郡守、大行台右丞、加辅国将军、雍州大中正、右将军、南豳州刺史，被封文惠公。《周书·韦孝宽传》曰：

> 父旭，武威郡守。建义初，为大行台右丞，加辅国将军、雍州大中正。永安二年，拜右将军、南豳州刺史。时氐贼数为抄窃，旭随机招抚，并即归附。寻卒官。赠司空、冀州刺史，谥曰文惠。[3]

韦孝宽自幼聪敏好学，涉猎经史，无所不览。20岁时，雍州刺史萧宝夤叛乱于关中，韦孝宽诣阙请缨，愿为前驱。朝廷感其忠义，拜统军之职，随冯翊公长孙承业西讨萧宝夤，因每战有功，授予国子博士、行华山郡事。其后，大都督杨侃出镇潼关，延请韦孝宽为军司马。杨侃十分器重韦孝宽，并将女儿嫁于他。北魏孝庄帝永安年间（528—530），韦孝宽被擢升为宣威将军、给事中，并赐爵山北县男。魏节闵帝普泰年间（531—532），韦孝宽以都督随从荆州刺史源子恭出镇襄城，又因功升任析阳郡守。韦孝宽与新野郡守独孤信不仅情好款密，而且"政术俱美"，被荆州吏民称为"联璧"。魏孝庄武帝时，韦孝宽又移镇荆州。

东西魏分立，韦孝宽效命于西魏文帝宇文泰，曾任弘农郡守、兼左丞，节度宜阳兵马事。在东西魏的战争中，韦孝宽屡建奇功，以大将军行宜阳郡事，不久迁为南兖州刺史。就在韦孝宽以大将军行宜阳郡事期间，东魏将领段琛、尧杰等人占据宜阳，并派东魏阳州刺史诱招边民。大将军韦孝宽为此十分忧虑，派间谍到处搜集东魏阳州刺史牛道恒的手迹，令善于模仿手迹的书家伪造了牛道恒与自己的书信，并将此书信送于段琛营中，成功进行反间；并积极组织反击，擒获东魏将领段琛等人，收复崤、渑一带。西魏大统五年（539），韦孝宽进爵为侯。大统八年，升任晋州刺史，移镇东西魏军事要地——玉壁镇，兼摄南汾州

① 欧阳修：《新唐书》，中华书局1975年版，第3073页。

② 《新唐书·宰相世系》记载韦真喜二子名"韦旭、韦祉"。《元和姓纂（附四校记）》亦记载："穆八世孙旭"，即韦真喜其子名韦旭。而《魏书·韦阆传》记载韦真喜二子"韦祉、韦祯"，似《魏书·韦阆传》记载有误。应从《新唐书》《元和姓纂》。

③ 令狐德棻：《周书》，中华书局1971年版，第535页。

事，不久进授大都督。

西魏大统十二年（546），东魏高欢为了进犯西魏，决定倾全国之兵力，进攻玉壁镇。西魏大都督韦孝宽在玉壁镇与东魏高欢诸军进行了长达两个月的殊死较量。东魏高欢志在必得，将士士气高涨，运用各种攻城战术，都在韦孝宽的抵御之下，不能奏效。高欢只好打心理战，试图迫降韦孝宽。先是派人说服韦孝宽，韦孝宽说："孝宽关西男子，必不为降将军也。"随后，派人间离军士，说："韦城主受彼荣禄，或复可尔，自外军士，何事相随入汤火中耶。"并招募善射者将"能斩城主降者，拜太尉，封开国郡公，邑万户，赏帛万疋"的信射进城中，韦孝宽在书信背面题写"若有斩高欢者，一依此赏"，并射回高欢军队中。最后，高欢甚至将流落在东魏的——韦子迁——韦孝宽之弟缚在城下，临以白刃，逼韦孝宽投降。韦孝宽慷慨激昂，誓死不降，军中将士受其感染，莫不奋力死战。高欢苦战六十余天，军士伤亡十之四五，只好撤军。事后，高欢因忿恚而死，而韦孝宽因坚守玉壁，战功赫赫，加授为骠骑大将军、开府仪同三司，进爵建忠郡公。

魏废帝二年（553），朝廷任韦孝宽为雍州刺史，荣归故里。在雍州境内，于土堠处植槐树，既治理了水土流失，又方便行旅乘凉。宇文邕赞赏韦孝宽的举措，并令诸州效仿。

西魏恭帝元年（554），西魏以南朝襄阳太守归附，遂遣燕国公于谨南伐，韦孝宽以大将军从征。西魏诸军直捣梁元帝京都江陵，杀梁元帝。韦孝宽以军功拜尚书右仆射，位列丞相，并赐姓宇文氏。① 因玉壁镇为军事要镇，韦孝宽再次移镇玉壁。北周孝闵帝宇文觉即位，韦孝宽被拜小司徒。北周明帝宇文毓即位后，韦孝宽为麟趾殿学士，考校图籍。

北周孝武帝保定初年（561—562），朝廷以韦孝宽建立功勋于玉壁，于是置勋州，任韦孝宽为勋州刺史。韦孝宽在勋州刺史任上，与北齐互市，不仅使北周权贵宇文护寻得皇姑及母亲，而且实现了两国周边睦邻友好。

韦孝宽在北周孝武帝天和五年（570）进爵郧国公，增邑通前一万

① 在西魏恭帝元年（554），韦孝宽以府兵将领，被赐鲜卑宇文姓氏。宇文泰此次举措，完全是以军功大小赐姓，这是关陇本位政策的一项非常重要的内容。

户。韦孝宽谋略过人，北周武帝保定初年，以汾州北边的生胡抄掠，韦孝宽深为忧虑，考虑生胡所居北齐境内，无法剪除。因此谋划在要地建一座城池，以绝后患。于是征河西派役徒十万，甲士百人，命开府姚岳监督筑城。姚岳忧惧在北齐边境建城，而无重兵保护。韦孝宽授其机宜，分析北齐形势及筑城所需时日，并设疑迷惑齐军。最终，版筑克就，卒如其言。

北周孝武帝天和四年（569），柱国将军韦孝宽反对晋公宇文护东讨北齐，宇文护不听，大军果然出师不利，孔城沦陷、围于宜阳。韦孝宽陈计于将帅，希望在华谷及长秋等地迅速筑城，以绝北齐占领汾北，滋扰边境。可惜，宇文护不听此计谋。

事后，北齐解宜阳之围，并与汾北筑城。北齐丞相斛律光至汾东，约与韦孝宽相见。韦孝宽指责北齐丞相极武穷兵，并令人作歌谣间离之，斛律光因此歌谣被杀。

北周孝武帝建德元年（572），周孝武帝亲政后，立志伐北齐。韦孝宽上疏陈平齐三策。此后，韦孝宽以其年老，屡请致仕，周武帝以“海内未平，优诏弗许”[①]。

周孝武帝亲征东伐，军至玉壁。韦孝宽请为先锋，周武帝认为玉壁是要冲之地，非韦孝宽莫能镇之。随后，命韦孝宽为行军总管，协助平晋州。韦孝宽以军功，再拜大司空、进位上柱国。

北周静帝大象元年（579），韦孝宽任行军元帅，节度徐、兖等十一州十五镇诸军事，巡地淮南，攻破广陵（今扬州）、拔寿阳（今安徽寿县），尽取陈江北之地，平叛宇文亮的谋反。此时，韦孝宽的官爵已无以加复，北周王朝只好别封韦孝宽之子为滑国公。

大象二年（580），周宣帝死后，杨坚辅政。朝廷以韦孝宽代尉迟迥为相州总管。韦孝宽足智多谋，识破尉迟迥的谋反之意，入保河阳，粉碎了河阳城内鲜卑八百人阴谋。六月，朝廷发兵，任韦孝宽为元帅，东伐尉迟迥。八月，韦孝宽攻破尉迟迥的叛军，关东平定。十月，韦孝宽大军凯还。十一月，韦孝宽死。朝廷追赠太傅、十二州诸军事、雍州牧。

京兆韦氏在北魏、西魏、北周时代一跃成为关陇集团的核心力量。

---

① 令狐德棻：《周书》，中华书局1971年版，第542页。

韦孝宽成为京兆韦氏家族的代表人物，一生戎马倥偬，功勋卓著，在北朝享有极高的政治位势。除此之外，京兆韦氏家族还出现了韦瑱父子，《周书》有本传。

6. 韦瑱：西魏北周关陇军事集团核心人物

韦瑱系西眷韦潜后嗣。其曾祖韦惠度，为十六国时代后秦姚泓的尚书郎。因刘宋刘义真北伐关中，随刘义真渡江，仕宋为镇西府司马、顺阳（河南淅川西南）太守，行南雍州事。其后，以雍州归魏，官拜中书侍郎，赠安西将军、洛州刺史。《周书·韦瑱传》曰：

> 韦瑱字世珍，京兆杜陵人也。……曾祖惠度，姚泓尚书郎。随刘义真过江，仕宋为镇西府司马、顺阳太守，行南雍州事。后于襄阳归魏，拜中书侍郎，赠安西将军、洛州刺史。[①]

韦瑱祖父韦千雄，曾官任北魏略阳郡（今甘肃秦安东北陇城镇）太守。其父韦英，官北魏代郡（今山西大同境内）太守，死后赠兖州刺史。

韦瑱幼年极为聪慧，夙有经世之志，为乡里所期许。韦瑱不仅笃志好学，还兼习骑射之术。这充分说明，京兆韦氏家族在北朝动乱时代，一变为武功家族。北魏孝昌三年（527），韦瑱起家官任太尉府法曹参军，又相继升任为明威将军、雍州治中、镇远将军、谏议大夫、冠军将军等职。

西魏时代，丞相宇文泰施行关陇物质本位主义政策，加韦瑱为前将军、太中大夫、封长安县男爵，食邑三百户。韦瑱入朝为行台左丞。不久，又加韦瑱为抚军将军、迁使持节、都督南郢州诸军事、南郢州刺史。其后，韦瑱又入朝再任行台左丞。因为韦瑱明察干练，舆论多称其能。韦瑱参加了东西魏的沙苑（今陕西大荔县境内）大战，加卫大将军、左光禄大夫等职。在河桥战役中，立军功，被封为子爵，增邑二百户。西魏大统八年（542），东魏高欢大举西侵，韦瑱随宇文泰东御高欢军队。战事之后，宇文泰命韦珍镇守蒲津关，不久，又擢升为蒲州总管府长史。再入朝，拜鸿胪卿。朝廷以韦氏为三辅著族，命韦瑱兼领乡

---

① 令狐德棻：《周书》，中华书局1971年版，第693页。

兵，加帅都督。[①] 而后，韦瑱晋升为大都督、通直散骑常侍，行京兆郡事，进车骑大将军、仪同三司、散骑常侍等职。

尤其是魏恭帝二年（555），韦瑱被赐姓宇文氏，标志着韦瑱一支也进入关陇军事集团之中。西魏恭帝三年（556），韦瑱被调任瓜州（甘肃敦煌）刺史、都督瓜州诸军事。瓜州地处西魏西陲重镇，是中西交通的咽喉。历任刺史不能治理胡寇的侵掠。韦瑱为刺史后，胡人畏之不敢再犯，边境安然无事。

韦瑱在孝闵帝即位后，进爵为平齐县伯，增邑五百户。韦瑱秩满还京。北周代魏，周明帝为表彰韦瑱在边的功绩，又进授为侍中、骠骑大将军、开府仪同三司。韦瑱死后，朝廷追封其为平齐公，食邑增至三千户，长子韦峻袭爵。从此，韦瑱成为唐代平齐公房的始祖。韦瑱长子韦峻，官至车骑大将军、仪同三司。次子韦师，起家任中外府记室，官历兵部小府下大夫。建德末，又任蒲州总管府中郎，河东郡守。

7. 韦佑：西魏骠骑大将军、开府仪同三司，进爵为公

北魏后期至北周时代，京兆韦氏家族一支韦佑，亦载诸史册。韦佑祖父韦骈，曾官任雍州主簿，举秀才，拜中书博士。《周书·韦佑传》曰："韦佑字法保，京兆山北人也。……祖骈，雍州主簿。举秀才，拜中书博士。"[②]

韦佑少好任侠仗义，质直少言，能急人之难。虽受到官府追捕，始终不改其操。娶李长寿之女，寓居关南。北魏孝明帝正光四年（523），六镇将领之一的破六韩拔陵率沃野镇（今内蒙古五原北）叛乱，引发六镇叛乱，时局动荡。不少的北魏王公大臣避难于韦佑之所，"多得全济"。于是，韦佑便被某些有地位的上层人物所器重，举荐为员外散骑侍郎、加轻车将军，韦佑从此走上仕途。北魏孝武帝受权臣高欢威逼，西走关中的时候，韦佑从山南赶赴，扈从魏孝武帝西行。因此，韦佑被擢升为右将军、太中大夫，并被封为固安县男爵，邑二百户。

西魏颍川太守、广州刺史韦佑岳父李长寿[③]被东魏侯景攻城陷落后遇害，其子李延孙带领父兵，守御东境。西魏朝廷任命韦佑为东洛州刺

---

① 韦瑱之所以兼领乡兵，是因为他是望族或州望。加都督是别令府兵，这是关陇集团政策的体现（参阅陈寅恪《魏晋南北朝史讲演录》，贵州人民出版社 2008 年版，第 267 页）。

② 令狐德棻：《周书》，中华书局 1971 年版，第 774 页。

③ 令狐德棻：《周书·李延孙附父李长寿》，第 773 页。

史，带领数百人，驰援李延孙部。韦佑至潼关后，拜见时任弘农太守的韦孝宽。韦孝宽认为敌众我寡，韦佑赴战凶多吉少，而韦佑置生死于度外，倍道兼行，突破东魏防线，与李延孙合兵一处，共同抵御东魏军队。随后，韦佑被召还朝，任大都督。李延孙遇害后，韦佑率领所部，据李延孙的防御设施处，与东魏军队多次交锋。韦佑身先士卒，单马陷阵，每战必被伤，英勇无比。据史载，在关南战斗中，韦佑被流矢贯颈，箭从口中出，等被救回军营，方才苏醒。西魏大统九年（543），朝廷拜韦佑为车骑大将军、仪同三司，移镇九曲城。西魏大统十五年（549），又加拜韦佑为骠骑大将军、开府仪同三司，并进爵为公。韦佑在截击东魏运粮军的战斗中，不幸中流矢而亡。

如果说，永嘉之乱后的京兆韦氏家族在北朝数百年间，经历动荡和阵痛后，慢慢崛起为关陇集团的核心力量，甚至在隋唐时代，仍是重要的政治力量。那么，渡江南方的韦氏家族，也经历了一番奋斗，出现了声势显赫的韦睿一支子嗣。

（七）晚渡之次等世族：南朝韦氏

永嘉之乱后，京兆韦氏并未立即南渡，直到东晋末年刘宋初年，京兆韦氏才得南渡。主要原因为东晋安帝义熙末年，刘裕举兵北伐，曾一度收复洛阳、关中等地。居于关中的京兆韦氏家族才有机会南迁。如京兆韦氏家族韦华、韦罴等人在秦苻坚战败淝水后，投奔东晋；韦肃随刘义真过江，仕宋历官魏郡弋阳二郡太守、豫州刺史。他们或其子嗣在南朝并未长久扎根下去，不久又返回北朝地区。只有韦祖征、韦祖归一支子嗣在刘裕北伐后南渡，长期居住襄阳。

1. 韦玄：南渡之旧族名士

据《新唐书·宰相世系表》知，南渡襄阳的京兆韦氏系东眷韦穆后裔。前述东晋十六国时代，韦穆曾孙韦华曾因前秦苻坚战败，随流民入东晋，居襄阳。后秦政权建立后，韦华又率流民一万投奔后秦姚泓。宋武帝刘裕北伐后，韦华又举族随宋武帝南渡至襄阳。韦华的儿子韦玄隐居长安终南山，宋武帝以太尉掾征，韦玄未赴任。

南渡至襄阳的韦华父子属“晚渡士族”，其政治地位远不及王、谢等高门士族。史载南渡襄阳的杜氏家族中的杜骥，曾随父亲拜望同郡韦华父子。韦玄十分欣赏杜骥，将女儿嫁给杜骥，两个汉魏旧族结为姻亲。《南史·柳世隆传》曰：

> 光禄大夫韦祖征州里宿德，世隆虽已贵重，每为之拜。人或劝祖征止之，答曰："司马公所为，后生楷法，吾岂能止之哉。"①

由此看出，南朝雍州一带的"大族结构不像三吴和会稽士族与寒门那样等级森严，而是彼此之间相互照应，宗族之间关系可想是比较融洽的。"② 也可看出，晚渡的韦氏政治位势虽不高，但社会声望极高。尤其是韦祖归的儿子韦纂、韦阐、韦睿颇有名望。

2. 韦睿：习文尚武，齐梁军政显要

《梁书·韦睿传》曰：

> 睿事继母以孝闻。睿兄纂、阐，并早知名。纂、睿皆好学，阐有清操。③

韦睿受到伯父韦祖征的喜爱，史书记载，韦祖征任职郡守时，总将韦睿带在身边，视之如子。当时韦睿的内兄王憕、姨弟杜恽在乡里颇有盛名，而韦祖征认为韦睿仅在文章之学方面稍逊些，其学识才干则远超过王憕、杜恽，并不失时机地鼓励韦睿早立功名。韦睿在父辈的期许下，终于成为齐梁时代的政治显要。韦睿在外兄杜幼文的提携下，初仕梁州（治在陕西汉中）。梁州土地肥沃，多少官吏在此皆因贪婪而丢官，韦睿却能以清廉而闻名。《梁书·韦睿传》曰：

> 外兄杜幼文为梁州刺史，要睿俱行。梁土富饶，往者多以贿败；睿时虽幼，独用廉闻。④

由于韦睿有乡里盛名，袁觊任雍州刺史时，曾任用他为主簿。韦睿

---

① 李延寿：《南史》，中华书局 1975 年版，第 985 页。

② 参阅张灿辉《六朝区域史研究》之"雍州进程研究"，岳麓书社 2008 年版，第 31 页。

③ 姚思廉：《梁书》，中华书局 1973 年版，第 220 页。

④ 同上。

在袁觊起兵时，要求出任义成郡守。因此，韦睿免于袁觊的败亡之祸。《梁书·韦睿传》曰：

> 宋永光初，袁觊为雍州刺史，见而异之，引为主簿。觊到州，与邓琬起兵，睿求出为义成郡，故免觊之祸。[①]

刘宋后期，桂阳王刘休范于江州寻阳举兵，打破了长江上下游势力均衡格局，以致最后形成了以权臣萧道成的下游势力与强藩沈攸之的上游势力间的争斗。沈攸之坐镇荆州，荆州势力膨胀。萧道成为了抑制荆州刺史沈攸之，任命张敬儿为雍州刺史，借雍州力量来制衡荆州势力。同时，启用雍州士族柳世隆为郢州刺史，确保郢州在荆州与建康之间的缓冲作用。韦睿随柳世隆守郢州，在东线抵抗荆州刺史沈攸之的大军。荆州刺史沈攸之大军在东西两线联合夹击中败亡了。[②] 韦睿因功迁升为前军中兵参军。后任广德县令、齐兴太守、本州别驾、长水校尉、右军将军。《梁书·韦睿传》曰：

> 后为晋平王左常侍，迁司空桂阳王行参军，随齐司空柳世隆守郢城，拒荆州刺史沈攸之。攸之平，迁前军中兵参军。久之，为广德令。累迁齐兴太守、本州别驾、长水校尉、右军将军。[③]

萧齐末年，各强镇纷纷扩充自己的势力，心怀异谋，乘机起兵。如齐明帝永泰元年（498）晋陵王敬则于会稽起兵，三吴地区顺从者云集。东昏侯永元元年（499），江州刺史陈显达“闻京师大相杀戮”，乘机举兵，顺江东下，围攻建康。大批任职京师及其他各州的雍州人士为此纷纷返归乡里。韦睿“不欲远乡里”，求为上庸太守，加建威将军，成为雍州武力强宗之一。齐明帝永泰元年（498）七月，萧衍代曹虎出镇雍州，长江上游的雍州势力成为拥戴萧衍的主体力量。加之，饱受亡

---

① 姚思廉：《梁书》，中华书局 1973 年版，第 220 页。

② 参阅张灿辉《六朝区域史研究》之“雍州进程研究”，岳麓书社 2008 年版，第 27 页。

③ 姚思廉：《梁书》，第 220 页。

地失家的雍州势力，[①] 目睹了齐末政局之弊，属意于雍州刺史兼督雍、梁、南北秦四州、郢州之竟陵、司州之随郡诸军事的萧衍。史称，韦睿对形势作出准确判断，并派自己的儿子交结萧衍。《梁书·韦睿传》曰：

俄而太尉陈显达、护军将军崔慧景频逼京师，民心遑骇，未有所定，西土人谋之于睿。睿曰："陈虽旧将，非命世才；崔颇更事，懦而不武。其取赤族也，宜哉！天下真人，殆兴于吾州矣。"乃遣其二子，自结于高祖。[②]

萧衍得到雍州势力的广泛支持后，决议起兵。韦睿立即率上庸郡兵2000人、马200匹，伐竹为筏，追随萧衍。萧衍高兴地说："今日方见到君的真心，我起兵之事看来一定成功。"可见，萧衍意识到只有得到雍州武力强宗的支持才能成功。《梁书·韦睿传》曰：

义兵檄至，睿率郡人伐竹为筏，倍道来赴，有众二千，马二百匹。高祖见睿甚悦，拊几曰："他日见君之面，今日见君之心，吾事就矣。"[③]

韦睿在萧衍大军东进过程中，多建奇谋。攻克郢州后，萧衍以郢州重镇，择韦睿为守将，兼代理郢州刺史。可见，萧衍对韦睿的信任和重视程度。韦睿留守郢州后，治理战争的创伤，掩埋死者，抚恤生者，受到百姓的爱戴。《梁书·韦睿传》曰：

义师克郢、鲁，平加湖，睿多建谋策，皆见纳用。大军发郢，谋留守将，高祖难其人；久之，顾睿曰："弃骐骥而不乘，焉遑遑

① 北魏孝文帝迁都洛阳后，南朝的雍州势力对北魏构成了严重的威胁，尤其雍州的樊城、邓城两地紧迫洛阳。因此，北魏孝文帝为了解除这种威胁，命彭城王元勰等三十六军对沔北发动强大的攻势。南朝的雍州势力虽奋力抵抗，但最终因实力悬殊，南朝雍州失去了南阳、新野、南乡、北襄阳城及汝南北义阳五郡。由于五郡陷没，许多雍州士民失去了桑梓之地，纷纷寓居襄阳。

② 姚思廉：《梁书》，中华书局1973年版，第220—221页。

③ 同上书，第221页。

而更索?”即日以为冠军将军、江夏太守，行郢府事。初，郢城之拒守也，男女口垂十万，闭垒经年，疾疫死者十七八，皆积尸于床下，而生者寝处其上，每屋辄盈满。睿料简隐恤，咸为营理，于是死者得埋藏，生者反居业，百姓赖之。[①]

萧衍在雍州集团的全力支持下，于天监元年（502）建立梁朝。作为新朝功臣的雍州势力纷纷粉墨登场，其势力发展臻于极盛，[②] 其中，京兆韦睿被梁武帝萧衍任命为廷尉，并被封为子爵，邑三百户。随后，韦睿又迁升为太子右卫率，出任辅国将军、豫州刺史等职。《梁书·韦睿传》曰：

梁台建，征为大理。高祖即位，迁廷尉，封都梁子，邑三百户。天监二年，改封永昌，户邑如先。东宫建，迁太子右卫率，出为辅国将军、豫州刺史、领历阳太守。三年，魏遣众来寇，率州兵击走之。[③]

韦睿在梁大举伐北魏的军事行动中，持节都督诸军，以智谋取得战功。韦睿在巡视军营的过程中，发现北魏小岘城中数百人出城外，便果断出击，挫敌精锐，并一举攻下小岘城。《梁书·韦睿传》曰：

四年，王师北伐，诏睿都督众军。睿遣长史王超宗、梁郡太守冯道根攻魏小岘城，未能拔。睿巡行围栅，魏城中忽出数百人陈于门外，睿欲击之，诸将皆曰：“向本轻来，未有战备，徐还授甲，乃可进耳。”睿曰：“不然。魏城中二千余人，闭门坚守，足以自保，无故出人于外，必其骁勇者也，若能挫之，其城自拔。”众犹迟疑，睿指其节曰：“朝廷授此，非以为饰，韦睿之法，不可犯也。”乃进兵。士皆殊死战，魏军果败走，因急攻之，中宿而城

① 姚思廉：《梁书》，中华书局 1973 年版，第 221 页。

② 参阅张灿辉《六朝区域史研究》之“雍州进程研究”，岳麓书社 2008 年版，第 39 页。

③ 姚思廉：《梁书》，第 221 页。

拔。遂进讨合肥。[1]

韦睿所都督的诸军至合肥城外后，与右军司马胡略合兵一处。合肥城久攻不下，韦睿实施筑堰蓄水，以水淹之。《梁书·韦睿传》曰：

> 先是，右军司马胡略等至合肥，久未能下，睿按行山川，曰："吾闻汾水可以灌平阳，绛水可以灌安邑，即此是也。"乃堰肥水，亲自表率，顷之，堰成水通，舟舰继至。魏初分筑东西小城夹合肥，睿先攻二城。既而魏援将扬灵胤帅军五万奄至，众惧不敌，请表益兵。睿笑曰："贼已至城下，方复求军，临难铸兵，岂及马腹？且吾求济师，彼亦征众，犹如吴益巴丘，蜀增白帝耳。师克在和不在众，古之义也。"因与战，破之，军人少安。[2]

史书详尽地记载了韦睿指挥梁军筑堰蓄水后，与北魏诸军进行殊死争夺的情况。在敌我兵力悬殊较大的情况下，韦睿从容不迫，将伞扇麾幢，树于堤下，以示绝不退兵，以安定军心。经过激烈的争夺之后，韦睿所指挥的梁军大获全胜。《梁书·韦睿传》曰：

> 初，肥水堰立，使军主王怀静筑城于岸守之，魏攻陷怀静城，千余人皆没。魏人乘胜至睿堤下，其势甚盛，军监潘灵佑劝睿退还巢湖，诸将又请走保三叉。睿怒曰："宁有此邪！将军死绥，有前无却。"因令取伞扇麾幢，树之堤下，示无动志。睿素羸，每战未尝骑马，以板舆自载，督厉众军。魏兵来凿堤，睿亲与争之，魏军少却，因筑垒于堤以自固。睿起斗舰，高与合肥城等，四面临之。魏人计穷，相与悲哭。睿攻具既成，堰水又满，魏救兵无所用。魏守将杜元伦登城督战，中弩死，城遂溃。俘获万余级，牛马万数，绢满十间屋，悉充军赏。睿每昼接客旅，夜算军书，三更起张灯达曙，抚循其众，常如不及，故投募之士争归之。所至顿舍修立，馆

① 姚思廉：《梁书》，中华书局1973年版，第221—222页。

② 同上书，第222页。

宇籓篱墙壁，皆应准绳。[1]

由于韦睿足智多谋，胆识过人，所率之军，进可攻城，退可坚守，连北魏军队也惧其威名。合肥大捷后，驻军东陵。即将会战时，梁武帝下诏班师回朝。诸将因东陵距离北魏甓城很近，害怕北魏军队追击。韦睿便命令辎重大军先行撤退，而自己乘小车与少数军队殿后。北魏大军害怕韦睿的威名，竟不敢追击。《梁书·韦睿传》曰：

合肥既平，高祖诏众军进次东陵。东陵去魏甓城二十里，将会战，有诏班师。去贼既近，惧为所蹑，睿悉遣辎重居前，身乘小舆殿后，魏人服睿威名，望之不敢逼，全军而还。[2]

天监五年（506），北魏中山王元英率百万之众，南下攻梁，钟离城（今安徽蚌埠东）被围。梁武帝萧衍遣征北将军曹景宗率20万大军北面拒敌，同时，又诏韦睿率豫州军增援曹景宗。韦睿所率大军兼道倍行，旬日至邵阳。韦睿在曹景宗营前20里，夜掘长堑，树鹿角，截洲为城，令北魏大军大惊。《梁书·韦睿传》曰：

五年，魏中山王元英寇北徐州，围刺史昌义之于钟离，众号百万，连城四十余。高祖遣征北将军曹景宗，都督众军二十万以拒之。次邵阳洲，筑垒相守，高祖诏睿率豫州之众会焉。睿自合肥径道由阴陵大泽行，值涧谷，辄飞桥以济。师人畏魏军盛，多劝睿缓行。睿曰："钟离今凿穴而处，负户而汲，车驰卒奔，犹恐其后，而况缓乎！魏人已堕吾腹中，卿曹勿忧也。"旬日而至邵阳。初，高祖敕景宗曰："韦睿，卿之乡望，宜善敬之。"景宗见睿，礼甚谨。高祖闻之，曰："二将和，师必济矣。"睿于景宗营前二十里，夜掘长堑，树鹿角，截洲为城，比晓而营立。元英大惊，以杖击地曰："是何神也！"[3]

---

① 姚思廉：《梁书》，中华书局1973年版，第222—223页。

② 同上书，第223页。

③ 同上。

史书记载韦睿在战斗中，从容不迫，指挥若定。《梁书·韦睿传》曰：

> 睿乘素木舆，执白角如意麾军，一日数合，英甚惮其强。魏军又夜来攻城，飞矢雨集，睿子黯请下城以避箭，睿不许。军中惊，睿于城上厉声呵之，乃定。①

北魏军先于洲两岸架起两座桥梁，并树立栅栏，以扼淮河通道。韦睿命人建造船舰，组建水军。趁淮河水暴涨，命斗舰竞发，火烧其桥，大破魏军。魏将元英只身遁去，魏军死伤十余万，被俘数十万，缴获军械器具不计其数。梁武帝派中书郎周舍劳军淮上，并以军功赠封韦睿七百户，进爵为侯，授通直散骑常侍、右卫将军。《梁书·韦睿传》曰：

> 魏人先于邵阳洲两岸为两桥，树栅数百步，跨淮通道。睿装大舰，使梁郡太守冯道根、庐江太守裴邃、秦郡太守李文钊等为水军。值淮水暴长，睿即遣之，斗舰竞发，皆临敌垒。以小船载草，灌之以膏，从而焚其桥。风怒火盛，烟尘晦冥，敢死之士，拔栅斫桥，水又漂疾，倏忽之间，桥栅尽坏。而道根等皆身自搏战，军人奋勇，呼声动天地，无不一当百，魏人大溃。元英见桥绝，脱身遁去。魏军趋水死者十余万，斩首亦如之。其余释甲稽颡，乞为囚奴，犹数十万。所获军实牛马，不可胜纪。睿遣报昌义之，义之且悲且喜，不暇答语，但叫曰："更生！更生！"高祖遣中书郎周舍劳于淮上，睿积所获于军门，舍观之，谓睿曰："君此获复与熊耳山等。"以功增封七百户，进爵为侯，征通直散骑常侍、右卫将军。②

韦睿的威名远播北魏，据史书记载，天监七年（508），司州刺史马仙琕北伐还军时，被北魏军队追踪，三关扰动，形势紧急。梁武帝诏韦睿都督众军援救。北魏元英欲复邵阳之耻，但听到韦睿军至，只好退

① 姚思廉：《梁书》，中华书局1973年版，第223页。
② 同上书，第223—224页。

去。《梁书·韦睿传》曰：

> 七年，迁左卫将军，俄为安西长史、南郡太守，秩中二千石。会司州刺史马仙琕北伐还军，为魏人所蹑，三关扰动，诏睿督众军援焉。睿至安陆，增筑城二丈余，更开大堑，起高楼，众颇讥其示弱。睿曰："不然，为将当有怯时，不可专勇。"是时元英复追仙琕，将复邵阳之耻，闻睿至，乃退。①

其后，雍州集团的代表家族韦睿历任信武将军、江州刺史、员外散骑常侍、右卫将军，累迁左卫将军、太子詹事、通直散骑常侍、平北将军、宁蛮校尉、雍州刺史等职。天监十七年（518），韦睿以散骑常侍、护军将军入朝。梁武帝普通元年（520），朝廷又授韦睿为侍中、车骑将军，韦睿以年老有病，未接受职务。韦睿死后，梁武帝为之恸哭，并追赠其为侍中、车骑将军、开府仪同三司。《梁书·韦睿传》曰：

> 明年，迁信武将军、江州刺史。九年，征员外散骑常侍、右卫将军，累迁左卫将军、太子詹事，寻加通直散骑常侍。十三年，迁智武将军、丹阳尹，以公事免。顷之，起为中护军。十四年，出为平北将军、宁蛮校尉、雍州刺史。……十五年，拜表致仕，优诏不许。十七年，征散骑常侍、护军将军，寻给鼓吹一部，入直殿省。居朝廷，恂恂未尝忤视，高祖甚礼敬之。普通元年夏，迁侍中、车骑将军，以疾未拜。八月，卒于家，时年七十九。遗令薄葬，敛以时服。高祖即日临哭甚恸。赐钱十万，布二百匹，东园秘器，朝服一具，衣一袭，丧事取给于官，遣中书舍人监护。赠侍中、车骑将军、开府仪同三司。谥曰严。②

如前所述，南渡的京兆韦氏家族代表人物韦睿，在齐梁政权交替之际，成为梁武帝萧衍倚重的政治军事力量之一，因此韦睿及其子嗣获得较高的政治位势。

---

① 姚思廉：《梁书》，中华书局1973年版，第224页。

② 同上书，第224—225页。

3. 韦放：齐梁将军、刺史

韦睿长子韦放，字符直，《梁书》有传。齐末，韦放以雍州世家子弟，被时任雍州刺史的萧衍召为主簿。随梁武帝起兵，梁朝建立后，任盱眙太守。其后，任通直郎、轻车晋安王中兵参军、镇右始兴王咨议参军等职。梁武帝普通元年（520），其父韦睿病逝后，袭封永昌县侯，出任轻车南平王的长史、襄阳太守、转假节、明威将军、竟陵太守。据说韦放治郡，公正咸和，深受郡民的爱戴。《梁书·韦放传》曰：

> 韦放，字符直，车骑将军睿之子。初为齐晋安王宁朔迎主簿，高祖临雍州，又召为主簿。……天监元年，为盱眙太守，还除通直郎，寻为轻车晋安王中兵参军，迁镇右始兴王咨议参军，以父忧去职。服阕，袭封永昌县侯，出为轻车南平王长史、襄阳太守。转假节、明威将军、竟陵太守。在郡和理，为吏民所称。①

梁武帝天监六年（507），作为武力强宗的韦放以任贞威将军参加北伐。天监七年（508），韦放受命率军赴寿春增援夏侯亶。梁魏休战后，升任云麾南康王长史、寻阳太守。《梁书·韦放传》曰：

> 六年，大举北伐，以放为贞威将军，与胡龙牙会曹仲宗进军。七年，夏侯亶攻黎浆不克，高祖复使帅军自北道会寿春城。寻迁云麾南康王长史、寻阳太守。放累为籓佐，并著声绩。②

尤其是普通八年（527），梁武帝发兵攻北魏涡阳城（今安徽蒙城），以韦放为明威将军，参加战斗。至涡阳城郊，韦放尚来不及扎营，随身将士仅二百余人，北魏大将费穆大军突然扑来，韦放与从弟韦洵奋力杀敌。尤其是韦放从弟韦洵骁勇无比，单骑迎敌，竟屡次挫败北魏大军。战斗极为惨烈，韦洵战马受创不能奔突，韦放的甲胄上被流矢所贯数处。众将皆劝韦放突围，韦放大声呵叱："今日唯有死耳。"经过殊死战斗，韦放最终击溃魏军。韦放乘胜追至涡阳城下，又击败了北

① 姚思廉：《梁书》，中华书局1973年版，第423页。
② 同上。

魏的援军，攻破了涡阳城。韦放因军功迁升为太子右卫率，转通直散骑常侍。不久，出任持节，督梁、南秦二州诸军事，信武将军，梁、南秦二州刺史。《梁书·韦放传》曰：

> 普通八年，高祖遣兼领军曹仲宗等攻涡阳，又以放为明威将军，帅师会之。魏大将费穆帅众奄至，放军营未立，麾下止有二百余人。从弟洵骁果有勇力，一军所仗，放令洵单骑击刺，屡折魏军，洵马亦被伤不能进，放胄又三贯流矢。众皆失色，请放突去。放厉声叱之曰："今日唯有死耳。"乃免胄下马，据胡床处分。于是士皆殊死战，莫不一当百。魏军遂退，放逐北至涡阳。魏又遣常山王元昭、大将军李奖、乞佛宝、费穆等众五万来援，放率所督将陈度、赵伯超等夹击，大破之。涡阳城主王纬以城降。放乃登城，简出降口四千二百人，器仗充牣；又遣降人三十，分报李奖、费穆等。魏人弃诸营垒，一时奔溃，众军乘之，斩获略尽。擒穆弟超，并王纬送于京师。还为太子右卫率，转通直散骑常侍。出为持节、督梁、南秦二州诸军事、信武将军、梁、南秦二州刺史。[①]

中大通二年（530），韦放又调任督北徐州诸军事、北徐州刺史，增封四百户，持节、将军如故。

可见，继其父韦睿之后，韦放成为家族的代表人物，取得了较高的政治位势。韦睿、韦放父子以军功封侯，为后世子嗣博得了荫官封子机缘。如韦睿次子韦正，"起家南康王行参军，稍迁中书侍郎，出为襄阳太守。……历官至给事黄门侍郎。"[②] 韦睿之子韦棱，"起家安成王府行参军"；[③] 韦睿之子韦黯"起家太子舍人"；[④] 韦睿之孙、韦放之子韦粲起家为大府行参军，韦睿之孙、韦正之子韦载，"起家梁邵陵王法曹参军"；[⑤] 韦载弟弟韦鼎，"起家湘东王法曹参军"；[⑥] 但梁代皇帝有意无

---

① 姚思廉：《梁书》，中华书局1973年版，第423—424页。
② 同上书，第225页。
③ 同上书，第225—226页。
④ 同上书，第226页。
⑤ 同上书，第249页。
⑥ 魏征：《隋书》，中华书局1973年版，第1771页。

意限制雍州势力的发展，作为雍州集团的重要组成力量，韦氏家族入朝只能担任散职，或任郡守州刺史，与迭为尚书令的高门甲族不可同日而语。他们只能效力疆场，与北魏进行寸土之争。尤其在侯景乱梁之际，韦氏家族的子弟大多战亡。如韦睿少子韦黯以都督城西面诸军事而战亡。《梁书·韦睿传附韦黯》曰：

> 黯字务直，……侯景济江，黯屯六门，寻改为都督城西面诸军事。时景于城外起东西二土山，城内亦作以应之，太宗亲自负土，哀太子以下躬执畚锸。黯守西土山，昼夜苦战，以功授轻车将军，加持节。卒于城内，赠散骑常侍、左卫将军。①

4. 韦粲：军功卓著，死难侯景之乱

韦放之子韦粲，字长蒨。史载"有父风，好学仗气"，起家为云麾晋安王行参军。其父韦放死后，韦粲袭爵永昌县侯。其后官任安西湘东王咨议、太子仆、左卫率、东宫领直等职。据史载，韦粲因承父祖旧恩，升迁较快。他不知谦逊，擅立威名，不为时辈所服。

梁武帝中太清二年（546），韦粲由衡州刺史征拜散骑常侍，返京师途中，听闻侯景作乱，便在随行军士中，选拔了5000精兵，火速北上救援。韦粲军至豫章（湖北省武昌市一带），得知侯景叛军已经出横江。《梁书·韦粲传》曰：

> 二年，征为散骑常侍。粲还至庐陵，闻侯景作逆，便简阅部下，得精卒五千，马百匹，倍道赴援。至豫章，奉命报云"贼已出横江"，粲即就内史刘孝仪共谋之。孝仪曰："必期如此，当有别敕。岂可轻信单使，妄相惊动，或恐不然。"时孝仪置酒，粲怒，以杯抵地曰："贼已渡江，便逼宫阙，水陆俱断，何暇有报；假令无敕，岂得自安？韦粲今日何情饮酒！"②

韦粲率5000精兵至江州（今江西九江），与江州刺史当阳公萧

---

① 姚思廉：《梁书》，中华书局1973年版，第226页。

② 同上书，第606页。

大心商议。韦粲认为江州以东，不宜空虚，应速派兵前往增援。萧大心赞成韦粲的意见，于是拨2000兵马随韦粲东进。《梁书·韦粲传》曰：

> 即驰马出，部分将发，会江州刺史当阳公大心遣使要粲，粲乃驰往见大心曰："上游蕃镇，江州去京最近，殿下情计，实宜在前；但中流任重，当须应接，不可阙镇。今直且张声势，移镇湓城，遣偏将赐随，于事便足。"大心然之，遣中兵柳昕帅兵二千人随粲。粲悉留家累于江州，以轻舸就路。①

此时，侯景已经渡过横江，各路救援大军纷纷而至，其中有司州刺史柳仲礼的万余军士，西豫州刺史裴之高所率的江西地方军。《梁书·韦粲传》曰：

> 至南州，粲外弟司州刺史柳仲礼亦帅步骑万余人至横江，粲即送粮仗赡给之，并散私金帛以赏其战士。先是，安北将军鄱阳王范亦自合肥遣西豫州刺史裴之高与其长子嗣，帅江西之众赴京师，屯于张公洲，待上流诸军至。是时，之高遣船渡仲礼，与合军进屯王游苑。②

韦粲推举司州刺史柳仲礼为大都督，节制诸路大军。西豫州刺史裴之高因年位耻居下位，累日不决。韦粲不仅在诸军中抗言，晓以大义，而且单舸前往裴之高的军营，说服裴之高。最终在韦粲的劝说下，裴之高同意决议。救援大军在柳仲礼的都督下，向京师进发。救援大军至京师附近的新亭一带，与侯景军相持。韦粲奉命屯兵青塘。青塘位处京师中路，侯景派精锐进攻青塘，韦粲命郑逸、刘叔胤迎战，皆战败。侯景遂乘胜杀入韦粲营中。韦粲与子弟等与侯景军奋死搏斗，最终因寡不敌众而战死。

侯景之乱中，遇害的还有韦粲的三个弟弟以及儿子，亲戚数百人。

---

① 姚思廉：《梁书》，中华书局1973年版，第606页。

② 同上。

《梁书·韦粲传》曰："粲子尼及三弟助、警、构、从弟昂皆战死，亲戚死者数百人。"[①]《梁书·韦粲传》曰："粲长子臧，字君理。历官尚书三公郎、太子洗马、东宫领直。侯景至，帅兵屯西华门。城陷，奔江州，收旧部曲，据豫章，为其部下所害。"[②]

5. 韦载：平侯景之功受封之梁陈名臣

在侯景之乱中，幸免于难的韦氏子嗣，韦睿之孙、韦正之子韦载，《陈书》有传。韦载因父祖军功，"起家梁邵陵王法曹参军，迁太子舍人、尚书三公郎"[③]。

韦载在侯景之乱时，任建威将军、寻阳太守，随都督王僧辩东讨侯景。王僧辩大军至湓城，鲁悉达、樊俊等人拥兵保境，以观望成败。梁元帝萧绎任韦载假节，都督太原、高唐、新蔡三郡诸军事，高唐太守。韦载晓谕悉达众人，与王僧辩一起出军击侯景叛军。韦载因平侯景军功，被授冠军将军、琅邪太守。韦载在义兴太守任上，曾积极响应杜龛起兵，抗命权臣陈霸先。《梁书·敬帝纪》曰："震州刺史杜龛举兵，攻信武将军陈蒨于长城，义兴太守韦载据郡以应之。"[④] 陈霸先派兵讨杜龛与韦载，杜龛被陈霸先所败，韦载亦降。

就在陈霸先出兵讨韦载时，秦州刺史徐嗣徽叛梁入北齐，邀南豫州刺史任约举兵响应杜龛，北齐军队趁机南下。徐嗣徽、任约乘京师无备，占据石头城。韦载降陈霸先后，为其出谋划策，外拒北齐、内平徐嗣徽、任约。永定元年（557），陈霸先代梁，建立南朝最后一个王朝陈。韦载历任和戎将军、通直散骑常侍、轻车将军、散骑常侍、太子右卫率，将军如故。不久，韦载"以疾去官"，隐居江乘县白山一带。从此，韦载淡出陈朝的政治舞台。南朝时代的京兆韦氏在梁代侯景之乱中元气大伤，损失惨重。即使幸免于难者，也因抗命陈霸先而受到排挤，只能终老山林。最后，随着隋文帝一统天下，被容纳于隋帝国的政治序列之中，如韦载之弟韦鼎，在陈朝灭亡后，成为隋文帝的座上宾。韦鼎曾奉命与同宗韦世康还杜陵，乐饮数十日，著有《韦氏谱》七卷，并出任隋朝的光州刺史。

---

① 姚思廉：《梁书》，中华书局 1973 年版，第 608 页。

② 同上书，第 608 页。

③ 同上书，第 249 页。

④ 同上书，第 144 页。

综上所述，京兆韦氏家族在汉魏六朝的几百年间，政治位势几经沉浮，家族历史充满了艰辛与机遇，尤其在北朝的西魏、北周时代，因机缘成为关陇集团的成员，深刻影响着隋唐的政治格局。

四 京兆韦氏的文化习性

真正活跃在汉魏六朝时代的历史舞台上、引领社会潮流、推动历史进程的阶级或阶层是世家大族。处在上流社会的世家大族凭借着优越的文化习性，从而获取了更多有形（如政治、经济地位）或无形（如社会声望、名誉等）的社会文化资源，培养了不计其数的政治人物及文化精英，实现了家族（即提高家族声望、积累家族文化资本）与国家（包括实现政治理想、引领社会潮流、推动历史进程等）的双赢。总之，一个世家大族的文化习性与其政治位势密不可分。作为关辅世族的京兆韦氏家族，在汉魏六朝近8个世纪的历史长河中，其文化习性到底是如何变迁的？这值得我们研究。

（一）“诗书相传”：两汉魏晋韦氏家族的文化习性

正如韦氏家族先祖韦孟在《讽谏诗》中所云“我祖斯微，迁于彭城，在予小子，勤诶厥生，厄此嫚秦，耒耜以耕”[①]，古老的韦氏家族经历春秋战国时代的政治大洗牌，沦落为下层的草莽。西汉前期，韦氏家族的韦孟以彭城贤士出任楚元王的太傅。韦氏家族终于浮出历史的地表，活跃在西汉的藩国——楚国的政治舞台。其后，韦孟辞官，北徙至山东邹城。韦孟家族子嗣五代，世居邹城。在孟子故乡——邹城这个学术氛围浓厚的地方，韦氏家族受到浓厚的礼乐诗书文化的熏陶，连年事已高的韦孟也对礼乐诗书十分向往。其《谏诗》曰：“济济邹鲁，礼义唯恭，诵习弦歌，于异他邦。我虽鄙耇，心其好而，我徒侃尔，乐亦在而。”[②] 就在邹鲁学术氛围的熏染下，韦氏也逐渐成为代代以诗书相传的儒学之家。

可以说，西汉前期，“诗书相传”成为韦氏家族重要的文化习性。

---

① 班固：《汉书》，中华书局1962年版，第3101页。

② 同上书，第3106页。

就在韦孟子嗣五世居邹，深受礼乐诗书文化熏陶的时候，西汉王朝的治国理念也经历了从“刑老学说”向“独尊儒术”的转变。可以说，韦氏家族以儒学礼乐诗书文化完全预流了西汉帝国的政治学术潮流。韦孟的四世孙韦贤终于以“邹鲁大儒”身份走进西汉的政治文化中心——长安，最终贵为丞相。具体说来，两汉魏晋时代的京兆韦氏家族的文化习性有以下几个方面.

第一，重诗书，以教授为业。韦氏先祖韦孟身为楚元王太傅，辞官徙邹城，门生弟子相随。有《在邹诗》“既去祢祖，惟怀惟顾，祁祁我徒，戴负盈路。爰戾于邹，剪茅作堂，我徒我环，筑室于墙”为证。韦孟四世孙韦贤居邹城，笃志于学，精通《礼》《尚书》《诗经》等儒家经典，以教授《诗经》为业。《汉书·韦贤传》曰：“贤为人质朴少欲，笃志于学，兼能《礼》、《尚书》，以《诗》教授，号称邹鲁大儒。”[①] 其后，韦贤以博士征入长安，进宫教授昭帝《诗经》。其子韦玄成，史称“少好学，修父业，尤谦逊下士”[②]“及元帝即位，以玄成为少府，迁太子太傅”[③]，最终以“明经历位至丞相”[④]，邹鲁一带流传着这样的谚语：“遗子黄金满籯，不如一经。”韦贤之孙、韦弘之子韦赏，以太傅身份教授哀帝《诗经》，且位列三公。东汉时代，韦赏之孙韦彪，博学洽闻，“雅称儒宗”，以教授为业，著有《韦卿子》。[⑤]《后汉书·伏侯宋蔡冯赵牟韦列传》曰：“彪……好学洽闻，雅称儒宗。建武末，举孝廉，除郎中，以病免，复归教授。安贫乐道，恬于进趣，三辅诸儒莫不慕仰之。”[⑥]“彪……著书十二篇，号曰韦卿子。”[⑦] 东汉后期，京兆韦氏子嗣韦义，史称其甘陵、陈二县令任上，能数次上书汉顺帝，希望依据经典，“考功黜陟，征集名儒，大定其制”[⑧]。韦义兄韦豹之子韦著，亦以经行知名。东汉末年，京兆韦氏韦端与名士孔融交好。孔融曾在给韦端的书信中，盛称其子韦康、韦诞。《三国志·荀彧传》裴注

---

① 班固：《汉书》，中华书局 1962 年版，第 3107 页。

② 同上书，第 3108 页。

③ 同上书，第 3113 页。

④ 同上书，第 3107 页。

⑤ 《韦卿子》不见于《隋书·经籍志》，似在南北朝时代已佚。

⑥ 范晔：《后汉书》，中华书局 1965 年版，第 917 页。

⑦ 同上。

⑧ 同上书，第 921 页。

引《三辅决录》曰："孔融与康父端书曰：'前日元将来，渊才亮茂，雅度弘毅，伟世之器也。昨日仲将又来，懿性贞实，文敏笃诚，保家之主也。不意双珠，近出老蚌，甚珍贵之。'"① 这足以看出京兆韦氏的社会声望。东晋十六国时代，京兆韦氏子嗣出现了一位见诸《晋书·儒林传》的人物——韦谀。《晋书·儒林传·韦谀传》曰："韦谀，字宪道，京兆人也。雅好儒学，善著述，于群言秘要之义，无不综览。……再为太子太傅……著《伏林》三千余言，遂演为《典林》二十三篇。凡所述作及集记世事数十万言，皆深博有才义。"②

第二，慕节义，恬于进趣。韦氏先祖韦孟因楚王戊失德，辞去太傅之官，徙居邹城。学徒受其节义感召，追随而去。据说，徙邹之际，西汉中央政府曾悬车征召，韦孟恬然谢辞。韦孟四世孙韦贤在汉宣帝时官至丞相，曾上书请求致仕。不仅强化了家族"慕节义，恬于进趣"的文化习性，而且开创了我国政治史上丞相致仕的先河。其少子韦玄成，亦能慕节义。东汉时代，京兆韦氏韦彪以"孝行纯至"和"雅称儒宗"声闻汉明帝，其后，韦彪任司徒，陪伴汉章帝东巡。还京后，以病乞退。章帝允许其辞官。韦彪族子韦豹亦轻仕宦，重节义。史载司徒刘恺因惋惜韦豹爵位不进，曾欲举荐为御史，韦豹义辞其荐。《东观汉记》卷十三曰：

> 韦豹，字季明。数年辟公府，辄以事去。司徒刘恺辟之，谓曰："卿轻人，好去就，故爵位不逾。今岁垂尽，当辟御史，意在相荐，子其留乎?"豹曰："犬马齿衰，岂堪久待，荐之私，非所敢当。"遂跣而起。恺追之，遥去不顾。③

因兄顺丧去官，韦义数次不应公府的征辟。韦豹之子韦著也屡不应州郡之征，甚至不就大将军梁冀的征辟。史称汉桓帝曾隆礼征召其入京都，他行至霸陵，遂称病而归。以公车征之，韦著行至霸陵，称病归。我们应该看到，东汉时代，京兆韦氏子嗣之所以"轻仕宦，恬于进趣"，既与家族的文化习性有关，又与东汉王朝维护南阳豪族利益的政

① 陈寿：《三国志》，中华书局 1959 年版，第 313 页。

② 房玄龄：《晋书》，中华书局 1974 年版，第 2361 页。

③ 刘珍等著，吴树平校注：《东观汉记校注》，中华书局 2008 年版，第 508 页。

策有关。

第三，居官守正持重，忠心事主。韦氏家族的先祖韦孟以贤士征为楚元王太傅，尽职尽责，辅佐楚元王。韦孟见楚王戊荒嫚淫嬉，曾作诗讽喻之。讽谏诗中追述了楚元王、楚夷王的政声，并指出楚王戊荒嫚淫嬉的行为，诗中充满强烈的忧患意识，希望楚王戊能引以为戒。韦贤为相期间，为人“守正持重”。因此，能与大将军霍光和谐相处，妥善处理武帝朝以来内朝与外朝的矛盾关系。其子韦玄成为相，虽“荣当世焉”，但他能“复玷缺之艰难”，并作诗以诫子孙。尤其在关于罢郡国宗庙的问题上，韦玄成引经据典，维护皇权，做到忠心事主。东汉时代，京兆韦氏家族的韦彪在大鸿胪任上，能忠心事君，以国事为忧，上书言事，多匡谬正俗之论，深得皇帝嘉纳。韦彪针对郡国举荐的人才名不副实，引发守职懈怠、吏治松弛问题，他一针见血地指出东汉王朝用人政策以“阀阅取士”的弊病，提出“士宜以才行为先，不可纯以阀阅”的主张。可以说，韦彪触及东汉王朝用人政策最深层的问题，即光武帝依靠南阳豪族的支持而建立了东汉政权，整个王朝明显维护着南阳豪族集团的经济和政治利益，国家的权力也集中在南阳豪族集团的代表人物手里，这就是“阀阅取人”。韦彪提出“士宜以才行为先，不可纯以阀阅”，看似匡正国家选官制度的弊端，实质上体现了其他世族阶层在政治上要求进一步获得权益的心声。[①] 韦彪的建议引起汉章帝的高度认可。韦彪病笃时，章帝曾派使者至府宣谕，高度评价：“彪以将相之裔，勤身饬行，出自州里，在位历载。中被笃疾，连上求退。君年在耆艾，不可复以加增，恐职事烦碎，重有损焉。其上大鸿胪印绶。其遣太子舍人诣中臧府，受赐钱二十万。”[②] 西晋末年至十六国时代，京兆韦氏韦谀，仕前赵、后赵、冉闵等少数民族政权，史称“其前后四登九列，六在尚书，二为侍中，再为太子太傅，封京兆公。好直谏，陈军国之宜，多见允纳”[③]。他虽仕少数民族政权，却忠心事君，“好直谏”。永嘉之乱，神州陆沉。汉魏旧族京兆韦氏不仅“宗族分派，南北孤绝”，其家族文化习性亦发生了重大变化。具体说来，无论是滞留北方还是南徙襄阳的韦氏，其家族文化习性都由汉魏时代的“诗书相传”

① 参阅吕卓民《长安韦杜家族》，西安出版社2005年版，第10页。

② 范晔：《后汉书》，中华书局1965年版，第919—920页。

③ 房玄龄：《晋书》，中华书局1974年版，第2361页。

的儒学世家转变为“兼涉文史”的军功世族。

（二）军功显赫：南北朝韦氏的文化习性

永嘉之乱后的北朝时代，滞留北方的汉魏旧族往往通过武装结社，筑坞自保。京兆韦氏子弟为了生存，主动适应这一社会变化，逐渐改变了家族“诗书传家”的文化习性，习文尚武，涌现出无数军功卓著的人物。尤其在西魏宇文泰的关陇本位主义政策促动下，京兆韦氏家族一跃为关陇集团中的重要家族，对西魏、北周甚至隋唐政治文化的影响深远。而南迁至襄阳的韦氏子嗣一度沦为次等士族，政治地位虽无法与王、谢等高门甲族相比，但军事作用十分重要，也成为雍州集团的核心之一。因此，南朝时代，寓居襄阳的韦氏家族也变前代的经学士族为武功世族。只不过，襄阳韦氏家族在梁朝后期至齐代的战争中损失惨重，几乎伤元殆尽。北魏时代，滞留北方的京兆韦氏子弟兼习文武，从军职较低的参军司马等一步步擢升为将军，虽以军功封爵，但只能外任太守、刺史，守境保民。西魏至北周时代，京兆韦氏子弟已成为关陇军事集团，多以军功封侯，出将入相，享有优越的政治、经济地位。他们既领府兵，又以望族而兼领乡兵。知名的如韦孝宽、韦瑱、韦佑等。南迁襄阳的韦氏子弟，历宋齐梁陈四朝，绵延不绝。其中最为知名的有韦睿及其子嗣。齐末，韦睿及其儿子拥护萧衍，成为梁朝倚重的军事人物。南北朝时代，京兆韦氏家族成为政治地位显赫的军功世族，其家族文化习性有以下几个特征。

第一，尚军功。北朝时代的京兆韦氏子弟多尚军功，习骑射之术。《周书·韦瑱传》曰：“瑱幼聪敏，有夙成之量，闾里咸敬异之。笃志好学，兼善骑射。”[①] 据统计，北魏至北周时代，京兆韦氏家族被授爵18人中，以军功获爵位者多达14人。徙至襄阳的京兆韦氏，如韦睿在齐末，遣子交结雍州刺史萧衍。在萧衍起兵后，韦睿率上庸郡兵2000人、马200匹赴萧衍，并守郢州。梁朝建立后，以功封都梁子爵，迁廷尉。后，韦睿率兵击败魏将元英，以军功进爵为侯，赠邑七百户。其子韦放，袭父爵永昌县侯，率梁军攻破魏涡阳城，升迁为太子右卫率、转通直散骑常侍，出为持节，都督梁、南秦二州诸军事，信武将军，并任

① 令狐德棻：《周书》，中华书局1971年版，第693页。

梁、南秦二州刺史。韦放之子韦粲，以父祖旧恩，袭永昌县侯，任太子仆、右卫率，东宫领直，后，战亡于侯景之乱。韦睿之孙、韦正之子韦载，以平侯景功，升为冠军将军，任琅邪太守。入陈后，曾加散骑常侍、太子右卫率、轻车将军。

第二，笃志好学，兼涉文史。北朝时代，京兆韦氏家族不仅是军功世家，也是兼涉文史的文化世族。京兆韦氏子嗣不再留意经学，而兼涉文史。如韦俊，史称其“早有学识”[①]；韦俊之子韦荣绪，《魏书》称其“颇涉文史”[②]；韦珍长子韦缵，史称其“聪敏明辩，为博士李彪所称。除秘书中散，迁侍御中散。高祖每与名德沙门谈论往复，缵掌缀录，无所遗漏，颇见知赏”[③]。韦珍次子韦彧，史称“亦有学识”，任东豫州刺史时，立州太学，选拔诸郡少数民族子弟入学，并开设宗武馆，加以训练。《魏书·韦阆传附韦彧》曰：“彧以蛮俗荒梗，不识礼仪，乃表立太学，选诸郡生徒于州总教。又于城北置宗武馆以习武焉。境内清肃。”[④] 韦珍少子韦朏，史称其“少有志业”，起家居太学博士。《魏书·韦阆传附韦朏》曰：“年十八，辟州主簿。时属岁俭，朏以家粟造粥，以饲饥人，所活甚众。解褐太学博士。”[⑤] 就连军功卓著的韦孝宽，也能涉猎经史。《周书·韦孝宽传》曰：“孝宽在边多载，屡抗强敌。所有经略，布置之初，人莫之解；见其成事，方乃惊服。虽在军中，笃意文史，政事之余，每自披阅。末年患眼，犹令学士读而听之。”[⑥] 尤其韦孝宽的兄长韦夐，“隐居不仕，魏周二代，十征不出，号为逍遥公”[⑦]。《周书·韦夐传》曰：“少爱文史，留情著述，手自抄录数十万言。晚年虚静，唯以体道会真为务。旧所制述，咸削其稿，故文笔多并不存。”[⑧] 韦夐曾著《三角序》，阐发对佛、道、儒三教的理解，认为“三教虽殊，同归于善，其迹似有深浅，其致理殆无等级”，受到周武帝的称赞。

---

① 魏收：《魏书》，中华书局 1974 年版，第 1009 页。

② 同上书，第 1010 页。

③ 同上书，第 1014 页。

④ 同上书，第 1015 页。

⑤ 同上。

⑥ 令狐德棻：《周书》，中华书局 1971 年版，第 544 页。

⑦ 魏征：《隋书》，中华书局 1973 年版，第 1265 页。

⑧ 令狐德棻：《周书》，第 546 页。

可见，京兆韦氏周旋于少数民族所建政权的北朝时代，不仅以军功跻身关陇军事集团之中，深受少数民族政权统治者的倚重；而且以兼涉文史的文化世家立足于北朝，深受处在汉化进程中的少数民族政权统治者的器重。南朝时代，徙至襄阳的韦氏，亦为文化士族。史称“睿兄纂、阐，并早知名。纂、睿皆好学，阐有清操。”[①] 入梁后，韦睿功勋卓著，但绝非一介武夫。史书记载，韦睿率军作战时，“身乘小舆殿后，魏人服睿威名，望之不敢逼”[②]，乃儒将也。韦睿精通经史，史载：“第三子棱，尤明经史，世称其洽闻，睿每坐棱使说书，其所发擿，棱犹弗之逮也。”[③] 韦睿重视对子弟的文化教育，史载“时虽老，暇日犹课诸儿以学”[④]。韦睿第三子韦棱，“以书史为业，博物强记，当世之士，咸就质疑……著《汉书续训》三卷。”[⑤] 韦睿之子韦黯，“少习经史，有文词。”[⑥] 韦睿族弟韦爱“笃志好学，每虚室独坐，游心坟素，而埃尘满席，寂若无人。年十二，尝游京师，值天子出游南苑，邑里喧哗，老幼争观，爱独端坐读书，手不释卷，宗族见者，莫不异焉。及长，博学有文才，尤善《周易》及《春秋左氏》义”[⑦]。韦睿之孙、韦正之子韦载，亦是博学之士，史称：“载少聪惠，笃志好学。年十二，随叔父棱见沛国刘显，显问《汉书》十事，载随问应答，曾无疑滞。及长，博涉文史，沈敏有器局。”[⑧]

第三，宗族观念浓厚。其表现有二：一是重孝行；二是宗族成员能相互瞻顾，加强家族凝聚力。这是汉魏六朝时代京兆韦氏家族的一大特征。在重孝行方面，西汉时代，韦玄成不欲逆父志，让爵避兄，临死时，上书请求皇帝，允许归葬平陵父坟。东汉时代，韦彪“孝行纯至，父母卒，哀毁三年，不出庐寝。服竟，羸瘠骨立异形，医疗数年乃

---

① 姚思廉：《梁书》，中华书局1973年版，第220页。
② 同上书，第223页。
③ 同上书，第225页。
④ 同上。
⑤ 同上书，第225—226页。
⑥ 同上书，第226页。
⑦ 同上。
⑧ 同上书，第249页。

起。"[①] 北魏时期，韦俊孝行闻名，"少孤，事祖母以孝闻"[②]。韦佑"父没，事母兄以孝敬闻"[③]。韦孝宽"早丧父母，事兄嫂甚谨"[④]。韦睿"事继母以孝闻"[⑤]。在瞻顾宗族，加强宗族的凝聚力方面，早在东汉时代，京兆韦氏政治位势式微之际，韦彪能将"禄赐分与宗族，家无余财。"[⑥] 北朝时代，京兆韦氏尤其重视家族的整体凝聚力，以谋求更大的发展。比如韦孝宽，史称："所得俸禄，不入私房。亲族有孤遗者，必加振赡。朝野以此称焉。长子谌年已十岁，魏文帝欲以女妻之。孝宽辞以兄子世康年长。帝嘉之，遂以妻世康。"[⑦] 韦孝宽侄子韦世康，史称："性孝友，初以诸弟位并隆贵，独季弟世约宦途不达，共推父时田宅，尽以与之，世以多义。"[⑧] 南朝韦睿，史称其"性慈爱，抚孤兄子过于己子，历官所得禄赐，皆散之亲故，家无余财"[⑨]。京兆韦氏子弟不仅相互瞻顾，而且惠及他人。史载韦珍任郢州刺史时，"迁显武将军、郢州刺史，在州有声绩，朝庭嘉之。迁龙骧将军，赐骅骝二匹、帛五十匹、谷三百斛。珍乃召集州内孤贫者，谓曰：'天子以我能绥抚卿等，故赐以谷帛，吾何敢独当？'遂以所赐悉分与之。"[⑩] 南朝韦睿亦如此，《梁书·韦睿传》曰："初，睿起兵乡中，客阴俊光泣止睿，睿还为州，俊光道候睿，睿笑谓之曰……饷耕牛十头。睿于故旧，无所遗惜，士大夫年七十以上，多与假板县令，乡里甚怀之。"[⑪]

五　京兆韦氏的文学观念

汉魏六朝时代，京兆韦氏是文质性极强的文化世族，具有良好的家

---

① 范晔：《后汉书》，中华书局 1965 年版，第 917 页。
② 魏收：《魏书》，中华书局 1974 年版，第 1009 页。
③ 令狐德棻：《周书》，中华书局 1971 年版，第 774 页。
④ 同上书，第 544 页。
⑤ 同上书，第 220 页。
⑥ 范晔：《后汉书》，第 917 页。
⑦ 令狐德棻：《周书》，第 544 页。
⑧ 魏征：《隋书》，中华书局 1973 年版，第 1267 页。
⑨ 姚思廉：《梁书》，中华书局 1973 年版，第 220 页。
⑩ 魏收：《魏书》，第 1013—1014 页。
⑪ 姚思廉：《梁书》，第 224 页。

风、家学。[①]

西汉前期，韦氏先祖韦孟以楚王太傅身份教授三代国王，据说韦孟辞官徙邹过程，追随弟子甚多。[②] 尤其在孟子的故乡——邹城，韦氏家族受到良好的礼乐诗书文化的熏陶。韦孟的四世孙韦贤居邹城时，设帐授徒，教授《诗经》，号称“邹鲁大儒”。虽说西汉时代的文学观念尚未从儒学中分化出来，《诗经》在汉代人眼中并非文学作品，但韦氏子嗣毕竟有机会接触到《诗》，与之相亲，并具有相当水准的赋诗言志能力。相传韦孟曾赋诗两首，诗作被收录在《汉书·韦贤传》中。班固曾质疑其作者，“或曰其子孙好事，述先人之志而作是诗也”[③]。无论此诗是韦孟所作还是其子孙所作，都足以说明韦氏家族的文质性。正因为韦氏家族这种极强的文质性，才实现了家族的崛起。据《汉书·韦贤传》记载，韦贤以“邹鲁大儒”征为博士，进入西汉政治文化的中心——长安，其家族也徙至平陵。从此，韦氏家族成为西汉著名的关中世族。

西汉时期，韦氏家族出现了两位赋诗言志的诗人——韦孟和韦玄成。我们先来看韦孟的诗作：第一首为四言诗，共五章。据《汉书·韦贤传》记载，韦孟任楚王戊傅时，见楚王荒淫无道，故作《讽谏诗》。

> 肃肃我祖，国自豕韦，黼衣朱绂，四牡龙旗。彤弓斯征，抚宁遐荒，总齐群邦，以翼大商，迭彼大彭，勋绩惟光。至于有周，历世会同。王赧听谮，实绝我邦。我邦既绝，厥政斯逸，赏罚之行，非由王室。庶尹群后，靡扶靡卫，五服崩离，宗周以坠。我祖斯微，迁于彭城，在予小子，勤诶厥生，厄此嫚秦，耒耜以耕。悠悠嫚秦，上天不宁，乃眷南顾，授汉于京。

---

① 京兆韦氏家族具有中古世族的文化特性，钱穆先生曾在《略论魏晋南北朝学术文化与当时门第之关系》中指出：“当时门第传统共同理想，所期望于门第中人，上自贤父兄，下至佳子弟，不外两大要目：一则希望其能具孝友之内行，一则希望其能有经籍文史学业之修养。此两种希望，并合成为当时共同之家教。其前一项之表现，则成为家风；后一项之表现，则成为家学。”（见《新亚学报》1963 年第 5 卷第 2 期）

② 相传韦孟居邹时作《谏诗》，有“既去祢祖，惟怀惟顾，祁祁我徒，戴负盈路。爰戾于邹，剪茅作堂，我徒我环，筑室于墙”。由此可见，追随韦孟的弟子甚多。

③ 班固：《汉书》，中华书局 1962 年版，第 3106 页。

> 于赫有汉，四方是征，靡适不怀，万国逌平。乃命厥弟，建侯于楚，俾我小臣，惟傅是辅。兢兢元王，恭俭净一，惠此黎民，纳彼辅弼。飨国渐世，垂烈于后，乃及夷王，克奉厥绪。咨命不永，唯王统祀，左右陪臣，此惟皇士。
>
> 如何我王，不思守保，不惟履冰，以继祖考！邦事是废，逸游是娱，犬马繇繇，是放是驱。务彼鸟兽，忽此稼苗，烝民以匮，我王以愉。所弘非德，所亲非俊，唯囿是恢，唯谀是信。睮睮谄夫，咢咢黄发，如何我王，曾不是察！既藐下臣，追欲从逸，嫚彼显祖，轻兹削黜。
>
> 嗟嗟我王，汉之睦亲，曾不夙夜，以休令闻！穆穆天子，临尔下土，明明群司，执宪靡顾。正遐由近，殆其怙兹，嗟嗟我王，曷不此思！
>
> 非思非鉴，嗣其罔则，弥弥其失，岌岌其国。致冰匪霜，致坠靡嫚，瞻惟我王，昔靡不练。兴国救颠，孰违悔过，追思黄发，秦缪以霸。岁月其徂，年其逮耇，于昔君子，庶显于后。我王如何，曾不斯觉！黄发不近，胡不时监！①

韦孟运用《诗经》式四言诗体，追述了韦氏悠久的历史，歌颂了楚元王、楚夷王的治声，对楚王戊荒淫嬉嫚、任用谗佞的行径进行讽喻，希望楚王戊能幡然醒悟，痛改前非。尤其值得注意的是，此诗吸收风骚精神，如追述先祖部分，实乃祖述屈原《离骚》；如讽喻楚王戊的荒淫嬉嫚，颇有《诗经·小雅·小旻》等诗作的意味。

韦孟《讽谏诗》被录入《文选》之“劝励”类，足见其文学价值。刘勰《文心雕龙·明诗篇》曰：“汉初四言，韦孟首唱，匡谏之义，继规周人”②，指出韦孟《讽谏诗》是西汉初年最早的四言诗，诗旨以匡谏为主，继承周代“风人辍采，春秋观志”的传统。

第二首，四言四章，是韦孟辞官徙邹后所作。

> 微微小子，既耇且陋，岂不牵位，秽我王朝。王朝肃清，唯俊

---

① 班固：《汉书》，中华书局1962年版，第3101—3104页。

② 范文澜：《文心雕龙注》，人民文学出版社1958年版，第673页。

之庭，顾瞻余躬，惧秽此征。

我之退征，请于天子，天子我恤，矜我发齿。赫赫天子，明哲且仁，悬车之义，以洎小臣。嗟我小子，岂不怀土？庶我王寤，越迁于鲁。

既去祢祖，惟怀惟顾，祁祁我徒，戴负盈路。爰戾于邹，剪茅作堂，我徒我环，筑室于墙。

我既迁逝，心存我旧，梦我渎上，立于王朝。其梦如何？梦争王室。其争如何？梦王我弼。寤其外邦，叹其喟然，念我祖考，泣涕其涟。微微老夫，咨既迁绝，洋洋仲尼，视我遗烈。济济邹鲁，礼义唯恭，诵习弦歌，于异他邦。我虽鄙耇，心其好而，我徒侃尔，乐亦在而。①

韦孟通过此诗追述了自己辞官徙邹的原因、过程以及居邹的心态。此诗最大的价值在于弥补史籍的不足，因为韦孟辞去楚王戊太傅，意味着他从此淡出历史的地表。这也是班固《汉书·韦贤传》录此诗的真正目的。

我们再来看韦玄成的诗作，据《汉书·韦贤传附韦玄成》记载，韦玄成因与杨恽交好，坐罪免官。不久，又因违背朝仪被弹劾，爵阶被降。韦玄成作《自劾诗》。

赫矣我祖，侯于豕韦，赐命建伯，有殷以绥。厥绩既昭，车服有常，朝宗商邑，四牡翔翔。德之令显，庆流于裔，宗周至汉，群后历世。

肃肃楚傅，辅翼元夷，厥驷有庸，惟慎惟祗。嗣王孔佚，越迁于邹，五世圹僚，至我节侯。

惟我节侯，显德遐闻，左右昭宣，五吕以训。既耇致位，惟懿惟奂，厥赐祁祁，百金洎馆。国彼扶阳，在京之东，惟帝是留，政谋是从。绎绎六辔，是列是理，威仪济济，朝享天子。天子穆穆，是宗是师，四方遐尔，观国之辉。

茅土之继，在我俊兄，惟我俊兄，是让是形。于休厥德，于赫

① 班固：《汉书》，中华书局1962年版，第3105—3106页。

有声，致我小子，越留于京。惟我小子，不肃会同，惰彼车服，黜此附庸。

赫赫显爵，自我坠之；微微附庸，自我招之。谁能忍愧，寄之我颜；谁将遐征，从之夷蛮。于赫三事，匪俊匪作，于蔑小子，终焉其度。谁谓华高，企其齐而；谁谓德难，厉其庶而。嗟我小子，于贰其尤，坠彼令声，申此择辞。四方群后，我监我视，威仪车服，唯肃是履！①

从此诗的结构看，一二章追述殷商时代韦氏远祖的丰功伟绩和六世祖韦孟的高尚美德，第三章颂扬父亲韦贤以功德授爵，为家族获得显赫声誉。第四章叙述兄让父爵于己，而却因己过，即“不肃会同，惰彼车服”，使父爵受黜。诗之终章，羞愧与自责之情溢于言表。

韦玄成的第二首诗，名曰《戒子孙诗》，是他任丞相后所作。《汉书·韦贤传附韦玄成》曰：

永光中，代于定国为丞相。贬黜十年之间，遂继父相位，封侯故国，荣当世焉。玄成复作诗，自着复玷缺之艰难，因以戒示子孙。②

于肃君子，既令厥德，仪服此恭，棣棣其则。咨余小子，既德靡逮，曾是车服，荒嫚以坠。

明明天子，俊德烈烈，不遂我遗，恤我九列。我既兹恤，惟夙惟夜，畏忌是申，供事靡惰。天子我监，登我三事，顾我伤坠，爵复我旧。

我即此登，望我旧阶，先后兹度，涟涟孔怀。司直御事，我熙我盛；群公百僚，我嘉我庆。于异卿士，非同我心，三事惟艰，莫我肯矜。赫赫三事，力虽此毕，非我所度，退其罔日。昔我之坠，畏不此居，今我度兹，戚戚其惧。

嗟我后人，命其靡常，靖享尔位，瞻仰靡荒。慎尔会同，戒尔车服，无惰尔仪，以保尔域。尔无我视，不慎不整；我之此复，惟

① 班固：《汉书》，中华书局1962年版，第3110—3112页。

② 同上书，第3113页。

禄之幸。于戏后人，惟肃惟栗。无忝显祖，以蕃汉室！[①]

韦玄成贵为丞相，同僚多相庆贺，但他异常清醒，没有丝毫的自恃，还能诗陈“己过”，现身说教，戒示子孙，希望他们能“慎尔会同，戒尔车服，无惰尔仪，以保尔域”，以“无忝显祖，以蕃汉室”，希望子孙不要重蹈自己的覆辙，认为自己之所以能再次复出纯属侥幸。当然，此诗的思想境界不够阔大，斤斤于一室一家之兴衰成败。

众所周知，西汉时代最主要的文学样式是辞赋，尤其是汉大赋。就连西汉诗歌也受到楚骚的影响，这可以从汉高祖刘邦《大风歌》、汉武帝刘彻《秋风辞》《天马歌》等、司马相如《琴歌二首》[②] 等中看得出来。而韦孟、韦玄成诗风较少受楚辞风格的影响，受先秦《诗经》四言诗体的沾溉颇多，无怪乎刘勰在《文心雕龙·明诗篇》中标举韦孟《讽谏诗》为汉初“四言诗”的典范。这也许与韦氏受邹鲁诗书文化熏染有关。“重儒学”的京兆韦氏子嗣自然轻辞赋而重诗教，难怪西汉文学中未见京兆韦氏一篇辞赋之作。直到东汉末年至曹魏时代，京兆韦氏中才出现一位知名的辞章家韦诞。《三国志·刘劭传》曰：“散骑常侍陈留苏林、光禄大夫京兆韦诞、乐安太守谯国夏侯惠、陈郡太守任城孙该、郎中令河东杜挚等亦著文赋，颇传于世。”[③] 韦诞著有文集三卷，《隋书·经籍志》曰：“光禄大夫《韦诞集》三卷，录一卷。”[④] 韦诞的辞章幸得《初学记》《北堂书钞》《艺文类聚》《太平御览》类书辑录而保存至今，如《叙志赋》《景福殿赋》《皇后亲蚕颂》等，残句也因《文选》注而幸存。清人严可均辑录出韦诞的辞章，见于《全上古三代秦汉三国六朝文·全三国文》卷三十二。

韦诞生活在风起云涌的建安时代，虽称不上是“握灵蛇之珠”的著名文士，与“三曹”父子、“建安七子”，甚至与蔡琰、祢衡、杨修等不可同日而语。但对京兆韦氏家族来说，韦诞的出现意义非凡，标志着京兆韦氏更新了传统的文学观念，开始涉足辞赋创作。东汉时代，已

---

① 班固：《汉书》，中华书局 1962 年版，第 3113—3114 页。

② 有学者认为司马相如《琴歌二首》属后人附会之作，如范文澜《文心雕龙·明诗篇》注十七。

③ 陈寿：《三国志》，中华书局 1959 年版，第 620—621 页。

④ 魏征：《隋书》，中华书局 1973 年版，第 1059 页。

有崔篆《慰志赋》、班固《幽通赋》、冯衍《显志赋》、张衡《思玄赋》、蔡邕《玄表赋》等成功的先例，可见，韦诞《叙志赋》正是在东汉“明道述志”的风气感染下所作。从“念余年之冉冉，忽一过其如驰。微奇功以佐时，徒旷官其何为？匪逊让之足殉，信神气之稍衰。将诉诚于明后，乞骸骨而告归”知，《叙志赋》是韦诞从光禄大夫逊位前所作。据张彦远《法书要录》卷八张怀瓘《书断》“京兆韦诞子熊，颍川钟繇子会，并善隶书……嘉平五年（诞）卒，年七十五”的记载知，韦诞逊位及卒年为嘉平五年，《叙志赋》即创作于嘉平五年。

韦诞创作《景福殿赋》，也有成功的先例可循，如被刘勰誉为“含飞动之势”的王延寿《鲁灵光殿赋》。萧统《文选·赋·宫殿》录王考《鲁灵光殿赋》。《文选·何平叔景福殿赋》注引《典略》：“魏明帝将东巡，恐夏热，故许昌作殿，名曰景福。既成，命人赋之，平叔遂有此作。”[①] 查《三国志·魏书·明帝纪第三》知，魏明帝于太和六年（232）“九月，幸摩陂，治许昌宫，起景福、承光殿”[②]。由此可知，景福殿建造于太和六年（232）。景福殿竣工后，魏明帝命人作赋，韦诞应是所命作赋者之一。因此，韦诞《景福殿赋》的作年，应是魏明帝太和六年。[③] 韦诞所作的《景福殿赋》不及何晏的《景福殿赋》，故《文选》录何晏赋而舍韦诞赋。

韦诞《皇后亲蚕颂》称“躬耕帝藉”。《三国志·明帝纪》：“太和五年春正月，帝耕于藉田”可知，韦诞所作《皇后亲蚕颂》在太和五年（231）。这位“亲蚕”的皇后为毛皇后，《三国志·后妃传第五》有传。至于太和五年正月这场仪式隆重、规模宏大的亲蚕活动，《三国志·明帝纪》与《三国志·后妃传第五》并未记载，而韦诞《皇后亲蚕颂》却将其记载得清清楚楚。早在东汉时代，“颂”这种文体已经失去了“古者圣帝明王，功成治定，而颂声兴。于是史录其篇，工歌其章，以奏于宗庙，告于鬼神”（挚虞《文章流别论》）的宗教性。韦诞此颂已没有“颂主告神，义必纯美”（《文心雕龙·颂赞第九》）的艺术追求。

---

① 萧统撰，李善注：《文选》，上海古籍出版社1986年版，第522页。

② 陈寿：《三国志》，中华书局1959年版，第99页。

③ 陆侃如《中古文学系年》亦将韦诞《景福殿赋》系于太和六年，人民文学出版社1985年版。

另外，韦诞著有两篇应用文体，一篇是《驳议胡昭》，另一篇是《太仆杜侯诔》残句。《驳议胡昭》系正始五年（244）韦诞任侍中时所作。[①] 所议之对象胡昭，《三国志·管宁传》有传。胡昭既是颍川的著名隐士，也是汉魏时代著名的书法艺术家。正始五年（244），骠骑将军赵俨、尚书黄休、郭彝、散骑常侍荀觊、钟毓、太仆庾嶷、弘农太守何桢等人相继举荐胡昭。据《三国志·管宁传》裴注引《高士传》"朝廷以戎车未息，征命之事，且须后之，昭以故不即征。后觊、休复与庾嶷荐昭，有诏访于本州评议"知，韦诞反对朝廷将胡昭行事交付本州评议的举措，故作《驳议胡昭》，且取得良好的效果，即《三国志·管宁传》裴注引《高士传》曰："侍中韦诞驳曰……乃从诞议也。"[②] 虽然韦诞在政治上并非"匡时之异才"，但他绝非"附下罔上"之辈，而是一副古道热肠，敢直言进谏。

韦诞在其父韦端去世后，曾作《太仆杜侯诔》。可惜全文已佚，其中一句因《北堂书钞》辑录而幸存至今："入作纳言，光耀紫微"。[③] 韦诞亦有诗作，今人逯钦立《先秦汉魏晋南北朝·后汉诗》从《文选·别赋》注中辑录出一句："旨酒盈金觞，清颜发光华。"这句诗并无特异之处，但能折射出巨大的文学信息，就像考古学家偶然捡到一片秦砖汉瓦，便能从中解读出历史信息一般。韦诞这句残诗，属五言。前面我们已经分析过，京兆韦氏家族先祖深受《诗经》四言体式的影响，曾作《讽谏诗》等，而汉魏之际的韦诞却能作五言诗。这一字之差却标志着京兆韦氏家族诗学观念的演进。东汉末年，五言诗缘起于民间，经汉末及建安文士的雅化，成为一种时尚的诗歌文体。正如《文心雕龙·明诗篇》所云："暨建安之初，五言腾涌，文帝陈思、纵辔以骋节；王徐应刘，望路而争驱。并怜风月，狎池苑，述恩荣，叙酣宴，慷慨以任气，磊落以使才；造怀指事，不求纤密之巧；驱辞逐貌，唯取昭晰之能：此其所同也。"[④] 这也许是曹操打破世族政治秩序，充分调动中下层文士所爆发出的巨大的文学能量。京兆韦氏家族在东汉后期的政

---

① 陆侃如：《中古文学系年》，人民文学出版社 1985 年版，第 539 页。

② 陈寿：《三国志》，中华书局 1959 年版，第 363 页。

③ 严可均：《全上古三代秦汉三国六朝文·全三国文》，中华书局 1958 年版，第 1235—1236 页。

④ 范文澜：《文心雕龙注》，人民文学出版社 1958 年版，第 66—67 页。

治位势已经与西汉时代大相径庭，与中下层文士心脉相近。因此，韦诞才会留意五言诗体，并创作五言诗歌。

韦诞不仅是汉魏时代知名的文士，也是著名的书法艺术家。《三国志·刘劭传》裴注引《文章叙录》："初，邯郸淳、卫觊及诞并善书，有名。"①《三国志·管宁传附胡昭》曰："初，昭善史书，与钟繇、邯郸淳、卫觊、韦诞并有名，尺牍之迹，动见模楷焉。"②

韦诞也因善书而进入曹魏中央政权机构，提高了家族的政治位势。《三国志·刘劭传》裴注引卫恒《四体书势序》："太和中，诞为武都太守，以能书留补侍中，魏氏宝器铭题皆诞书云。"③ 姚振宗《隋书·经籍志考证》卷三十九之三："《三辅决录》佚文曰：韦诞字仲将，除武都太守，以书不得之郡；转侍中……"韦诞在《叙志赋》中也称："遭大魏之革命，罔群士于行职。虽固陋之无用，犹收录而序饰。历文武于机衡，拥大珰于帝侧。随伦侪以案牒，乃剖符而封殖。"④

韦诞善隶书。史载曹魏宫殿题署多用隶书，韦诞曾题署魏明帝时的凌霄观榜。《世说新语·巧艺第二十一》：

> 韦仲将能书。魏明帝起殿，欲安榜，使仲将登梯题之。既下，头鬓皓然，因敕儿孙："勿复学书。"刘注引卫恒《四体书势》曰："诞善楷书，魏宫观多诞所题。明帝立凌霄观，误先订榜，乃笼盛诞，辘轳长絚引上，就使题之。去地二十五丈，诞甚危惧。乃戒子孙绝此楷法，著之家令。"⑤

《世说新语·方正第五》同样记载说韦诞悬梯上题陵云阁（《四体书势》云"凌霄观"，宋明帝《文章志》作"陵云阁"，《三国志·高堂隆传》作"陵霄阙"）榜后，"比下，须发尽白，裁余气息。还语子弟云：'宜绝楷法！'"⑥ 据张彦远《法书要录》卷八张怀瓘《书断》记

---

① 陈寿：《三国志》，中华书局1959年版，第621页。

② 同上书，第361—362页。

③ 同上书，第621页。

④ 严可均：《全上古三代秦汉三国六朝文·全三国文》，中华书局1958年版，第1235页。

⑤ 徐震堮：《世说新语校笺》，中华书局1984年版，第385页。

⑥ 同上书，第192页。

载，魏明帝青龙中（236年），洛阳、许昌、邺城三都的宫观竣工后，魏明帝下诏令韦诞为之题署，并赐御用笔墨。韦诞未使用之，并上《奏题署》。张彦远《法书要录》卷八张怀瓘《书断》曰：

初青龙中洛阳、许、邺三都宫观始成，诏令仲将大为题署，以为永制，给御笔墨皆不任用，因曰……

韦诞不仅善隶书，还兼善篆书。据史载，韦诞师承邯郸淳，而邯郸淳师承扶风曹喜。韦诞用篆书多题曹魏宝器铭文，还曾用古篆为南宫题署。《三国志·刘劭传》裴注引卫恒《四体书势》曰：

其序篆书曰："秦时李斯号为工篆，诸山及铜人铭皆斯书也。汉建初中，扶风曹喜少异于斯而亦称善。邯郸淳师焉，略究其妙。韦诞师淳而不及也。太和中，诞为武都太守，以能书留补侍中，魏氏宝器铭题皆诞书云。"①

《水经注卷十六·穀水注》曰：

魏明帝上法太极于洛阳南宫，起太极殿于汉崇德殿之故处，改雉门为阊阖门。昔在汉世，洛阳宫殿门题，多是大篆，言是蔡邕诸子。自董卓焚宫殿，魏太祖平荆州，汉吏部尚书安定梁孟皇善师宜官八分体，求以赎死。太祖善其法，常仰系帐中爱玩之，以为胜宜官，北宫榜题，咸是鹄笔，南宫既建，明帝令侍中京兆韦诞以古篆书之。②

韦诞亦兼学章草，与姜孟颖、梁孔达、田彦和等人皆为"草圣"张芝的弟子。《三国志·刘劭传》裴注引卫恒《四体书势》曰：

其序草书曰：汉兴而有草书，不知作者姓名。至章帝时，齐相

---

① 陈寿：《三国志》，中华书局1959年版，第621页。

② 郦道元著，陈桥驿校证：《水经注校证》，中华书局2007年版，第397页。

杜度号善作篇，后有崔瑗、崔寔亦皆称工。杜氏结字甚安而书体微瘦，崔氏甚得笔势而结字小疏。弘农张伯英者因而而转精其巧。凡家之衣帛，必书而后练之，临池学书，池水尽黑。下笔必为楷则，号“怱怱不暇草”，寸纸不见遗，至今世人尤宝之，韦仲将谓之草圣。伯英弟文舒者，次伯英。又有姜孟颖、梁孔达、田彦和及韦仲将之徒，皆伯英弟子，有名于世，然殊不及文舒也。[①]

据张彦远《法书要录》卷八张怀瓘《书断》“京兆韦诞子熊，颍川钟繇子会，并善隶书”的记载，知韦诞之子韦熊亦善隶书。为什么京兆韦氏家族在东汉末年会出现像韦诞这样的著名书法家呢？

首先，秦汉时代兴起的隶书，以实用性成为一种通往吏途的门径，自然会引起世家大族的重视。许慎《说文解字·序》：“秦烧灭经书，涤除旧典，大发吏卒成役，管狱职务繁，初有隶书，以趣约易。”[②] 班固《汉书·艺文志》曰：“是时始造隶书矣，起于秦时管狱多事，苟趣省易，施之于徒隶也。”[③] 西汉时代，亦承秦制，施行“以书取仕”的制度。班固《汉书·艺文志》：“汉兴，萧何草律，亦着其法，曰：‘太史试学童，能讽书九千字以上，乃得为史。又以六体试之，课最者以为尚书御史、史书令史。吏民上书，字或不正，辄举劾。’”[④] 王国维《汉魏博士考》曰：“汉人就学，首学书法，其业成也，得试为吏，此一级也。”[⑤] 由此可知，书法是经学属小学（训诂等），也是进入仕途的重要条件。尤其是东汉时代的儒学繁盛，大大促进了书法的发展。据《后汉书·蔡邕传》记载，汉灵帝熹平四年（175），著名书法家蔡邕以古文、篆、隶三体书写的《六经》石碑，立于太学门外后，引起极大轰动。《后汉书·蔡邕传》曰：

邕以经籍去圣久远，文字多谬，俗儒穿凿，疑误后学，熹平四

① 陈寿：《三国志》，中华书局 1959 年版，第 261 页。

② 许慎：《说文解字》，中华书局 1963 年版，第 315 页。

③ 班固：《汉书》，中华书局 1962 年版，第 1721 页。

④ 同上书，第 1720—1721 页。

⑤ 王国维：《汉魏博士考》，见《王国维学术论著》，浙江人民出版社 1998 年版，第 90 页。

年，乃与五官中郎将堂溪典、光禄大夫杨赐、谏议大夫马日磾、议郎张驯、韩说、太史令单扬等，奏求正定六经文字。灵帝许之，邕乃自书丹于碑，使工镌刻立于太学门外。于是后儒晚学，咸取正焉。及碑始立，其观视及摹写者，车乘日千余两，填塞街陌。①

世家大族十分重视家族子弟的文化教育，书法必将成为一项最基本的训练。因此，我们可以想见，像京兆韦氏家族这样的世族自然会重视书法艺术。京兆韦氏家族到东汉末年至曹魏时代，出现韦诞这样的书法艺术家是历史的必然。我们从韦诞诫其子孙“绝此楷法，著之家令”和张彦远《法书要录》卷八张怀瓘《书断》“京兆韦诞子熊，颍川钟繇子会，并善隶书”的记载中，可以看出京兆韦氏家族已经十分重视书法艺术了。

其次，东汉后期，书法逐渐由实用性转变为一种艺术。② 汉灵帝十分爱好书法，上行下效，自然形成了一种重书法艺术的社会风尚。《三国志·武帝纪》裴注引卫恒《四体书势序》曰：

上谷王次仲善隶书，始为楷法。至灵帝好书，世多能者。而师宜官为最，甚矜其能，每书，辄削焚其札。梁鹄乃益为版而饮之酒，候其醉而窃其札，鹄卒以攻书至选部尚书。于是公欲为洛阳令，鹄以为北部尉。鹄后依刘表。及荆州平，公募求鹄，鹄惧，自缚诣门，署军假司马，使在秘书，以勒书自效。公尝悬着帐中，及以钉壁玩之，谓胜宜官。鹄字孟黄，安定人。魏宫殿题署，皆鹄书也。③

东汉后期以来，出现了像杜度、崔瑗、崔寔、蔡邕、师宜官、梁鹄、张芝、张文舒、曹操、钟繇、胡昭等著名书法艺术家，这些书法家中不乏韦诞的师友。宋代陈思《书苑菁华》记载：

---

① 范晔：《后汉书》，中华书局 1965 年版，第 1990 页。

② 参见张志和《中国古代的书法艺术》之“东汉后期的书法艺术自觉”，中国社会科学出版社 2001 年版。

③ 陈寿：《三国志》，中华书局 1959 年版，第 31 页。

> 钟繇少时，随刘德升入抱犊山学书三年。还与太祖、邯郸淳、韦诞、孙子荆、关枇杷等议笔法。繇忽见蔡伯喈《笔法》于韦诞座上，自捶胸三日，其胸尽青，因呕血，太祖以五灵丹救之乃活。繇苦求不与，乃诞死，繇阴令人盗掘其墓，遂得之。①

这说法不一定可信，因为韦诞之死，是在钟繇之后。但我们既能看出那个时代书法家们切磋书艺的情形，也能看出他们对前辈书法经验的重视程度。韦诞正是在东汉后期书法艺术自觉的氛围中，潜心研究，成为一代书法大家的。从现存的《奏题署》《墨方》《笔方》三则史料中可以看出韦诞对书法艺术材料（笔、墨、纸等）有精深的研究。《墨方》谈的是墨的配方及制作事项，《笔方》谈的是制作毛笔的方法。《奏题署》是精鉴笔、纸、墨等的经验之谈。

虽然，京兆韦氏家族在东汉末年至曹魏时期出现了像韦诞这样的辞章家、书法艺术家，这促使其家族的文学艺术观念发生新变，但并不意味着京兆韦氏家族从此一变为文学世族。甚至在西晋至十六国时代，依然以儒学为主，如韦谀作为儒林人物，名列《晋书·儒林传》。值得注意的是，由于永嘉之乱后的社会动荡，京兆韦氏家族子弟兼习文武，到北朝时代逐渐演变为显赫的军功世族。即使作为显赫的军功贵族，京兆韦氏依然兼涉文史，这为其在隋唐时代转变为文学世族准备了必要的条件。可以说，京兆韦氏家族由汉魏时代的儒学世族变为唐代的文学世族，这是不可或缺的一个必要环节——北朝时代兼涉文史的军功世族。也就是说，正是因为保持着浓厚的文史兴趣和良好的文化传统，唐代的京兆韦氏子弟在科举制度的压力下，才不至于彻底崩溃，甚至能游刃有余地适应现实，与时俱进，在科举尤其进士试中与寒素、山东士族及南方文学士族展开争夺竞赛。② 盛唐时代，京兆韦氏人才辈出。《旧唐书·韦述传》曰：

> 议者云自唐已来，氏族之盛，无逾韦氏。其孝友词学，承庆、嗣立为最；明于音律，则万石为最；达于礼仪，则叔夏为最；史才

① 转引自张志和《中国古代的书法艺术》，中国社会科学出版社2001年版。

② 参阅李浩《唐代关中士族与文学》（增订本），中国社会科学出版社2003年版，第98页。

博识，为述为最。[①]

可以说，京兆韦氏要提纯家族的文学观念，涌现一流的诗人、文学家，还要经过更长的历史时期。直到盛唐时代，京兆韦氏才出现了韦述、韦承庆、韦嗣立、韦济等文学之士，其中韦嗣立与王维等多有酬唱，韦济与杜甫、高适有所交往。杜甫困居长安时期的一首名篇《奉赠韦左丞丈二十二韵》就是题赠韦济的。[②] 中唐时代，京兆韦氏家族出现了一流的文学家韦应物。韦应物出生在一个富有艺术修养的家庭，其伯父韦鉴、其父韦銮、其堂兄韦偃皆善画。晚唐时代，京兆韦氏又出现了与温庭筠齐名的著名词人韦庄。

---

① 刘昫：《旧唐书》，中华书局 1975 年版，第 3185 页。

② 参阅李浩《唐代关中士族与文学》（增订本），中国社会科学出版社 2003 年版，第 100 页。

第四章　北地傅氏

傅氏的郡望在北地灵州。北地灵州在今甘肃庆阳一带。东汉以来，北地郡寓居冯翊郡境内，治所在泥阳。傅氏家族随之迁入关中。魏晋时代的北地傅氏家族成员多生活在京洛一带，如傅嘏、傅玄、傅咸等，史称他们“北地泥阳人”，指今陕西耀县。因此，北地傅氏实际上是关中三辅一带的世族。

一　傅氏世系

《新唐书·宰相世系》曰：

> 傅氏出自姬姓。黄帝裔孙大由封于傅邑，因以为氏。商时虞、虢之界，有傅氏居于岩傍，号为傅岩。盘庚[①]得说于此，命以为相。裔孙汉义阳侯介子始居北地。曾孙长，复封义阳侯。生章，章生睿，睿生后汉弘农太守允[②]，字固。二子：嘏、松。嘏字兰石，魏尚书仆射、阳都元侯。十一世孙弈，唐中散大夫、太史令、泥阳县侯。北齐有行台仆射傅伏武，孙文杰，唐杞王府典军。
>
> 清河傅氏出自后汉汉阳太守壮节侯燮，字南容。生干，字彦林，魏扶风太守。生晋司隶校尉、鹑觚刚侯玄，字休奕，生司隶校尉、贞侯咸。子孙自北地徙清河。裔孙仕后魏为南阳太守，生

---

① 赵超《新唐书·宰相世系表集校》“订伪”：“盘庚字误。”《超按》：“《史记·殷本纪》：‘武丁夜梦得圣人，名曰说。’”（中华书局 1998 年版，第 728—729 页）

② 赵超《新唐书·宰相世系表集校》“订伪”：“（又允）《魏志·傅嘏传》名充，黄门侍郎。”（第 728 页）

交益。[①]

传说傅氏为殷相傅说之后，大致形成于南北朝至隋唐时代，《汉书·傅介子传》《后汉书·傅燮传》等并无相关记载。北朝时代，傅氏子弟才将先祖追溯至殷相傅说，如在山东历城出土的《傅华墓志》曰："昔梦感商王，精托辰尾。"[②]唐宋时代的典籍如《元和姓纂》《新唐书·宰相世系》、邓名世《古今姓氏书辨证》等才有此说，今人多有辨析。如赵超《新唐书·宰相世系表集校》曰："傅说原无姓，则《新表》言出自姬姓，黄帝裔孙大由封于傅邑云云，皆不可信。"[③]再如王力平点校《古今姓氏书辨证·十遇》按语曰："旧书自《风俗通》知《元和姓纂》，皆云说筑于傅岩，因以为姓，大误矣。"[④]王力平引证《国语》以及韦昭注充分论证了"傅氏更虞、夏、商、周，为族姓久矣"[⑤]。

因此，我们可以根据《新唐书·宰相世系表》、汪藻《世说新语人物谱》（见杨勇《世说新语校笺》第四册）、邓名世《古今姓氏书辩证》以及诸正史等资料，做北地傅氏世系如下页图。

二 傅氏郡望的变迁

北地傅氏家族郡望情况十分复杂。北地郡始设于秦王朝，为三十六郡之一。汉承秦制，属雍州部。《汉书·地理志》曰："至武帝攘却胡、越，开地斥境，南置交址，北置朔方之州。"[⑥]北地郡被划归到朔方刺史部。在西汉初期的很长时间里，中央政府采取"弱枝强本""徙民实边"政策，傅氏家族可能就在这时候迁徙到北地郡，《汉书·傅介子

①欧阳修：《新唐书》，中华书局1975年版，第3154页。

②赵超：《汉魏南北朝墓志汇编》，天津古籍出版社1992年版，第473页。

③赵超：《新唐书·宰相世系表集校》，中华书局1998年版，第729页。

④邓名世著，王力平点校：《古今姓氏书辨证》，江西人民出版社2006年版，第499页。

⑤同上。

⑥班固：《汉书》，中华书局1962年版，第1543页。

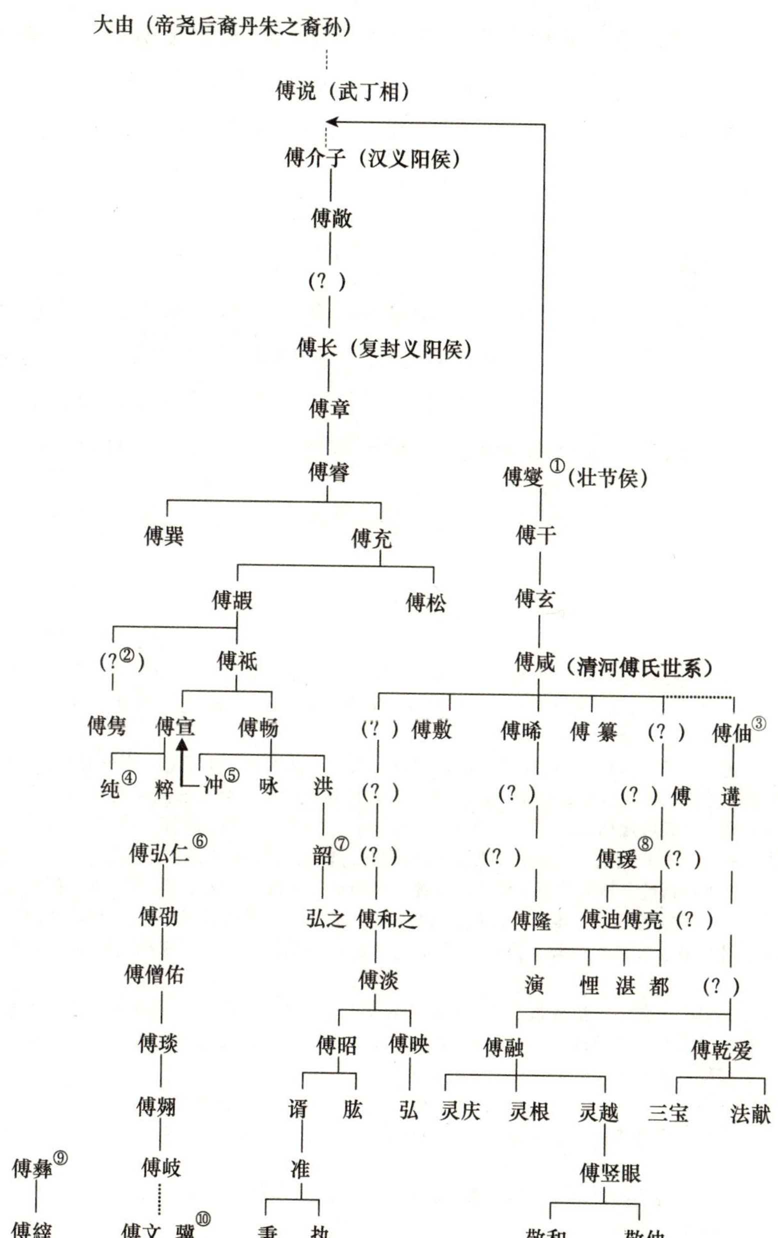
大由（帝尧后裔丹朱之裔孙）
傅说（武丁相）
傅介子（汉义阳侯）
傅敞
（？）
傅长（复封义阳侯）
傅章
傅睿
傅巽
傅充
傅嘏
傅松
（？②）
傅祗
傅隽
傅宣
傅畅
纯④
粹
冲⑤
咏
洪
傅弘仁⑥
韶⑦
傅劭
弘之
傅僧佑
傅琰
傅翙
傅彝⑨
傅岐
傅縡
傅文骥⑩
傅和之
傅淡
傅昭
傅映
谞
肱
弘
准
秉
执
傅燮①（壮节侯）
傅干
傅玄
傅咸（清河傅氏世系）
（？）
傅敷
傅晞
傅纂
（？）
傅伷③
（？）
（？）
（？）
傅
遘
（？）
（？）
傅瑗⑧
（？）
傅隆
傅迪
傅亮
（？）
演
悝
湛
都
（？）
傅融
傅乾爱
灵庆
灵根
灵越
三宝
法献
傅竖眼
敬和
敬仲

传》曰："傅介子，北地人也，以从军为官。"[11]因北接胡羌，北地郡素来不够安定。尤其从西汉末年到东汉初年，陇右军阀隗嚣割据一方，北地郡虽为其势力范围，但已被北境的胡羌盘踞，士民内附。随着北地郡北境胡羌叛乱愈演愈烈，东汉王朝曾三次将北地郡内徙关中，尤其是安帝永初五年（111），北地郡内寄池阳（今陕西三原县北），汉顺帝永和六年（141），又徙寄冯翊郡境内。可以说，东汉一朝，北地郡未能收复旧土，始终寄寓在冯翊郡西部，夹在冯翊与扶风二郡之间。[12]东汉末年，傅氏家族中著名人物傅燮，《后汉书·傅燮传》称其"北地灵州人也"。此处所谓的"灵州"已不是西汉时代北地郡的灵州旧地，而新置于西汉北地郡郡治马岭一带（今甘肃庆阳西

①《后汉书·傅燮传》并未记载其父祖，但根据傅嘏是傅玄族兄，即同辈之人，知傅燮与傅睿为同辈人，故系于此，因无法判断傅燮父祖与傅睿父祖的世系关系，故暂追溯至傅说之下。

②《晋书·傅祗传》记载傅祗因诛杨骏功，被封赏。傅祗推辞之："又以本封赐兄子隽为东明亭侯。"知傅祗有兄，姓名已不可知，兄子名傅隽。杨勇《汪藻世说人名谱校笺》等，以傅隽为傅祗之子，误也！

③《魏书·傅竖眼传》曰："傅竖眼，本清河人。七世祖伷。伷子遘，石虎太常。"傅伷之子傅遘，系后赵石虎太常，反推知，傅伷为西晋后期人。按，今无法判断傅伷与傅咸是否有血脉关系，故以虚线标示。

④《晋书·刘聪载记》记载：刘曜撤离长安时，曾攻打司徒傅祗于三渎城。傅祗病卒，城破，徙傅祗孙傅纯、傅粹等至平阳县。傅纯、傅粹祖父傅祗，其父不详。《晋书·傅祗传附傅宣》记载，傅宣无后，以其弟傅畅之子傅冲为嗣。此处，将傅纯、傅粹暂系于傅宣之下。

⑤据《晋书·傅宣传》载，傅宣"无子，以畅子冲为嗣"，故将傅冲以箭头标示至傅宣下。

⑥《宋书·臧焘传》记载北地傅僧佑祖父为傅弘仁，不明其先祖，因此不能确定世系关系。且根据《宋书·臧焘传》记载，傅弘仁是宋高祖的外弟，晋末宋初人。再者，据《魏书》载，傅琰为傅灵越族叔父，故系于此。

⑦《宋书·傅弘之传》作"韶"，而《南史·傅弘之传》作"歆"。

⑧《宋书·傅亮传》："高祖咸，司隶校尉。父瑗，以学业知名。"史书未记载傅瑗父祖，故系于此。

⑨《陈书·傅縡传》记载，傅縡系北地灵州人，其父傅彝在梁朝任临沂令，其远祖之世系不明也，故系于此。

⑩《魏书》载傅琰曾孙傅文骥，勇果有将领之才。在北魏随傅竖眼征战，累有军功，自强弩将军出为琅邪戍主。因史料阙如，无法确定傅文骥父祖，暂系于傅岐之下，以虚线标示。史书未载，傅琰子嗣中有人魏者，傅文骥何时人魏，不得而知。

⑪同上书，第3001页。

⑫魏明安、赵以武：《傅玄评传》，南京大学出版社1996年版，第2页。

北）。魏晋时代，北地郡依然寄寓冯翊郡境，下辖泥阳（今陕西耀县东南）、富平（今陕西富平县内）二县，郡治为泥阳。《晋书·傅玄传》称傅燮裔孙傅玄为“北地泥阳人也”，这里所谓的“泥阳”是指陕西耀县，说明傅氏家族在魏晋时代从甘肃庆阳、宁县一带迁徙至陕西耀县一带。《宋书·傅弘之传》曰：“傅氏旧属灵州，汉末郡境为虏所侵，失土寄寓冯翊，置泥阳、富平二县，灵州废不立，故傅氏还属泥阳。”①

西晋时代傅氏家族出现了一次改籍现象。《宋书·傅弘之传》曰：“晋武帝太康三年，复立灵州县，傅氏悉属灵州。弘之高祖晋司徒祗，后封灵州公，不欲封本县，故祗一门还复泥阳。”② 太康三年（283）西晋恢复了北地郡灵州县建制，这时，傅氏家族的代表人物傅玄刚过世不久。傅氏家族大多数成员悉属灵州，只有傅祗“不欲封本县，故祗一门还复泥阳”，这就造成同宗同望傅氏的不同门现象。应该注意的是，汉魏时代，傅氏家族内徙至雍州的冯翊郡，家族成员如傅嘏、傅玄、傅咸父子入朝为官，必定居于京洛之地。即使西晋太康三年（283）的改籍，并不意味着这些傅氏家族成员要迁徙到灵州，只是追溯旧有的籍贯而已。止如魏明安、赵以武在《傅玄评传》中所说的：“郡望之地只是士人出处标榜的胸前徽章而已，很难说那个地方就是一个人出生成长或赋闲居住的所在。”③

西晋时代，北地傅氏又衍生出清河傅氏。《新唐书·宰相世系》曰：“清河傅氏出自后汉汉阳太守壮节侯燮，字南容。生干，字彦林，魏扶风太守。生晋司隶校尉、鹑觚刚侯玄，字休奕，生司隶校尉、贞侯咸。子孙自北地徙清河。裔孙仕后魏为南阳太守，生交益。”④ 邓名世《古今姓氏书辩证》“十遇·傅”条：“清河傅氏，出自后汉，汉阳太守、壮节侯燮，字南容。生干，字彦林，魏扶风太守。干生玄，字休奕，晋司隶校尉、鹑觚刚侯，玄生咸，字长虞，晋司隶校尉、正侯，始

---

① 沈约：《宋书》，中华书局1974年版，第1430页。

② 同上。

③ 魏明安、赵以武：《傅玄评传》，第11页。

④ 欧阳修：《新唐书》，中华书局1975年版，第3154页。

自北地徙清河。裔孙仕后魏，为南阳太守，生交益，殿中侍御史。"[①] 从上述文献"生司隶校尉、贞侯咸，子孙自北地徙河清"的记载可知，清河傅氏与傅玄之子傅咸有关。最为奇怪的是，傅咸墓出现在河间县境内。清末吴士鉴、刘承幹的《晋书斠注》卷四十七注引曰："《寰宇记》六十六曰：'河间县傅咸冢：晋之文士，葬于此。'"[②] 并以按语方式提出质疑："案，咸为北地泥阳人，其官终于司隶校尉，不知何以葬于河间？或以其曾为冀州刺史欤？"[③] 魏明安、赵以武《傅玄评传》分析道："清河在今山东临清县附近，紧傍今山东、河北二省交界的大运河；河间在今河北献县东南。西晋时清河国、河问国之间尚隔有安平国与勃海郡，并不毗邻；冀州治所虽在安平国，但傅咸本传讲，他并没有到任冀州刺史，死后葬于河间确实令人费解。"[④] 无论历史事实如何，清河成为北地傅氏的又一郡望。还有一问题是，魏明安、赵以武根据《新唐书·宰相世系》《古今姓氏书辩证》等史料，认为清河傅氏应从傅燮算起，并推测与傅燮在东汉末年曾侨居其地有关。这种观点似乎有问题，《新唐书·宰相世系》《古今姓氏书辩证》均记载"玄生咸，字长虞，晋司隶校尉、正侯，始自北地徙河清"。也就是说在傅咸时代，北地傅氏子孙才徙至清河郡，形成清河郡望。只是追述傅咸家族世系至东汉末年的傅燮，故而有"清河傅氏出自后汉汉阳太守壮节侯燮"一说，这并不是说清河傅氏形成于东汉末年的傅燮。永嘉之乱，衣冠南渡后，北地傅氏星散南北，但基本上都以北地、清河为郡望。

三 北地傅氏的政治位势

如前所述，傅氏家族中的傅介子在西汉前期的"移民实边"政策影响下徙至北地，形成了北地郡望。

---

① 邓名世撰，王力平点校：《古今姓氏书辩证》，江西人民出版社 2006 年版，第 449 页。

② 吴士鉴、刘承幹：《晋书斠注》卷四十七，民国 17 年刊本，第 19 页背面。

③ 同上。

④ 魏明安、赵以武：《傅玄评传》，南京大学出版社 1996 年版，第 10 页。

（一）西汉傅介子：傅氏崛起者

西汉时代，与显赫的关辅世族韦氏、杜氏、杨氏等相比，北地傅氏的政治位势并不高。北地傅氏家族的重要人物傅介子，出身行伍，任骏马监。汉昭帝元凤三年（前78），傅介子出使大宛，并前往楼兰、龟兹国责问其过，在龟兹国率随从诛杀匈奴使者。傅介子回国后，被拜中郎，迁平乐监。《汉书·傅介子传》曰：

> 至元凤中，介子以骏马监求使大宛，因诏令责楼兰、龟兹国。介子至楼兰，责其王教匈奴遮杀汉使："大兵方至，王苟不教匈奴，匈奴使过至诸国，何为不言？"王谢服，言："匈奴使属过，当至乌孙，道过龟兹。"介子至龟兹，复责其王，王亦服罪。介子从大宛还到龟兹，龟兹言："匈奴使从乌孙还，在此。"介子因率其吏士共诛斩匈奴使者。还奏事，诏拜介子为中郎，迁平乐监。[①]

傅介子向大将军霍光建议，刺杀龟兹国王，以示惩戒，彰显天威。霍光考虑龟兹路途遥远，决定让傅介子刺杀楼兰国王。《汉书·傅介子传》曰：

> 介子谓大将军霍光曰："楼兰、龟兹数反复而不诛，无所惩艾。介子过龟兹时，其王近就人，易得也，愿往刺之，以威示诸国。"大将军曰："龟兹道远，且验之于楼兰。"于是白遣之。[②]

元凤四年（前77），傅介子至楼兰，刺杀国王安归，立其弟尉屠耆为王，改国名为鄯善。《汉书·傅介子传》曰：

> 介子与士卒俱赍金币，扬言以赐外国为名。至楼兰，楼兰王意

① 班固：《汉书》，中华书局1962年版，第3001页。
② 同上书，第3001—3002页。

> 不亲介子，介子阳引去，至其西界，使译谓曰："汉使者持黄金、锦绣行赐诸国，王不来受，我去之西国矣。"即出金币以示译。译还报王，王贪汉物，来见使者。介子与坐饮，陈物示之。饮酒皆醉，介子谓王曰："天子使我私报王。"王起随介子入帐中，屏语，壮士二人从后刺之，刃交胸，立死。其贵人左右皆散走。介子告谕以："王负汉罪，天子遣我业诛王，当更立前太子质在汉者。汉兵方至，毋敢动，动，灭国矣！"①

傅介子在元凤三四年（前78—前77）的外交活动中，义责楼兰、龟兹国王，诛杀匈奴使者，刺杀楼兰国王等一系列举动，为汉朝树立了威风。傅介子安定西域，重新打开丝绸之路的功勋得到西汉王朝表彰。《汉书·傅介子传》曰：

> 遂持王首还诣阙，公卿将军议者咸嘉其功。上乃下诏曰："楼兰王安归尝为匈奴间，候遮汉使者，发兵杀略卫司马安乐、光禄大夫忠、期门郎遂成等三辈，及安息、大宛使，盗取节印、献物，甚逆天理。平乐监傅介子持节使诛斩楼兰王安归首，县之北阙，以直报怨，不烦师从。其封介子为义阳侯，食邑七百户。士刺王者皆补侍郎。"②

傅介子以功封为义阳侯，食邑七百户，成为傅氏家族的崛起者。虽然其子傅敞罪不得袭爵，但到汉平帝元始中，朝廷为了表彰傅介子的功绩，复封其曾孙傅长为义阳侯。王莽败亡后，傅氏侯爵乃绝。

（二）东汉傅燮：傅氏家族的关捩人物

东汉时代，傅氏家族在政坛上一蹶不振，直到东汉后期，傅氏家族才出现一位著名人物傅燮。傅燮字南容，《后汉书》有传。《后汉书·

① 班固：《汉书》，中华书局1962年版，第3002页。

② 同上。

傅燮传》《新唐书·宰相世系》等均未载傅燮父祖姓名，无从考证傅燮与傅介子的世系关系，根据傅燮嫡孙傅玄称傅嘏为从兄，知傅燮与傅嘏祖父傅睿为同辈之人。《后汉书·傅燮传》曰：

> 傅燮字南容，北地灵州人也。本字幼起，慕南容三复白珪，乃易字焉。身长八尺，有威容。少师事太尉刘宽。再举孝廉。闻所举郡将丧，乃弃官行服。①

汉灵帝光和七年（184）二月，黄巾起义爆发。北地太守皇甫嵩、交趾刺史朱儁被匆忙调至京城，各统一军，合计四万余人，共同讨击颍川郡内的黄中军。傅燮以护军司马身份随皇甫嵩大军征讨黄巾军。《后汉书·傅燮传》曰："后为护军司马，与左中郎将皇甫嵩俱讨贼张角。"②

据《后汉书·傅燮传》李贤注引《续汉书》"斩贼三帅卜已，张伯、梁仲宁等，功高为封首"③ 的记载可知，傅燮在镇压黄巾军的战斗中建立了功勋，但因宦官赵忠从中作梗，不得封赏。《后汉书·傅燮传》曰："及破张角，燮功多当封，忠诉谮之，灵帝犹识燮言，得不加罪，竟亦不封，以为安定都尉。"④ 傅燮所受到的不公正待遇引起当时士人们的议论。中平三年（186），朝廷诏令车骑将军赵忠，主持评议讨伐黄巾军的功劳，执金吾甄举等人为傅燮鸣不平。《后汉书·傅燮传》曰："顷之，赵忠为车骑将军，诏忠论讨黄巾之功，执金吾甄举等谓忠曰：'傅南容前在东军，有功不侯，故天下失望。今将军亲当重任，宜进贤理屈，以副众心。'"⑤ 宦官赵忠派其弟赵延前去致殷勤，以万户侯为诱饵，希望傅燮改变态度。傅燮刚正不阿，正色拒之。《后汉书·傅燮传》曰："忠纳其言，遣弟城门校尉延致殷勤。延谓燮曰：

---

① 范晔：《后汉书》，中华书局1965年版，第1873页。
② 同上。
③ 同上书，第1875页。
④ 同上书，第1874页。
⑤ 同上。

‘南容少答我常侍，万户侯不足得也。’燮正色拒之曰：‘遇与不遇，命也；有功不论，时也。傅燮岂求私赏哉！’”①

傅燮之所以不被封赏，是因为汉光和七年（184），即将奔赴前线的傅燮给汉灵帝上了一份奏疏，将矛头直指宦官集团。那种不畏权贵、不顾个人安危、剀切直谏的精神令人钦佩！也正因此疏论，傅燮将自己置身于风头浪尖之上，所幸的是，宦官赵忠等权贵恨其耿直、惮其高名，终不敢加害，借机将傅燮外放为汉阳太守。《后汉书·傅燮传》曰：

> 忠愈怀恨，然惮其名，不敢害。权贵亦多疾之，是以不得留，出为汉阳太守。②

在傅燮的政治生涯中，还有一件值得称颂的事件。汉光和七年（184），边章、韩遂趁黄巾大乱之际，率西羌反叛，烧杀州郡，寇掠三辅，朝廷多次征讨不果。中平二年（185）初，朝廷拜傅燮为议郎。通过贿赂宦官、买官求荣升任司徒的崔烈放言遗弃凉州。汉灵帝诏会公卿百官廷议此事，傅燮当廷厉斥之。《后汉书·傅燮传》曰：

> 今凉州天下要冲，国家藩卫。高祖初兴，使郦商别定陇右；世宗拓境，列置四郡，议者以为断匈奴右臂。今牧御失和，使一州叛逆，海内为之骚动，陛下卧不安寝。烈为宰相，不念为国思所以弭之之策，乃欲割弃一方万里之土，臣窃惑之。若使左衽之虏得居此地，士劲甲坚，因以为乱，此天下之至虑，社稷之深忧也。若烈不知之，是极蔽也；知而故言，是不忠也。③

议郎傅燮当廷侮辱司徒崔烈，受到尚书郎杨赞的弹劾。傅燮这种以

① 范晔：《后汉书》，中华书局1965年版，第1876—1877页。

② 同上。

③ 同上书，第1875—1876页。

社稷安危为念的精神气概，得到汉灵帝的认可。傅燮也因自己的刚正不屈和远见卓识赢得朝廷的赏识，虽然政治位势不高，但社会声望极高。“由是朝廷重其方格，每公卿有缺，为众议所归。”[①]

傅燮因耿直刚正的性格和极高的社会声望，令宦官权贵十分忌惮。中平三年（186）初，由于权贵势力的排挤，傅燮被外任为汉阳太守。傅燮到郡后，“善恤人，叛羌怀其恩化，并来降附，乃广开屯田，列置四十余营”[②]。

中平四年（187）三月，西羌首领韩遂拥兵十余万，由金城郡向东南围攻陇西郡治狄道。凉州刺史耿鄙决定率兵前往征讨，傅燮写信谏阻。《后汉书·傅燮传》曰：

> 使君统政日浅，人未知教。孔子曰：“不教人战，是谓弃之。”今率不习之人，越大陇之阻，将十举十危，而贼闻大军将至，必万人一心。边兵多勇，其锋难当，而新合之众，上下未和，万一内变，虽悔无及。不若息军养德，明赏必罚。贼得宽挺，必谓我怯，群恶争执，其离可必。然后率已教之人，讨已离之贼，其功可坐而待也。今不为万全之福，而就必危之祸，窃为使君不取。[③]

凉州刺史耿鄙不听，贸然进兵。果然军队行至狄道时发生叛乱，军司马马腾倒戈，耿鄙遇害，叛军无所顾忌地进围至汉阳城。傅燮在“兵少粮尽”的不利形势下，选择固守，毅然拒绝了三方面的劝解：一是北地胡骑兵怀其旧恩，于城外叩头，“求送燮归乡里”。《后汉书·傅燮传》曰：

> 时北地胡骑数千随贼攻郡，皆夙怀燮恩，共于城外叩头，求送

① 范晔：《后汉书》，中华书局1965年版，第1876页。

② 同上书，第1877页。

③ 同上。

燮归乡里。[①]

二是傅燮之子傅干的劝谏。《后汉书·傅燮传》曰：

子干年十三，从在官舍。知燮性刚，有高义，恐不能屈志以免，进谏曰："国家昏乱，遂令大人不容于朝。今天下已叛，而兵不足自守，乡里羌胡先被恩德，欲令弃郡而归，愿必许之。徐至乡里，率厉义徒，见有道而辅之，以济天下。"[②]

三是投降叛军的原酒泉太守黄衍说降，傅燮断然拒绝。《后汉书·傅燮传》曰：

王国使故酒泉太守黄衍说燮曰："成败之事，已可知矣。先起，上有霸王之业，下成伊吕之勋。天下非复汉有，府君宁有意为吾属师乎？"燮案剑叱衍曰："若剖符之臣，反为贼说邪！"[③]

傅燮恪守儒家精神信念，镇定自若地拒绝了所有说服，"麾左右进兵，临阵战殁"[④]，以身殉职。清代王夫之称傅燮为"社稷之臣"，《读通鉴论》曰：

燮之拒忠也，曰："遇与不遇，命也；有功不论，时也。"守正而不竟，安命而不为已甚之辞，坦夷以任天，而但尽其在己，自以雅量冲怀适然于宠辱之交，而小人莫能窥其际。其在汉阳也，曰："吾遭世乱，不能养浩然之志，食人之禄，又欲避其难乎？"方且自逊以引身之不早，而不待引亢爽之气以自激其必死之心。夫

---

① 范晔：《后汉书》，中华书局1965年版，第1877页。

② 同上书，第1877—1878页。

③ 同上书，第1878页。

④ 同上。

如是，岂小人之所可屈，又岂小人之所可伤哉！如燮者，托以六尺之孤，正色从容而镇危乱，植也、俊也、允也，智勇形而中藏浅，固不足以测燮之涯量矣。故知燮非徒节义之士也，允矣岂可为社稷之臣矣。[①]

（三）走向权力中心：汉魏之际的傅氏

东汉末年至三国时代，身处乱世的北地傅氏凭借着敏锐的政治眼光和聪明才干，在曹魏政权中取得了一定的政治位势。刘师培在《中国中古文学史》中指出建安时代"乘时之上"的世风，"献帝之初，诸方棋峙，乘时之上，颇慕纵横，骋词之风，肇端于此"[②]。傅燮之子——傅干受此种世风心态的影响，[③] 几经辗转，投奔曹操集团，以其才干获得重用。

1. 傅干：乘时而上，跻身曹氏集团

傅干（175[④]—219?），字彦林，[⑤] 小字别成。中平四年（187），汉阳失守，傅燮战殁。其父将13岁的傅干托付于主簿杨会，随后的十多年里，去向不明。[⑥] 直到建安七年（202），曹操与袁绍之子袁尚争夺河东之地，傅干才浮出历史的地表。他纵横于不同政治利益集团之间，成功地说服了意欲联袁抗曹的马腾将军。《三国志·钟繇传》裴注引司马彪《战略》曰：

袁尚遣高干、郭援将兵数万人，与匈奴单于寇河东，遣使与

---

① 王夫之：《读通鉴论》，中华书局1975年版，第261页。

② 刘师培：《中国中古文学史》，人民文学出版社1959年版，第11页。

③ 参见魏明安、赵以武《傅玄评传》，南京大学出版社1996年版，第24页。

④ 据《后汉书·傅燮传》记载"子干年十三，从在官舍"推知，傅干生于熙平四年（175）。

⑤ 《三国志·武帝纪》注引《九州春秋》中称傅干字"彦材"。《后汉书·傅燮传》注引《干集》曰："干字彦林"。

⑥ 魏明安、赵以武《傅玄评传》推测说：傅干此时依附马腾（南京大学出版社1996年版，第24页）。

马腾、韩遂等连和，腾等阴许之。傅干说腾曰："古人有言：顺道者昌，逆德者亡。曹公奉天子诛暴乱，法明国治，上下用命，有义必赏，无义必罚，可谓顺道矣。袁氏背王命，驱胡虏以陵中国，宽而多忌，仁而无断，兵虽强，实失天下心，可谓逆德矣。今将军既事有道，不尽其力，阴怀两端，欲以坐观成败，吾恐成败既定，奉辞责罪，将军先为诛首矣。"于是腾惧。干曰："智者转祸为福。今曹公与袁氏相持，而高干、郭援独制河东，曹公虽有万全之计，不能禁河东之不危也。将军诚能引兵讨援，内外击之，其势必举。是将军一举，断袁氏之臂，解一方之急，曹公必重德将军。将军功名，竹帛不能尽载也。唯将军审所择！"腾曰："敬从教。"于是遣子超将精兵万馀人，并将遂等兵，与繇会击援等，大破之。①

据《后汉书·傅燮传》"干知名，位至扶风太守"的记载，知傅干曾任扶风太守。魏明安《傅玄评传》推测建安十三年（208），曹操调马腾入邺，留其子马超居关中，统领部曲，屯兵槐里（今陕西兴平县）。傅干以幕僚身份随马超留关中，并任扶风太守。甚至推测说傅干任扶风太守与司隶校尉钟繇举荐有关。没有史料佐证，仅是猜测而已。笔者以为，傅干并非以幕僚身份留在关中协助马超，而是钟繇有意安插在马超驻军附近，制约马超的一颗棋子。否则，建安十六年（211），马超起事反曹，傅干必受株连，绝无入邺再任丞相府参军、丞相仓曹属等职的可能。建安十九年（214），曹操由邺城南下征孙权时，傅干任丞相府参军，曾谏阻曹操南征。据《三国志·武帝纪》引《九州春秋》："（傅干）终于丞相仓曹属"知，傅干卒于丞相仓曹属。

从上述的情况看，傅干在父亲傅燮战死之后，辗转流离，终投奔曹操集团，成为曹操丞相府的掾属。其政治位势不高，但发挥的作用较大，如在曹操与袁尚争夺河东之际，傅干不费一兵一卒，说服陇右马腾效力曹操，夺取了河东地区。

---

① 陈寿：《三国志》，中华书局1959年版，第393—394页。

这一时期，北地傅氏家族的另一支傅睿及其子嗣们也寻求着政治出路，据《三国志》裴注引《傅子》记载："嘏祖父睿，代郡太守"①，知傅睿任代郡太守。傅睿有二子傅巽、傅充。

2. 傅巽、傅充兄弟：汉魏禅让中获取高位

傅巽，字公悌。《三国志》无本传，其生平事迹散见于《三国志》裴注之中。《三国志·刘表传》裴注引《傅子》曰："巽字公悌，环伟博达，有知人鉴。辟公府，拜尚书郎，后客荆州。"② 从傅玄《傅子》记载可知，灵帝后期至献帝初，傅巽被"辟公府，拜尚书郎"。权臣董卓挟持献帝入长安，傅巽以尚书郎相随左右。据《三国志·刘表传》记载，关中大乱后，傅巽举家南奔荆州，依附刘表。刘表死后，其子刘琦、刘琮势同水火。建安十三年（208）七月，曹操大军压境，荆州朝不保夕，东曹掾傅巽劝刘琮举州归附曹操。《三国志·刘表传》裴注引《傅子》曰："（傅巽）以说刘琮之功，赐爵关内侯。"③ 随后，傅巽一支迁入邺城，并得到关内侯的赏赐，而傅干大约在建安十八年（213）入邺，任丞相参军，北地傅氏二支才齐聚邺城，聚族而居。

汉魏禅代之际，傅巽曾两次参与劝进活动。一次是建安十八年（213）五月，汉献帝命郗虑持节册封曹操为魏公，曹操假意辞让。傅巽与众人一起劝进。《三国志·武帝纪》裴注引《魏书》载公令曰：

> "夫受九锡，广开土宇，周公其人也。汉之异姓八王者，与高祖俱起布衣，创定王业，其功至大，吾何可比之?"前后三让。于是中军师（王）陆树亭侯荀攸、前军师东武亭侯钟繇、左军师凉茂、右军师毛玠、平虏将军华乡侯刘勋、建武将军清苑亭侯刘若、伏波将军高安侯夏侯惇、扬武将军都亭侯王忠、奋威将军乐乡侯刘展、建忠将军昌乡亭侯鲜于辅、奋武将军安国亭侯程昱、

---

① 陈寿：《三国志》，中华书局1959年版，第623页。

② 同上书，第214页。

③ 同上。

太中大夫都乡侯贾诩、军师祭酒千秋亭侯董昭、都亭侯薛洪、南乡亭侯董蒙、关内侯王粲、傅巽、祭酒王选、袁涣、王朗、张承、任藩、杜袭、中护军国明亭侯曹洪、中领军万岁亭侯韩浩、行骁骑将军安平亭侯曹仁、领护军将军王图、长史万潜、谢奂、袁霸等劝进曰……①

第二次是延康元年（220），魏文帝曹丕即位前夕，时任散骑常侍的傅巽参与劝进。《三国志·文帝纪》裴注引《献帝传》曰：

于是侍中辛毗、刘晔、散骑常侍傅巽、卫臻、尚书令桓阶、尚书陈矫、陈群、给事中博士骑都尉苏林、董巴等奏曰："伏见太史丞许芝上魏国受命之符；令书恳切，允执谦让，虽舜、禹、汤、文，义无以过。然古先哲王所以受天命而不辞者，诚急遵皇天之意，副兆民之望，弗得已也。"②

据《三国志·何夔传》裴注引《魏书》和《三国志·傅嘏传》记载，傅巽曾任尚书。《三国志·何夔传》裴注引《魏书》曰：

时丁仪兄弟方进宠，仪与夔不合。尚书傅巽谓夔曰："仪不相好已甚，子友毛玠，玠等仪已害之矣。子宜少下之！"夔曰："为不义适足害其身，焉能害人？且怀奸佞之心，立于明朝，其得久乎！"夔终不屈志，仪后果以凶伪败。③

曹魏时期，傅巽官任侍中、尚书，属三品，政治位势相当高。《三国志·傅嘏传》曰："傅嘏字兰石，……伯父巽，黄初中为侍中、尚书。"④《三国志·刘表传》裴注引《傅子》曰："（傅巽）文帝时

① 陈寿：《三国志》，中华书局1959年版，第40—41页。

② 同上书，第65页。

③ 同上书，第381页。

④ 同上书，第622页。

为侍中，太和中卒。”[①] 傅巽弟傅充任黄门侍郎。《三国志》裴注引《傅子》曰：“（嘏）父充，黄门侍郎。”[②]

3. 傅嘏：“与综朝事”的名臣

傅充之子傅嘏，是魏晋时代北地傅氏家族的代表人物之一，《三国志》有传。《三国志·傅嘏传》曰：“傅嘏字兰石，北地泥阳人。……嘏弱冠知名，司空陈群辟为掾。”[③] 从本传记载知，傅嘏十七八岁就知名，被司空陈群辟为掾属。据《三国志·陈群传》记载，魏明帝即位初，陈群“为司空，故录尚书事”[④]，因此，傅嘏任司空掾属，大约在227年。魏齐王正始初年（240），傅嘏任尚书郎，并迁升为黄门侍郎，因与吏部尚书何晏交恶，被免官。

关于傅嘏与正始玄学名士、当权派何晏、邓飏、夏侯玄等人交恶的始末，《世说新语》《三国志·傅嘏传》裴注引皆有记载。傅嘏因善言虚胜，为一时之杰。玄学名士、当权派人物何晏等倾心结交，而傅嘏鄙薄其为人，终不许。何晏诸人请名士荀粲说项，傅嘏斥何晏诸人“有为而躁，博而寡要，外好利而内无关钥，贵同恶异，多言而妒前。多言多衅，妒前无亲”，认为三贤“皆败德之人”。正始时期，辅政大臣曹爽一党与司马懿一党斗争激烈。傅嘏与曹爽一党中的中坚人物何晏交恶，与司马懿一党关系密切，如与司马氏亲信钟会交好。《三国志·傅嘏传》裴注引《傅子》曰：“嘏既达治好正，而有清理识要，好论才性，原本精微，鲜能及之。司隶校尉钟会年甚少，嘏以明智交会。”[⑤]

当傅嘏被免官后，司马懿任其为从事中郎。嘉平元年（249），司马懿发动政变，诛杀了曹爽一党，傅嘏官任河南尹。《三国志·傅嘏传》裴注引《傅子》曰：

> 河南尹内掌帝都，外统京畿，兼古六乡六遂之士。其民异方

---

① 陈寿：《三国志》，中华书局1959年版，第214页。

② 同上书，第623页。

③ 同上书，第622页。

④ 同上书，第635页。

⑤ 同上书，第628页。

> 杂居，多豪门大族，商贾胡貊，天下四会，利之所聚，而奸之所生。前尹司马芝，举其纲而太简，次尹刘静，综其目而太密，后尹李胜，毁常法以收一时之声。嘏立司马氏之纲统，裁刘氏之纲目以经纬之，李氏所毁以渐补之。郡有七百吏，半非旧也。河南俗党五官掾功曹典选职，皆授其本国人，无用异邦人者，嘏各举其良而对用之，官曹分职，而后以次考核之。其治以德教为本，然持法有恒，简而不可犯，见理识情，狱讼不加檟楚而得其实。不为小惠，有所荐达及大有益于民事，皆隐其端迹，若不由己出。故当时无赫赫之名，吏民久而后安之。①

傅玄《傅子》中明确指出河南尹的政治地位，并记载傅嘏在河南尹上的治声。这足以看出，傅嘏与司马氏之间的关系极为密切。相信傅嘏之所以任河南尹，是经过司马懿认真权衡之后，在亲信中找出的最佳人选。

也许是傅嘏在河南尹上颇有治声，不久就入朝任尚书，并被赐爵关内侯、武乡亭侯、阳乡侯等，食邑多达一千二百户。傅嘏任尚书期间，曾参与一系列重要的政治活动：一是反对依三代之礼，改定官制；二是诏对伐吴之计；三是劝患有眼疾的司马师亲征毌丘俭、文钦叛乱，并以尚书仆射随司马师出征，为司马师谋划；四是司马师病死后，傅嘏秘不发丧，邀司马昭入洛阳，实现了政治权力的顺利交接等。北地傅氏家族的傅嘏已成为魏晋禅代之际炙手可热的名流，傅嘏生前官居尚书仆射，死后被追赠太常。《三国志·傅嘏传》裴注引《傅子》称："（傅嘏）与镇北将军何曾、司空陈泰、尚书仆射荀觊、后将军钟毓并善，相与综朝事，俱为名臣。"②《三国志·傅嘏传》裴注曰："臣松之以为傅嘏识量名辈，寔当时高流。"③

4. 傅玄父子：累世司隶校尉

魏晋之际，北地傅氏家族不仅出现了傅嘏这样的高流名臣，还出

---

① 陈寿：《三国志》，中华书局 1959 年版，第 624 页。

② 同上书，第 628 页。

③ 同上。

现了傅玄、傅咸、傅祗等著名的政治家、思想家、文学家。作为西晋政坛上重要的政治人物，北地傅氏傅玄、傅咸、傅祗赢得了后世史学家的高度赞誉。《晋书·傅玄传》曰：

> 史臣曰："傅玄体强直之姿，怀匪躬之操，抗辞正色，补阙弼违，谔谔当朝，不忝其职者矣。及乎位居三独，弹击是司，遂能使台阁生风，贵戚敛手。虽前代鲍、葛，何以加之！……长虞风格凝峻，弗坠家声。及其纳谏汝南，献书临晋，居谅直之地，有先见之明矣。傅祗名父之子，早树风猷，崎岖危乱之朝，匡救君臣之际，卒能保全禄位，可谓有道存焉。"①

（1）傅玄："贵游慑伏，台阁生风"

傅玄，字休奕，西晋时期著名的政治家、思想家、文学家，《晋书》有传。《晋书·傅玄传》曰："傅玄，字休奕，北地泥阳人也。祖燮，汉汉阳太守。父干，魏扶风太守。"② 傅玄早年丧父，③ 出身寒素。他通过个人的刻苦勤奋，成为著名的思想家。《晋书·傅玄传》曰："玄少孤贫。"④ 又云："玄少时避难于河内，专心诵学。"⑤ 傅玄大约在正始元年（240）前后，入仕为著作郎。⑥

正始年间（240—249），傅玄身处政治险境。《晋书·列女传·杜有道妻严氏》曰："时玄与何晏、邓飏不穆，晏等每欲害之，时人莫肯共婚。"⑦ 傅玄之所以和何晏、邓飏等得势的玄学名士权贵之间

---

① 房玄龄：《晋书》，中华书局1974年版，第1333—1334页。

② 同上书，第1317页。

③ 傅玄三岁丧父。据《晋书·傅玄传》记载"献皇后崩于弘训宫，……寻卒于家，时年六十二"推知，傅玄出生于建安二十二年（217），其父傅干卒于建安二十四年（219）前后。

④ 房玄龄：《晋书》，第1317页。

⑤ 同上书，第1323页。

⑥ 陆侃如《中古文学系年》将傅玄初仕系于魏齐王正始元年（240），魏明安等《傅玄评传》经详细考订，认为应是魏明帝景初三年（239），相差不大。

⑦ 房玄龄：《晋书》，第2509页。

不穆，可能与其从兄傅嘏有关。[①] 傅玄前妻过世后，曾求婚杜陵杜氏家族。杜有道妻严氏虑及傅玄与司马氏的关系，应允了这门亲事。《晋书·列女传·杜有道妻严氏》曰："（杜）韡亦有淑德，傅玄求为继室，宪便许之。……及宪许玄，内外以为忧惧。或曰：'何、邓执权，必为玄害，亦由排山压卵，以汤沃雪耳，奈何与之为亲?'宪曰：'尔知其一，不知其它。晏等骄侈，必当自败，司马太傅兽睡耳，吾恐卵破雪销，行自有在。'遂与玄为婚。晏等寻亦为宣帝所诛。"[②]

嘉平元年（249），韬光养晦的司马懿趁机发动高平陵政变，一举歼灭曹爽集团，傅玄才得升迁。据魏明安考证，嘉平元年（249）秋，傅玄以参军身份（七品）随安西将军司马昭出镇关中，嘉平二年（250），又随安东将军司马昭转镇许昌。正元二年（255）司马师病逝，司马昭以卫将军南下许昌，傅玄以参军随行左右。[③] 傅玄以参军身份追随司马昭两入关中，三下许昌、两进京城，受到司马昭的信任。随后，被任命为温县县令，虽官居七品，但在司马氏的故乡任官，地位颇为重要。大约在景元（261—264）初，傅玄调任弘农太守，兼领典农校尉。其官秩已由七品升为五品。据《晋书·傅玄传》记载"所居称职，数上书陈便宜，多所匡正"[④] 知，傅玄在温县县令、弘农太守等任上政绩颇丰。咸熙元年（264），"魏咸熙初，厘革宪司。时荀觊定礼仪，贾充正法律，秀议五等之爵，自骑督已上六百余人皆封"[⑤]，傅玄被封为鹑觚男。《晋书·傅玄传》曰："五等建，封鹑觚男。"[⑥] 魏咸熙二年（265），司马昭病死后，其子司马炎为相国、晋王。此时，禅代的各种事宜正在加紧进行。傅玄因"博学善属文，解钟律"，成为制作郊庙乐府歌辞的最佳人选。可能为了工作的

---

① 傅玄先祖傅燮与傅嘏先祖睿本不同门。在傅巽一支北迁邺城之前，同宗两支照应较少，关系疏远。但随着傅巽由荆州入邺（约在建安十三年）以及傅干由关中入邺（大约建安十八年前后），两支傅氏情款日笃。因此，傅玄以"从兄"称傅嘏，傅嘏与玄学名士何晏、邓飏、夏侯玄等人交恶，对傅玄影响应不小。

② 房玄龄：《晋书》，中华书局 1974 年版，第 2509 页。

③ 参见魏明安、赵以武《傅玄评传》第二章"生平事迹"，南京大学出版社 1996 年版，第 51 页。

④ 房玄龄：《晋书》，第 1317 页。

⑤ 同上书，第 1038 页。

⑥ 同上书，第 1317 页。

方便，傅玄被擢升为散骑常侍，官居三品。晋泰始元年（265），晋武帝受禅，傅玄“进爵为子，加附马都尉”[①]。晋武帝“广纳直言，开不讳之路”，傅玄以散骑侍郎掌谏职。傅玄上疏两篇，得到晋武帝的奖赏，擢升为侍中。正如魏明安、赵以武《傅玄评传》所论：“西晋之制，侍中为宫中设立的门下三省的尊显之职，晋初的任务偏重于谋议、谏诤有关王朝统治大业，是皇帝身边的智囊之臣，‘备切问近对，拾遗补阙’，‘管门下众事’（《晋书·职官志·侍中》）。散骑常侍是随从陪侍之职，侍中却有言事谏净之权。二职俱居三品，而侍中居首。”[②] 然而就在傅玄任侍中期间，发生了一场有违宫禁礼仪的真理之争，当事人傅玄和皇甫陶都被免官。

泰始四年（268），傅玄再次被起用，任御史中丞。在御史中丞任上，傅玄曾上《水旱上便宜五事疏》。泰始五年（269），傅玄被擢升为太仆，曾参加公卿会议。《晋书·傅玄传》曰：“五年，迁太仆。时比年不登，羌胡扰边，诏公卿会议。玄应对所问，陈事切直，虽不尽施行，而常见优容。”[③]

大约在咸宁元年（275）傅玄由太仆转任司隶校尉，负责纠察京师。正因为傅玄“天性峻急，不能有所容；每有奏劾，或值日暮，捧白简，整簪带，竦踊不寐，坐而待旦”的作风，令“贵游慑伏，台阁生风”。傅玄“刚劲亮直，不能容人之短”的性格中缺乏宏雅的气度，“骤闻竞爽，为物议所讥”，最终断送了自己的政治生命。咸宁四年（278）六月，在司马师的遗孀羊徽瑜皇后的灵柩前，傅玄因位次安排大骂灵堂，被弹劾为“不敬”，事后因“自表不以实”而被免官。《晋书·傅玄传》曰：

献皇后崩于弘训宫，设丧位。旧制，司隶于端门外坐，在诸卿上，绝席。其入殿，按本品秩在诸卿下，以次坐，不绝席。而谒者以弘训宫为殿内，制玄位在卿下。玄恚怒，厉声色而责谒

① 房玄龄：《晋书》，中华书局1974年版，第1317页。

② 参见魏明安、赵以武《傅玄评传》第二章“生平事迹”，南京大学出版社1996年版，第58页。

③ 房玄龄：《晋书》，中华书局1974年版，第1322页。

者。谒者妄称尚书所处，玄对百僚而骂尚书以下。御史中丞庾纯奏玄不敬，玄又自表不以实，坐免官。①

免官后不久，傅玄去世。死后，被追封清泉侯。

（2）傅咸："劲直忠果，劾按惊人"

傅咸（239—294），字长虞，傅玄之子。西晋著名的政治家、文学家，《晋书》有传。《晋书·傅咸传》曰：

（傅咸）刚简有大节，风格峻整，识性明悟，疾恶如仇，推贤乐善，常慕季文子、仲山甫之志。②

年幼的傅咸受到外祖母杜严氏的赞许和鼓励。《晋书·列女传·杜有道妻严氏》曰：

玄前妻子咸年六岁，尝随其继母省宪，谓咸曰："汝千里驹也，必当远至。"③

咸宁四、五年间（278—279），傅咸袭父爵，拜清泉侯，起家官拜太子洗马，成为司马衷太子府中的掾属，后迁升为尚书右丞。朝廷任命傅咸为冀州刺史，因其继母杜氏不愿同往赴官，傅咸上表要求解职。不久，迁司徒左长史。《晋书·傅咸传》曰：

咸宁初，袭父爵，拜太子洗马，累迁尚书右丞。出为冀州刺史，继母杜氏不肯随咸之官，自表解职。三旬之间，迁司徒左长史。④

傅咸在司徒左长史任上"多所执正"，《晋书·傅咸传》记载豫

① 房玄龄：《晋书》，中华书局1974年版，第1322—1323页。
② 同上书，第1323页。
③ 同上书，第2509页。
④ 同上书，第1323页。

州大中正夏侯骏上书，以尚书郎曹馥代理鲁国小中正、司空司马孔毓。十天内，举荐尚书郎曹馥为鲁国小中正，司徒三次拒绝，夏侯骏坚持己见。傅咸反感夏侯骏的专断，联名上书弹劾。傅咸的上司——魏舒因与夏侯骏联姻，不愿署名。傅咸独自上书弹劾，反遭上司魏舒弹劾，足见其刚正的行事风格。被弹劾后，傅咸转任车骑司马。在车骑司马任上，傅咸上书批评奢侈世风，提议移县狱于郡、应立二社等，得到朝廷采纳。由此，迁为尚书左丞。晋惠帝即位初，太后杨芷父亲杨骏辅政。时任尚书左丞的傅咸，献书临晋侯杨骏，借“谅暗”之事，规劝其早日归政于帝。傅咸不避权势，直言讽切杨骏。杨骏颇为不平，准备外放傅咸，幸得他人劝阻乃止。《晋书·傅咸传》曰：“咸复与骏笺讽切之，骏意稍折，渐以不平。由是欲出为京兆、弘农太守，骏甥李斌说骏，不宜斥出正人，乃止。”[①] 可见，傅咸的政治处境不容乐观，正如傅咸所说：“尝触杨骏，几为身祸。”[②] 就连杨骏弟弟杨济在给傅咸的信中都说：“江海之流混混，故能成其深广也。天下大器，非可稍了，而相观每事欲了。生子痴，了官事，官事未易了也。了事正作痴，复为快耳！左丞总司天台，维正八坐，此未易居。以君尽性而处未易居之任，益不易也。想虑破头，故具有白。”[③] 傅咸回信吐露心迹——绝不愿明哲保身，忠心耿耿，不避祸患。他说：“卫公云酒色之杀人，此甚于作直。坐酒色死，人不为悔。逆畏以直致祸，此由心不直正，欲以苟且为明哲耳！自古以直致祸者，当自矫枉过直，或不忠允，欲以亢厉为声，故致忿耳。安有空空为忠益，而当见疾乎！”[④]

杨骏被诛后，汝南王司马亮入朝辅政。御史中丞傅咸告诫其不可重蹈杨骏之覆辙，希望其能慎重处理封赏之事。汝南王亮擅权，傅咸多次劝谏，希望汝南王亮吸取杨骏的教训，“静默颐神”，抓大放小，降低姿态，改变任人唯亲的不良作风。傅咸因继母杜氏辞世，去官丁忧。不久，朝廷征其为议郎、兼司隶校尉。傅咸固辞之，朝廷不听，

① 房玄龄：《晋书》，中华书局 1974 年版，第 1325 页。

② 同上书，第 1327 页。

③ 同上书，第 1326 页。

④ 同上。

公车催其上任。傅咸以因无兄弟主持丧祭辞官，朝廷特许于官舍中设置灵坐。兼任司隶校尉的傅咸，深知司隶一带豪右放荡恣意，“时朝廷宽弛，豪右放恣，交私请托，朝野溷淆”[①]，非强项之人不能治之。他于是上表皇帝曰：“在职有日，既无赫然之举，又不应弦垂翅，人谁复惮？故光禄大夫刘毅为司隶，声震内外，远近清肃。非徒毅有王臣匪躬之节，亦由所奏见从，威风得伸也。”[②] 皇帝鼓励说：“但当思必应绳中理，威风日伸，何独刘毅！”[③] 司隶校尉傅咸奏免了河南尹澹、左将军倩、廷尉高光、兼河南尹何攀等人，于是“京都肃然，贵戚慑伏”[④]。

同时，傅咸冒着违背典制，“越局侵官”的风险，上书弹劾玄学名士、尚书仆射王戎，要求罢免王戎官职。《晋书·傅咸传》曰：“戎备位台辅，兼掌选举，不能谧静风俗，以凝庶绩，至令人心倾动，开张浮竞。中郎李重、李义不相匡正。请免戎等官。”[⑤] 朝廷首肯了傅咸的奏疏，批评尚书仆射王戎谈玄论道，“驱动浮华，亏败风俗”[⑥]的作风。傅咸的上奏颇具风险。御史中丞解结以“劾戎为违典制，干非其分”的理由弹劾傅咸，请求罢免其官，未得到朝廷的准许。

傅咸在兼任司隶校尉期间，以刚毅正直、忠诚果敢而著称，劾奏纠察大胆惊人，政声斐然。就连入洛的吴郡顾荣，在给江东亲友信中都夸耀傅咸的人品和政声。《晋书·傅咸传》曰：

> 吴郡顾荣常与亲故书曰：“傅长虞为司隶，劲直忠果，劾按惊人。虽非周才，偏亮可贵也。”[⑦]

在傅咸的政治生涯中，经历无数政治险滩，杨骏弄权，傅咸耿直相谏，差点被外放；汝南王亮辅政擅权，傅咸再次挺身；晋惠帝时，

① 房玄龄：《晋书》，中华书局1974年版，第1329页。
② 同上书，第1328页。
③ 同上书，第1329页。
④ 同上。
⑤ 同上。
⑥ 同上书，第1233页。
⑦ 同上书，第1330页。

皇后贾南风骄悍专权，幸有裴颜、张华等大臣辅佐，朝廷才能倚重“刚简有大节，风格峻整，识性明悟，疾恶如仇”的傅咸为司隶校尉，纠察百官，弹劾王戎。元康四年（294）傅咸死在司隶校尉任上，受到朝廷的表彰。

5. 傅祗父子：明达国体、共赴国难

西晋时期，北地傅氏的另一支——傅嘏子嗣政治位势较高。泰始三年（267），晋武帝设立东宫官制，征“名臣”傅嘏之子傅祗为太子舍人。《晋书·傅祗传》曰：

> 起家太子舍人，累迁散骑黄门郎，赐爵关内侯，食邑三百户。[①]

太康年间，傅祗外任荥阳太守，督造沈莱堰，已决黄河、济水的水患，受到百姓爱戴。《晋书·傅祗传》曰：

> （傅祗）为荥阳太守。自魏黄初大水之后，河济泛溢，邓艾尝著《济河论》，开石门而通之，至是复浸坏。祗乃造沈莱堰，至今兖、豫无水患，百姓为立碑颂焉。[②]

不久，傅祗“寻表兼廷尉，迁常侍、左军将军”[③]。太熙元年（290），晋武帝去世，尚未入殓，太傅杨骏“欲悦众心”，大肆封赏。傅祗写信劝阻。杨骏被诛后，朝廷任傅祗司隶校尉（三品），并封郡公。《晋书·傅祗传》曰：

> 除河南尹，未拜，迁司隶校尉。以讨杨骏勋，当封郡公八千户，固让，减半，降封灵川县公，千八百户，余二千二百户封少子畅为武乡亭侯。又以本封赐兄子隽为东明亭侯。[④]

---

① 房玄龄：《晋书》，中华书局1974年版，第1330—1331页。
② 同上。
③ 同上。
④ 同上。

傅祗在楚王玮辅政期间曾被免官，不久又官至光禄勋。元康六年（296），氐人齐万年举兵反晋，朝廷派傅祗做“行安西军司，加常侍，率安西将军夏侯骏讨平之”[①]。不久，迁卫尉（三品），因风疾逊位。后拜为散骑常侍（三品），待遇如同列卿，再加光禄大夫，位至一品，恩荣至极。《晋书·傅祗传》曰：

迁卫尉，以风疾逊位，就拜常侍，食卿禄秩，赐钱及床帐等。寻加光禄大夫，门施行马。[②]

永康元年（300），赵王伦废贾后、杀裴頠、张华等大臣，“自以相国、都督中外诸军”。在白色恐怖之下，赵王伦也希望傅祗出任中书监（三品），“以镇众心”。傅祗辞之以疾，不许。傅祗不得已，被迫就职。傅祗出任中书监，让惊弓之鸟的士族王戎、陈准等人感到放心。《晋书·傅祗传》曰：

及赵王伦辅政，以为中书监，常侍如故，以镇众心。祗辞之以疾，伦遣御史舆祗就职。王戎、陈准等相与言曰：“傅公在事，吾属无忧矣。”其为物所倚信如此。[③]

永宁元年（301），赵王伦篡位。傅祗不得已任右光禄、开府，加侍中。齐王冏兴兵发难，诛杀赵王伦。晋惠帝还朝后，傅祗因受赵王伦朝中书监一职，请求免官，不许。齐王冏逮捕撰写禅文嫌疑者六七人，认为禅文出于中书省，于是上书论傅祗之罪。恰逢大赦，朝廷不予追究。后来，查明禅文非傅祗所撰，便官复原职——光禄大夫。《晋书·傅祗传》曰：

---

① 房玄龄：《晋书》，中华书局1974年版，第1330—1331页。

② 同上书，第1331—1332页。

③ 同上书，第1332页。

惠帝还宫，祗以经受伪职请退，不许。初，伦之篡也，孙秀与义阳王威等十余人预撰仪式禅文。及伦败，齐王冏收侍中刘逵、常侍驺捷、杜育、黄门郎陆机、右丞周导、王尊等付廷尉。以禅文出中书，复议处祗罪，会赦得原。后以禅文草本非祗所撰，于是诏复光禄大夫。①

不久，升为太子少傅，傅祗上书请求辞职，退休归家。成都王颖任太傅，又拜傅祗为少傅，加侍中。《晋书·傅祗传》曰：

寻迁太子少傅，上章逊位还第。及成都王颖为太傅，复以祗为少傅，加侍中。②

光熙元年（306），怀帝即位后，拜傅祗为光禄大夫、侍中。傅祗未上任，又加右仆射、中书监。东海王越辅政期间，傅祗不仅能讲君臣之间谦和之理，令上下和睦，而且他通达国体，为朝廷制定了不少制度。《晋书·傅祗传》曰：

时太傅东海王越辅政，祗既居端右，每宣君臣谦光之道，由此上下雍穆。祗明达国体，朝廷制度多所经综。③

永嘉初年，傅祗历任左光禄、开府，行太子太傅，任侍中如故。尤是在其任司徒职时，因脚有病，诏令他坐车上殿，可以不向皇上朝拜，恩荣备至。《晋书·傅祗传》曰：

历左光禄、开府，行太子太傅，侍中如故。疾笃逊位，不许。迁司徒，以足疾，诏版舆上殿，不拜。④

---

① 房玄龄：《晋书》，中华书局1974年版，第1332页。

② 同上。

③ 同上。

④ 同上。

在风雨飘摇之际，朝廷派傅祗至河阴，负责修理船只，为朝廷随时迁都做准备。《晋书·傅祗传》曰：

大将军苟晞表请迁都，使祗出诣河阴，修理舟楫，为水行之备。①

永嘉之乱，洛阳沦陷。傅祗与朝中大臣共建行台，曾被推为盟主，以司徒、持节、大都督诸军事身份，传檄四方，且亲自屯兵孟津。其子傅宣和公主等人奔走四方，征召义兵。傅祗另一子——傅畅任河阴县令，接应其兄傅宣。《晋书·傅祗传》曰：

及洛阳陷没，遂共建行台，推祗为盟主，以司徒、持节、大都督诸军事传檄四方。遣子宣将公主与尚书令和郁赴告方伯征义兵，祗自屯盟津小城，宣弟畅行河阴令，以待宣。②

傅祗有二子。傅宣，字世弘。西晋后期官居相国掾、尚书郎、太子中舍人、司徒西曹掾、秘书丞、骠骑从事中郎、黄门郎、吏部郎、御史中丞等职。《晋书·傅玄传附傅宣传》曰：

赵王伦以为相国掾、尚书郎、太子中舍人，迁司徒西曹掾。去职，累迁为秘书丞、骠骑从事中郎。惠帝至自长安，以宣为左丞，不就，迁黄门郎。怀帝即位，转吏部郎，又为御史中丞。③

傅畅，字世道。《晋书·傅玄传附傅畅传》曰：

甚有重名。以选入侍讲东宫，为秘书丞。④

① 房玄龄：《晋书》，中华书局1974年版，第1332页。
② 同上。
③ 同上书，第1333页。
④ 同上。

（四）晚渡的次等世族：东晋傅氏

东晋时代，北地傅氏的傅咸、傅祗两支子嗣先后南渡，寓居南方各地。具体而言，傅祗子嗣在永嘉之乱后滞留北方，直到东晋永和六年（350）南渡至梁州；而傅咸子嗣则在永嘉之乱（317）后，随之南渡至浙江会稽、上虞一带。或许因为北地傅氏家族分地而居，其家族子嗣不能凭借宗族势力以获得较高的政治位势。

傅咸子嗣虽过江尚早，但政治位势远不及衣冠华族。傅咸长子傅敷，曾被东晋元帝引为镇东从事中郎。《晋书·傅咸传》曰："元帝引为镇东从事中郎。素有羸疾，频见敦喻，辞不获免，舆病到职。数月卒，时年四十六。"[①]

傅咸次子傅晞曾任上虞令。《晋书·傅咸传》曰："（傅晞）为上虞令，甚有政绩，卒于司徒西曹属。"[②]

傅晞父子过世较早，到其孙傅隆时，家境贫寒，初仕尚晚，且地位较低。《宋书·傅隆传》曰：

> 傅隆……父祖早亡。隆少孤，又无近属，单贫有学行，不好交游。义熙初，年四十，始为孟昶建威将军，员外散骑侍郎。[③]

傅咸曾孙傅瑗政治地位稍有提升，任东城太守。《世说新语·识鉴篇》刘孝标注引《傅氏谱》曰："瑗字叔玉，北地灵州人，历护军长史、安城太守。"[④]《宋书·傅亮传》曰："高祖咸，司隶校尉。父瑗，以学业知名，位至安成太守。"[⑤]

傅咸后嗣傅和之、傅淡父子，皆为刘宋时代知名的儒学家。傅淡为竟陵王刘诞的掾属，因刘诞反叛，被诛杀。《梁书·傅昭传》曰：

---

① 房玄龄：《晋书》，中华书局1974年版，第1330页。

② 同上。

③ 沈约：《宋书》，中华书局1974年版，第1550页。

④ 杨勇：《世说新语校笺》，中华书局2006年版，第336页。

⑤ 沈约：《宋书》，第1430页。案，《宋书·傅亮传》记载"安成太守"，当为"安城太守"。

傅昭，字茂远，北地灵州人，晋司隶校尉咸七世孙也。祖和之，父淡，善《三礼》，知名宋世。淡事宋竟陵王刘诞，诞反，淡坐诛。①

傅祇次子傅畅滞留北方，其子傅咏、傅洪在东晋永和六年（350）逃至梁州一带。傅咏任交州刺史、太子右率。傅洪之子傅韶任梁州刺史，散骑常侍。《晋书·傅祇传附傅畅》曰：“（傅咏）过江为交州刺史、太子右率。”②《宋书·傅弘之传》曰：“晋穆帝永和中，胡乱得还。洪生韶，梁州刺史，散骑常侍。”③

从侨居南方的北地傅氏子嗣的仕宦知，其子嗣在东晋政权中虽不乏刺史、太守者，但远不及高门甲族子弟尊贵，属次等士族。

再从北地傅氏的婚姻看，南渡后的傅氏家族与寒门之刘裕家族通婚。《宋书·臧焘传》曰：“（凝之）年少时与北地傅僧佑俱以通家子始为太祖所引见……傅僧佑，祖父弘仁，高祖外弟也。”④京口刘裕虽贵为皇帝，但早年家境贫寒，属次等士族。《宋书·武帝本纪》曰：“（刘裕）家贫，有大志，不置廉隅。”⑤由此可见，傅氏家族社会地位不高，属次等士族。晋宋之际，随着刘裕势力的崛起，傅氏家族子嗣也获得较高的政治位势。傅弘仁因与刘裕为中表关系而官居显位，为征虏将军、南谯太守、太常卿等职。《宋书·臧焘传》曰：“弘仁，高祖外弟也。以中表历显官，征虏将军、南谯太守，太常卿。”⑥

（五）蹑居高位：刘宋时代的傅氏

晋末宋初，北地傅氏傅亮、傅弘之等人皆追随刘裕征战四方，建功立业，既是刘宋政权中显赫的政治人物，也成为这一时代傅氏家族

---

① 姚思廉：《梁书》，中华书局1973年版，第392页。
② 房玄龄：《晋书》，中华书局1974年版，第1333页。
③ 沈约：《宋书》，中华书局1974年版，第1430页。
④ 同上书，第1546—1547页。
⑤ 同上书，第1页。
⑥ 同上书，第1547页。

的代表。

1. 傅弘之：骁勇善战的军功人物

傅弘之（376—418），字仲度。史书称其“少倜傥有大志”，不仅素善骑射，而且骁勇善战，成为晋宋之际傅氏家族的军功人物。《宋书·傅弘之传》曰：

> 弘之素善骑乘，高祖至长安，弘之于姚泓驰道内，缓服戏马，或驰或骤，往反二十里中，甚有姿制。羌胡聚观者数千人，并惊惋叹息。初上马，以马鞭柄策，挽致两股内，及下马，柄孔犹存。①

傅弘之的高祖为晋司徒傅祗，其曾祖为秘书丞傅畅，其祖傅洪永和六年入晋，其父傅韶任梁州刺史、散骑常侍。《宋书·傅弘之传》曰：

> 弘之高祖晋司徒祗，后封灵州公，不欲封本县，故祗一门还复泥阳。曾祖畅，秘书丞，没胡，生子洪，晋穆帝永和中，胡乱得还。洪生韶，梁州刺史，散骑常侍。韶生弘之。②

东晋安帝元兴二、三年（402—403），桓玄将篡位。傅弘之以白衣之身与庾彬密谋桓氏亲信、荆州刺史桓石康。谋泄，被系入狱。桓玄因其无官职、无兵众，不予追究。《宋书·傅弘之传》曰：

> 桓玄将篡，新野人庾仄起兵于南阳，袭雍州刺史冯该，该走。弘之时在江陵，与仄兄子彬谋杀荆州刺史桓石康，以荆州刺史应仄。彬从弟宏知其谋，以告石康，石康收彬杀之，系弘之于狱。桓玄以弘之非造谋，又白衣无兵众，原不罪。③

---

① 沈约：《宋书》，中华书局1974年版，第1431页。
② 同上书，第1430页。
③ 同上。

傅弘之加入讨伐桓玄的阵营，被辅国将军道规任命为参军。不久被提升为宁远将军、魏兴太守。《宋书·傅弘之传》曰："义旗建，辅国将军道规以为参军、宁远将军、魏兴太守。"①

征阳县令王天恩自封梁州刺史，带兵突袭西城。时任梁州刺史的傅韶遣子傅弘之将兵讨伐之。《宋书·傅弘之传》曰：

> 卢循作乱，桓石绥自上洛甲口自号荆州刺史，征阳令王天恩自号梁州刺史，袭西城。时韶为梁州，遣弘之讨石绥等，并斩之。②

义熙十一年（415），傅弘之随刘裕征伐荆州刺史司马休之，"署后部贼曹，仍为建威将军、顺阳太守。"③ 义熙十二年（416），刘裕为中外大都督，举兵北伐。晋义熙十三年（417），傅弘之与扶风太守沈田子率七路大军从武关攻入关中，击败后秦的上洛太守，占据蓝田，招怀戎晋。《宋书·傅弘之传》曰：

> 高祖北伐，弘之与扶风太守沈田子等七军自武关入，伪上洛太守脱身奔走，进据蓝田，招怀戎、晋。晋人庞斌之、戴养、胡人康横等各率部落归化。④

刘裕离开长安，留次子刘义真等人镇长安，傅弘之任雍州治中从事史，西戎司马、宁朔将军，平叛了略阳太守徐师高的叛乱。《宋书·傅弘之传》曰：

> 进为桂阳公义真雍州治中从事史，除西戎司马、宁朔将军。略阳太守徐师高反叛，弘之讨平之。⑤

---

① 沈约：《宋书》，中华书局1974年版，第1430页。
② 同上。
③ 同上。
④ 同上书，第1430—1431页。
⑤ 同上。

夏王闻刘裕离开长安，派太子赫连环率众三万余人，袭长安。傅弘之领兵在池阳（陕西泾阳北）和寡妇渡（今甘肃庆县北）连破之。刘义真率军撤退，夏军倾国追之，傅弘之在青泥（今蓝田）一带战败被杀。《宋书·傅弘之传》曰：

> 高祖归后，佛佛伪太子赫连环率众三万袭长安，弘之又领步骑五千，于池阳大破之，杀伤甚众。环又抄掠渭南，弘之又于寡妇人渡破瑰，获贼三百，掠七千余口。又义真东归，佛佛倾国追蹑，于青泥大战，弘之身贯甲胄，气冠三军。军败，陷没，佛佛逼令降，弘之不为屈。时天寒，裸弘之，弘之叫骂见杀。[①]

晋宋之际，北地傅氏家族不仅出现了像傅弘之这样的军功人物，还出现了傅亮、傅迪、傅隆以及傅僧佑等儒学之士。

2. 傅亮：位极人臣却备受猜忌的顾命大臣

傅亮（374—453）[②]，字季友。傅咸玄孙，傅瑗之子。《宋书》《南史》有传。傅亮幼年得到父亲好友郗超的识鉴，《世说新语·识鉴篇》曰：

> 郗超与傅瑗周旋。瑗见其二子，并总发，超观之良久，谓瑗曰："小者才名皆胜，然保卿家者，终当在兄。"即傅亮兄弟也。[③]

《宋书·傅亮传》又云：

> 瑗与郗超善，超尝造瑗，瑗见其二子迪及亮。亮年四五岁，超令人解亮衣，使左右持去，初无吝色。超谓瑗曰："卿小儿才名位

① 沈约：《宋书》，中华书局1974年版，第1431页。

② 杨勇《世说新语校笺·识鉴篇》"郗超与傅瑗周旋"条校笺曰："程笺：亮以元嘉三年死，年五十三。则生于晋孝武帝宁康二年。"（中华书局2006年版，第336页）

③ 杨勇：《世说新语校笺》，第336页。

宦，当远逾于兄。然保家传祚，终在大者。”[①]

东晋后期，傅亮凭借才华和敏锐的政治嗅觉，由身份卑微的参军发迹为刘宋王朝显赫的政治人物。傅亮大约在晋安帝元兴元年（402），[②]任“桓谦中军行参军”[③]。傅亮以“博涉经史，尤善文词”见称。元兴二年（403），桓玄篡位后欲招傅亮为秘书郎，可见其声名远著。《宋书·傅亮传》曰：

桓玄篡位，闻其博学有文采，选为秘书郎，欲令整正秘阁，未及拜而玄败。[④]

东晋北府军将领刘裕等人发兵讨伐桓玄，丹阳尹孟昶任命傅亮为建威参军。《宋书·傅亮传》曰：

义旗初，丹阳尹孟昶以为建威参军。[⑤]

义熙元年（405），傅亮被任命为员外散骑侍郎，直西省，典掌诏命，转领军长史。《宋书·傅亮传》曰：

义熙元年，除员外散骑侍郎，直西省，典掌诏命。转领军长史，以中书郎滕演代之。[⑥]

随后，傅亮担任刘毅“抚军记室参军，又补领军司马”。义熙七年

---

① 沈约：《宋书》，中华书局1974年版，第1335—1336页。李延寿《南史·傅亮传》也有相似的记载。《晋书·傅祗传附傅畅》也记载了类似的故事：“畅字世道。年五岁，父友见而戏之，解畅衣，取其金环与侍者，畅不之惜，以此赏之。”足以看出，傅亮幼年已具有父祖之风。

② 据《晋书·桓彝传附桓谦传》曰：“元兴初，朝廷将伐玄，以桓氏世在陕西，谦父冲有遗惠于荆楚，惧人情向背，乃用谦为持节、都督荆益宁梁四州诸军事、西中郎将、荆州刺史、假节，以安荆楚。”因此可推断，傅亮在元兴元（403）任桓谦中军行参军。

③ 沈约：《宋书》，第1336页。

④ 同上。

⑤ 同上。

⑥ 同上。

(411)，傅亮“迁散骑侍郎，复代演直西省。仍转中书黄门侍郎，直西省如故。”[1] 傅亮以中书黄门侍郎，当值西省，得到北府军将领刘裕的赏识。《宋书·傅亮传》曰：

> 高祖以其久直勤劳，欲以为东阳郡，先以语迪，迪大喜告亮。亮不答，即驰见高祖曰：“伏闻恩旨，赐拟东阳，家贫忝禄，私计为幸。但凭荫之愿，实结本心，乞归天宇，不乐外出。”高祖笑曰：“谓卿之须禄耳，若能如此，甚协所望。”[2]

晋义熙十一年(415)，傅亮以太尉从事中郎身份跟随刘裕讨伐荆州刺史司马休之。《宋书·傅亮传》曰：

> 会西讨司马休之，以为太尉从事中郎，掌记室。以太尉参军羊徽为中书郎，代直西省。[3]

晋义熙十二年(416)，刘裕中外大都督，领司、豫二州刺史，征伐后秦。傅亮随之至关中、洛阳。《宋书·傅亮传》曰：“亮从征关、洛，还至彭城。”[4] 东晋恭帝元熙元年(419)六月，刘裕被封宋公。傅亮成为宋国属臣，担任“令书除侍中，领世子中庶子。徙中书令，领中庶子如故。从还寿阳。”[5] 此时，傅亮的政治位势已经较高了。

当然，傅亮真正飞黄腾达的是为宋公刘裕办了一件大事。东晋恭帝元熙元年(419)，刘裕有心篡位，但难于表露，宴请朝臣，委婉地表达此意。他人不解此意，唯傅亮察其意。傅亮连夜进宫，请求还都，为刘裕入京辅政做准备。《宋书·傅亮传》曰：

> 高祖有受禅意，而难于发言，乃集朝臣宴饮，从容言曰：“桓

---

① 沈约：《宋书》，中华书局1974年版，第1336页。
② 同上。
③ 同上。
④ 同上。
⑤ 同上。

玄暴篡，鼎命已移，我首唱大义，复兴皇室，南征北伐，平定四海，功成业着，遂荷九锡。今年将衰暮，崇极如此，物戒盛满，非可久安。今欲奉还爵位，归老京师。”群臣唯盛称功德，莫晓此意。日晚坐散，亮还外，乃悟旨，而宫门已闭；亮于是叩扉请见，高祖即开门见之。亮入便曰：“臣暂宜还都。”高祖达解此意，无复他言，直云：“须几人自送?”亮曰：“须数十人便足。”于是即便奉辞。亮既出，已夜，见长星竟天。亮拊髀曰：“我常不信天文，今始验矣!”至都，即征高祖入辅。[①]

可见，正是傅亮至京都后，从中周旋运作，刘裕才得以被征入京辅政。因此，永初元年（420），刘裕受禅后，傅亮因功被封为县公，食邑二千户，升任为太子詹事，继续担任中书令，入值中书省，专典诏命，地位显赫。《宋书·傅亮传》曰：

永初元年，迁太子詹事，中书令如故。以佐命功，封建城县公，食邑二千户。入直中书省，专典诏命。以亮任总国权，听于省见客。神虎门外，每旦车常数百两。……自此后至于受命，表策文诰，皆亮辞也。[②]

永初二年（421），傅亮升任尚书仆射，继续担任中书令、太子詹事等职。《宋书·傅亮传》曰：

二年，亮转尚书仆射，中书令、詹事如故。[③]

永初三年（422），宋武帝刘裕病逝，傅亮与徐羡之、谢晦三人以顾命大臣辅政。宋少帝刘义符即位后，傅亮位进中书监、尚书令。傅亮位极人臣，地位显赫。不幸的是宋少帝无心国事，游戏无度。《宋书·

① 沈约：《宋书》，中华书局1974年版，第1336—1337页。
② 同上书，第1337页。
③ 同上。

少帝本纪》曰：

帝于华林园为列肆，亲自酤卖。又开渎聚土，以象破冈埭，与左右引船唱呼，以为欢乐。夕游天泉池，即龙舟而寝。①

傅亮与徐羡之等人为社稷计，作出了极危险的事情，谋废少帝。正是这种举动给自己带来了杀身之祸。这种危机在迎宜都王刘义隆于江陵时就已经显露出来。《宋书·傅亮传》曰：

少帝废，亮率行台至江陵奉迎太祖。既至，立行门于江陵城南，题曰“大司马门”。率行台百僚诣门拜表，威仪礼容甚盛。太祖将下，引见亮，哭恸甚，哀动左右。既而问义真及少帝薨废本末，悲号呜咽，侍侧者莫能仰视。亮流汗沾背，不能答。②

《南史·傅亮传》亦云：

（傅）亮流汗沾背不能答。于是布腹心于到彦之、王华等。及至都，徐羡之问帝可方谁？亮曰：“晋文、景以上人。”羡之曰：“必能明我赤心。”亮曰：“不然。”③

为了自保，傅亮等人结纳心腹。《宋书·傅亮传》曰：

亮流汗沾背，不能答。于是布腹心于到彦之、王华等，深自结纳。④

傅亮以加散骑常侍、左光禄大夫、开府仪同三司的身份，继续担任

① 沈约：《宋书》，中华书局 1974 年版，第 66 页。

② 同上书，第 1337 页。

③ 李延寿：《南史》，中华书局 1975 年版，第 443 页。从傅亮答徐羡之之问可以看出，傅亮对宋文帝的判断极为准确。

④ 沈约：《宋书》，第 1337 页。

原有官职，操纵政权。《宋书·傅亮传》曰：

> 太祖登阼，加散骑常侍、左光禄大夫、开府仪同三司，本官悉如故。司空府文武即为左光禄府。又进爵始兴郡公，食邑四千户，固让进封。[①]

直到元嘉二年（425），傅亮和徐羡之等人才归政文帝。《宋书·文帝本纪》曰：

> 二年春正月丙寅，司徒徐羡之、尚书令傅亮奉表归政，上始亲览。[②]

宋文帝亲政后，诛杀权臣傅亮等人。《宋书·傅亮传》曰：

> 元嘉三年，太祖欲诛亮，先呼入见；省内密有报之者，亮辞以嫂病笃，求暂还家。遣信报徐羡之，因乘车出郭门，骑马奔兄迪墓。屯骑校尉郭泓收付廷尉，伏诛。时年五十三。初至广莫门，上遣中书舍人以诏书示亮，并谓曰："以公江陵之诚，当使诸子无恙。"[③]

3. 傅迪：五兵尚书

傅迪，字长猷，傅亮兄长。傅迪官至五兵尚书，卒于刘宋永初二年（421），朝廷追赠为太常。《宋书·傅亮传》曰：

> 迪字长猷，亦儒学，官至五兵尚书。永初二年卒，追赠太常。[④]

---

① 沈约：《宋书》，中华书局1974年版，第1337页。

② 同上书，第73页。

③ 同上书，第1337—1338页。

④ 同上书，第1335—1336页。

4. 傅隆：逡巡而上位至尚书

傅隆（368—451），字伯祚，傅亮族兄。高祖傅咸，晋司隶校尉，曾祖傅晞南渡至上虞（今浙江上虞一带），曾任上虞令。父祖早亡，傅隆孤族势薄，入仕较晚，40岁才任孟昶建威参军、员外散骑侍郎等。《宋书·傅隆传》曰：

> 傅隆，字伯祚，北地灵州人也。高祖咸，晋司隶校尉。曾祖晞，司徒属。父祖早亡。隆少孤，又无近属，单贫有学行，不好交游。义熙初，年四十，始为孟昶建威将军，员外散骑侍郎。坐辞兼，免。复为会稽征虏参军。①

晋义熙年间，傅隆仕途逡巡八年，升为给事中。《宋书·傅隆传》曰：

> 历佐三军，首尾八年。除给事中。②

义熙十三年（417），徐羡之置建威将军府，③ 任命傅隆为录事参军。不久，傅隆升为尚书祠部郎、丹阳丞，入朝任尚书左丞。《宋书·傅隆传》曰：

> 尚书仆射、丹阳尹徐羡之置建威府，以为录事参军，寻转尚书祠部郎、丹阳丞，入为尚书左丞。④

宋武帝永初二年（421），傅隆因族弟傅亮任尚书仆射，由尚书丞改任太子率更令，不久出任庐陵王刘义真车骑咨议参军，出补山阴令。《宋书·傅隆传》曰：

---

① 沈约：《宋书》，中华书局1974年版，第1550页。

② 同上。

③ 《宋书·徐羡之传》曰："刘穆之卒，高祖命以羡之为吏部尚书、建威将军、丹阳尹，总知留任，甲仗二十人出入。转尚书仆射，将军、尹如故。"刘穆之卒年为义熙十三年。

④ 沈约：《宋书》，第1550页。

以族弟亮为仆射，缌服不得相临，徙太子率更令，庐陵王义真车骑咨议参军，出补山阴令。①

宋文帝元嘉初年，傅隆任司徒右长史，并升任御史中丞，司徒佐长史等。《宋书·傅隆传》曰：

太祖元嘉初，除司徒右长史，迁御史中丞。当官而行，甚得司直之体。转司徒左长史。②

傅隆曾出任义兴太守，后拜为左民尚书、太常。《宋书·傅隆传》曰：

又出为义兴太守，在郡有能名。征拜左民尚书，坐正直受节假，对人未至，委出，白衣领职。寻转太常。③

元嘉十五年（438），傅隆退休后，依然享受光禄大夫待遇。《宋书·傅隆传》曰：

明年，致仕，拜光禄大夫。④

5. 傅僧佑：治声颇佳的山阴令

傅僧佑，北地傅氏家族子嗣。其远祖不详，祖父傅弘仁系刘裕表兄弟，官至征虏将军、南谯太守，太常卿。其父傅邵，官任员外散骑侍郎。《宋书·臧焘传》曰：

傅僧佑，祖父弘仁，高祖外弟也。以中表历显官，征虏将军、

① 沈约：《宋书》，中华书局1974年版，第1550页。
② 同上。
③ 同上书，第1551页。
④ 同上书，第1552页。

南谯太守，太常卿。子邵，员外散骑侍郎，妻焘女也。[①]

少年时代的傅僧佑得到宋武帝刘裕的重视。《宋书·臧焘传》曰：

（凝之）年少时与北地傅僧佑俱以通家子始为太祖所引见。[②]

傅僧佑曾任安东录事参军、山阴县令等职。傅僧佑任山阴令时，治声颇佳。《南齐书·傅琰传》称："傅琰，父僧佑，安东录事参军。"[③]《宋书·臧焘传》称："傅僧佑……有吏才，再为山阴令，甚有能名，末世令长莫及。亦以徐湛之党，为元凶所杀。"[④]《南齐书·傅琰传》称："山阴，东土大县，难为长官，僧佑在县有称。"[⑤]

（六）代不乏人：齐梁时代的傅氏

齐梁时代，北地傅氏子嗣傅琰、傅岐、傅昭等人见诸史籍，成为傅氏家族的代表人物。

1. 傅琰："明察狱讼，颇有能名"的"傅圣"

傅琰，字季圭。傅僧佑之子，善于狱讼。《南齐书·良政》《南史》皆有传。

傅琰在刘宋时期，曾任宁蛮参军，兼任本州主簿，后升任宁蛮功曹。永光元年（465），出补康武县令，广威将军。后来，任尚书左民郎。宋泰始六年（470），为山阴令。傅琰与其父傅僧佑一样，在山阴令任上，明察狱讼，颇有能名，被老百姓称为"傅圣"，朝廷赐爵新亭侯。《南齐书·傅琰传》曰：

傅琰，字季圭，北地灵州人也。……琰美姿仪，解褐宁蛮参军，本州主簿，宁蛮功曹。宋永光元年，补诸暨武康令，广威将

---

① 沈约：《宋书》，中华书局1974年版，第1547页。

② 同上书，第1546—1547页。

③ 萧子显：《南齐书》，中华书局1972年版，第914页。

④ 沈约：《宋书》，第1547页。

⑤ 萧子显：《南齐书》，第914页。

军，除尚书左民郎，又为武康令，将军如故。除吴兴郡丞。泰始六年，迁山阴令。山阴，东土大县，难为长官，僧佑在县有称，琰尤明察，又著能名。其年爵新亭侯。①

《南史·傅琰传》亦云：

琰美姿仪，仕宋为武康令，迁山阴令，并著能名，二县皆谓之傅圣。赐爵新亭侯。②

元徽初年，傅琰迁尚书右丞。太尉萧道成辅政，以傅琰任山阴令。《南齐书·傅琰传》曰：

元徽初，迁尚书右丞。……太祖辅政，以山阴狱讼烦积，复以琰为山阴令。③

《南齐书·良政传》曰：

太祖承宋氏奢纵，风移百城，辅立幼主，思振民瘼。为政未朞，擢山阴令傅琰为益州刺史。乃损华反朴，恭己南面，导民以躬，意存勿扰。④

升明二年（478），太尉萧道成辅政以来，为了整治奢侈骄纵的社会风气，擢升山阴令傅琰为益州刺史，兼任益州宁州都督、建威将军、宋宁太守。《南史·傅琰传》曰：

自县迁州，近世罕有。⑤

① 萧子显：《南齐书》，中华书局1972年版，第914页。
② 李延寿：《南史》，中华书局1975年版，第1706页。
③ 萧子显：《南齐书》，第914页。
④ 同上书，第913页。
⑤ 李延寿：《南史》，第1706页。

《南齐书·傅琰传》曰：

升明二年，太祖擢为假节、督益宁二州军事、建威将军、益州刺史、宋宁太守。[①]

入齐后，齐太祖萧道成封傅琰为宁朔将军、骁骑将军、黄门郎，后迁升为建威将军、荆州刺史等。《南齐书·傅琰传》曰：

建元元年，进号宁朔将军。四年，征骁骑将军，黄门郎。永明二年，迁建威将军、安陆王北中郎长史，改宁朔将军。明年，徙庐陵王安西长史、南郡内史，行荆州事。[②]

2. 傅岐："善于谋事、长于言对"的外交之臣

傅岐，字景平。齐代益州刺史傅琰之孙，傅翙之子。起家为南康王萧宏的常侍、参军，兼任尚书金部郎。《梁书·傅岐传》曰：

傅岐，字景平，北地灵州人也。高祖弘仁，宋太常。祖琰，齐世为山阴令，有治能，自县擢为益州刺史。父翙，天监中，历山阴、建康令，亦有能名，官至骠骑咨议。岐初为国子明经生，起家南康王宏常侍，迁行参军，兼尚书金部郎。[③]

傅岐任如新令，治声颇佳，深得县中百姓爱戴。《梁书·傅岐传》曰：

岐后去县，民无老小，皆出境拜送，啼号之声，闻于数十里。[④]

---

① 萧子显：《南齐书》，中华书局 1972 年版，第 914 页。

② 同上书，第 915 页。

③ 姚思廉：《梁书》，中华书局 1973 年版，第 601—602 页。

④ 同上书，第 602 页。

朝廷征其为廷尉正，“入兼中书通事舍人，迁宁远岳阳王记室参军，舍人如故。”[①] 朝廷因傅岐美姿仪，且善言对，常派他接待外国使臣。《梁书·傅岐传》曰：

> 岐美容止，博涉能占对。大同中，与魏和亲，其使岁中再至，常遣岐接对焉。[②]

梁太清元年（547），傅岐升任为太仆、司农卿，兼任中书舍人，参与机要十余年。《梁书·傅岐传》曰：

> 太清元年，累迁太仆、司农卿，舍人如故。在禁省十余年，机事密勿亚于朱异。[③]

东魏遣使至梁，欲通和修好。梁武帝召集有关部门和近臣商议，傅岐坚决反对修好，认为会使东魏叛将侯景心生疑虑，激变叛乱。梁武帝不听，最终酿下侯景之乱。《梁书·傅岐传》曰：

> 渊明遣使还，述魏人欲更通和好，敕有司及近臣定议。左卫朱异曰：“高澄此意，当复欲继好，不爽前和；边境且得静寇息民，于事为便。”议者并然之。岐独曰：“高澄既新得志，其势非弱，何事须和？此必是设间，故令贞阳遣使，令侯景自疑当以贞阳易景。景意不安，必图祸乱。今若许澄通好，正是堕其计中。且彭城去岁丧师，涡阳新复败退，令便就和，益示国家之弱。若如愚意，此和宜不可许。”朱异等固执，高祖遂从异议。及遣和使，侯景果有此疑，累启请追使，敕但依违报之。至八月，遂举兵反。十月，入寇京师，请诛朱异。[④]

---

① 姚思廉：《梁书》，中华书局1973年版，第602页。
② 同上。
③ 同上。
④ 同上书，第602—603页。

侯景率叛军攻入京都，上表要求割江右四州，梁武帝被逼答应。立盟于西城，侯景要求朝廷派宣城王出送，在傅岐的坚决反对下，梁武帝派石城公出送之。当朝中众人欢喜立盟，傅岐却预言侯景会背信弃义。《梁书·傅岐传》曰：

> 二月，景于阙前通表，乞割江右四州，安其部下，当解围还镇，敕许之。乃于城西立盟，求遣宣城王出送。岐固执宣城嫡嗣之重，不宜许，遣石城公大款送之。及与景盟讫，城中文武喜跃，望得解围。岐独言于众曰："贼举兵为逆，未遂求和，夷情兽心，必不可信，此和终为贼所诈也。"众并怨怪之。及景背盟，莫不叹服。①

陈代吏部尚书姚察回顾梁代侯景之乱时，不无感慨地说："傅岐识齐氏之伪和，可谓善于谋事。是时若纳岐之议，太清祸乱，固其不作。申子曰：'一言倚，天下靡。'此之谓乎？"②

3. 傅昭："廉洁奉公，清静守职"的楷模

傅昭（453—528），字茂远。傅咸后嗣，其祖傅和之、其父傅淡，系刘宋时代知名的礼学家。其父傅淡因竟陵王刘诞谋反坐诛。傅昭早孤，家境贫寒。《梁书·傅昭传》曰：

> 傅昭，字茂远，北地灵州人，晋司隶校尉咸七世孙也。祖和之，父淡，善《三礼》，知名宋世。淡事宋竟陵王刘诞，诞反，淡坐诛。昭六岁而孤，哀毁如成人者，宗党咸异之。十一，随外祖于朱雀航卖历日。③

年轻的傅昭以不凡的风神和出众的才华受到权贵们的奖掖、提携。据史书记载，傅昭依附于雍州刺史袁抃。一次，袁抃前往家中探望，见

---

① 姚思廉：《梁书》，中华书局 1973 年版，第 603 页。

② 同上。

③ 同上书，第 392 页。

其“读书自若，神色不改”，赞叹道：“此儿神情不凡，必成佳器。”《梁书·傅昭传》曰：

（傅昭）为雍州刺史袁抃客，抃尝来昭所，昭读书自若，神色不改。抃叹曰：“此儿神情不凡，必成佳器。”①

司徒建安王休仁听到袁抃的品题后，欲招致傅昭为掾属。傅昭因刘宋政治多难，未能就任。《梁书·傅昭传》曰：

司徒建安王休仁闻而悦之，因欲致昭，昭以宋氏多故，遂不往。②

廷尉虞愿得知后，曾派人迎接傅昭至府中。傅昭在虞愿府中，受到当世名流虞通之的赏识，并赠诗一首。《梁书·傅昭传》曰：

或有称昭于廷尉虞愿，愿乃遣车迎昭。时愿宗人通之在坐，并当世名流，通之赠昭诗曰：“英妙擅山东，才子倾洛阳。清尘谁能嗣，及尔遘遗芳。”③

傅昭还受到丹阳尹袁粲的赞赏。《梁书·傅昭传》曰：

（袁粲）每经昭户，辄叹曰：“经其户，寂若无人，披其帷，其人斯在，岂非名贤！”④

傅昭在他人的举荐下，被丹阳尹袁粲辟为丹阳郡主簿。不久，任总明学士、奉朝请。《梁书·傅昭传》曰：

① 姚思廉：《梁书》，中华书局1973年版，第393页。
② 同上。
③ 同上。
④ 同上。

太原王延秀荐昭于丹阳尹袁粲，深为所礼，辟为郡主簿，使诸子从昭受学。会明帝崩，粲造哀策文，乃引昭定其所制。寻为总明学士、奉朝请。①

随后，傅昭在御史中丞刘休的推荐下，齐武帝任其为南郡王侍读。在侍读傅昭感染下，南郡王才未介入诸子争宠的政治斗争中，得以全身保真。《梁书·傅昭传》曰：

先是御史中丞刘休荐昭于武帝，永明初，以昭为南郡王侍读。王嗣帝位，故时臣隶争求权宠，惟昭及南阳宗夬，保身守正，无所参入，竟不罹其祸。②

傅昭在永明中期，历任员外郎、竟陵王萧子良参军、尚书仪曹郎等职。政治位势才有所提升。《梁书·傅昭传》曰：

齐永明中，（傅昭）累迁员外郎、司徒竟陵王子良参军、尚书仪曹郎。③

齐明帝时代，傅昭虽身居显职——中书通事舍人，却不弄权、不仗势，廉洁奉公，清静守职，深得齐明帝的赞赏。《梁书·傅昭传》曰：

明帝践阼，引昭为中书通事舍人。时居此职者，皆势倾天下，昭独廉静，无所干豫。器服率陋，身安粗粝。常插烛于板床，明帝闻之，赐漆合烛盘等，敕曰："卿有古人之风，故赐卿古人之物。"④

萧齐后期，傅昭"累迁车骑临海王记室参军，长水校尉，太子家令，骠骑晋安王咨议参军。寻除尚书左丞、本州大中正"⑤。傅昭受到

① 姚思廉：《梁书》，中华书局1973年版，第393页。
② 同上。
③ 同上。
④ 同上。
⑤ 同上。

权臣萧衍的器重，曾被“引为骠骑录事参军”。萧梁时代，傅昭历任黄门侍郎、著作郎、御史中丞、五兵尚书、建威将军、平南安成王长史、寻阳太守、振远将军、中权长史、秘书监、后军将军、太常卿、光禄大夫、散骑常侍、金紫光禄大夫等职。傅昭在齐梁政坛上虽无政治建树，但作为道德楷模，受人敬重。《梁书·傅昭传》曰：

> 昭所莅官，常以清静为政，不尚严肃。居朝廷，无所请谒，不畜私门生，不交私利。终日端居，以书记为乐，虽老不衰。博极古今，尤善人物，魏晋以来，官宦簿伐，姻通内外，举而论之，无所遗失。性尤笃慎。……其居身行已，不负暗室，类皆如此。京师后进，宗其学，重其道，人人自以为不逮。①

傅昭为人正直，感动天地。史书记载，他任安城内史时，曾梦闻兵马铠甲，事虽涉诞，但足以看出其正直的性格。《梁书·傅昭传》曰：

> 安成自宋已来兵乱，郡舍号凶。及昭为郡，郡内人夜梦见兵马铠甲甚盛，又闻有人云“当避善人”，军众相与腾虚而逝。梦者惊起。俄而疾风暴雨，倏忽便至，数间屋俱倒，即梦者所见军马践蹈之所也。自后郡舍遂安，咸以昭正直所致。②

4. 傅映：修身厉行、位至九卿

傅映（456—539），字徽远。傅昭之弟。其父傅淡早卒，兄弟和睦，为时人所称。《梁书》《南史》有传。《梁书·傅映传》曰：

> 映字徽远，昭弟也。三岁而孤。兄弟友睦，修身厉行，非礼不行。始昭之守临海，陆倕饯之，宾主俱欢，日昏不反，映以昭年高，不可连夜极乐，乃自往迎候，同乘而归，兄弟并已斑白，时人

---

① 姚思廉：《梁书》，中华书局1973年版，第394页。

② 同上。

美而服焉。[1]

傅映未弱冠时，受到褚彦的器重举荐。傅映因其兄傅昭未仕推辞之。《梁书·傅映传》曰：

褚彦回闻而悦之，乃屈与子贲等游处。年未弱冠，彦回欲令仕，映以昭未解褐，固辞，须昭仕乃官。[2]

傅映初仕为刘宋镇军江夏王参军、武康令。萧梁时代，历任征虏鄱阳王参军，建安王中权录事参军，领军长史，乌程令；临川王录事参军，南台治书，安成王录事，太子翊军校尉；累迁中散大夫、光禄卿、太中大夫等职。《梁书·傅映传》曰：

永元元年，参镇军江夏王军事，出为武康令。……天监初，除征虏鄱阳王参军，建安王中权录事参军，领军长史，乌程令。所受俸禄，悉归于兄。复为临川王录事参军，南台治书，安成王录事，太子翊军校尉，累迁中散大夫、光禄卿，太中大夫。[3]

5. 傅縡："为文典丽、负才使气"

南朝陈代，北地傅氏家族出现了一位精通佛理、兼有文才的政治人物——傅縡。《陈书·傅縡传》曰：

傅縡，字宜事，北地灵州人也。父彝，梁临沂令。縡幼聪敏，七岁诵古诗赋至十余万言。长好学，能属文。梁太清末，携母南奔避难……后依湘州刺史萧循，循颇好士，广集坟籍，縡肆志寻阅，因博通群书。[4]

---

① 姚思廉：《梁书》，中华书局 1973 年版，第 395 页。

② 同上。

③ 同上书，第 392—396 页。

④ 同上书，第 400 页。

傅縡以词理优洽、文无加点的文学才华入仕，取得了一定的政治地位。先是王琳引傅縡为府记室，随后，权臣陈霸先招其为撰史学士、司空府记室。《陈书·傅縡传》曰：

> 王琳闻其名，引为府记室。琳败，随琳将孙玚还都。时世祖使颜晃赐玚杂物，玚托縡启谢，词理优洽，文无加点，晃还言之世祖，寻召为撰史学士。除司空府记室参军，迁骠骑安成王中记室，撰史如故。[①]

傅縡在陈代历任骠骑安成王中记室、散骑侍郎、镇南始兴王咨议参军，兼东宫管记、太子庶子、仆、秘书监、右卫将军，兼中书通事舍人等职。《陈书·傅縡传》曰：

> （傅縡）寻以本官兼通直散骑侍郎使齐，还除散骑侍郎、镇南始兴王咨议参军，兼东宫管记。历太子庶子、仆，兼管记如故。后主即位，迁秘书监、右卫将军，兼中书通事舍人，掌诏诰。[②]

傅縡任秘书监、右卫将军兼中书通事舍人，掌诏诰，深得陈后主器重。《陈书·傅縡传》曰：

> 縡为文典丽，性又敏速，虽军国大事，下笔辄成，未尝起草，沈思者亦无以加焉，甚为后主所重。[③]

不幸的是，傅縡性格耿直真率，“然性木强，不持检操，负才使气，陵侮人物，朝士多衔之”[④]，终被谗言离间下狱而死。《陈书·傅縡传》曰：

> 会施文庆、沈客卿以便佞亲幸，专制衡轴，而縡益疏。文庆等

---

① 姚思廉：《陈书》，中华书局1972年版，第400页。

② 同上书，第405页。

③ 同上。

④ 同上。

因共谮縡受高丽使金，后主收縡下狱。[①]

傅縡之死，让后世史臣无不感慨："傅縡聪警特达，并一代之英灵矣。然縡不能循道进退，遂置极网，悲夫！"[②]

综上所述，永嘉之乱后，北地傅氏南迁避难，其子嗣虽在东晋百年间政治地位不高，但历宋齐梁陈四世，政治位势得到明显提升。可谓人物辈出，代不乏人。其中，傅亮在风云际会中，由低级幕僚参军一跃为中书监、尚书令，贵为宰辅，总重权；傅弘之倜傥不羁，胸怀大志，骁勇善战，驰骋疆场，纵横捭阖，为家族赢得了政治地位；傅隆以儒学位至太常；傅僧佑、傅琰、傅翙、傅岐祖孙四代皆善狱讼，深受百姓爱戴，尤其傅岐韬略深远，善于谋事而位居九卿之太仆兼中书舍人；傅昭、傅映兄弟以礼学著称，位居金紫光禄大夫故、光禄卿；傅縡以博学多闻，下笔立就，文不加而点位居秘书监、中书通事舍人。

（七）备受倚重的汉族世族：北朝傅氏

1. 傅畅：沦落北方，深受倚重

永嘉之乱爆发后，傅祗抵抗匈奴族将领刘曜失败后，《晋书·傅祗传》曰：其子傅畅"寻没于石勒"[③]。汉主刘聪与傅畅论及其父傅祗之事。《晋书·刘聪载记》曰："（刘聪）谓祗子畅曰：'尊公虽不达天命，然各忠其主，吾亦有以亮之。但晋主已降，天命非人所支，而虔刘南鄙，沮乱边萌，此其罪也。以元恶之种而赠同勋旧，逆臣之孙荷荣禁闼，卿知皇汉之德弘旷以不？'畅曰：'陛下每嘉先臣，不以小臣之故而亏其忠节，及是恩也，自是明主伐国吊人之义，臣辄同万物，未敢谢生于自然。'"[④] 赵王石勒任傅畅为大将军右司马、参军、经学祭酒。《晋书·傅祗传》曰："（傅畅）寻没于石勒，勒以为大将军右司马。"[⑤]《晋书·石勒载记》曰："（石勒）始建社稷，立宗庙，营东西宫。署从

① 姚思廉：《陈书》，中华书局 1972 年版，第 405 页。
② 同上书，第 407 页。
③ 房玄龄：《晋书》，中华书局 1974 年版，第 1333 页。
④ 同上书，第 2662 页。
⑤ 同上书，第 1333 页。

事中郎裴宪、参军傅畅、杜嘏并领经学祭酒。”①

傅畅因谙识朝仪，参与机密，为石勒所敬重。“（傅畅）谙识朝仪，恒居机密，勒甚重之。”② 北地傅氏傅畅子嗣历汉、后赵等北方少数民族政权。冉闵乱赵之际，傅畅之子傅咏、傅洪奔晋。《宋书·傅弘之传》曰：“（傅弘之）曾祖畅，秘书丞，没胡，生子洪，晋穆帝永和中，胡乱得还。”③

2. 傅纯、傅粹：被俘远徙，被授给事中

傅祗孙傅纯、傅粹被俘，徙于平阳县。《晋书·刘聪载记》曰：

> 麴特等围长安，刘曜连战败绩，乃驱掠士女八万余口退还平阳，因攻司徒傅祗于三渚，……祗病卒，城陷，迁祗孙纯、粹并二万余户于平阳县。④

汉主刘聪追赠傅祗为太保，任命其孙傅纯、傅粹为给事中。《晋书·刘聪载记》曰：

> 聪赠祗太保，纯、粹皆给事中。⑤

3. 傅灵庆、傅灵根、傅灵越：乡闾豪族之武将

北魏时代，滞留北方的另一郡望清河傅氏骤然崛起，见诸史籍者有傅永、傅竖眼等人。如前所述，清河为傅氏之郡望始于西晋傅咸。但无史料确证这些人物与西晋时代傅咸有血脉关联，或许非傅咸之后嗣。清河傅氏在十六国之后赵时代，出现了位居太常的傅遘。《魏书·傅竖眼传》曰：“（傅）伷子遘，石虎太常。”⑥ 据《魏书·傅竖眼传》，傅遘后嗣傅融南徙渡河，家于盘阳（今山东省内）。因其子傅灵庆、傅灵

---

① 房玄龄：《晋书》，中华书局1974年版，第2753页。

② 同上书，第1333页。

③ 沈约：《宋书》，中华书局1974年版，第1430页。

④ 房玄龄：《晋书》，第2662页。

⑤ 同上。

⑥ 魏收：《魏书》，中华书局1974年版，第1555页。

根、傅灵越皆有才力，傅融成为乡闾豪族。《魏书·傅竖眼传》曰：

> （傅竖眼）祖父融南徙渡河，家于盘阳，为乡闾所重。性豪爽。有三子，灵庆、灵根、灵越，并有才力。融以此自负，谓足为一时之雄。……融意谓其三子文武才干，堪以驾驭当世。……故豪勇之士多相归附。[①]

元嘉二十七年（450），宋文帝遣宁朔将军王玄谟与青、冀刺史萧斌等北伐。傅融刚死不久，其子傅灵庆率部曲攻打碻磝城。因攻车被烧毁，傅灵庆惧军法，遁去。刺史萧斌派傅灵庆叔父傅乾爱诱捕之，并杀之。傅灵庆被杀后，其弟傅灵根、傅灵越惧遁入北魏。傅灵越得到北魏高宗文成皇帝的赏识。傅灵越被拜为镇远将军、魏青州刺史、封贝丘子，屯兵羊兰城。其弟被拜为临齐副将，镇明潜垒。宋孝武帝担心北魏将领傅灵越兄弟寇扰三齐，乃命傅灵越叔父傅琰[②]为冀州治中、傅乾爱为乐陵太守。傅琰遣门生入北魏军中招抚之。宋武帝孝建元年（454），傅灵越兄弟思母心切，准备南奔入宋，叔父傅乾爱遣船接应。傅灵越受到宋孝武帝的礼遇，被拜员外郎、兖州司马，鲁郡太守。因其兄傅灵庆间接被傅乾爱害死，傅灵越、傅灵根兄弟受累奔北魏。傅灵越对叔父傅乾爱充满敌意，即便傅乾爱曾接应其入刘宋。史载傅灵越入刘宋后，拒绝接受傅乾爱馈赠的乌皮裤褶。后来，傅灵越与叔父傅乾爱一起还建康，傅灵越借机毒死叔父，为兄报仇。傅灵越在刘宋时代曾任太原太守，戍守升城。大约在宋前废帝永光元年（465），废帝使人毒害晋安王刘子勋，邓琬等人奉子勋起兵。宋明帝刘彧戡乱后，曾封刘子勋为车骑将军、开府仪同三司。邓琬等不受其命，在泰始二年（466），晋安王刘子勋为帝，与宋明帝刘彧分庭抗礼。就在刘子勋起兵时，太原太守傅灵越举兵附之，被封为前军将军。刘子勋败亡后，傅灵越被俘。宋明帝刘彧欲宽宥之，但傅灵越死意已决，言语激越而被杀。

---

① 魏收：《魏书》，中华书局1974年版，第1555页。

② 《魏书》所言傅琰，应指傅季圭，《齐书》《南史》皆有传，傅琰为北地傅氏。魏收称傅琰为傅灵越之叔父，实为族叔父。这进一步确证了清河傅氏与北地傅氏之间的同宗关系。

4. 傅竖眼：战功卓著的勋贵

傅灵越儿子傅竖眼逃至北魏，得到镇安王肃的敬重。从此步入仕途，建立不世功勋，成为北魏时代清河傅氏的代表人物。《魏书·傅竖眼传》曰：

> 竖眼，即灵越子也。沉毅壮烈，少有父风。入国，镇南王肃见而异之，且奇其父节，倾心礼敬，表为参军。从肃征伐，累有战功，稍迁给事中、步兵校尉、左中郎将，常为统军，东西征伐。世宗时为建武将军，讨扬州贼。破之，仍镇于合肥，萧衍民归之者数千户。①

北魏世宗拓跋恪任命傅竖眼为建武将军，击败南朝梁军的进攻，镇于合肥。北魏正始三年（506），傅竖眼镇压武兴氐人杨绍先的叛乱，以军功假节为南兖州刺史。随后，傅竖眼转任昭武将军、益州刺史，进号为冠军将军。傅竖眼被任命为征虏将军、持节，领步军三万讨伐北巴一带，率军力克宁州刺史任太洪等，取得了胜利。傅竖眼任益州刺史期间，清廉素洁，抚恤士卒，大行恩信，保境安民，深得百姓爱戴，受到世宗拓跋恪的嘉奖。

北魏肃宗孝明帝即位（515），傅竖眼回京师后，被拜征虏将军、太中大夫。九月，傅竖眼持节，为镇南司军，随镇南王崔亮出征寿春。北魏肃宗孝明帝熙平元年（516），南朝萧衍遣衡州刺史张齐袭击北魏益州。魏肃宗再次任命傅竖眼为益州刺史，抵御张齐诸军。傅竖眼率军出梁州，与南朝梁州刺史任太洪等激战，斩杀任太洪等。张齐退兵至葭萌，傅竖眼大破其军，平定益州。其后，傅竖眼曾转任安西将军、岐州刺史以及梁州刺史等职。不久，为镇军将军都督梁西益巴三州诸军事。傅竖眼率其子傅敬绍等，击败梁军。后因其子傅敬绍阴怀异志，欲割据南郑被杀，傅竖眼耻恚而卒。北魏朝廷感念傅竖眼军功卓著，追赠其征东将军、吏部尚书、齐州刺史。数年后，重赠散骑常侍、车骑将车、司徒三公、相州刺史，开国如故。

---

① 魏收：《魏书》，中华书局1974年版，第1557页。

5. 傅敬和、傅敬绍兄弟："好酒薄行，倾侧势家"

傅竖眼二子：傅敬和、傅敬绍兄弟皆"好酒薄行，倾侧势家"。傅敬和在北魏历任青州镇远府长史、益州刺史。在益州，聚敛不已，大失民望，后降南朝萧梁。萧衍为了结好北魏，放回傅敬和。后来，朝廷又任其为北徐州刺史，失职被废。

傅敬绍，颇涉书传，略有胆力，奢淫倜傥。随父征战，击败南朝萧衍的北梁州长史锡休儒、司马鱼和、上庸太守姜平洛等十军的进攻。傅敬绍怀不臣之异志，企图割据南郑，被城中兵士所杀。

6. 傅永父子：显赫荣贵

（1）傅永：文武双修，军功封侯

傅永（433—516），字修期，北魏时代平东将军、光禄大夫等，《魏书》《北史》有传。傅永文武双修。《魏书·傅永传》曰：

> （傅永）有气干，拳勇过人，能手执鞍桥，倒立驰骋。年二十余，有友人与之书而不能答，请于洪仲，洪仲深让之而不为报。永乃发愤读书，涉猎经史，兼有才笔。①

正是叔父的激发，傅永才发愤读书，涉猎经史，颇有文笔。后来，所作公文得到中山王英的赞赏，也得到北魏高祖拓跋宏的激赏："上马能击贼，下马作露布，唯傅修期耳。"② 傅永幼年随叔父傅洪仲等由青州入魏。不久，南奔入宋，任刘宋东阳禁防崔道固城局参军。北魏黄兴二年（468），魏孝文帝拓跋弘派征南大将军慕容白曜围攻东阳，傅永随崔道固一起降魏。数十年后，傅永被召为礼郎，赐爵贝丘男，加伏波将军。傅永得到北魏高祖拓跋宏的信任，为豫州刺史王肃的平南长史、建武将军，"王肃之为豫州，以永为建武将军、平南长史"③。傅永得到王肃的礼敬，《魏书·傅永传》曰：

---

① 魏收：《魏书》，中华书局1974年版，第1550—1501页。

② 同上书，第1552页。

③ 同上书，第1551页。

肃以永宿士，礼之甚厚。永亦以肃为高祖眷遇，尽心事之，情义至穆。①

北魏太和二十一年（497），傅永曾击败齐将鲁康祚、赵公政等，生擒赵公政，斩获鲁康祚首级。傅永再败齐将裴叔业，拜为永安远将军、镇南府长史、汝南太守、贝丘县开国男，食邑二百户。北魏太和二十二年（498），齐将裴叔业围涡阳。傅永任统军将军，与高聪、刘藻、成道益等往救之。此战失利，北魏高祖孝文帝免其官爵，事隔不久，便任其为扬武将军、汝阴镇将、汝阴太守。

北魏宣武帝景明元年（500），傅永在接应齐将裴叔业投魏的过程中，被封清河男爵。北魏宣武帝景明二年（501），齐萧宝卷将领陈伯之犯寿春，沿淮为寇。朝廷诏傅永为统军，领汝阴之兵3000人救援寿春，与司徒、彭城王勰并势击齐将陈伯之。北魏景明四年（503），七十余岁的傅永以宁朔将军、统军，随中山王英包围梁义阳。景明五年（504），傅永审时度势地力谏中山王英，分兵筑城于上山，并亲率1000余人奋战梁将马仙琕。不避箭伤，气壮山河。傅永以伐义阳有功，复封为清河男爵，赐帛2000匹，升任太中大夫，掌管秦、梁二州，镇守汉中。随后，傅永曾任恒农太守，不久，任太中大夫。《魏书·傅永传》曰：

行南青州事，迁左将军、南兖州刺史。……还京，拜平东将军、光禄大夫。②

（2）傅叔伟：尚武骁勇

傅永之子傅叔伟，也是一位尚武之人。《魏书·傅永传》曰：

叔伟，九岁为州主簿。及长，膂力过人，弯弓三百斤，左右驰

① 魏收：《魏书》，中华书局1974年版，第1551页。

② 同上书，第1553—1554页。

射，又能立马上与人角骋。见者以为得永之武而不得永文也。[①]

7. 傅准父子：才兼文史，身居显位

（1）傅准：擅长词赋、位居尚书

北地傅氏家族傅昭之子傅谞、傅昭之孙傅准在萧梁时代皆位居显位。《南史·傅昭传》曰：

（傅昭）长子谞，位尚书郎，湘东王外兵参军。谞子准有文才，梁宣帝时，位度支尚书。[②]

北地傅氏家族子嗣傅准随岳阳王萧詧降北周。其后，萧詧在江陵东城建立北周的藩国，傅准成为萧詧的得力助手。《周书·萧詧传》曰：

詧之在藩及居帝位，以蔡大宝为股肱，王操为腹心，魏益德、尹正、薛晖、许孝敬、薛宣为爪牙，甄玄成、刘盈、岑善方、傅准、褚珪、蔡大业典众务。[③]

傅准官至度支尚书。《周书·萧詧传附傅准传》曰：

傅准，北地人。祖照，金紫光禄大夫。父谞，湘东王外兵参军。准有文才，善词赋。以西中郎参军随詧之镇。官至度支尚书。岿之七年，卒，赠太常卿。谥曰敬康。[④]

（2）傅秉、傅执：才兼文史，位至尚书左丞

傅准二子，傅秉、傅执才兼文史。兄弟在萧岿藩国里位居尚书右丞、中书舍人、尚书左丞等。《周书·萧詧传附傅准传》曰：“秉，尚

① 魏收：《魏书》，中华书局1974年版，第1555页。
② 李延寿：《南史》，中华书局1975年版，第1470页。
③ 令狐德棻：《周书》，中华书局1971年版，第873页。
④ 同上书，第873页。

书右丞。执，中书舍人、尚书左丞。”①

综上所述，北地傅氏家族崛起于西汉后期，鼎盛于魏、晋、宋之际。其先祖傅介子虽出身行伍，却以刺杀楼兰国王立功受封。曹魏后期，北地傅氏中出现了高流名臣的傅嘏，位居尚书仆射。西晋时代，北地傅氏出现了位居司隶校尉的傅玄父子等。晋宋之际，出现了尚书仆射、中书令傅亮等。当然，在这几百年间，北地傅氏家族也几经沉浮，历尽苦难，尤其是永嘉之乱。可以说，北地傅氏家族虽无弘农杨氏、京兆杜氏、韦氏政治地位显赫，但在特定历史时期的政治舞台上也发挥着重要的作用，是关辅世族群体的重要组成部分。

四　北地傅氏的文化习性

北地傅氏家族虽崛起于西汉后期，但那种较明显、稳定的家族文化习性却形成于东汉后期。早在西汉后期，北地傅氏家族先祖傅介子因功博得的义阳侯爵，却因其子傅敞获罪而未能世袭下去。汉平帝元始中，其曾孙傅长被封义阳侯。不久，因王莽乱汉，傅氏爵位被夺。或因傅氏家族的子嗣沦落下层，也无暇培养其家族文化习性。

（一）“慕经术、尚节义”：东汉后期傅氏家族的文化习性

东汉后期，北地傅氏家族子嗣——傅燮效仿先贤，重视学习儒家文化，这从他改易其字之事上看得出来。傅燮字曰“幼起”，因仰慕儒家推崇的先贤人物——南宫绍，而改为“南容”。《后汉书·傅燮传》“本字幼起，慕南容三复白珪，乃易字焉”②，唐李贤等注曰：“《家语》子贡对卫文子曰：‘一日三复白珪之玷，是南宫绍之行也。’王肃注云：‘玷，缺也。《诗》云：白珪之玷，尚可磨也。斯言之玷，不可为也。’一日三复，慎之至也。”③

从《后汉书·傅燮传》“（傅燮）少师事太尉刘宽”④的记载

① 令狐德棻：《周书》，中华书局1971年版，第873页。

② 范晔：《后汉书》，中华书局1965年版，第1873页。

③ 同上书，第1873—1874页。

④ 同上书，第1873页。

中可知，少年时代的傅燮为了更好地学习儒家经学思想，离家游学，师从于通儒刘宽。他研习经学，并非要成为寻章摘句的经师，而是要成为一个思想通达、气节高尚的弘毅之士。我们可以从他在讨伐黄巾军前所上疏奏中感受到他思想的敏锐、畅达与深厚的学养。《后汉书·傅燮传》曰：

> 臣闻天下之祸，不由于外，皆兴于内。是故虞舜升朝，先除四凶，然后用十六相。明恶人不去，则善人无由进也。今张角起于赵、魏，黄巾乱于六州。此皆衅发萧墙，而祸延四海者也。臣受戎任，奉辞伐罪，始到颍川，战无不克。黄巾虽盛，不足为庙堂忧也。臣之所惧，在于治水不自其源，末流弥增其广耳。陛下仁德宽容，多所不忍，故阉竖弄权，忠臣不进。诚使张角枭夷，黄巾变服，臣之所忧，甫益深耳。何者？夫邪正之人不宜共国，亦犹冰炭不可同器。彼知正人之功显，而危亡之兆见，皆将巧辞饰说，共长虚伪。夫孝子疑于屡至，市虎成于三夫。若不详察真伪，忠臣将复有杜邮之戮矣。陛下宜思虞舜四罪之举，速行谗佞放殛之诛，则善人思进，奸凶自息。臣闻忠臣之事君，犹孝子之事父也。子之事父，焉得不尽其情？使臣身备鈇钺之戮，陛下少用其言，国之福也。①

魏明安等的《傅玄评传》说："此疏之议，旨在劝灵帝尽快诛杀宦官。在傅燮之前，郎中张钧就上书提出相同建议，言辞并不激烈，却因此下狱送了命。这件眼前事傅燮当然清楚，但他还是不稍委蛇地点明众人想说而不敢说的意思。这正是前此党人题拂之精神气度的再现！他的上疏引起赵忠'忿恶'，论功行封时有意'谮之'而不得封；两年后朝议其事后，赵忠派人说项'致殷勤'，又遭傅燮断然拒绝：'遇与不遇，命也；有功不论，时也，傅燮岂求私赏哉！'党禁之后，乱世之时，这种掷地有声的铿锵之语，确是空谷足音，令赵忠之流感到威慑，既恨其直，又惮其名，欲害无由，且不敢贸然为之。傅燮触犯宦官权贵的一道

---

① 范晔：《后汉书》，中华书局 1965 年版，第 1874 页。

上疏、一番理论所显示出的一身正气，远比他南北征战中的斩获之'功'更见光彩！他功多不封，令时人抱不平；他不畏权势、不为利诱，更令后人敬仰！"[①] 虽短短300余字，却词畅理达、隶事缤纷、典涉《左传》《韩非》《史记》，既可看出傅燮熟稔儒家经典的工夫，也足以彰显出他峻洁清爽、大义凛然的精神风骨与人格操守。试想，如果没有早年的游学经历，他是写不出如此风清骨峻的好文章的。

傅燮恪守儒家精神信念，重义守节，将儒家"达节守义"的人生追求融入自己的血液之中。无论是与宦官赵忠的斗争，还是被困汉阳城，皆能坚守高义，誓死不屈。如果说傅介子是北地傅氏家族政治崛起的先行者的话，那么傅燮则是北地傅氏家族以儒学为核心的家学传统的缔造者。

（二）"以儒为主、兼杂纵横"：汉魏之际傅氏家族的文化习性

傅燮之子傅干，不仅发扬了以儒学为核心的家学传统，还吸收刑名之学、纵横之术，兼容并蓄，融会变通。在群雄竞起的建安时代，傅干以儒学的王道思想预测了不同政治集团的命运，剖析曹操袁尚之优劣，劝马腾拥曹弃袁，弃暗投明。

建安十九年（214），身为丞相府参军的傅干坚决反对曹操南征孙权，其理由也多以儒家王道思想为基础。《三国志·武帝纪》裴注引《九州春秋》曰：

> 参军傅干谏曰："治天下之大具有二，文与武也；用武则先威，用文则先德，威德足以相济，而后王道备矣。往者天下大乱，上下失序，明公用武攘之，十平其九。今未承王命者，吴与蜀也，吴有长江之险，蜀有崇山之阻，难以威服，易以德怀。愚以为可且按甲寝兵，息军养士，分土定封，论功行赏，若此则内外之心固，有功者劝，而天下知制矣。然后渐兴学校，以导其善性而长其义节。公神武震于四海，若修文以济之，则普天之下，无思不服矣。今举十万之众，顿之长江之滨，若贼负固深藏，则士马不能逞其

---

① 参见魏明安、赵以武《傅玄评传》，南京大学出版社1996年版，第18—19页。

能，奇变无所用其权，则大威有屈而敌心未能服矣。唯明公思虞舜舞干戚之义，全威养德，以道制胜。”①

虽然他提出“分土定封”的主张是错误的，则但提出兴办学校、导民以善、激发义节、德威相济等建议，则颇富远见。② 傅干之所以提出这样的建议，是因为他对三国鼎立局面有清晰的判断，对盘踞西蜀的刘备集团有精辟的分析。《三国志·蜀书·先主备传》裴注所引《傅子》曰：

初，刘备袭蜀，丞相掾赵戬曰：“刘备其不济乎？拙于用兵，每战则败，奔亡不暇，何以图人？蜀虽小区，险固四塞，独守之国，难卒并也。”征士傅干曰：“刘备宽仁有度，能得人死力。诸葛亮达治知变，正而有谋，而为之相；张飞、关羽，勇而有义，皆万人之敌，而为之将：此三人者，皆人杰也。以备之略，三杰佐之，何为不济也！”③

当然，傅干思想上也出现了诸多新变因素，④ 不再有父辈的固执、执拗⑤和死节观念，兼任刑名之学、纵横之术。这也许与“献帝之初，诸方棋峙，乘时之上，颇慕纵横，骋词之风，肇端于此”⑥ 的时代新风尚有关。

傅干与父亲傅燮代表着新、旧两种思想文化观念与人生价值取向。傅燮代表着儒家经学的旧思想，以舍生取义为人生价值的基本取向，远慕伯夷，认同仲尼、孟子等的人格精神；傅干则代表着新时代重个体、尚变通、任纵横的人生价值观。

即使傅燮、傅干两辈人之间的价值观念与人生取向稍有差异，但北

---

① 陈寿：《三国志》，中华书局 1959 年版，第 43—44 页。

② 参见魏明安、赵以武《傅玄评传》，南京大学出版社 1996 年版，第 27 页。

③ 陈寿：《三国志》，第 883 页。

④ 参见魏明安、赵以武《傅玄评传》，第 24 页。

⑤ 参见鲁迅先生《魏晋风度及文章与药及酒之关系》中的论述。

⑥ 刘师培《中国中古文学史》指出建安时代“乘时之上”的世风（人民文学出版社 1959 年版，第 11 页）。

地傅氏家族的文化习性仍扎根于儒家精神世界之中。尤其，建安十八年(213)[①] 以后，北地傅氏家族两支子嗣聚族邺城，以儒学为主的家族文化习性得到了深化。

（三）抨击“虚无放诞”：魏晋之际傅氏家族的文化习性

曹魏中后期至西晋时代，北地傅氏家族子嗣以儒学为思想基础，杂兼名理之学，学术取向偏于辨名析理和现实政教问题，不同于“尚玄远”的玄学取向，甚至抨击“虚无放诞”的玄学之论。这一时期，傅氏家族出现了傅嘏、傅玄等著名的政论家。

傅嘏是三国时期著名的刑名学家。《三国志·傅嘏传》裴注引傅玄《傅子》曰：“嘏既达治好正，而有清理识要，好论才性，原本精微，鲜能及之。”[②] 所谓“清理识要”，即明言傅嘏精通名理之学。傅嘏精通名理之学与曹魏早期盛行刑名之学的风气有关。刑名思想在根子上与儒家的“正名”和法家的“综核名实”相通，更系于汉代的政治需要。“人君有最大的两个任务：第一是要设官分职，安排官职恰如应有之位分，使‘名实相符’。第二是人君应有知人之明，量才授官，认得如何样的人能做如何样的事。”[③] 因此，“‘名家’之学的中心思想重在‘知人善任’”[④]。那么，“要不要‘知人善任’，怎么‘知人善任’，谁是‘圣人’，‘圣人’应该是什么样子，‘圣人’与‘凡人’有何区别等，这一系列问题就随之产生了。回答这些问题，必须从才性入手。才性是设官量才的依据，又是选举考课的标准”[⑤]。傅嘏着眼于现实政治的需要来辨名析理，提倡“才性之辨”。《世说新语·文学篇》曰：

> 钟会撰《四本论》始毕条注引《魏志》曰：“会论才性同异，传于世”。四本者，言才性同，才性异，才性合，才性离也。尚书

① 如前所述，傅睿子嗣傅巽建安十三年（208）由荆州入邺城，傅燮子嗣傅干建安十八年（213）由扶风至邺城，两支情款日笃。

② 陈寿：《三国志》，中华书局1959年版，第628页。

③ 汤用彤：《魏晋玄学论稿·附魏晋思想的发展》，上海古籍出版社2001年版，第114页。

④ 同上书，第115页。

⑤ 参见魏明安、赵以武《傅玄评传》，南京大学出版社1996年版，第123页。

傅嘏论同，中书令李丰论异，侍郎钟会论合，屯骑校尉王广论离。文多不载。[①]

孔繁先生在《魏晋玄谈》中指出："才性之辩由傅嘏提倡，而为钟会发挥。"[②] 唐长孺先生认为："（才性之辩）问题的发生可以提得较早，但引起细致的讨论则在魏末。"[③] 如今看来，傅嘏是不是首倡者，倒不重要。正是傅嘏"原本精微"的辨析，引起了广泛而持久的讨论。而且这一问题的提出与现实政治密切相关，不可与后世"仅是知识的炫耀"[④] 的才性论同日而语。

傅嘏曾著有《才性》的文章，《文心雕龙·论说篇》曰：

详观兰石之《才性》，仲宣之《去代》，叔夜之《辨声》，太初之《本玄》，辅嗣之《两例》，平叔之《二论》，并师心独见，锋颖精密，盖人伦之英也。[⑤]

傅嘏关于才性的著作已佚，论证思路不得而知，但其观点可推而知之。傅嘏主张道德操守是才智能力的根本，才智能力是道德操守的体现。其运思方式与谈论学识、功名关系如出一辙。《三国志·荀彧传》注引何劭《荀粲传》云：

（粲）常谓嘏、玄曰："子等在世涂间，功名必胜我，但识劣我耳！"嘏难曰："能盛功名者，识也。天下孰有本不足而末有余者邪？"粲曰："功名者，志局之所奖也。然则志局自一物耳，固非识之所独济也。我以能使子等为贵，然未必齐子等所为也。"[⑥]

---

① 徐震堮：《世说新语校笺》，中华书局1984年版，第106页。

② 孔繁：《魏晋玄谈》，辽宁教育出版社1991年版，第40页。

③ 唐长孺：《魏晋才性论的政治意义》，见《魏晋南北朝史论丛》，三联书店1955年版，第298页。

④ 同上书，第299页。

⑤ 范文澜：《文心雕龙注》，人民文学出版社1958年版，第327页。

⑥ 陈寿：《三国志》，中华书局1959年版，第320页。

傅嘏认为天性学识是事功之本，事功为天性学识所成就。

傅嘏主张“才性同”，看似汉代儒家思想的老调重弹。如果放在当时的政治思想文化语境下，便能体味出这一理论争辩的真正命意。傅嘏生活的时代，既不同于汉末选举腐败——察举特权由乡间大族或名士操纵，所举荐者往往名不副实。桓、灵二帝时童谣“举秀才，不知书；举孝廉，父别居；寒素清白浊如泥，高第良才怯如鸡”即是明证；也不同于汉末“九州幅裂”的乱局，在汉末黄巾起义和诸侯割据的乱局中，曹操颁布“唯才是举”的新标准，选拔了一大批颇富才干的优秀人才，如郭嘉、杜畿等。傅嘏认为：“自建安以来，至于青龙，神武拨乱，肇基皇祚，扫除凶逆，芟夷遗寇，旌旗卷舒，日不暇给。及经邦治戎，权法并用，百官群司，军国通任，随时之宜，以应政机。”[①] 傅嘏提出“才性同”的现实意义在于，批评“唯才是举”选举标准所带来的浮华风气——“不复以学问为本，专更以交游为业；国士不以孝悌清修为首，乃以趋势游利为先。”因为曹操《求贤令》中“若必廉士而后可用，则齐桓其何以霸世？今天下得无有被褐怀玉而钓于渭滨者？又得无有盗嫂受金而未遇无知者乎？二三子其佐我明扬仄陋，唯才是举，吾得而用之”的举措，让“盗嫂受金”等薄德之徒蠢蠢欲动。尤其慕玄谈的权贵年少们更是扬其波，泛其澜，浮华之风大行。太和六年（232）司徒董昭上疏魏明帝曹叡，痛陈世风末流弊端。《三国志·董昭传》曰：

> 凡有天下者，莫不贵尚敦朴忠信之士，深疾虚伪不真之人者，以其毁教乱治，败俗伤化也。……窃见当今年少，不复以学问为本，专更以交游为业；国士不以孝悌清修为首，乃以趋势游利为先。合党连群，互相褒叹，以毁訾为罚戮，用党誉为爵赏，附己者则叹之盈言，不附者则为作瑕衅。至乃相谓“今世何忧不度邪，但求人道不勤，罗之不博耳；又何患其不知己矣，但当吞之以药而柔调耳”。又闻或有使奴客名作在职家人，冒之出入，往来禁奥，

① 陈寿：《三国志》，中华书局1959年版，第623页。

交通书疏，有所探问。凡此诸事，皆法之所不取，刑之所不赦，虽讽、伟之罪，无以加也。[①]

魏明帝接受建议，大禁浮华之风，打击诸葛诞、邓飏等辈。《三国志·曹爽传附邓飏传》曰：

初，飏与李胜等为浮华友，及在中书，浮华事发，被斥出，遂不复用。[②]

《三国志·曹爽传附李胜传》曰：

胜少游京师，雅有才智，与曹爽善。明帝禁浮华，而人白胜堂有四窗八达，各有主名。用是被收，以其所连引者多，故得原，禁锢数岁。[③]

正始时期，傅嘏曾拒交权贵何晏、夏侯玄、邓飏等人，交恶李丰，皆着眼于道德操守。《三国志·傅嘏传》裴注引傅玄《傅子》曰：

是时何晏以材辩显于贵戚之间，邓飏好变通，合徒党，鬻声名于闾阎，而夏侯玄以贵臣子少有重名，为之宗主，求交于嘏而不纳也。……嘏答之曰："泰初志大其量，能合虚声而无实才。何平叔言远而情近，好辩而无诚，所谓利口覆邦国之人也。邓玄茂有为而无终，外要名利，内无关钥，贵同恶异，多言而妒前；多言多衅，妒前无亲。以吾观此三人者，皆败德也。远之犹恐祸及，况昵之乎？"[④]

《世说新语·识鉴篇》有相似的记载，余嘉锡《笺疏》认为"傅玄

① 陈寿：《三国志》，中华书局1959年版，第442页。

② 同上书，第288页。

③ 同上书，第290页。

④ 同上书，第622—623页。

著书，为其从兄门户计，有从而附会之耳！”[①] 即便拒交之事不实，但从傅嘏的思想倾向上看，鄙薄玄学名士的道德还是可能的。傅嘏与李丰同为乡党，但鄙薄李丰为人，与之交恶。《三国志·傅嘏传》裴注引傅玄《傅子》曰：

> 初，李丰与嘏同州，少有显名，早历大官，内外称之，嘏又不善也。谓同志曰：“丰饰伪而多疑，矜小失而昧于权利，若处庸庸者可也，自任机事，遭明者必死。”丰后为中书令，与夏侯玄俱祸，卒如嘏言。[②]

李丰为人，《三国志·杜恕传》裴注引《杜氏新书》有载：

> 恕少与冯翊李丰俱为父任，总角相善。及各成人，丰砥砺名行以要世誉，而恕诞节直意，与丰殊趣。丰竟驰名一时，京师之士多为之游说。而当路者或以丰名过其实，而恕被褐怀玉也。由此为丰所不善。恕亦任其自然，不力行以合时。丰以显仕朝廷，恕犹居家自若。[③]

尤其值得注意的是，李丰在才性问题上的观点与傅嘏针锋相对，提出了“才性异”。著名史学家陈寅恪先生在《书世说新语文学类钟会撰四本论始毕条后》一文中指出：

> 当魏晋兴亡递嬗之际，曹氏司马氏两党皆作殊死之斗争，不独见于其所行所为，亦见于其所言所著，四本论之文，今虽不存，但四人所立之同异合离之旨，则皆俱在。[④]

由此看来，傅嘏的才性之辨，在话语形态上表现为道德话语，但在

---

① 余嘉锡：《世说新语笺疏》，中华书局 2007 年版，第 458 页。
② 陈寿：《三国志》，中华书局 1959 年版，第 628 页。
③ 同上书，第 498 页。
④ 陈寅恪：《金明馆丛稿初编》，三联书店 2001 年版，第 51—52 页。

意识形态上则代表着崇尚儒学的世族利益。

才性问题是选举考课的标准，傅嘏在此问题上曾发表意见。魏明帝景初二年（238），刘劭受诏作《都官考课法》，交付三府讨论。时任司空掾的傅嘏攻难之。《三国志·傅嘏传》曰：

> 盖闻帝制宏深，圣道奥远，苟非其才，则道不虚行，神而明之，存乎其人。暨乎王略亏颓而旷载罔缀，微言既没，六籍泯玷。何则？道弘致远而众才莫晞也。案劭考课论，虽欲寻前代黜陟之文，然其制度略以阙亡。礼之存者，惟有周典，外建侯伯，籓屏九服，内立列司，筦齐六职，土有恒贡，官有定则，百揆均在，四民殊业，故考绩可理而黜陟易通也。大魏继百王之末，承秦、汉之烈，制度之流，靡所修采。自建安以来，至于青龙，神武拨乱，肇基皇祚，扫除凶逆，芟夷遗寇，旌旗卷舒，日不暇给。及经邦治戎，权法并用，百官群司，军国通任，随时之宜，以应政机。以古施今，事杂义殊，难得而通也。所以然者，制宜经远，或不切近，法应时务，不足垂后。夫建官均职，清理民物，所以立本也；循名考实，纠励成规，所以治末也。本纲未举而造制未呈，国略不崇而考课是先，惧不足以料贤愚之分，精幽明之理也。昔先王之择才，必本行于州闾，讲道于庠序，行具而谓之贤，道修则谓之能。乡老献贤能于王，王拜受之，举其贤者，出使长之，科其能者，入使治之，此先王收才之义也。方今九州之民，爰及京城，未有六乡之举，其选才之职，专任吏部。案品状则实才未必当，任薄伐则德行未为叙，如此则殿最之课，未尽人才。述综王度，敷赞国式，体深义广，难得而详也。①

傅嘏的论难以“才性同”的思想为基础，批评刘劭考课之法，认为缺乏历史文献和现实基础的支撑，这种不叙德行、考核才干的方法，不能尽得其才。

不少学者将傅嘏归入玄学家流，认为刑名学是魏晋玄学的先河。实

① 陈寿：《三国志》，中华书局1959年版，第622—623页。

际上，傅嘏以儒家思想为底蕴，援引刑名之学，辨名析理，指向现实政治等问题，这与放浪形骸、发言玄远、不涉世务的玄学思想相去甚远。虽然《世说新语·文学篇》记载：

> 傅嘏善言虚胜，荀粲谈尚玄远。每至共语，有争而不相喻。裴冀州释二家之义，通彼我之怀，常使两情皆得，彼此俱畅。①

傅嘏受好友荀粲等人的影响，“善言虚胜”，接近玄学清谈，但其思想的核心依然是儒学。

西晋初年，傅玄曾上疏晋武帝，不遗余力地批判魏晋玄学。《晋书·傅玄传》曰：

> 臣闻先王之临天下也，明其大教，长其义节。道化隆于上，清议行于下，上下相奉，人怀义心。亡秦荡灭先王之制，以法术相御，而义心亡矣。近者魏武好法术，而天下贵刑名；魏文慕通达，而天下贱守节。其后纲维不摄，而虚无放诞之论盈于朝野，使天下无复清议，而亡秦之病复发于今。陛下圣德，龙兴受禅，弘尧、舜之化，开正直之路，体夏禹之至俭，综殷周之典文，臣咏叹而已，将又奚言！惟未举清远有礼之臣，以敦风节；未退虚鄙，以惩不恪，臣是以犹敢有言。②

此疏之主旨，正如魏明安所论：“傅玄认为，玄学出现，跟魏武帝曹操、魏文帝曹丕前后执行的政策有直接关系。在魏明帝继位以后，玄学已是‘盈于朝野’的客观存在，它妨碍着‘道化隆于上，清议行于下’，使崇儒任贤长期不能得以贯彻，直至晋初仍是旧病复发，影响政权建设。”③

傅玄在疏文中高悬理想的社会秩序——“臣闻先王之临天下也，

---

① 徐震堮：《世说新语校笺》，中华书局 1984 年版，第 107—108 页。

② 房玄龄：《晋书》，中华书局 1974 年版，第 1317—1318 页。

③ 参见魏明安、赵以武《傅玄评传》，南京大学出版社 1996 年版，第 110 页。

明其大教，长其义节。道化隆于上，清议行于下，上下相奉，人怀义心。”所谓“道化”，即帝王遵循儒家王道之思想教化民众，使其慕义守节；所谓“清议”，即信奉儒家的士人在品评人物、批评政治过程中所体现的舆论监督力量。在傅玄看来，二者之间是相辅相成的，“‘道化’是‘清议’的前提，‘清议’是‘道化’的补充”①。

在傅玄看来，儒家的治国理念曾受到三次重创：一是秦始皇“以吏为师、以法为教”，结果是“义心亡也”。二是东汉末年至曹魏初年，魏武帝曹操“好法术”，傅玄《傅子》中有明确的记载。《三国志·郭嘉传》裴注引《傅子》：

> 太祖谓嘉曰：“本初拥冀州之众，青、并从之，地广兵强，而数为不逊。吾欲讨之，力不敌，如何?”对曰：“刘、项之不敌，公所知也。汉祖唯智胜；项羽虽强，终为所禽。嘉窃料之，绍有十败，公有十胜，虽兵强，无能为也。绍繁礼多仪，公体任自然，此道胜一也。绍以逆动，公奉顺以率天下，此义胜二也。汉末政失于宽，绍以宽济宽，故不摄，公纠之以猛而上下知制，此治胜三也。绍外宽内忌，用人而疑之，所任唯亲戚子弟，公外易简而内机明，用人无疑，唯才所宜，不间远近，此度胜四也。绍多谋少决，失在后事，公策得辄行，应变无穷，此谋胜五也。绍因累世之资，高议揖让以收名誉，士之好言饰外者多归之，公以至心待人，推诚而行，不为虚美，以俭率下，与有功者无所吝，士之忠正远见而有实者皆愿为用，此德胜六也。绍见人饥寒，恤念之形于颜色，其所不见，虑或不及也，所谓妇人之仁耳，公于目前小事，时有所忽，至于大事，与四海接，恩之所加，皆过其望，虽所不见，虑之所周，无不济也，此仁胜七也。绍大臣争权，谗言惑乱，公御下以道，浸润不行，此明胜八也。绍是非不可知，公所是进之以礼，所不是正之以法，此文胜九也。绍好为虚势，不知兵要，公以少克众，用兵如神，军人恃之，敌人畏之，此武胜十也。”太祖笑曰：“如卿所言，孤何德以堪之也!”嘉又曰：“绍方北击公孙瓒，可因其远征，

① 参见魏明安、赵以武《傅玄评传》，南京大学出版社1996年版，第115页。

东取吕布。不先取布，若绍为寇，布为之援，此深害也。”太祖曰：“然。”①

在傅玄看来，魏武帝以“法术”取胜的同时，也引发了一系列社会价值观的变化——“天下贵刑名”。天下士人不再信奉儒家“纲维”，不再尊崇“义节”，士人道德沦丧。“因而所谓‘唯才’之‘才’，也逐渐会演变成有名无实之谈；刑名法术最终必将导入无名无实的‘虚无’之论。”② 三是魏文帝“慕通达”的治国策略，导致士人“贱守节”。正因为当政者不能奉行儒家王道思想，引发了社会风尚和士人价值观念的一系列变化，破坏了士人“清议”的舆论监督氛围，使本来“激扬名声，互相题拂，品核公卿，裁量执政”的“政治清议”演变为“辨名析理”的“玄学清谈”。傅玄希望晋武帝能在“弘尧、舜之化，开正直之路，体夏禹之至俭，综殷周之典文”之外，“举清远有礼之臣，以敦风节；未退虚鄙，以惩不恪”，即树立道德楷模，引导士人追求风骨气节，斥退玄学之士，惩戒浮华之风。

早在傅玄求学时期，京都太学之中充斥着浮虚的竞逐之风。《三国志·王肃传》裴注引《魏略》曰：

> 至太和、青龙中，中外多事，人怀避就。虽性非解学，多求诣太学。太学诸生有千数，而诸博士率皆粗疏，无以教弟子。弟子本亦避役，竟无能习学，冬来春去，岁岁如是。又虽有精者，而台阁举格太高，加不念统其大义，而问字指墨法点注之间，百人同试，度者未十。是以志学之士，遂复陵迟，而末求浮虚者各竞逐也。③

太学中的经师学问粗疏，太学生因“本亦避役”“性非解学”，却游学其间，自然容易养成浮虚竞逐的风气。这位关辅籍的学子傅玄对此深恶痛绝。难怪后来傅玄在给晋武帝的疏章中要求斥退虚鄙之风。

---

① 陈寿：《三国志》，中华书局 1959 年版，第 432 页。
② 参见魏明安、赵以武《傅玄评传》，南京大学出版社 1996 年版，第 113—114 页。
③ 陈寿：《三国志》，第 420 页。

傅玄称玄学为“虚无放诞之论”，绝非出自“虚妄的批判”，相反对玄学命题相当熟悉。关于才性问题，傅玄认为：

圣人具体备物，取人不以一揆也：有以神取之者，有以言取之者，有以事取之者。有以神取之者，不言而诚心先达，德行颜渊之伦是也。以言取之者，以变辩是非，言语宰我、子贡是也。以事取之者，若政事冉有、季路，文学子游、子夏。虽圣人之明尽物，如有所用，必有所试，然则试冉有以政，试游、夏以学矣。游、夏犹然，况自此而降者乎！何者？悬言物理，不可以言尽也，施之于事，言之难尽而试之易知也。今若马氏所欲作者，国之精器，军之要用也。费十寻之木，劳二人之力，不经时而是非定。难试易验之事而轻以言抑人异能，此犹以己智任天下之事，不易其道以御难尽之物，此所以多废也。马氏所作，因变而得是，则初所言者不皆是矣。其不皆是，因不用之，是不世之巧无由出也。夫同情者相妒，同事者相害，中人所不能免也。故君子不以人害人，必以考试为衡石；废衡石而不用，此美玉所以见诬为石，荆和所以抱璞而哭之也。[①]

他批评“悬言物理”的玄学不涉世务，感慨像马钧这样的能工巧匠，“不典工官，巧无益于世。用人不当其才”，更忿恨“闻贤不试以事”的作风。同时，傅玄认为名理即是分职设位“国典之坠，犹位丧也。位之不建，名理废也”[②]，提出了“品才有九”的理论：

凡品才有九，一曰德行，以立道本；二曰理才，以研事机；三曰政才，以经治体；四曰学才，以综典文；五曰武才，以御军旅；六曰农才，以教耕稼；七曰工才，以作器用；八曰商才，以兴国利；九曰辨才，以长讽议：此量才者也。[③]

---

① 傅玄：《马先生传》，见严可均《全上古三代秦汉三国六朝文·全晋文》，中华书局1958年版，第1748页。

② 严可均：《全上古三代秦汉三国六朝文·全晋文》，第1737页。

③ 同上。

品才应当首重德行，次重事功。反对权贵何晏、邓飏等人取人以誉、取士以功的选举风气，“以誉取人，则权势移于下，而朋党之交用；以功取士，则有德者未必授，而凡下之材或见任也。”[①] 他提出“知人”理论：

> 知人之难，莫难于别真伪。设所修出于为道者，则言自然而贵玄虚；所修出于为儒者，则言分制而贵公正；所修出于为纵横者，则言权宜而贵变常。九家殊务，各有其长，非所为难也。以默者观其行，以语者观其辞，以出者观其治，以处者观其学：四德或异，所观者有微，又非所为难也。所为难者，典说诡合，转应无穷：辱而言高，贪而言廉，贼而言仁，怯而言勇，诈而言信，淫而言贞，能设似而乱真，多端以疑暗，此凡人之所常惑，明主之所甚疾也。(《长短经·知人》)[②]

正如魏明安、赵以武在《傅玄评传》中所论：“傅玄关于‘品才’、‘知人’的议论，不能排除是在正始间或嘉平初写出的可能性，但涉及的问题、针对的现象，却与魏明帝时期的玄学思潮有关。他对才性问题的认识，在正始之前就已形成。坚持‘旧学’重德行、主事验的立场，不满‘新学’以‘才辨’求虚名、‘悬言物理’的倾向，这是傅玄抨击玄学的出发点。”[③]

晋武帝时代，奢侈之风盛行，《世说新语》中多有记载，不必尽引。其间，世家豪族是真正的弄潮人，玄学名士亦推波助澜，《搜神记》曰：

> 元康中，贵游子弟相与为散发裸身之饮，对弄婢妾。逆之者伤好，非之者负讥，希世之士，耻不与焉。[④]

---

① 严可均：《全上古三代秦汉三国六朝文·全晋文》，中华书局 1958 年版，第 1737 页。

② 同上。

③ 魏明安、赵以武：《傅玄评传》，南京大学出版社 1996 年版，第 132 页。

④ 干宝：《搜神记》，中华书局 1979 年版，第 100 页。

傅玄之子傅咸对此深恶痛绝，上书朝廷，要求整饬风俗。傅咸在司隶校尉任上，冒着“越局侵官”的风险，上书弹劾玄学名士、尚书仆射王戎，“戎备位台辅，兼掌选举，不能谧静风俗，以凝庶绩，至令人心倾动，开张浮竞。中郎李重、李义不相匡正。请免戎等官”[①]。这一建议得到朝廷首肯。傅咸与王戎之间，并非个人恩怨，而是儒家与玄学学术思想的分歧。

傅嘏之子傅祗，一生虽无直接批判玄学，但从其行事看，属十足的儒士。《晋书·傅祗传》：“祗性至孝，早知名，以才识明练称。”[②] 危难之际，傅祗敢于援救友朋。《晋书·傅祗传》记载，杨骏弄权被杀，尚书左仆射荀恺借机整治异己，将裴楷下狱。傅祗出面证明裴楷清白，同时，营救杨骏官属，《晋书·傅祗传》记载：“祗多所维正皆如此。”[③] 在东海王司马越辅政怀帝期间，傅祗“明达国体，朝廷制度多所经综”[④]。在五胡乱华中，傅祗成为西晋临时政府——行台的盟主，举起义兵大旗。唐代修撰《晋书》的史臣感慨傅祗“崎岖危乱之朝，匡救君臣之际”，能“保全禄位”“可谓有道存焉”[⑤]。

（四）“崇文尚武”：南北朝时代傅氏家族的文化习性

过江之后，傅氏家族在东晋一朝的政治位势一落千丈，但子嗣多以儒学立身。傅咸长子傅敷，史书称“清静有道，素解属文”[⑥]。次子傅晞，史称“亦有才思”[⑦]。刘宋时期，傅晞后人傅隆，少孤，家贫，社会地位很低，但能好学重行。“傅隆……父祖早亡。隆少孤，又无近属，单贫有学行，不好交游。”[⑧]《宋书·傅隆传》记载，宋太祖刘义隆撰成《礼论》，请教傅隆。傅隆上表，论道：

---

① 房玄龄：《晋书》，中华书局1974年版，第1329页。
② 同上书，第1330页。
③ 同上书，第1331页。
④ 同上书，第1332页。
⑤ 同上书，第1333—1334页。
⑥ 同上书，第1330页。
⑦ 同上。
⑧ 沈约：《宋书》，中华书局1974年版，第1550页。

臣以下愚，不涉师训，孤陋闾阎，面墙靡识，谬蒙询逮，愧惧流汗。原夫礼者，三千之本，人伦之至道。故用之家国，君臣以之尊，父子以之亲；用之婚冠，少长以之仁爱，夫妻以之义顺；用之乡人，友朋以之三益，宾主以之敬让。所谓极乎天，播乎地，穷高远，测深厚，莫尚于礼也。其乐之五声，《易》之八象，《诗》之《风雅》，《书》之《典诰》，《春秋》之微婉劝惩，无不本乎礼而后立也。其源远，其流广，其体大，其义精，非夫睿哲大贤，孰能明乎此哉。况遭暴秦焚亡，百不存一。汉兴，始征召故老，搜集残文，其体例纰缪，首尾脱落，难可详论。幸高堂生颇识旧义，诸儒各为章句之说，既明不独达，所见不同，或师资相传，共枝别干。故闻人、二戴，俱事后苍，俄已分异；卢植、郑玄，偕学马融，人各名象。又后之学者，未逮曩时，而问难星繁，充斥兼两，摛文列锦，焕烂可观。然而五服之本或差，哀敬之制舛杂，国典未一于四海，家法参驳于缙绅，诚宜考详远虑，以定皇代之盛礼者也。伏惟陛下钦明玄圣，同规唐、虞，畴咨四岳，兴言《三礼》，而伯夷未登，微臣窃位，所以大惧负乘，形神交恶者，无忘夙夜矣。而复猥充搏采之数，与闻爰发之求，实无以仰酬圣旨万分之一。不敢废默，谨率管穴所见五十二事上呈。蚩鄙茫浪，伏用竦赧。①

从傅隆所上之表看，他虽有师训教承，但对儒家经义的大旨和源流甚是清楚，曾上呈与“礼”有关的“五十二事”，可见，傅隆儒学功底深厚。《宋书·傅隆传》曰：

归老在家，手不释卷，博学多通，特精《三礼》。谨于奉公，常手抄书籍。②

另外，这一时代，傅咸后嗣傅和之、傅淡父子也是知名的儒学家，

---

① 沈约：《宋书》，中华书局1974年版，第1551—1552页。

② 同上书，第1552页。

精通《三礼》。《梁书·傅昭传》曰："傅昭，字茂远，北地灵州人，晋司隶校尉咸七世孙也。祖和之，父淡，善《三礼》，知名宋世。"① 傅咸后嗣傅瑗也是以"学业知名"②，其子傅迪、傅亮皆知儒学。《宋书·傅亮传》："迪字长猷，以儒学。"③ 傅亮"博涉经史，尤善文词"④。

齐梁时代，傅氏家族出现了善狱讼的傅僧祐、傅琰父子。傅琰在山阴令任上颇有政绩，被擢升为益州刺史。傅琰之孙傅岐美姿仪，且善言对，朝廷派他接待外国使臣。《梁书·傅岐传》曰：

> 岐美容止，博涉能占对。大同中，与魏和亲，其使岁中再至，常遣岐接对焉。⑤

刘宋时代，著名儒学家傅淡之子傅昭，早年好学，受到雍州刺史袁抃的盛赞。《梁书·傅昭传》曰："（傅昭）为雍州刺史袁抃客，抃尝来昭所，昭读书自若，神色不改。抃叹曰：'此儿神情不凡，必成佳器。'"⑥ 傅昭受到丹阳尹袁粲的赞赏。《梁书·傅昭传》曰："（袁粲）每经昭户，辄叹曰：'经其户，寂若无人，披其帷，其人斯在，岂非名贤！'"⑦

傅昭之弟傅映，也是修身厉行之人。《梁书·傅映传》曰：

> 映字徽远，昭弟也。三岁而孤。兄弟友睦，修身厉行，非礼不行。始昭之守临海，陆倕饯之，宾主俱欢，日昏不反，映以昭年高，不可连夜极乐，乃自往迎候，同乘而归，兄弟并已斑白，时人美而服焉。⑧

---

① 姚思廉：《梁书》，中华书局1973年版，第392页。
② 沈约：《宋书》，中华书局1974年版，第1335页。
③ 同上书，第1336页。
④ 同上。
⑤ 姚思廉：《梁书》，第602页。
⑥ 同上书，第393页。
⑦ 同上。
⑧ 同上书，第395页。

南朝陈代，北地傅氏家族出现了一位精通佛理、兼有文才的傅縡。《陈书·傅縡传》曰：

傅縡，字宜事，北地灵州人也。父彝，梁临沂令。縡幼聪敏，七岁诵古诗赋至十余万言。长好学，能属文。梁太清末，携母南奔避难……后依湘州刺史萧循，循颇好士，广集坟籍，縡肆志寻阅，因博通群书。①

《陈书·傅縡传》曰：

王琳闻其名，引为府记室。琳败，随琳将孙玚还都。时世祖使颜晃赐玚杂物，玚托縡启谢，词理优洽，文无加点，晃还言之世祖，寻召为撰史学士。除司空府记室参军，迁骠骑安成王中记室，撰史如故。②

傅縡任秘书监、右卫将军兼中书通事舍人，掌诏诰，深得陈后主器重。《陈书·傅縡传》曰：

縡为文典丽，性又敏速，虽军国大事，下笔辄成，未尝起草，沈思者亦无以加焉，甚为后主所重。③

傅氏家族不仅出现了像傅隆、傅迪、傅亮、傅和之、傅淡、傅昭、傅映、傅岐、傅縡等文化名士，还出现了像傅弘之等军功人物。或许因曾祖傅畅没胡后，傅弘之深受北方少数民族风气的影响，善于骑射。傅弘之曾任晋宁远将军、魏兴太守，曾任建威将军，随刘裕征伐荆州刺史司马休之，多次建立军功，甚至战死疆场。丹阳尹孟昶任命傅亮为建威参军讨伐桓玄。刘宋时期，傅琰曾任广威将军。并假节、督益宁二州军

① 姚思廉：《梁书》，中华书局1973年版，第400页。
② 同上。
③ 同上书，第405页。

事，任建威将军。

尤其是滞留北方的清河傅氏，如傅融。《魏书·傅竖眼传》曰：

> （傅竖眼）祖父融南徙渡河，家于盘阳，为乡闾所重。性豪爽。有三子，灵庆、灵根、灵越，并有才力。融以此自负，谓足为一时之雄。……融意谓其三子文武才干，堪以驾驭当世。……故豪勇之士多相归附。[①]

傅灵根、傅灵越入北魏，得到北魏高宗文成皇帝的赏识。傅灵越被拜为镇远将军、魏青州刺史、封贝丘子，屯兵羊兰城。其弟被拜为临齐副将，镇明潜垒。后来，傅灵越奔宋，依附刘子勋，被封为前军将军。兵败被杀。其子傅竖眼逃至北魏。傅竖眼任北魏的建武将军，出镇合肥，转任昭武将军、益州刺史，进号为冠军将军。北魏延昌三年（514）冬，傅竖眼被任命为征虏将军、持节，领步军三万讨北巴一带。因军功卓著，傅竖眼又拜征虏将军、太中大夫、持节，为镇南司军，随镇南王崔亮出征寿春。其后，傅竖眼曾转任安西将军、岐州刺史以及梁州刺史等职。不久，为镇军将军、都督梁西益巴三州诸军事。傅竖眼率其子傅敬绍等，击败梁军。

北魏时代平东将军、光禄大夫傅永也是北朝傅氏家族中的重要人物，受到北魏高祖拓跋宏的激赏。傅永后任平南长史、建武将军，败齐将裴叔业，拜为永安远将军、镇南府长史、汝南太守、贝丘县开国男，食邑二百户。北魏景明四年（503），七十余岁的傅永以宁朔将军、统军，随中山王英包围梁义阳。景明五年（504），傅永审时度势地力谏中山王英，分兵筑城于上山，并亲率一千余人奋战梁将马仙琕。不避箭伤，气壮山河。傅永之子傅叔伟，也是一位尚武之人。

由此可见，南北朝时代的傅氏家族中的大部分子嗣以儒学为主，兼善佛学、刑律之学，成为关辅世族群体中较为知名的文化世族。同时，傅氏家族的部分子嗣受少数民族尚武风气的影响，膂力过人，骑射本领高超，多担任武职，建立功勋。因此，南北朝时代傅氏家族文化习性与

---

① 魏收：《魏书》，中华书局1974年版，第1555页。

此前时代相比，明显有了新变。

五　北地傅氏的文学观念

史称北地傅氏先祖——傅介子“以从军为官”[1]，在出使楼兰、龟兹等西域诸国的外交活动中建功，此等行伍之人，必不会留意辞赋创作。何况傅介子的子孙爵位被褫夺，无暇顾及文化事业！

直到东汉末年，傅氏家族中出现了一位“慕南容三复白珪”的傅燮，他曾师从太尉刘宽学习经学。傅燮一生虽然无著述，但行事皆恪守儒家伦理精神。按照汉代人对“文学”的理解，儒学即文学。也就是说，傅燮离“文学”不远矣！我们看看傅燮当庭厉斥司徒崔烈的言辞：

> 今凉州天下要冲，国家藩卫。高祖初兴，使郦商别定陇右；世宗拓境，列置四郡，议者以为断匈奴右臂。今牧御失和，使一州叛逆，海内为之骚动，陛下卧不安寝。烈为宰相，不念为国思所以弭之之策，乃欲割弃一方万里之土，臣窃惑之。若使左衽之虏得居此地，士劲甲坚，因以为乱，此天下之至虑，社稷之深忧也。若烈不知之，是极蔽也；知而故言，是不忠也。[2]

且不说其见识，就文辞而言，可谓掷地有声。

我们再读读傅燮给凉州刺史耿鄙的信：

> 使君统政日浅，人未知教。孔子曰：“不教人战，是谓弃之。”今率不习之人，越大陇之阻，将十举十危，而贼闻大军将至，必万人一心。边兵多勇，其锋难当，而新合之众，上下未和，万一内变，虽悔无及。不若息军养德，明赏必罚。贼得宽挺，必谓我怯，群恶争执，其离可必。然后率已教之人，讨已离之贼，其功可坐而

---

① 班固：《汉书》，中华书局1962年版，第3001页。

② 范晔：《后汉书》，中华书局1965年版，第1875—1876页。

待也。今不为万全之福，而就必危之祸，窃为使君不取。[①]

信中自然真率，引经据典，说理明晰。这充分说明傅燮受过良好的文辞训练。其子傅干亦是如此。傅干生活在“乘时之上，颇慕纵横”[②]的建安时代，自然受时代风气的影响。前文引《三国志·钟繇传》裴注引司马彪《战略》记载傅干说服马腾的言辞，完全是纵横之辞！

从唐李贤注《后汉书》“《干集》曰：干字彦林”[③]的记载中知傅干有著述《傅干集》。可见，傅干的经籍著述思想已相当自觉。

另外，傅干族兄傅巽曾注《二京赋》，《隋书·经籍志》曰：

《杂赋注本三卷》梁有郭璞注《子虚上林赋》一卷，薛综注张衡《二京赋》二卷，晁矫注《二京赋》一卷，傅巽注《二京赋》二卷等。[④]

傅巽著有文集，《隋书·经籍志》曰：

《尚书傅巽集》二卷，录一卷。亡。[⑤]

傅干之子傅玄，是傅氏家族第一位文学家，也是魏晋之际一位颇有地位的文学家。[⑥]《晋书·傅玄传》：“玄少孤贫，博学善属文。”[⑦]又云：“玄少时避难于河内，专心诵学。”[⑧]傅玄一生“著述不废”。《晋

---

① 范晔：《后汉书》，中华书局1965年版，第1877页。

② 刘师培：《中国中古文学史》，人民文学出版社1959年版，第11页。

③ 范晔：《后汉书》，第1876页。

④ 魏征：《隋书》，中华书局1973年版，第1083页。

⑤ 同上书，第1059页。

⑥ 新中国成立后的诸多《中国文学史》教材，沿袭钟嵘、刘勰的说法，将傅玄列入西晋太康作家。魏明安先生1981年发表的《傅玄是太康作家吗?》提出，傅玄是一位典型的魏晋之际的作家，列入正始作家里讨论更有道理。当然，魏明安认为应列入正始作家，也有些绝对。因为傅玄从魏明帝青龙年间开始创作，一生“著述不废”，历贯魏晋时代，且影响深远。所以说是魏晋之际重要的作家。

⑦ 房玄龄：《晋书》，中华书局1974年版，第1317页。

⑧ 同上书，第1323页。

书·傅玄传》曰：

> 撰论经国九流及三史故事，评断得失，各为区例，名为《傅子》，为内、外、中篇，凡有四部、六录，合百四十首，数十万言，并文集百余卷行于世。①

《隋书·经籍志四》记载：

> 晋司隶校尉《傅玄集》十五卷，梁五十卷，录一卷，亡。②

傅玄对文学的认识，代表着魏晋时代北地傅氏家族的文学观念，这与他的学术思想有关。傅玄的学术思想，同时代的人有准确的评价，《晋书·傅玄传》曰：

> 玄初作内篇成，子咸以示司空王沈。沈与玄书曰："省足下所著书，言富理济，经论政体，存重儒教，足以塞杨墨之流遁，齐孙孟于往代。每开卷，未尝不叹息也。"③

因此，"重儒教"是傅玄学术思想的核心。魏明安、赵以武先生在《傅玄评传》中称："从学术思想的角度分析，他具有唯物主义的思想成分，儒法为主而又兼容各家，显示出杂家的特点。"④"重儒教"的学术思想，使得傅玄在文学观念上形成了"宗经通变"的创作思想。傅玄在《傅子》曰：

> 《诗》之雅、颂，《书》之典、谟，文质足以相副，玩之若近，寻之若远，陈之若肆，研之若隐，浩浩乎其文章之渊府也。（见

---

① 房玄龄：《晋书》，中华书局 1974 年版，第 1323 页。

② 魏征：《隋书》，中华书局 1973 年版，第 1061 页。

③ 房玄龄：《晋书》，第 1323 页。

④ 魏明安、赵以武：《傅玄评传》第八章"学术思想综述"，南京大学出版社 1996 年版，第 288 页。

《太平预览》卷五九九引《傅子》文）

傅玄此段话的主旨十分清楚，即作家要尊崇、玩味、研读儒家经典如《诗》之雅、颂，《书》之《尧典》《皋陶谟》等，这些经典“文质足以相副”，是文章的“渊府”。这和陆机《文赋》中“倾群言之沥液，漱六艺之芳润”“游文章之林府，嘉丽藻之彬彬”如出一辙。魏明安、赵以武先生分析说：“傅玄偏偏挑选‘《诗》之雅、颂，《书》之典、谟’作为称美对象，就是从内容纯正、风格典雅的意义上考虑‘正言’、‘盛德’的圣人之政的。这种评论标准也一直为儒家士大夫津津乐道。……由此看来，选中既难懂又没有多少文学意味的庙堂之作当成文章之渊府大肆吹捧，这是为封建政治服务的宗经思想决定了的。”[①]傅玄的“宗经”思想是从荀子到刘勰“宗经”链上的必要一环。傅玄绝非食古不化的腐儒，而是随时而变的政论家，在文学创作上也强调“通变”。傅玄《桔赋序》曰：

诗人睹王雎而咏后妃之德，屈平见朱桔而申直臣之志焉。（《全晋文》卷四五）

所谓“屈平见朱桔而申直臣之志焉”，即有“通变”之意。正如魏明安、赵以武先生分析的，屈原在《桔颂》中赞美南国之桔“受命不迁”的性格、“文章烂兮”的外表、“类可任兮”的才质，意在自喻，即傅玄指出的“申直臣之志”。屈原开创的骚体，按刘勰的解释是“风雅寝声”后，“郁起”的“奇文”，是“宗经”基础上发生的“通变”，即所谓“变乎骚”。这一变化的显著标志是，由咏颂王政盛德转而申抒个人怨恨之志，傅玄是肯定屈原辞赋的这一“通变”现象的。[②]虽然傅玄的《桔赋》正文已佚，但从序文看，此赋应以“直臣”自况。傅玄是创作乐府诗的大家，他肯定相和俗乐的娱乐功能，这也说明傅玄文学观念中有趋新好俗的成分，这都是通变之体现。

① 魏明安、赵以武：《傅玄评传》，南京大学出版社1996年版，第291—292页。

② 同上书，第293—294页。

傅玄“宗经通变”的文学观念贯穿在对七制之赋和连珠之作的品评之中。据挚虞的《文章流别论》所载“傅子集古今‘七’而论品之，署曰《七林》”（《艺文类聚》卷五七），可知傅玄是对“七”制赋作结集的始作俑者。[①]《隋书·经籍志》就没有著录《七林》，可见这集子隋唐时就不存在了。今仅见《七谟·序》，序云：

昔枚乘作《七发》，而属文之士若傅毅、刘广世、崔骃、李尤、桓麟、崔琦、刘梁、桓彬之徒，承其流而作之者纷焉。《七激》、《七兴》、《七依》、《七款》、《七说》、《七蠲》、《七举》、《七设》之篇，于是通儒大才马季长、张平子亦引其源而广之，马作《七厉》，张造《七辨》，或以恢大道而导幽滞，或以黜瑰奢而托讽咏，扬辉播烈，垂于后世者，凡十有余篇。自大魏英贤迭作，有陈王《七启》，王氏《七释》，杨氏《七训》，刘氏《七华》，从父侍中《七诲》，并陵前而邈后，扬清风于儒林，亦数篇焉。世之贤明，多称《七激》工，余以为未尽善也，《七辨》似也。非张氏至思，比之《七激》，未为劣也。《七释》佥曰“妙哉”，吾无间矣。若《七依》之卓轹一致，《七辨》之缠绵精巧，《七启》之奔逸壮丽，《七释》之精密闲理，亦近代之所希也。[②]

魏明安等的《傅玄评传》中详尽地列出了傅玄所云的十六家“七”制作品。[③] 傅玄所谓“七”制文章，只是题中以“七”字起头的赋体，仍属于辞赋的范畴，尚不具备独立的文体。傅玄追溯了汉魏以来名家七制赋作的源流，实际上是一种宗经意识的体现。

傅玄对汉代辞赋家的赋作功能作了阐释，以为汉代辞赋具有“或以恢大道而导幽滞，或以黜瑰奢而托讽咏，扬辉播烈”的社会功能。尤其在分析魏代以来的诸家辞赋时，更看重艺术风格上的流变，这表明傅玄和他的时代已开始重视辞赋的内在质美。可以说，赋在两汉时期，

---

① 魏明安、赵以武：《傅玄评传》，南京大学出版社 1996 年版，第 296 页。

② 见严可均《全上古三代秦汉三国六朝文·全晋文》，中华书局 1958 年版，第 1723 页。

③ 魏明安、赵以武：《傅玄评传》，第 298 页。

还具有“曲终奏雅”的社会教化功能，但到了魏晋时期，赋作已经从社会政教功能移向了“清丽”的内质美，重视辞赋的内在特性。傅玄谈论历代七制赋体文章的目的在于自我写作时的超越。也就是说，傅玄从借鉴的动机入手阅读以往的文学遗产，如何突破前人的成就，是他谈论的真正所在。这充分体现了傅玄身上具有“引其源而广之”的意识，说到底，这便是后来刘勰在《文心雕龙》中所标举的“通变”意识。当然，刘勰是以研究者的身份对待文学遗产的，他所谓的“通变”意识，主要是从阅读者的角度来分析的，而傅玄则从创作者的角度研究七制赋作，其目的在于如何创作出更好的作品。

傅玄不仅探讨了七制赋作，还谈论了赋体中的另一类——演连珠。傅玄《连珠·序》曰：

> 所谓连珠者，兴于汉章帝之世，班固、贾逵、傅毅三子受诏作之，而蔡邕、张华之徒又广焉。其文体，辞丽而言约，不指说事情，必假喻以达其旨，而贤者微悟，合于古诗劝兴之义，欲使历历如贯珠，易观而可悦，故谓之连珠也。班固喻美辞壮，文章弘丽，最得其体。蔡邕似论，言质而辞碎，然其旨笃矣。贾逵儒而不艳，傅毅文而不典。①

傅玄也是中国文学史上第一位研究演连珠体的理论家。在这篇序言中，傅玄不但解释了“连珠”体的起源和发展，而且解释了“连珠”的命名及文体特征，还批评了一些作家作品的风格和艺术得失。因此，该篇序言也成为魏晋时代文学批评的典范文本。傅玄开启了刘勰的“原始以表末，释名以章义，选文以定篇，敷理以举统”的先声。②

在这段文字中，最引人注目的是傅玄提出了对连珠体形式特征的讨论。如果一种文体，没有自身形式方面的独特要求，那就不成其为文体。他认为“连珠”体在于“可悦”，这完全突破了“兴、观、群、

---

① 严可均：《全上古三代秦汉三国六朝文·全晋文》，中华书局1985年版，第1724页。

② 王运熙、杨明：《中国文学批评通史·魏晋南北朝卷》，上海古籍出版社1996年版，第78页。

怨”的单一政教功能。“所谓‘辞丽’、‘弘丽’、‘喻美辞壮’云云，强调语言要修饰；所谓‘历历如贯珠’、‘言约’‘易睹’，讲的是风格体制的特点。”[①] 后来，沈约、刘勰论“连珠”的观念仍然重复了傅玄的结论。[②] 傅玄重视连珠体的“辞丽”“可悦”，显然是受建安文学辞采华丽这一新风的影响的。傅玄处在魏晋时代从曹丕“诗赋欲丽”到陆机“会意也尚巧，其遣言也贵妍”的过渡链上。尤其是，傅玄指出了连珠体这种纯文学性作品与杂文学性论说文的不同，即“不指说事情，必假喻以达其旨”。在传达主旨的同时，不能失去其艺术之美，要“假喻”来达旨，让人“微悟”。不能写成枯燥的论说作品，从而失去艺术感染力。如果说傅玄的赋学观处在思想断裂带上，那么，陆机的赋学观则全面扩大了思想断裂的价值和意义。

傅玄还在模拟七言诗的过程中发表过一定的看法，如《拟〈四愁诗〉序》：“张平子作《四愁诗》，体小而俗，七言类也。聊拟而作之，名曰《拟〈四愁诗〉》。”（《全晋文》卷四六）

此序中透露着三层信息：其一，最早的七言诗作将追溯至东汉张衡。此前虽有曹丕作七言诗《燕歌行》，但用的是乐府旧题，至于乐府诗旧作《燕歌行》是否七言，无从得知。傅玄却明确将七言诗追溯至张衡《四愁诗》，这是前人和同时代人所未发的。其二，傅玄批评张衡《四愁诗》的缺点，即“体小而俗”。所谓“体小而俗”“张衡《四愁诗》四章，每章七句，故‘体小’；表现的是缠绵的爱情，几乎民歌，有悖于屈原骚体的传统，故‘俗’”。[③] 其三，傅玄模拟的命意在于改进、完善。“他的拟作的情形是：每章 12 句，成偶数型；将单一的思美人或念游子之情，赋予了‘多念心忧世’的新意。”[④]

以上是傅玄的文学观念或理论。傅玄也是魏晋时代著名的作家，一生“著述不废”，所作种类繁多，数量颇丰，成就斐然。在《文心雕龙·时序篇》中，刘勰评价了西晋文学生态及傅玄的文学地位：

---

① 魏明安、赵以武：《傅玄评传》，南京大学出版社 1996 年版，第 298 页。

② 沈约：“辞句连续，互相发明，若珠之结排也”（见《全梁文》）；刘勰：“义明而词净，事圆而音泽，磊磊自转，可称珠耳”（《文心雕龙·杂文篇》）。

③ 魏明安、赵以武：《傅玄评传》，第 306 页。

④ 同上。

逮晋宣始基，景、文克构；并迹沈儒雅，而务深方术。至武帝惟新，承平受命；而胶序、篇章，弗简皇虑。降及怀、愍，缀旒而已。然晋虽不文，人才实盛：茂先摇笔而散珠，太冲动墨而横锦，岳、湛曜“联璧”之华，机、云标“二俊”之采；应、傅、三张之徒，孙、挚、成公之属，并结藻清英，流韵绮靡。[①]

在刘勰看来，傅玄父子和张华、左思、潘岳、“二陆”（陆机、陆云兄弟）、“三张”（张协、张载、张亢兄弟）一样，都是创作“结藻清英，流韵绮靡”的高手。

傅玄一生创作赋文60篇，是汉魏晋三代作赋最多的作家。“汉末大家蔡邕不过15篇，建安作家曹丕29篇、曹植56篇、王粲26篇，西晋作家傅咸38篇、成公绥25篇、夏侯湛25篇。其中曹植所作接近傅玄之数，他人尚远不及。”[②] 在刘勰看来，傅玄的赋作成就远不足与左思、潘岳、陆机、成公绥等“魏晋之赋首”相提并论。随着时间的残酷淘汰，此类辞赋多非全帙。

傅玄还创作了大量的庙堂乐府诗，现存61首。另有“籍田歌诗”5首有载无存，合计66首。[③] 刘勰十分看重此类作品，《文心雕龙·乐府》曰：“逮乎晋世，则傅玄晓音，创定雅歌，以咏祖宗。”[④] 当西晋王朝决定完善吉礼中的郊祭之仪时，傅玄便担起了此重任。《晋书·礼志上》曰：

泰始二年正月，诏曰：“有司前奏郊祀权用魏礼，朕不虑改作之难，令便为永制，众议纷互，遂不时定，不得以时供飨神祇，配以祖考。日夕难企，贬食忘安，其便郊祀。”时群臣又议，五帝即天也，王气时异，故殊其号，虽名有五，其实一神。明堂南郊，宜除五帝之坐，五郊改五精之号，皆同称昊天上帝，各设一坐而已。

---

① 范文澜：《文心雕龙注》，人民文学出版社1958年版，第674页。

② 魏明安、赵以武：《傅玄评传》，南京大学出版社1996年版，第313页。

③ 同上书，第324页。

④ 范文澜：《文心雕龙注》，第102页。

地郊又除先后配祀。帝悉从之。[①]

《晋书·乐志上》曰：

及武帝受命之初，百度草创。泰始二年，诏郊祀明堂礼乐权用魏仪，遵周室肇称殷礼之义，但改乐章而已，使傅玄为之词云。[②]

傅玄奉命创作了《祀天地五郊夕牲歌》《祀天地五郊迎送神歌》《飨天地五郊歌》《天地郊明堂夕牲歌》等庙堂性质的诗歌，参与王朝的礼乐制度建设。这些作品的艺术价值不高，但在西晋朝堂郊祭仪式完善方面的贡献巨大。试想，如果傅玄对西晋政权没有很真诚的情感认同，就不可能完成这些作品。再试想，如果傅玄没有文学才华，西晋王朝也不会将这样的使命交给他。况且，这些作品虽缺乏私人化的情感，但傅玄对晋王朝的礼赞是发自肺腑的。

除了现存的61首庙堂之作外，傅玄还有30余首叙事抒情的乐府诗。魏明安、赵以武先生说："这些作品是他文学创作中最有成就的部分，历代评论家注意的正是这些作品，文学史著作重点讨论的也是这些作品。"[③] 萧涤非先生《汉魏六朝乐府文学史》将这30余首乐府诗作分为拟古和讽刺现实两种类型；而魏明安、赵以武《傅玄评传》将其分为三种类型：借古题而叙时事；借古题咏古事、咏古意；自为乐府之作。[④]

我们无须赘述傅玄这些作品，评点其优劣得失，而要分析其诗学观念。傅玄走了一条不同于正始文学的路子——祖述建安。建安时期诗人多选择乐府这种文体，尤其是曹操。曹丕、曹植有一半以上的诗都是乐府诗。在傅玄的130首诗作中，乐府诗近90首。[⑤] 这足以看出他祖述建安文学的路子。傅玄"用乐府来追踪前贤，展示才华，抒发情感，

---

① 房玄龄：《晋书》，中华书局1974年版，第583页。

② 同上书，第679页。

③ 魏明安、赵以武：《傅玄评传》，南京大学出版社1996年版，第331页。

④ 同上书，第332—347页。

⑤ 郭茂倩的《乐府诗集》收录傅玄乐府诗87首。

成为当时诗坛的一种时尚，乐府成为诗人们的首选诗体"[1]。汉代设立乐府机构，其目的之一就是采集民间歌曲，供宫廷娱乐。因此乐府诗本身就有娱乐功能。建安时代的乐府诗娱乐抒情功能更强了。刘勰《文心雕龙·乐府》曰：

> 至于魏之三祖，气爽才丽，宰割辞调，音靡节平。观其北上众引，秋风列篇，或述酣宴，或伤羁戍，志不出于淫荡，辞不离哀思，虽三调之正声，实韶夏之郑曲也。[2]

刘勰从正统观念出发，批评建安时代的乐府诗，正好说明建安乐府诗失去了政教功能，开掘了乐府的"抒情"功能。傅玄的《惟汉行》《秋胡行》二首、《秦女休行》《艳歌行》《西长安行》《美女篇》《有女篇》《苦相篇》《明月篇》《历九秋篇》《放歌行》《短歌行》《白杨行》等皆是如此。

傅玄将耿介之气、慷慨之气融入深情（盛世之情）之中，这是他祖述建安的第二个标志。傅玄《惟汉行》曰：

> 危哉鸿门会，沛公几不还。轻装入人军，投身汤火间。
> 两雄不俱立，亚父见此权。项庄奋剑起，白刃何翩翩。
> 伯身虽为蔽，事促不及旋。张良慑坐侧，高祖变龙颜。
> 赖得樊将军，虎叱项王前。嗔目骇三军，磨牙咀豚肩。
> 空卮让霸主，临急吐奇言。威凌万乘主，指顾回泰山。
> 神龙困鼎镬，非哙岂得全。狗屠登上将，功业信不原。
> 健儿实可慕，腐儒安足叹。[3]

建安诗人曹植有《惟汉行》诗，傅玄亦作之，祖述之意十分明显。此诗叙述了鸿门宴上，汉主刘邦在性命攸关之时樊哙救主的故事。歌颂

---

① 王澧华：《两晋诗风》，上海古籍出版社 2005 年版，第 34 页。

② 范文澜：《文心雕龙注》，人民文学出版社 1957 年版，第 102 页。

③ 逯钦立：《先秦汉魏南北朝诗·全晋诗》，中华书局 1983 年版，第 554 页。

了汉将樊哙英勇神武的气概，抒发了“健儿实可慕，腐儒安足叹”的建功立业的志向情怀。

傅玄《长歌行》曰：

利害同根源，赏下有甘钩。义门近横塘，兽口出通侯。
抚剑安所趋，蛮方未顺流。蜀贼阻石城，吴寇冯龙舟。
二军多壮士，闻贼如见仇。投身效知己，徒生心所羞。
鹰隼厉爪翼，耻与燕雀游。成败在纵者，无令鸷鸟忧。①

无论此诗作于曹魏时代，② 还是作于入晋之后，③ 傅玄在此诗中，都表达了晋军所向披靡，战士们“闻贼如见仇。投身效知己，徒生心所羞。鹰隼厉爪翼，耻与燕雀游”的英雄气概。后世批评家如张溥《傅鹑觚集题辞》，多看到傅玄“新温婉丽，善言儿女”之情，忽视了傅玄作品中所存在的慷慨之气。即使在傅玄的郊庙乐歌组诗，如《晋郊祭歌五首》《晋天地郊明堂歌五首》《晋宗庙歌十一首》《晋四厢乐歌三首》《晋鼓吹曲二十二首》中，也充满着盛世之情。

《晋鼓吹曲二十二首》其一《灵之祥》：

灵之祥，石瑞章。旌金德，出西方。天降命，授宣皇。
应期运，里经骧。继大舜，佐陶唐。赞武文，建帝纲。
孟氏叛，据南疆。追有扈，乱五常。吴寇劲，蜀虏强。
交誓盟，连遐荒。宣赫怒，奋鹰扬。震乾威，曜电光。
陵九天，陷石城。枭逆命，拯有生。万国安，四海宁。

其二《宣受命》：

宣受命，应天机。风云时动，神龙飞。御诸葛，镇雍梁。

---

① 逯钦立：《先秦汉魏南北朝诗·全晋诗》，中华书局 1983 年版，第 555 页。

② 魏明安、赵以武《傅玄评传》认为此诗作于曹魏时期；陆侃如在《中古文学系年》中对此诗未做系年。

③ 拙作《西晋文风演变研究》（陕西人民出版社 2010 年版）认为此诗作于入晋之后。

边境安，夷夏康。务节事，勤定倾。揽英雄，保持盈。
渊穆穆，赫明明。冲而泰，天之经。养威重，运神兵。
亮乃震毙，天下宁。

其三《征辽东》：

征辽东，敌失据。威灵迈日域，公孙既授首。
群逆破胆，咸震怖。朔北响应，海表景附。
武功赫赫，德云布。①

这三首诗以三言为主，写得铿锵有力，气势飞扬，完全将自己耿介慷慨之气融入了对西晋司马氏政权的盛世再造赞美和祝福之中。正如叶枫宇所论："因为汉末三国以来的军阀混战所造成的'白骨露于野，千里无鸡鸣'的惨祸，对于傅玄这个时代的人来说，应当是记忆犹新的，因此，对于当时的人来说，期盼太平盛世，拥护国家统一是大多数人的心愿。……文人对它的赞美与祝福应当是发自内心的。"②

由此可见，傅玄在文学创作的道路上，走了一条"祖述建安"的路子，在拟古和创新中前进，形成了"宗经通变"的文学观念！傅玄是魏晋时代关辅籍作家的翘楚，虽然历代对其作品评价不高，但也有学者如叶德辉称赞道："至其诗赋杂辞，皆以行气为主，即无两汉高格，终不入六朝纤靡之径。"（叶德辉辑《傅玄集》的叙语）

魏晋之际，傅氏家族中能文之士绝不只有傅玄，还有其子傅咸，以及族孙傅畅。

傅咸，西晋时代著名的文学家。《晋书·傅咸传》曰：

好属文论，虽绮丽不足，而言成规谏。颍川庾纯常叹曰："长虞之文近乎诗人之作矣！"③

---

① 逯钦立：《先秦汉魏南北朝诗·全晋诗》，中华书局 1983 年版，第 826—827 页。

② 叶枫宇：《西晋作家的人格和文风》，上海三联书店 2006 年版，第 50 页。

③ 房玄龄：《晋书》，中华书局 1974 年版，第 1323 页。

傅咸虽著述不富，但声誉较高。正如张溥《汉魏六朝百三家集·傅中丞集·题辞》曰：

> 休奕四部六录，文集百余，淹缺者多。长虞著述不富，傅文亦与父埒，为彪为固，不能短长。①

傅咸生前并未结集，直到萧梁时代，才结集为30卷，唐初尚有17卷。《隋书·经籍志四》曰："晋司隶校尉《傅咸集》十七卷，梁三十卷，录一卷。"② 清人严可均的《全晋文》录《傅咸集》二卷。今人逯钦立《先秦汉魏南北朝诗·全晋诗》辑录傅咸诗19首，且有5首为残篇。

《晋书·傅咸传》中的"绮丽不足，而言成规谏"一句，生动地诠释了傅咸的文学观念。所谓"言成规谏"，即是傅咸一生崇信儒学，宗经尊典，力求在文章中彰显文学的政教伦理功能。父亲傅玄的"宗经"文学观念对傅咸影响很大。正如安朝辉所论："傅咸重视儒家经典，出于个人求知受教的需要及娱乐消遣的用意，并有触发写作，甚至改良社会风气的愿望。《烛赋序》写到，'讲三坟，论五经。高谈既倦，引满行盈。乐饮今夕，实慰我情！''三坟'指伏羲、神农、黄帝之书，'五经'则是《诗》、《书》、《礼》、《易》、《春秋》五部著作，作者夜晚谈论圣人之书，作为消遣、自慰的方式。傅咸《青蝇赋》又曰：'幸从容以闲居，且游心于典经。览诗人之有造，刺青蝇之营营。'这是说作者闲居时阅读儒家典籍，然后提到《诗经·小雅·青蝇》的，由此发感进入正题。作者把'典经'当做日常必修的功课，常读常思，化为了激发写作的因素。"③ 据《诗纪》记载："《春秋正义》曰：'傅咸《七经诗》，王羲之写，今存者六经耳。"④ 逯钦立《先秦汉魏南北朝诗》中录有《孝经诗》《论语诗》《毛诗诗》《周易诗》《周官诗》《左

---

① 张溥著，殷孟伦注：《汉魏六朝百三家集题辞注》，人民文学出版社1960年版，第127页。

② 魏征：《隋书》，中华书局1973年版，第1062页。

③ 安朝辉：《论傅咸的文学思想》，《文艺评论》2011年第10期。

④ 转引自逯钦立《先秦汉魏南北朝诗》，中华书局1983年版，第603页。

传诗》等。傅咸在此组诗中往往“摘取、改造某一种儒家典籍句子而组织成篇”①，成为集句诗之先河。前人多有发明，元代陈绎曾《诗谱》云：

晋傅咸作《七经》诗……此乃集句诗之始。②

明张溥《汉魏六朝百三家集·傅中丞集·题辞》云：

“其间七经诗中，毛诗一首，虽集句托始，无关言志。”③

关于《七经诗》的思想价值，历代诗评家少有涉及。马黎丽《傅咸诗歌刍议》一文中有所发明：“如果结合当时的社会现实来观照，我们会发现傅咸的《七经诗》，并非无聊的文人游戏，也不是缺乏实际意义的说教，它的价值，体现在傅咸对现实的关怀和忧患。首先《孝经诗》强调‘立身行道，始于事亲’，‘孝悌之至，通于神明’，司马氏篡位夺权，与儒家传统道德不相符合，唐长孺《魏晋南北朝史论拾遗》论及此事，认为司马氏借提倡孝道以掩饰自身的行为。傅咸对于西晋十分忠心，他虽然出生于魏朝，但是却成长于司马氏掌权时期，而且他的父亲一直是投靠司马氏的，所以对于西晋王朝，傅咸始终秉持直巨之忠心，为之效力效命。所以从古代经典中集句，证明施行孝道的大经地义，正是傅咸维护和效力司马氏统治的表现。《周易诗》、《左传诗》都是从士大夫自我勉励、修身养性的角度来集句，自省自诫，正是傅咸一贯的风格。《论语诗》一章表达对古代卫国直臣史鱼的敬佩，尸谏卫灵公的史鱼，赤胆忠心，死而后已，不正是傅咸自己的写照吗？《毛诗诗》强调君子应该入世治理国家，不要把机会让给小人，以致奸佞当道。《周官诗》强调‘设官分职，进贤兴功’要有一定的尺度。这些都令人联系到杨骏、汝南王摄政之时，滥行封赏，专政擅权的社会现实。

① 安朝辉：《论傅咸的文学思想》，《文艺评论》2011年第10期。

② 丁福保：《历代诗话续编》，中华书局1983年版，第623页。

③ 张溥著，殷孟伦注：《汉魏六朝百三家集题辞注》，人民文学出版社1960年版，第127页。

傅咸写作这些诗歌，或许正是为了婉曲地表达自己的观点，他是一个不惮于触犯权贵的刚正之人，但是他也是一个不作无畏牺牲，善于捍卫自己的人。"[①] 在傅咸的文学观念中，始终横亘着"言成规谏"的政教伦理功能，即使在赠答类诗歌中亦是如此。张溥曰：

> 与尚书同僚诗，则告诫臣仆，有孚盈缶，韦孟在邹，家风不坠矣。[②]

诗体的选择，也能表现出傅咸的诗学观念。在傅咸今存的19首诗作中，四言诗13首，五言诗6首。与其父傅玄相比，诗歌艺术形式明显单一。[③] 正如徐公持先生所言："傅咸今存诗以四言为主，在当时五言大盛的背景下，他犹如政治上的表现一样，立意不从流俗。其志固可嘉，但四言诗的黄金时代早已逝去，曹操一度辉煌之后，嵇康四言诗已成强弩之末，何况才情气度略逊一筹的傅咸？""其《七经诗》莫若说是有韵之书钞杂记。诗味全无，拙陋之甚。另一类为应酬赠答之作，这类诗也干涩枯槁，无足称者。"[④] 傅咸的文学观念相对比较保守，颇有秉承汉代文学的味道。张溥就从傅咸的诗中联想到韦孟的诗作。汉代文人诗歌，多用四言和楚歌体。葛晓音《八代诗史》："颂诗化的四言和赋化的骚体仍被看作表现正经内容的主要形式，五言因起自街陌谣讴，可以较为随便坦率地抒写私情，这也是汉代古诗多写游子思妇、离情别绪的原因之一。"[⑤]

一个家族文学观念的发展从来都不是直线型的。其家族人物或受时代风气的感染，文学观念自觉更新，如傅玄；而后辈完全可能逆时代潮流，以保持独立不迁，文学观念则滞后不前，如傅咸。整体而言，傅氏父子皆信奉儒家，强调"宗经"，这本身已经滞后于"文学自觉"的大

---

① 马黎丽：《傅咸诗歌刍议》，《江淮论坛》2010年第4期。

② 张溥著，殷孟伦注：《汉魏六朝百三家集题辞注》，人民文学出版社1960年版，第127页。

③ 马黎丽：《傅咸诗歌刍议》，《江淮论坛》2010年第4期。

④ 徐公持：《魏晋文学史》，人民文学出版社1999年版，第272页。

⑤ 葛晓音：《八代诗史》，中华书局2007年版，第17页。

时代。

傅畅，傅玄族孙，傅祗之子。《晋书·傅玄传附傅畅传》曰：

作《晋诸公叙赞》二十二卷，又为《公卿故事》九卷。[①]

《隋书·经籍志二》曰：

《晋诸公赞》二十一卷，晋秘书监傅畅撰。[②]

《隋书·经籍志四》曰：

晋秘书丞傅畅集五卷，梁有录一卷。[③]

傅畅所作《晋诸公赞》又名《晋诸公叙赞》，本属史学之作。傅畅致力于历史著述，既是个人兴趣之所在，也是傅氏家族“经史著述”的大文学观念所致，傅玄的《傅子》亦作如是观。

魏晋时代，北地傅氏家族文学观念正像其他关辅家族一样，从“经史著述”的大文学观念向“诗赋欲丽”的文学观念演进。当然，这种演进并不是直线式的，某些时段，甚至出现回潮逆流，呈现出多元并存的复杂态势。

晋末宋初，经过数代的文化积累和文学积淀，[④]傅咸家族出现了一位政治家兼文学家傅亮。傅亮的博学文采，曾得到桓玄的认可。《宋书·傅亮传》曰：

亮博涉经史，尤善文词。桓玄篡位，闻其博学有文采，选为秘

① 房玄龄：《晋书》，中华书局1974年版，第1333页。

② 魏征：《隋书》，中华书局1973年版，第960页。

③ 同上书，第1064页。

④ 傅咸长子傅敷，《晋书·傅玄传附傅敷》曰：“清静有道，素解属文。”次子傅晞，《晋书·傅玄传附傅晞》曰：“亦有才思。”傅咸的三世孙傅瑗，《宋书·傅亮传》曰：“以学业知名。”由此可见，傅咸家族在东晋一代，政治位势不高，但文化积累较好，文学修养不差。

书郎，欲令整正秘阁。[①]

傅亮以敏锐的政治嗅觉，辅助刘裕登基，获得了至高的政治位势，进一步发挥了他的文学才能。《宋书·傅亮传》曰：

永初元年，迁太子詹事，中书令如故。以佐命功，封建城县公，食邑二千户。入直中书省，专典诏命。以亮任总国权，听于省见客。……高祖登庸之始，文笔皆是记室参军滕演；北征广固，悉委长史王诞；自此后至于受命，表策文诰，皆亮辞也。[②]

傅亮著有文集，《随书·经籍志四》曰："宋尚书《傅亮集》三十一卷，梁二十卷，录一卷。"[③] 明代张溥所辑的《汉魏六朝百三家集》中有《傅光禄集》。清人严可均《全上古三代秦汉三国六朝文·全宋文》录傅亮文一卷。逯钦立《先秦汉魏晋南北朝诗·全宋诗》中辑傅亮诗4首，多残缺。

傅亮在刘宋时代的文学史上占有一席之地，刘师培《中国中古文学史》中"宋齐梁陈文学概略"曰：

又案：晋、宋之际，如谢琨、陶潜、汤惠休之诗，均自成派。至于宋代，其诗文尤为当世所重者，则为颜延之、谢灵运。……颜、谢而外，文人辈出，以傅亮（《宋书·颜延之传》："傅亮自以文义一时莫及。"又《宋书》："傅亮，字季友，博涉经史，尤善文辞，武帝受命，表策文诰，皆亮辞也。"）、范晔、袁淑、谢瞻、谢惠连、谢庄、鲍照为尤工。谢庄、鲍照诗文，尤为后世所祖述，次则傅亮诸人。[④]

在刘师培看来，傅亮是刘宋时代二流的文学家。他在《汉魏六朝

① 沈约：《宋书》，中华书局1974年版，第1336页。
② 同上书，第1337页。
③ 魏征：《隋书》，中华书局1973年版，第1072页。
④ 刘师培：《中国中古文学史》，商务印书馆2010年版，第76页。

专家文研究》中深入分析了傅亮与任昉的文章风格：

傅季友与任彦昇实为一派。任出于傅，《梁书》已有明文。（案《南史·任昉传》云："王俭每见昉文，必三复殷勤，以为当时无辈，曰：自傅季友以来，始复见于任子。又云：昉尤长载笔，颇慕傅亮，才思无穷。"）二子之文有韵者甚少，其无韵之文最足取法者，在无不达之辞，无不尽之意，行文固近四六，而词令婉转轻重得宜。……且其文章隐秀，用典入化，故能活而不滞，毫无痕迹，潜气内转，句句贯通：此所谓用典而不用于典者也。今人但称其典雅平实，实不足以尽之。大抵研究此类文章首重气韵，浸润既久自可得其风姿。至于词令隽妙，盖得力于《左传》、《国语》，宜探其渊源，以究其修辞之术。案傅、任所作均以教令书札为多，惟以用典入化，造句自然，故迥非其他应酬文字所能及耳。①

相比20世纪百年来的文学史，至今不提傅亮及其文学，刘师培眼光之独到，论述之精密，可谓戛然独造。然而，刘师培尚未从晋宋文士的阶层角度解读。王晓萌《论晋宋之际文笔之辨的社会背景》一文多了一种唯物史观，在他看来，东晋后期，建康高门士族注重谈玄赋诗，而荆州一带的幕僚文士重视笔札，讲究雕琢辞藻，追求气势。"随着刘裕入主中央，遂将幕府重笔之风带进建康，建康重谈玄赋诗，轻无韵笔札的倾向开始受到真正的挑战。"② 傅亮在其间所发挥的作用是不可估量的，"晋宋之际，刘裕幕府中以傅亮为代表的文人逐步取代以谢混为代表的高门士族，成为建康文坛新的领导者。……在这种氛围下，东晋玄风弥漫的文风已经不合时宜，傅亮审时度势，上仿西晋繁褥典雅的文风，为即将建立的新朝廷歌功颂德。可以说，傅亮不仅把重笔的风气带到建康，也使得建康有韵之诗赋的风气为之一变，从清虚恬淡走向繁褥绮靡，为刘宋朝的主流文风定下了基调"③。

---

① 刘师培：《汉魏六朝专家文研究》，商务印书馆2010年版，第120—121页。

② 王晓萌：《论晋宋之际文笔之辨的社会背景》，《文学遗产》2011年第4期。

③ 同上。

刘师培认为“傅、任所作均以教令书札为多，惟以用典入化，造句自然，故迥非其他应酬文字所能及耳”。王晓萌也认为傅亮在变革刘宋文风中所起到的重要作用，均是以傅亮获得了至高的政治位势为前提的。其实，傅亮创作中也流露出忧惧与审慎的精神侧面，沈约《宋书·傅亮传》所录傅亮的诗、赋、文等，均以此为着眼点。

傅亮的《演慎》是写给自己的，用来诫己。文章特点如刘师培所说的“用典入化，造句自然”，或者“用典入化，故能活而不滞，毫无痕迹，潜气内转，句句贯通”。有趣的是，傅亮的“慎”，已不同于先祖傅玄的“强直”和傅咸的“刚简”，倒有了几分阮籍“至慎”味道。当然，傅亮与阮籍的“慎”也有几分不同，阮籍作为正始之后社会舆论的风标，受到司马氏集团强大的“无物之阵”的猜忌。阮籍乃天下之名士，内心对司马氏不满，但不加明言。《晋书·阮籍传》云：“（钟会）数以世事问之，欲因其可否而知之罪，（阮籍）皆以酣醉获免。”① 阮籍“玄默自悔”，成为天下至慎之人，但内心的苦楚化为“词气甚壮”的诗文。而傅亮早年，世事屯险，处境维艰，为了寻求较高的政治位势，他自觉地从传统中挖掘智慧，欲养成自己的处世态度。《宋书·傅亮传》曰：“初，亮见世路屯险，著论名曰《演慎》。”② 从这个角度说，阮籍的“至慎”有几分无奈，而傅亮的“演慎”却有几分自觉。何况，阮籍将“至慎”贯穿在一生行事之中，而傅亮的“慎”似乎停留在思想层面上。

傅亮《感物赋》序云：“余以暮秋之月，述职内禁，夜清务隙，游目艺苑”③，他为顾命之臣，位居宰辅，辅佐少帝。暮秋时节，入宫述职，在公务之余的夜晚，看到艺苑中的飞蛾扑火情景，不禁联想起庄子所讲的“雕陵异雀”故事，感于“异雀”、飞蛾的“同迷而忘反鉴之道”。傅亮在《感物赋》中营造了“飞蛾投火”意象，④ 借以阐发“瞻

---

① 房玄龄：《晋书》，中华书局1974年版，第1360页。

② 沈约：《宋书》，中华书局1974年版，第1338页。

③ 同上书，第1339页。

④ 刘林魁同志在《“飞蛾投火”与中古士人的学术与文学》（《文学遗产》2012年第4期）一文中，推测傅亮《感物赋》中的“飞蛾投火”意象与佛经譬喻有关。翻检《全上古三代秦汉三国六朝文·全宋文》，傅亮文中有《文殊师利菩萨赞》《弥勒菩萨赞》，可证明傅亮接受过佛教话语知识。

前轨之既覆，忘改辙于后乘。匪微物之足悼，怅永念而捬膺。彼人道之为贵，参二仪而比灵。禀清旷以授气，修缘督而为经。照安危于心术，镜纤兆于未形。有徇末而舍本，或耽欲而忘生”的人生体验。这种人生体验既来自庄子故事以及玄学智慧，更来自他身处高位的忧惧心理。正如沈约所说的：“亮布衣儒生，侥幸际会，既居宰辅，兼总重权。少帝失德，内怀忧惧，作《感物赋》以寄意焉。”① 另外，傅亮《感物赋》具有很高的理论意义，其创作中所渗透出的“物感”思想，是从西晋时代陆机到齐梁时代钟嵘、刘勰等“物感说”发展链中的重要一环。尤其应注意的是，傅亮极有可能受家族文学观念的影响，因为其高祖、西晋时代著名文学家傅咸的文学创作中就渗透了“物感说”的理念。②

逯钦立《先秦汉魏晋南北朝诗》中录傅亮诗作三首。其中《从武帝平闽中诗》《从征诗》为四言之作，《奉迎大驾道路赋诗》系五言之作。据《宋书·傅亮传》“初，奉迎大驾，道路赋诗三首”的记载，知傅亮五言的《道路赋诗》共三首。其中一首曰：

夙棹发皇邑，有人祖我舟。饯离不以币，赠言重琳球。
知止道攸贵，怀禄义所尤。四牡倦长路，君辔可以收。
张邴结晨轨，疏董顿夕辀。东隅诚已谢，西景逝不留。
性命安可图，怀此作前修。敷衽铭笃诲，引带佩嘉谋。
迷宠非予志，厚德良未酬。抚躬愧疲朽，三省惭爵浮。
重明照蓬艾，万品同率由。忠诰岂假知，式微发直讴。

此诗应作于宋景平二年（424），废宋少帝后，迎庐陵王王义真于江陵时。傅亮参与谋废少帝，心怀惭惧之意。诗中“迷宠非予志，厚德良未酬”，明志之辞。“抚躬愧疲朽，三省惭爵浮”，悔惧之辞。虽然诗中也有玄言之论——“重明照蓬艾，万品同率由”，但主要是抒发自

① 沈约：《宋书》，中华书局 1974 年版，第 1339 页。
② 安朝辉：《论傅咸的文学思想》，《文艺评论》2011 年第 10 期。

己的悔惧之情。因此，此诗不同于东晋以来“平典似《道德论》”的玄言诗。可以说，傅亮远绍西晋的“诗缘情”诗学观念，在某种程度上，变革了东晋以来“清虚恬淡”的玄言诗风。

傅亮著有《续文章志》二卷，《隋书·经籍志二》曰：“《续文章志二卷》，傅亮撰。”[①] 傅亮显然受西晋著名文学理论家挚虞《文章志》的影响。要理解傅亮《续文章志》的性质，先要弄清挚虞《文章志》的性质。据邓国光先生《挚虞研究》分析：“晋人撰述名‘志’者，如《三国志》、《华阳国志》，皆史记之属。然则《文章志》者，事涉文章之史记也。”[②] 又云：“若绳诸‘存者不录’之著述惯例，则所叙文人，大抵以东京至乎魏季为限。”[③] 这样看来，傅亮的《续文章志》应是叙录两晋时代之文士故事。这恰合傅亮的知识谱系和兴趣，《宋书·傅亮传》：“亮博涉经史，尤善文词。”[④] 傅亮喜爱文学，且熟悉史学，作《续文章志》绝非难事。傅亮著录《续文章志》的意义在于说明刘宋时代文学意识的自觉。正如刘师培在《中国中古文学史》中所云：

> 中国文学，至两汉、魏、晋而大盛，然斯时文学，未尝别为一科，故史书亦无“文苑传”。故儒生学士，莫不工文。其以文学特立一科者，自刘宋始。……故《南史》各传，恒以“文史”、“文义”并词，而“文章志”诸书，亦以当时为盛。《文章志》始于挚虞，嗣则傅亮著《续文章志》，宋明帝撰《江左文章志》，沈约作《宋世文章志》，均见《隋书·经籍志》。[⑤]

综上所述，西汉中后期以来，北地傅氏家族的文学观念逐步培育起来，尤其经过建安时代，傅氏家族在“经史著述”大文学观念的熏陶下，著有多种文集，如傅干有集、傅巽有集，甚至傅巽以注经的方式注

---

① 魏征：《隋书》，中华书局 1973 年版，第 991 页。

② 邓国光：《挚虞研究》，香港学衡出版社 1990 年版，第 163 页。

③ 同上。

④ 沈约：《宋书》，中华书局 1974 年版，第 1336 页。

⑤ 刘师培：《中国中古文学史》，商务印书馆 2010 年版，第 74 页。

释文学作品《二京赋》。到了魏晋时代，傅氏家族出现了在文学史上占有一席之地的文学家傅玄、傅咸父子。“宗经通变”是他们的文学观念，也是儒学家族的文学意识。南朝刘宋时代，傅氏家族出现了变革东晋文风的文学之士——傅亮。能文之士，代不乏人。

第五章　京兆挚氏与挚虞

挚氏是我国古老的姓氏之一，其先祖以任为姓，属黄帝部落任姓的后裔。殷商时，有封国曰挚。大约到西周时代，以国为姓，乃为挚氏。两汉时代，挚氏家族一直居于关中，政治地位很低，不可同弘农杨氏、京兆韦氏、杜陵杜氏这些世家大族相提并论。就魏晋而言，挚氏家族几代子嗣为官，仍不失为关中仕宦世家。

一　京兆挚氏谱系

据《世说新语》刘孝标注引《挚氏世本》，知魏晋南北朝时代，挚氏家族有《挚氏世本》一书。这本是研究挚氏家族谱系的重要文献，可惜此书已佚。加之，挚氏家族在两汉时代没有甚是显赫的政治人物，《汉书》《后汉书》等史籍并无挚氏人物本传。隋唐时代，挚氏家族亦无人物官居宰相，《新唐书·宰相世系表》亦无任何记载。因此，研究京兆挚氏谱系十分困难，我们只有结合挚虞文学作品和传世文献来研究。

挚虞《思游赋》曰：

> 有轩辕之遐胄兮，氏仲任之洪裔。敷华颖于末叶兮，晞灵根于上世。[①]

邓国光认为，挚虞《思游赋》“祖《离骚》章法，起笔自叙为传，

---

① 房玄龄：《晋书》，中华书局1974年版，第1419页。

溯源始祖"①。也就是说，挚虞认为其先祖是黄帝苗裔，在远古时代为任氏。挚虞用极为概况的句子叙述了先祖世系，云："敷华颖于末叶兮，晞灵根于上世。"从这里我们无法知道先秦两汉以来的挚氏人物姓名。在挚虞看来，其间先祖谱系是清晰的，因为有《挚氏世本》传世，无须详述。

挚虞认为其先祖为黄帝苗裔，始为任氏。这种观点《国语》可以佐证之。《国语·晋语》曰：

凡黄帝之子二十五宗，其得姓者十四人，为十二姓。姬、酉、祁、己、滕、箴、任、荀、僖、姞、儇、依是也。②

黄帝苗裔任氏，有国名挚。《诗经·大雅·大明》云：

"挚仲氏任，自彼殷商，来嫁于周，曰嫔于京。"《毛传》："挚，国。任，姓。仲，中女也。"《疏》："《史记外戚世家》《索隐》引《毛诗》云：'挚国任姓之中女也。'盖此八字为一句，总释经文'挚仲氏任'也，挚国者，《周语》：'挚畴之国由大任'，是挚为国名也。任姓者，《晋语》：'凡黄帝之子二十五宗，其得姓者十四人，为十二姓。'任其一也。"③

由此可见，殷商时代挚国的中女嫁到周国，成为周文王的母亲。《诗经·大雅·大明》有"大任有身，生此文王"诗句。关于挚氏远祖，《元和姓纂》也有记载：

挚《风俗通》，挚畴，古诸侯国，《毛诗》。周有挚荒。案挚荒未见《毛诗义疏》。［岑校］挚畴古诸侯国毛诗周有挚荒 校云："案挚荒未见《毛诗义疏》。"余按《通志》及《类稿》四二作

① 邓国光：《挚虞研究》，香港学衡出版社1990年版，第2页。

② 《国语》，上海古籍出版社1998年版，第356页。

③ 陈奂：《诗毛氏传疏》（中册）卷二十，商务印书馆1933年版，第81页。

“见《毛诗》”，此指挚国言，特夺“见”字耳。校注殊未细考。挚荒，见《左》昭二十二年。[①]

据西晋时代名士皇甫谧的《高士传》记载，西汉时挚氏家族有一位叫挚峻的人物。《高士传》曰：

挚峻，字伯陵，京兆长安人也。少治清节，与太史令司马迁交好。峻独退身修德，隐于阱（似应为“岍”。下同 。——引者）山。迁既亲贵，乃以书劝峻进，曰：“迁闻君子所贵乎道者三，太上立德，其次立言，其次立功。伏惟伯陵材能绝大，高尚其志，以善厥身，冰清玉洁，不以细行荷累其名，固已贵矣。然未尽太上之所由也。愿先生少致意焉。”峻报书曰：“峻闻古之君子料能而行，度德而处，故悔吝去于身。利不可以虚受，名不可以苟得。汉兴以来，帝王之道于斯始显，能者见利，不肖者自屏，亦其时也。《周易》太君有命，小人勿用。徒欲偃仰从容以游余齿耳。”峻之守节不移如此。迁居太史官，为李陵游说，下腐刑，果以悔吝被辱。峻遂高尚不仕，卒于阱，阱人立祠，号曰阱居士，世奉祀之不绝。（见龙谿精舍丛书《高士传》中卷）

王先谦《后汉书集解》卷五十引称，西汉挚峻为东汉挚恂之二十世祖。邓国光《挚虞研究》引之，并信从之。[②] 不知王先谦据何而知之。

东汉时代，京兆挚氏家族出现一位儒学之士挚恂。《后汉书·马融列传》曰：

初，京兆挚恂以儒学教授，隐于南山，不应征聘，名重关西，融从其游学，博通经籍。恂奇融才，以女妻子。[③]

---

① 林宝撰，岑仲勉点校：《元和姓纂（附四校记）》，中华书局1994年版，第1182页。

② 参见邓国光《挚虞研究》，香港学衡出版社1990年版，第3页。

③ 范晔：《后汉书》，中华书局1965年版，第1953页。

李贤注引挚虞的《三辅决录注》曰：

> 恂字季直，好学善属文，隐于南山之阴。[①]

据《世说新语·文学》第七十三则刘孝标注引王隐《晋书》"挚虞字仲治，京兆长安人。祖茂，秀才。父模，太仆卿"[②] 的记载，知挚虞祖父挚茂，曾举秀才，其父挚模，为曹魏太仆卿。

《元和姓纂》又云：

> 【京兆】长安。魏太仆卿挚模，代居京兆；生虞，晋太常卿、光禄勋，《晋书》有传。[③]

《世说新语·言语》第四十二则刘孝标注引《挚氏世本》曰：

> 瞻字景游，京兆长安人，太常虞兄子也。父育，凉州刺史。瞻少善属文，起家著作郎。中朝乱，依王敦为户曹参军，历安丰、新蔡、西阳太守。见敦以故坏裘赐老病外部都督，瞻谏曰："尊裘虽故，不宜与小吏"。敦曰："何为不可？"瞻时因醉曰："若上服皆可用赐，貂蝉亦可赐下乎？"敦曰："非喻所引，如此不堪二千石。"瞻曰："瞻视去西阳如脱屣耳！"敦反，乃左迁随郡内史。[④]
>
> 瞻高亮有气节，故以此答敦，后知敦有异志，建兴四年，与第五琦（应为"猗"）据荆州以距敦，竟为所害。[⑤]

由此可知，挚虞兄为挚育，为凉州刺史。其侄挚瞻曾为东晋西阳太守等职。

《古今姓氏书辨证》曰：

---

① 范晔：《后汉书》，中华书局1965年版，第1953页。

② 徐震堮：《世说新语校笺》，中华书局1984年版，第138页。

③ 林宝撰，岑仲勉点校：《元和姓纂（附四校记）》，中华书局1994年版，第1182页。

④ 徐震堮：《世说新语校笺》，第57页。

⑤ 同上。

挚：魏有挚仲治，对曲水事者。《晋史》曰：虞字仲治。①

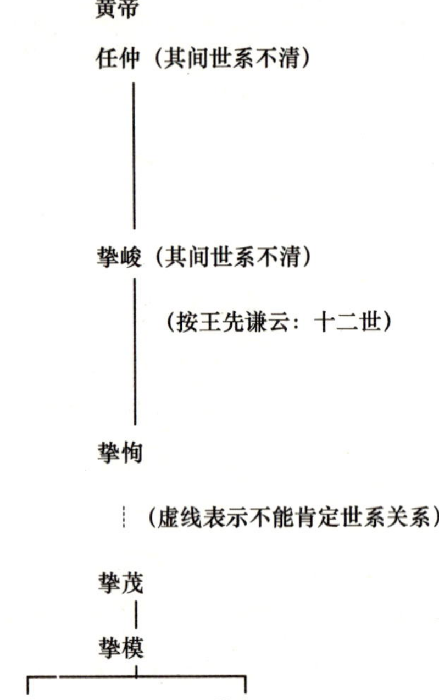

二　京兆挚氏的政治位势

（一）素无位势：两汉诸挚

两汉时代，京兆挚氏家族中出现了像挚峻、挚恂这样的人物。据《高士传》所载，西汉时代的挚峻，是一位“退身修德”的隐士。挚峻终身不仕，因此，京兆挚氏并无政治位势可言。据《后汉书·马融传》所载，东汉时代的京兆挚恂是一位隐居南山，以教授儒学为业的隐士，

① 邓名世撰，王力平点校：《古今姓氏书辩证》，江苏人民出版社 2006 年版，第 435 页。

也无政治位势可言。

东汉末年，京兆挚氏挚茂，曾举秀才，获得政治官僚体制的认可。虽并无授官，但这为其后嗣步入仕途做了一定的准备。

（二）地位崛起：曹魏太仆卿挚模

曹魏时代，京兆挚氏挚模进入政治官僚体制，官居三品，任太仆卿。[①] 据《后汉书三国志补表三十种》之《三国职官表》曰：

> 魏太仆卿一人，中二千石，第三品，掌车马，天子每出，奏驾上卤簿用，大驾则执御（《汉志》）。建安十八年魏国始置太仆（《魏都赋注》），黄初以来因之，可考者十四人。[②]

挚模也许因司马氏的关系，才任太仆卿，为曹魏皇帝（或为魏齐王曹芳，不确定）掌管车马、仪仗，特殊场合亲自执御。太仆卿的官阶甚高，但并无实权。因此，挚模的政治位势不高。

（三）仕宦世家：西晋诸挚

1. 挚育：凉州刺史

西晋时代，京兆挚氏家族出现了挚虞、挚育等仕宦人物。挚育是挚虞的兄长，《晋书》无本传。据《世说新语》刘孝标注引《挚氏世本》知，挚育曾任凉州刺史。凉州虽属边陲之地，刺史挚育也掌管一州之军政大务，手握一定的实权，按品阶论，属四品。

---

① 挚模任太仆卿时间不详，洪饴孙著《三国职官表》无考。陆侃如《中古文学系年》推测挚虞出生于公元240年（魏齐王曹芳正始元年）。邓国光《挚虞研究》信从之。挚虞出生于魏齐王曹芳正始元年，按常理，其父挚模年岁应在20岁左右，因此，可推测挚模出生于220年（魏文帝黄初元年）前后。其任太仆卿应在250年之后。也许正是儒学世族司马懿发动高平陵政变后，任命了儒学世家人物的缘故，挚模才得以任太仆卿。这也可以解释挚虞在西晋时代与司马氏保持较为亲近关系的原因。

② 洪饴孙：《三国职官表》，见宋熊方等撰《后汉书三国志补表三十种》，中华书局1984年版，第1363页。

2. 挚虞：太常卿

挚虞，字仲治，[①]《晋书》有本传。西晋泰始初年，挚虞被京兆郡辟举为主簿。[②] 晋武帝泰始四年（268），被举为贤良，拜为中郎。“举贤良，与夏侯湛等十七人策为下第，拜中郎。”[③]

中郎，往往由地方推举的优秀人才担任，负责执戟宿卫宫中诸殿门，隶属于光禄勋。武帝在东堂会策时，因所对最优，[④] 挚虞被擢升为太子舍人。《晋书·挚虞传》曰：

> 武帝诏曰：……因诏诸贤良方正直言，会东堂策问，挚虞对曰：……擢为太子舍人。[⑤]

后来，挚虞任闻喜县令，经过数年的历练，再次被擢升为中央官员。于太康三年补为尚书郎，[⑥]《晋书·挚虞传》曰：“久之，召补尚书郎”[⑦]，据挚虞《驳河内宜立学书》序中“尚书郎中骑都尉挚虞驳云”的记载，知挚虞任中骑都尉，西晋王朝往往以皇室、外戚等亲贵为中骑都尉，而“挚虞非宗室外戚而膺负此任，足见其甚见重于武帝”[⑧]。晋惠帝、怀帝时期，挚虞历任少府、秘书监、光禄勋、太常卿等职，成为内府重臣，贵为九卿，官秩三品。然而，西晋王朝经八王之乱，气数已尽，挚虞虽贵，不免流离颠沛。《晋书·挚虞传》曰：

> 后历秘书监、卫尉卿，从惠帝幸长安。及东军来迎，百官奔

---

① 挚虞的字，今本《晋书》作“仲治”，然而西晋时人与之酬酢诸什，皆作“仲治”。且六朝迄唐诸书称引，亦作“仲治”。北宋所传唐修《晋书》不误，而今《四部丛刊》所影印南宋刻本，误作“仲治”（参见邓国光《挚虞研究》）。

② 挚虞为郡主簿时间不详，陆侃如《中古文学系年》系于泰始元年，而邓国光《挚虞研究》系于泰始二年（266）。

③ 房玄龄：《晋书》，中华书局 1974 年版，第 1317 页。

④ 邓国光《挚虞研究》认为，《晋书》史臣认为挚虞策对最上乘，故而迻录成篇。其观点可信从。

⑤ 房玄龄：《晋书》，第 1423—1424 页。

⑥ 邓国光《挚虞研究》认为，挚虞补尚书郎在太康三年（282），比陆侃如《中古文学系年》系于太康九年（288）更为可信。

⑦ 房玄龄：《晋书》，第 1425 页。

⑧ 邓国光：《挚虞研究》，香港学衡出版社 1990 年版，第 32 页。

散，遂流离鄠、杜之间，转入南山中，粮绝饥甚，拾橡实而食之。后得还洛，历光禄勋、太常卿。①

综观挚虞一生，仕宦典午一朝，历武帝、惠帝、怀帝，亲睹司马氏王朝之盛衰兴替。挚虞在朝见重，皆因其“才学通博”（《晋书·挚虞传》语），其功绩主要在于礼乐文化制度建设方面。《晋书·挚虞传》曰：

时怀帝亲郊。自元康以来，不亲郊祀，礼仪弛废。虞考正旧典，法物粲然。②

永嘉五年，少数民族政权统治者刘曜攻下西晋京都洛阳，挚虞饿死于荒乱之中。《晋书·挚虞传》曰：

及洛京荒乱，盗窃纵横，人饥相食。虞素清贫，遂以馁卒。③

《世说新语·文学》第七十三则刘孝标注引王隐《晋书》曰：“永嘉五年，洛中大饥，遂饿而死。”④

3. 挚瞻：四郡太守

永嘉之乱后，京兆挚氏虽有过江者，如挚虞之侄挚瞻，但京兆挚氏非高门甲族，政治位势一落千丈。幸得《世说新语》及刘孝标注引《挚氏世本》二则等资料，我们可窥其在东晋一朝之情势。

据《世说新语·言语》第四十二则刘孝标注引《挚氏世本》记载知，西晋时代，挚瞻起家为著作郎，掌国事修纂，官居六品。永嘉之乱后，挚瞻依附高门甲族王敦，为户曹参军，并历任安丰、新蔡、西阳太守、随郡内史等职。《世说新语·言语》第四十二则曰：

---

① 房玄龄，《晋书》，中华书局 1974 年版，第 1426 页。

② 同上。

③ 同上书，第 1426—1427 页。

④ 徐震堮：《世说新语校笺》，中华书局 1984 年版，第 138 页。

挚瞻曾作四郡太守、大将军户曹参军，复出作内史。年始二十九。[①]

《太平预览·服章部十一》引王隐《晋书》曰：

王敦参军挚瞻见敦以坏裘赐老外部都督，瞻谏曰：“尊裘虽故，不宜与小吏”。敦曰：“何为不可？”瞻时因醉曰：“若上服皆可用赐，貂蝉亦可赐下乎？”

刘孝标注引《挚氏世本》亦有类似记载：

瞻字景游，京兆长安人，太常虞兄子也。父育，凉州刺史。瞻少善属文，起家著作郎。中朝乱，依王敦为户曹参军，历安丰、新蔡、西阳太守。见敦以故坏裘赐老病外部都督，瞻谏曰：“尊裘虽故，不宜与小吏”。敦曰：“何为不可？”瞻时因醉曰：“若上服皆可用赐，貂蝉亦可赐下乎？”敦曰：“非喻所引，如此不堪二千石。”瞻曰：“瞻视去西阳如脱屣耳！”敦反，乃左迁随郡内史。[②]

由此可见，挚瞻以故吏参军身份，借酒醉讽大将军王敦，因此左迁随郡内史。挚瞻为何要讽谏王敦呢？刘孝标注引《挚氏世本》给出答案：“瞻高亮有气节，故以此答敦。”[③]《世说新语》记载挚瞻迁随郡内史，拜别王敦时的对答，流露出不屈权贵的高爽气节。“尝别王敦，敦谓瞻曰：‘卿年未三十，已为万石，亦太早。’瞻曰：‘方于将军，少为太早；比之甘罗，已为太老。’”[④]

挚瞻后来之命运，有史料目之“贼帅”，事情原委未加详辨，此等讹舛谬误，以污挚瞻之清誉甚矣。《晋书·元帝纪》曰：

---

① 徐震堮：《世说新语校笺》，中华书局1984年版，第106页。

② 同上书，第57页。

③ 同上。

④ 同上书，第106页。

（建武元年）八月，……荆州刺史第五猗为贼帅杜曾所推，遂与曾同反。①

《晋书·周访传》曰：

时梁州刺史张光卒，愍帝以侍中第五猗为征南大将军，监荆、梁、益、宁四州，出自武关。贼率杜曾、挚瞻、胡混等并迎猗，奉之。②

挚瞻与第五猗拒王敦事情的原委是这样的，西晋最后一位皇帝愍帝，封侍中第五猗为征南大将军，都督荆、梁、益、宁四州军事。王敦故吏挚瞻不满王敦，与杜曾、胡混等人奉迎第五猗，时间大约在建兴四年（316）。不久，第二年，东晋元帝登基，改元建武。王敦作为晋元帝司马睿所倚重的大臣，遣其从弟王廙为荆州刺史，以拒第五猗等入荆州。可见，第五猗乃奉西晋末帝愍帝之命，而王敦反愍帝之命，派王廙逆之。而东晋元帝亦不承认第五猗，故称第五猗、杜曾、挚瞻同反，并派周访讨破之。

《世说新语》刘孝标注引《挚氏世本》曰："后知敦有异志，建兴四年，与第五琦（应为'猗'）据荆州以距敦，竟为所害。"③此处所说的"知敦有异志"，即可理解为挚瞻察觉王敦逆西晋愍帝之"异志"，而非后永昌元年（322）起兵反晋元帝之"异志"。故而，挚瞻不能称为谋反之臣的"贼帅"，而是如李慈铭所说的"晋之忠臣"④。杜曾等兵败后，挚瞻被俘，为王敦所杀。

综上所述，两汉时代京兆挚氏家族并非"累世为宦"的世家大族，与弘农杨氏、杜陵杜氏、京兆韦氏不可同日而语。魏晋时代，挚氏家族出现了像挚模、挚虞、挚育等父子仕宦之士，获得了一定的政治位势。可惜，西晋末年的大动荡时代，挚氏子嗣挚瞻忠于西晋愍帝，被王敦等

---

① 房玄龄：《晋书》，中华书局1974年版，第148页。

② 同上书，第1580页。

③ 徐震堮：《世说新语校笺》，中华书局1984年版，第57页。

④ 参见余嘉锡《世说新语笺疏》，中华书局2007年版，第123—124页。

新贵所害。京兆挚氏刚刚获得的较高的政治位势陡然式微。

三 京兆挚氏的文化习性

虽然汉晋时代京兆挚氏家族的政治位势不高，但其家族的文化习性还是清晰可见的。简言之，京兆挚氏的文化习性有三：一是退身修德，好隐逸之家风。二是狷洁清俭，高尚气节。三是世尚儒学。

（一）退身修德，好隐逸

京兆挚氏的这种家风端倪于西汉时代，据西晋高士皇甫谧的《高士传》记载，西汉武帝时期，京兆挚氏家族之挚峻是一位狷介隐士，与司马迁交好。《高士传》曰：

> 挚峻，字伯陵，京兆长安人也。少治清节，与太史令司马迁交好。峻独退身修德，隐于阡（似应为“岍”。——引者）山。

司马迁曾致书好友挚峻，劝其出仕做官。挚峻回信以明其志。《高士传》曰：

> 迁既亲贵，乃以书劝峻进，曰：“迁闻君子所贵乎道者三，太上立德，其次立言，其次立功。伏惟伯陵材能绝大，高尚其志，以善厥身，冰清玉洁，不以细行荷累其名，固已贵矣。然未尽太上之所由也。愿先生少致意焉。”峻报书曰：“峻闻古之君子料能而行，度德而处，故悔吝去于身。利不可以虚受，名不可以苟得。汉兴以来，帝王之道于斯始显，能者见利，不肖者自屏，亦其时也。《周易》太君有命，小人勿用。徒欲偃仰从容以游余齿耳。”（见龙豁精舍丛书《高士传》中卷）

挚峻隐逸山林，“偃仰从容以游余齿耳”，全身避害，与好友司马迁形成鲜明对比。挚峻高洁不仕，受人敬仰。《高士传》曰：

峻之守节不移如此。迁居太史官，为李陵游说，下腐刑，果以悔吝被辱。峻遂高尚不仕，卒于阡（似应为“岍”。下同。——引者），阡人立祠，号曰阡居士，世奉祀之不绝。

东汉时代，挚峻后嗣挚恂，赓续家风，隐逸南山，教授儒学，不应征聘，名重关西。《后汉书·马融列传》曰：

初，京兆挚恂以儒学教授，隐于南山，不应征聘，名重关西。[①]

西晋时代，京兆挚氏家族子嗣挚虞也有隐逸之倾向。《晋书·挚虞传》记载，挚虞被京兆郡召为主簿其间，曾著有《思游赋》，表达自己的人生哲学和价值取向。具体而言，《思游赋》之序，“具述其文旨趣，乃诠绎所蕴内涵之锁钥”[②]。《思游赋·序》云：

虞尝以死生有命，富贵在天。天之所祐者义也，人之所助者信也。履信思顺，所以延福，违此而行，所以速祸。然道长世短，祸福舛错，怵迫之徒，不知所守，荡而积愤，或迷或放。故借之以身，假之以事，先陈处世不遇之难，遂弃彝伦，轻举远游，以极常人罔惑之情，而后引之以正，反之以义，推神明之应于视听之表，崇否泰之运于智力之外，以明天任命之不可违，故作《思游赋》。[③]

从序文看，挚虞乐知天命，即所谓“死生有命，富贵在天”，坚持“履信思顺”的人生信条，批评“或迷或放”的两种人生价值取向，所谓“或迷”，是指不知修德持守，一味积极应世的迷恋心态。所谓“或放”是指不知性命所归，“遂弃彝伦”，一味放浪形骸的玄学心态。“挚虞则取乐天知命之道，履信思顺，以道德之践履体现生命之实存与意

① 范晔：《后汉书》，中华书局1965年版，第1953页。

② 邓国光：《挚虞研究》，香港学衡出版社1990年版，第136页。

③ 房玄龄：《晋书》，中华书局1974年版，第1419页。

义，但反求诸己，未因命途舛错而迷失五守。陶潜乐天而不疑，与挚君一脉相承。”[1] 值得注意的是，挚虞虽未像先祖挚峻、挚恂一样隐居山野，但他所追求的“履信思顺”与挚峻的“料能而行，度德而处，故悔吝去于身”如出一辙。足可见，西汉时代挚氏先祖挚峻所开创的家风，在挚虞那里得到传承。

西晋末年，挚瞻亦有隐逸之想法。刘孝标注引《挚氏世本》云：

> 瞻时因醉曰：“若上服皆可用赐，貂蝉亦可赐下乎?”敦曰：“非喻所引，如此不堪二千石。”瞻曰：“瞻视去西阳如脱屣耳!”敦反，乃左迁随郡内史。[2]

挚瞻一句“瞻视去西阳如脱屣耳”，彰显了不贪慕权势，以隐逸为乐的精神境界。

（二）狷洁清俭，尚气节

因为京兆挚氏能退身修德，所以家族中多培养出狷介清俭的高尚之士。狷者，皆独善其身，洁身自好，有所为又有所不为。西汉时代，挚氏家族中的挚峻，不愿进入政治官僚体制之中，隐居自守，终老一生，表现出强烈的狷介风尚。东汉时代，名重关西的儒师挚恂，也隐居南山，以教授为业，曾培养出东汉一代经学大儒马融。西晋时代的挚虞，虽官居太常卿，但他不迷恋权势，知天乐命，性好博古。《世说新语》刘孝标注引王隐《晋书》曰：“从惠帝至长安，遂流离鄠、杜间。性好博古，而文籍荡尽。”[3] 八王之乱中，挚虞随惠帝至长安后，流落鄠、杜一带，曾以拾橡子为食。《晋书·挚虞传》曰：“后历秘书监、卫尉卿，从惠帝幸长安。及东军来迎，百官奔散，遂流离鄠、杜之间，转入南山中，粮绝饥甚，拾橡实而食之。”[4] 永嘉之乱后，京洛一带沦陷，挚虞因素清贫，被饿死。《晋书·挚虞传》曰：“及洛京荒乱，盗窃纵

---

① 邓国光：《挚虞研究》，香港学衡出版社 1990 年版，第 136—137 页。
② 徐震堮：《世说新语校笺》，中华书局 1984 年版，第 57 页。
③ 同上书，第 138 页。
④ 房玄龄：《晋书》，中华书局 1974 年版，第 1419 页。

横，人饥相食。虞素清贫，遂以馁卒。”[①] 挚虞的清俭作风在西晋尚奢华的时代显得难能可贵。他清俭至无以自济的故事，在北朝士大夫间广为流传。《北史·常景传》曰：“（常）景自少及老，恒居事任，清俭自守，不营产业。至于衣食，取济而已。耽好经史，爱玩文词，若遇新异之书，殷勤求访，或复质买，不问价之贵贱，必以得为期。友人刁整每谓曰：‘卿清德自居，不事家业，虽俭约可尚，将何以自济也？吾恐挚太常方馁于柏谷耳。’”[②] 挚虞的侄子挚瞻，史称“瞻高亮有气节”[③]。不慕权势是汉晋以来京兆挚氏最大气节，挚瞻曾对大将军王敦说：“瞻视去西阳如脱屣耳”[④]。

（三）世传儒学，致世用

虽然并无可靠的正史资料说明，西汉京兆挚峻的思想以儒学为主，但现存西晋皇甫谧的《高士传》中记载挚峻与司马迁的书信往来，倒让人嗅出儒学的味道。司马迁以《左传》中“三不朽”即“太上立德，其次立功。其次立言”为悬鹄，劝好友挚峻出仕。而挚峻以“古之君子料能而行，度德而处，故悔吝去于身”来拒绝之，似乎完全是道家“全身保真”的底色。然而我们知道，老子是反对儒家所提倡的道德仁义观念的，《老子·三十八章》曰：“故失道而后德，失德而后仁，失仁而后义，失义而后礼。”而挚峻则“高尚其志，以善厥身，冰清玉洁”，倒是很符合儒家所提出的“内圣”追求。东汉时代，以经学为核心的儒学盛行，京兆挚恂成为一位真正的儒学之士。《后汉书·马融列传》曰：“初，京兆挚恂以儒学教授，隐于南山，不应征聘，名重关西。”[⑤] 经他亲炙后，弟子马融成为东汉一代有名的经学宗师。《两汉三国学案》曰：“挚恂……明《礼》、《易》，治《五经》，通百家之言。隐居渭滨，教授数百人，弟子扶风马融、沛国桓驎，自远方至者十余人。”[⑥] 唐晏并把挚恂系在费氏《易》谱系之中。魏晋之际的京兆挚

---

① 房玄龄：《晋书》，中华书局1974年版，第1419页。

② 李延寿：《北史》，中华书局1974年版，第1560页。

③ 徐震堮：《世说新语校笺》，中华书局1984年版，第57页。

④ 同上。

⑤ 范晔：《后汉书》，中华书局1965年版，第1953页。

⑥ 唐晏：《两汉三国学案》，中华书局1986年版，第53页。

氏——摰茂、摰模父子也应该是以儒学行事的，否则摰茂也不会成为秀才，摰模也不会被儒学世家司马氏亲近，[①] 也不会做太仆卿。摰虞曾拜著名的儒学之士皇甫谧为师，成为一个学问渊博的学者。《晋书·摰虞传》曰："虞少事皇甫谧，才学通博，著述不倦。"[②] 摰虞的思想世界，完全是儒家"知命"之精神。摰虞述志之作《思游赋》皆本之于《论语》"商闻之矣！死生有命，富贵在天"一语。[③] 正如邓国光所说的："此儒家通透豁达之旨。……摰虞《思游赋》，道乐天知命之旨，以力挽强澜，鋮引正道，乃儒家淑世之旨也。"[④] 当然，摰虞生活在季世，特取儒家"顺命"之义，待时以动，也是可以理解的。[⑤] 在摰虞的行事中，完全是以儒家乐天知命为宗旨，以人伦道义为归趣，无染乎晋人之放诞。摰虞的学术思想和知识结构也是以儒家经学、礼学为主，旁涉史学、舆地之学。摰虞治学主张通经致用，非徒为章句之学。摰虞曾参与西晋王朝的《新礼》讨论，《晋书·摰虞传》曰："时荀觊撰《新礼》，使虞讨论得失而后施行。"[⑥] 据邓国光研究，摰虞讨论《新礼》历时十余载，大约从太康元年（280）到惠帝元康元年（291）。摰虞主要针对荀觊制定《新礼》两大问题：一是补《新礼》中的《丧服》之不足，二是删削《新礼》篇幅之烦重。《晋书·礼志上》曰："太康初，尚书仆射朱整奏付尚书郎摰虞讨论之。虞表所宜损增曰：臣典校故太尉觊所撰《五礼》，臣以为夫革命以垂统，帝王之美事也，隆礼以率教，邦国之大务也，是以臣前表礼事稽留，求速讫施行。又以《丧服》最多疑阙，宜见补定。又以今礼篇卷烦重，宜随类通合。事久不出，惧见寝嘿。"[⑦] 在摰虞看来，荀觊所制《新礼》中《丧服》是"直书古《经》文而已，尽除子夏《传》及先儒注说，其事不可得行"[⑧]。因为"《丧服》本文省略，必待注解事义乃彰；其传说差详，世称子夏所作。郑

---

① 见上节论述，当然这只是猜测，并无史料佐证。

② 房玄龄：《晋书》，中华书局 1974 年版，第 1426 页。

③ 邓国光：《摰虞研究》，香港学衡出版社 1990 年版，第 40 页。

④ 同上书，第 40—41 页。

⑤ 参见邓国光《摰虞研究》，第 42—43 页。

⑥ 房玄龄：《晋书》，中华书局 1974 年版，第 1426 页。

⑦ 同上书，第 581 页。

⑧ 同上书，第 582 页。

王祖《经》宗《传》，而各有异同，天下并疑，莫知所定”①。挚虞采取博通之法补正，并引王肃礼说为标准，以释纷断疑。《晋书·礼志上》曰：“臣以为今宜参采《礼记》，略取《传》说，补其未备，一其殊义。可依准王景侯所撰《丧服变除》，使类统明正，以断疑争，然后制无二门，咸同所由。”② 另外，在挚虞看来，荀觊所作《新礼》共165篇，共15万字，篇卷过于繁重，不宜颁布施行。他采取“先祥后略之互见叙法”，删削冗赘文字5万多字。《晋书·礼志上》曰：

又此礼当班于天下，不宜繁多。觊为百六十五篇，篇为一卷，合十五余万言，臣犹谓卷多文烦，类皆重出。案《尚书·尧典》祀山川之礼，惟于东岳备称牲币之数，陈所用之仪，其余则但曰“如初”。《周礼》祀天地五帝享先王，其事同者皆曰“亦如之”，文约而义举。今礼仪事同而名异者，辄别为篇，卷烦而不典。皆宜省文通事，随类合之，事有不同，乃列其异。如此，所减三分之一。③

挚虞　共讨论了15件事，④《文选（任昉）·王文宪集序》李善注引臧荣绪《晋书》曰：“太康初，尚书仆射朱整奏付尚书郎挚虞讨论之，虞表所宜增损条目，改正礼新昔异状，凡十五事。”⑤ “虞讨论新礼讫，以元康元年上之。所陈惟明堂五帝、二社六宗及吉凶王公制度，凡十五篇。”⑥

挚虞曾与杜预书信往来，讨论丧服问题。《晋书·挚虞传》曰：

元皇后崩，杜预奏：“谅暗之制，乃自上古，是以高宗无服丧之文，而唯文称不言。汉文限三十六日。魏氏以降，既虞为节。皇太子与国为体，理宜释服，卒哭便除。”虞答预书曰：“唐称遏密，殷云谅暗，各举事以为名，非既葬有殊降。周室以来，谓之丧服。

---

① 房玄龄：《晋书》，中华书局1974年版，第582页。

② 房玄龄：《晋书》，第581页。

③ 同上书，第582页。

④ 挚虞所论的十五事，可参见邓国光《挚虞研究》。邓氏著作考证甚详，此处从略。

⑤ 萧统撰，李善注：《文选》，上海古籍出版社1986年版，第2082页。

⑥ 房玄龄：《晋书》，中华书局1974年版，第582页。

丧服者，以服表丧。今帝者一日万机，太子监抚之重，以宜夺礼，葬讫除服，变制通理，垂典将来，何必附之于古，使老儒致争哉！”①

事情的原委是这样的，晋武帝泰始十年（274），杨皇后驾崩，杜预奏请皇太子卒哭除服，以至于朝士哗然。《晋书·礼志中》曰：“于时外内卒闻预异议，多怪之。或者乃谓其违礼以合时。时预亦不自解说，退使博士段畅博采典籍，为之证据，令大义著明，足以垂示将来。”② 杜预主张“心丧”，并溯源至《尚书》，解释《尚书》“高宗谅暗，三年不言”为“周公不言高宗服丧三年，而云谅闇三年，此释服心丧之文也”③。正如邓国光说的：“以‘心丧’释‘谅暗’，古无此说。《左传》主短丧，杜预用《左氏》礼，遂制此既葬除服心丧三年之短丧，乃强解‘谅暗’，以牵合己说。由是群议汹汹。”④ 因此，挚虞致信给杜预评论此事，说到“何必附之于古，使老儒致争哉！”杜预、挚虞都主张变礼，但杜预强牵合古说以就己说，而挚虞则以“从宜”为悬鹄而变。西晋后期，挚虞还参加了关于皇太孙死后的丧服问题。晋惠帝孙子夭折，有司奏惠帝服齐衰一年。晋惠帝诏令博士等人讨论。挚虞的“太子生，举以成人之礼，则殇理除矣。太孙亦体君传重，由位成而服全，非以年也”⑤ 的主张，被晋惠帝采纳。

综上所述，汉晋之际的京兆挚氏家族，虽非显贵世家，但有着良好的家风家学，不失文化世家的气度。

四　京兆挚虞的文学观念

两汉及曹魏时代，京兆挚氏家族从未出现过文学之士，到西晋时代，出现了一位擅长翰墨的文学翘楚——挚虞。《世说新语·文学篇》曰：

---

① 房玄龄：《晋书》，中华书局1974年版，第1426页。

② 同上书，第623页。

③ 同上书，第619页。

④ 邓国光：《挚虞研究》，香港学衡出版社1990年版，第95页。

⑤ 房玄龄：《晋书》，第1426页。

太叔广甚辩给，而挚仲治长于翰墨，俱为列卿。每至公坐，广谈，仲治不能对；退，著笔难广，广又不能答。[①]

挚虞虽算不上一流的作家，但在西晋文学史上占有一席之地。刘勰《文心雕龙·时序篇》曰：

然晋虽不文，人才实盛：茂先摇笔而散珠，太冲动墨而横锦，岳、湛曜联璧之华，机、云标"二俊"之采；应、傅、三张之徒，孙、挚、成公之属，并结藻清英，流韵绮靡。[②]

关于挚虞著述，《隋书·经籍志》记载："晋太常卿挚虞集九卷 梁十卷。"[③] 明张溥《汉魏六朝百三家集》辑《挚太常集》一卷。民国张鹏一辑《挚太常遗书》三卷。今尚存挚虞作品中，有诗六首，赋六篇，颂三篇，赞十五首，铭三首，箴二首，共三十五篇。另有奏礼议十五篇，信笺二篇，诰、册各一。挚虞的诗赋等数量较少，这说明挚虞并非"有意为文"的文学之士，而是以通经致用的学问家。他最为得意的还是议礼之文，明张溥《汉魏六朝百三家集题辞》中称："议礼诸文，最称宏辨，与杜元凯束广微并生一时，势犹鼎足，二荀弗如也。"[④] 刘师培也称："其议礼之文，明辨畅达，亦文学之足述者。"[⑤] 挚虞不仅是西晋时代知名的文学家，也是西晋著名的文学理论家，刘勰胪列近世文论家之作品，挚虞以《文章流别论》名列其间。《文心雕龙·序志篇》曰：

详观近代之论文者多矣：至于魏文述《典》、陈思序《书》、应玚《文论》、陆机《文赋》、仲洽《流别》、宏范《翰林》，各照

---

① 徐震堮：《世说新语校笺》，中华书局 1984 年版，第 106 页。

② 范文澜：《文心雕龙注》，人民文学出版社 1958 年版，第 138 页。

③ 魏征：《隋书》，中华书局 1973 年版，第 1063 页。

④ 张溥著，殷孟伦注：《汉魏六朝百三家集题辞注》，人民文学出版社 1960 年版，第 114 页。

⑤ 刘师培：《中国中古文学史》，人民文学出版社 1959 年版，第 66 页。

隅隙，鲜观衢路。①

关于挚虞的《文章流别集》，《晋书·挚虞传》曰：

(虞) 又撰古文章，类聚区分为三十卷，名曰《流别集》，各为之论，辞理惬当，为世所重。②

《隋书·经籍志》记载，《文章流别集》共41卷，并注引梁阮孝绪《七录》曰："梁六十卷，志二卷，论二卷。"③ 而唐代修撰的《晋书》本传为30卷。关于挚虞编撰《文章流别集》的用意，《隋书·经籍志》曰：

总集者，以建安之后，辞赋转繁，众家之集，日以滋广，晋代挚虞苦览者之劳倦，于是采摘孔翠，芟剪繁芜，自诗赋下，各为条贯，合而编之，谓为《流别》。是后文集总钞，作者继轨，属辞之士，以为覃奥，而取则焉。④

《隋书·经籍志》作者认为建安以来的文学繁多，挚虞"苦览者之劳倦"，编撰《文章流别集》，以方便作者取则效法。可以说，《文章流别集》是一部资料汇编。今人邓国光说"《文章流别集》既为文章总集，亦属文评"⑤，即认为《文章流别集》不仅是总集性质的，也是文学批评之作。正如陈平原所说："在20世纪初正式引入'文学史'的教学与撰述之前，中国文人并没有认真区别文学理论、文学批评与文学史的必要。几乎所有的文论，都是三位一体。这么一来，倡导文学革命

---

① 范文澜：《文心雕龙注》，人民文学出版社1958年版，第726页。
② 房玄龄：《晋书》，中华书局1974年版，第1427页。
③ 魏征：《隋书》，中华书局1973年版，第1081页。
④ 同上书，第1089—1090页。
⑤ 邓国光：《挚虞研究》，香港学衡出版社1990年版，第95页。

与重写文学史，往往合而为一。"[①] 如此看来，挚虞通过编撰前人（西晋以前）的文章，寻找文学的"历史记忆"，建构自己的文学观念，以此影响西晋文学进程。

挚虞是如何追寻文学的"历史记忆"呢？简而言之，挚虞是从"文章"和"文人"两条路线来追寻的。这与魏晋的政治思想有着密切关系。王瑶先生说："政治上要'考核名位'，要'名鉴'，研究人才是否称职，和职位是否相合；因而中国的文学批评也即沿着两条路线发展——一方面是论作家，研究其所长的文体和所具有的才能；一方面即是辨析文体，研讨每一种文体的渊源性质和应用。"[②]

挚虞一方面通过编辑《文章流别集》来建构汉魏文学记忆，辨析文体的渊源流变，另一方面通过撰述《文章志》来钩沉汉魏文人，彰显他们的德业才能。正如邓国光《挚虞研究》所说的："挚虞以文章之内蕴示文人之尊"[③]，是东汉以来"崇尚士操"风气的产物，也是"魏晋文学自觉"的体现。

挚虞建构了什么样的文学观念呢？虽然《文章流别集》已佚，我们有幸从《文章流别论》[④] 轶文[⑤]中能看出其脉络。

（一）"宇宙本体与政教伦理本体"文学观念

挚虞在《文章流别论》中总论文学曰："文章者，所以宣上下之象，明人伦之序，穷理尽性，以究万物之宜者也。"魏晋以来，人们所

---

① 陈平原：《现代中国的"魏晋风度"与"六朝文章"》，《千年文脉的接续与转化》，复旦大学出版社 2010 年版，第 30 页。

② 王瑶：《文体辨析与总集的成立》，《中古文学史论》，北京大学出版社 1998 年版，第 92 页。

③ 邓国光：《挚虞研究》，香港学衡出版社 1990 年版，第 166 页。

④ 《晋书》本传称挚虞撰《文章流别集》，"各为之论"，知《论》本在《文章流别集》中。《隋书·经籍志》著录注引梁代阮孝绪《七录》知，梁代已从《文章流别集》中析出，名为《文章流别论》。

⑤ 明代张溥辑《挚太常集》，辑录出《文章流别论》的遗文十一则；严可均《全晋文》列为十二则；《两汉魏晋南北朝文学批评资料汇编》增二则；张鹏一《挚太常遗书》增补三则；孙诒让《札迻》寻出一则；王运熙、杨明照《魏晋南北朝文学批评史》增辑出二则。目前，可资研究的《文章流别论》轶文共十九则。

理解的“文章”已不同于先秦两汉的礼乐制度。刘邵《人物志·流业》曰：“能著文著述，是谓文章。”[①] 挚虞认为属文著述之文章有三大功用。

第一，“宣上下之象”。所谓“上下之象”，即天地之象。即文章可以显示天地之象。这是试图建构文章的宇宙本体观念。正如邓国光所说的：“天地之广，其象无穷，则文章之所示亦无穷尽。挚虞所言，无异为属文者开辟不尽之境也。”[②] 挚虞此说的意义在于，在政教之外另觅文章的存在根源，影响了刘勰《文心雕龙·原道篇》“文德”说。邓国光认为：“由是，文章亦无所倚重于政教，而得以独立发展，此乃魏、晋文学自觉意识之流露也。”[③] 挚虞将文章与“天地之象”结合起来，在微妙深广的宇宙本体世界中寻求文章的价值，这与挚虞的家学有关，挚虞的远祖东汉经学家挚恂就是一位“易学家”。清代学者唐晏在《三国两晋学案》中将挚恂列入费氏《易》谱系之中。《晋书·挚虞传》称“虞善观玄象”，其学问必涉《易》学。邓国光《挚虞研究》考证挚虞《思游赋》所曰“四位为匠，乾巛为均”的“巛”，认为是“久习古文《易》之不经意流露”[④]。挚虞所习之古文费氏《易》与“摈弃象数”的王弼《易》学不同。挚虞则十分重视“象”，《思游赋》有“造庖牺以问象兮，辨吉繇于姬文”云云。正是这样的知识结构，挚虞才会在谈论文章时，拈出“宣上下之象”之说，谈论赋体时，批评“假象过大”的问题。

第二，“明人伦之序”。这是继汉儒以来阐发文章的社会政教伦理功能。挚虞《文章流别论》高度评价王粲赠诸文士的诗，如潘文则的《思亲诗》说：“其文当而整，皆近乎雅矣。”[⑤] 邓国光阐发道：“人伦之情乃最足系人怀思者，苟父慈子孝，兄友弟恭，上下敦穆，性情得正，形诸文辞，沁人心脾，则上下安而风俗淳，故明人伦之时义大

① 刘邵：《人物志》，《诸子百家丛书》，上海古籍出版社 1990 年版，第 10 页。

② 邓国光：《挚虞研究》，香港学衡出版社 1990 年版，第 203 页。

③ 同上书，第 203 页。

④ 同上书，第 56 页。

⑤ 王运熙、杨明照著《魏晋南北朝文学批评史》辑出此则，上海古籍出版社 1996 年版，第 130 页。

矣。"[①] 挚虞《文章流别论》曰："古之作诗者，发乎情，止乎礼义。情之发，因辞以形之；礼义之指，须事以明之。"这是推阐了《毛诗序》的"发乎情，止乎礼义"之说。在挚虞看来，"情"是人伦之本，"礼义"是人伦之序。文辞渲染人伦深情，而事类彰显礼义。他进而批评汉代以来的辞赋"四过"——"假象过大""逸辞过壮""辨言过理""丽靡过美"，认为"背大体而害政教"。挚虞同时代的文学理论家陆机在《文赋》中也称："济文武于将坠，宣风声于不泯。"这绝非装点门面的虚词浮说，挚虞他们标举文章之用，齐同政教，与曹丕《典论·论文》所云的"文章者，经国之大业，不休之盛事"一样，目的是抬高文学的地位。[②]

第三，"穷理尽性"。"穷理尽性"是古人对《易》的至高评价。《易·说卦》有"穷理尽性以至于命"之赞。孔颖达《疏》中称："能穷极万物深妙之理，究尽生灵所秉之性。"[③] 同时代的陆机在《文赋》中亦称："伊兹文之为用，固众理之所因。恢万里而无阂，通亿载而为津。俯贻则于来叶，仰观象乎古人。"挚虞以"以究万物之宜者也"论文学之功用，把运用"文辞、事类"等符号体系的文学（章）与运用"阴阳二爻"等符号体系的卦象相类比，揭示文学的地位和价值。

（二）"情志"文学观念

挚虞在《文章流别论》中说："古之作诗者，发乎情，止乎礼义。情之发，因辞以形之；礼义之指，须事以明之。故有赋焉，所以假象尽辞，敷陈其志。古诗之赋，以情志为主，以事类为佐；今之赋，以事形为本，以义正为佐。情义为主，则言省而文有例矣；事形为本，则言富而辞无常矣。"这段话有三层意思：

第一，挚虞认为古诗作者是"发乎情，止乎礼义"，古诗是以"情志为本"的。挚虞辑出古诗，在分论诗体时说："夫诗虽以情志为本，而以声成为节。"因此可以说，挚虞在重温文学记忆时确立起"情志"

---

① 邓国光：《挚虞研究》，香港学衡出版社1990年版，第203页。

② 同上书，第204页。

③ 王弼撰，韩康伯注，孔颖达疏：《周易注疏》，上海古籍出版社1989年版，第289页。

的文学观念。

第二，挚虞认为赋是从古诗中发展出来的。具体而言，古诗中涵盖了“情义”，借事类彰显“礼义”等社会伦理的内容，因此，出现了“假象尽辞，敷陈其志”的赋体。挚虞在分论赋体时说：“赋者，敷陈之称，古诗之流也。前世为赋者，有孙卿、屈原，尚颇有古之诗义，至宋玉则多淫浮之病矣。《楚辞》之赋，赋之善者也。故扬子称赋，莫深于《离骚》，贾谊之作，则屈原俦也。”挚虞通过重温古赋的文学历史，建构了他的“情志”赋学观念，即“古诗之赋，以情志为主，以事类为佐”。

第三，挚虞希望介入西晋当下的文学进程。他批评“今之赋”——汉晋以来的赋作，认为“今之赋”所秉之观念为“以事形为本，以义正为佐”，导致了“言富而辞无常矣”的弊症，即“宋玉则多淫浮之病”。钱钟书《管锥编》称挚虞“盖欲矫枉救弊，挽马、班之倒澜而还屈、贾之本源”[①]，邓国光认为“挚虞倡情志，乃以矫文弊”[②]，这些见解尚有发明之必要。因为，对于主张“实用”的挚虞而言，两汉的辞赋早已成为历史，似乎并无指摘之必要。他之所以如此批评是因为挚虞不满西晋辞赋家“蔑弃其本”的“逐末之俦”，对辞赋“繁华损枝，膏腴害骨，无贵风规，莫益劝戒”（刘勰《文心》语）的风气，[③]追本溯源，将批评的锋芒直指两汉的司马相如、班固等，说“是以司马迁割相如之浮说，扬雄疾辞人之赋丽以淫也”。挚虞在肯定枚乘《七发》“虽有甚泰之辞，而不没其讽喻之义也”的同时，也坦言批评其流弊“其流遂广，其义遂变，率有辞人淫丽之尤矣！”这些言论看似在批评两汉辞赋，实则是希望介入文坛，矫枉救弊。挚虞的创新之处在于提出了“四过”说。挚虞《文章流别论》说：

夫假象过大，则与类相远；逸辞过壮，则与事相违；辩言过

① 钱钟书：《管锥编》第三册，中华书局1986年版，第1156页。

② 邓国光：《挚虞研究》，香港学衡出版社1990年版，第204页。

③ 魏晋以来的曹丕、陆机等理论家在赋学观念上，对魏晋辞赋的创作风气有推波助澜的作用，曹丕《典论·论文》提倡“诗赋欲丽”，忽视赋的“劝戒”之义；陆机《文赋》提出“赋体物而浏亮”，也忽视了赋的“情志”内容。

理，则与义相失；丽靡过美，则与情相悖。此四过者，所以背大体而害政教。

挚虞论及“今之赋”时提出“四过”说。所谓“过”者，即“偏歪失中”。邓国光论述说：“大、壮、理、美，四者赋之体貌，假象、逸辞、辩言、丽靡，乃赋之体要。苟体要失正，则有违属文之实。曰类、曰事、曰义、曰情者，文之本质也，所以构成赋之体要者也。”[①] 正如钱钟书所说“后两过易知，无俟申说”[②]，而“假象过大”和“逸辞过壮”则需解说。“假”，据邓国光解释，即《左传》“取于物为假，取于义为类”。“假象”即取于象。《周易》强调“悬象设教”，因此，“假象”为《易》教。[③] 挚虞批评“今之赋”出现“假象过大”的问题，过分追求“写物图貌”，重视所取之“象”，而导致忽视“象”背后的“意”，故而与“类”相失。章学诚《文史通义·易教下》曰：“物相杂而为之文，事得比而有其类。……其辞可谓文矣，其理则不过曰通于类也。”[④] 章学诚强调“故学者之要，贵乎知类”可能受到了挚虞的影响。挚虞认为之所以出现“四过”，是因为“今之赋”背离了“古之赋，以情志为主，以事类为佐”的观念，追求“以事形为本，以义正为佐”。挚虞认为“四过”的危害是“背大体而害政教”，即违背赋的基本体要“假象尽辞”，还妨害了政治教化。可见，挚虞立论，不单单从政治教化入手，这也是他不同于扬雄等汉儒的关键所在。

（三）“通变”文学观念

据邓国光研究，挚虞《文章流别集》可能涉及 41 种文体，[⑤] 而《文章流别论》的佚文中论及 12 种文体。挚虞按照不同的文体选录古文章，辨析各种文体的源流发展，体现了“通其正变”的文学观念。如在论述诗这种文体时，挚虞说：

---

① 邓国光：《挚虞研究》，香港学衡出版社 1990 年版，第 212 页。

② 钱钟书：《管锥编》第三册，中华书局 1986 年版，第 1156 页。

③ 邓国光：《挚虞研究》，第 218 页。

④ 章学诚著，叶瑛校注：《文史通义校注》，中华书局 1994 年版，第 18 页。

⑤ 邓国光：《挚虞研究》，第 242 页。

诗言志，歌永言。古有采诗之官，王者以知得失。古诗之四言者，“振鹭于飞”[①] 是也，汉郊庙歌多用之。五言者，“谁谓雀无角，何以穿我屋”是也，乐府亦用之。六言者，“我姑酌彼金罍”是也，乐府亦用之。七言者，“交交黄鸟止于桑”是也，于俳谐倡乐，世用之。古诗之九言者，“泂酌彼行潦挹彼注兹”是也，不入歌谣之章，故世希为之。夫诗虽以情志为本，而以声成为节。

《文章流别论》中另有与专论诗体极为相似的一段：

诗之流也，有三言、四言、五言、六言、七言、九言。古诗率以四言为体，而时有一句两句，杂在四言之间，后世演之，遂以为篇。古诗之三言者，“振鹭于飞”之属是也；五言者，“谁谓雀无角，何以穿我屋”之属是也；六言者，“我姑酌彼金罍”之属是也；七言者，“交交黄鸟止于桑”之属是也；九言者，“泂酌彼行潦挹彼注兹”之属是也。夫诗虽以情志为本，而以声成为节。然则雅音之韵，四言为正，其余虽备曲折之体，而非音之正也。

在挚虞看来，所有诗体的源头都在于《诗经》，诗的正体为四言。故有“然则雅音之韵，四言为正”之说。其余的三言、五言、六言、七言诗，皆从《诗经》杂言中演变出来，故有“而时有一句两句，杂在四言之间，后世演之，遂以为篇”一说，由此区别出郊庙歌辞、乐府诗等不同的诗体。正如邓国光说的：“挚虞以‘流’述体裁之分化与体要之乘递，‘正变’之意存乎其中。‘正变’乃《诗序》论世变与《诗》之关系者，……挚虞推衍‘变风’之义为一切古诗之纲领，云：‘古之作诗者，发乎情，止乎礼义’，乃其有取正变之义之明证。”[②] 邓国光批驳朱东润、蔡钟翔、王运熙、杨明照等学者的观点，认为挚虞的

① 邓国光按语，“四言”应为“三言”。“振鹭于飞”应是“振振鹭，鹭于飞。”
② 邓国光：《挚虞研究》，香港学衡出版社 1990 年版，第 235—236 页。

“正变”无涉诗之优劣、轩轾之分，[1] 可备一说。然而，挚虞明确说“然则雅音之韵，四言为正，其余虽备曲折之体，而非音之正也”，而且在诗歌创作中也多用四言诗体。这足以说明在挚虞心目中，四言正体与其他诸体之间还是有轩轾之别的。

挚虞在谈论颂体的时候也贯穿了正变观念。《文章流别论》曰：

> 颂，诗之美者也。古者圣帝明王成功治定而颂声兴，于是史录其篇，工歌其章，以奏于宗庙，告于神明。故颂之所美，则以为名，或以颂形，或以颂声，其细已甚，非古颂之意。昔班固为《丰安戴侯颂》，史岑为《出师颂》、《和熹邓后颂》，与《鲁颂》体意相类，而文辞之异，古今之变也。扬雄《赵充国颂》，颂而似雅；傅毅《显宗颂》，与《周颂》相似，而杂以《风》《雅》之意，苦马融《广成》《上林》之属，纯为今赋之体，而谓之颂，失之远矣！

在挚虞看来，颂诗是在帝王成功治定之后产生的，是用来向神明（天地祖宗等）美颂今王之功业的。因此，基本上是用于宗庙等庄严的场合。而后世的颂体，分化发展极为细密，在肯定班固等颂文变化的同时，也批评马融的《广成颂》《上林颂》等，认为“纯为今赋之体，而谓之颂，失之远矣”。由此，我们也能感受到挚虞对“古颂”与“今颂”的轩轾之别。我们可以结合挚虞的《太康颂》创作来理解，正如邓国光说的：“挚君《流别》之论，溯古颂大体，辨今作之失伦。其所撰诸颂，皆深明体要之作，非率而操觚之所为，此理论与撰作相辅相成之效也。”[2] 晋武帝伐吴一统天下后，挚虞曾上奏《太康颂》，歌颂晋武帝的平吴事业，衷心礼赞太康盛世。此颂被收录唐代修撰的《晋书》之中。挚虞以厚重典雅的四言诗体作《太康颂》，不取东汉以来的赋体颂，这都源自他对“颂”这种文体“体要”的深入理解。

---

① 参见邓国光《挚虞研究》，香港学衡出版社 1990 年版，第 236 页。

② 同上书，第 141 页。

第六章　关辅世族的文化习性和文学观念

——以3—4世纪百年为中心

关辅世族在汉魏六朝近八百年中，就像一条从来没有被割断的大河。山涧里，滋滋潺流澄澈清凉，平坦处，又汇集成开阔明亮的河面，水波潋滟，彩禽翔集。遇到陡峭的巨石，则激荡起层层浪花，声势壮大。山石缝隙处，无数的漩涡和暗流夺路而下，奔腾向前。

魏晋之际，关辅世族就像被巨石阻挡的大河，既疑路重重，又激荡跳跃。在政治上，关辅世族失去了两汉时期的煊赫声势；在文化上，没能厕身“建安七子”之列，没能进入“竹林七贤”之行，甚至也没有挤进“三张二陆两潘一左”的西晋诗坛。然而，在汉晋之际的百年间，关辅世族艰难地寻求突围，为隋唐重振雄风积蓄了力量。可以说，汉晋之际的百年，既是关辅世族位势下降的百年，也是关辅世族韬光养晦、沉潜蓄势的百年。

从关辅世族发展的历史长河看，汉晋百年不过是一个漩涡或暗流。关辅世族依然犹如浩浩荡荡的大河，汹涌澎湃、勇往直前。

一　关辅世族政治位势变迁与百年命运

汉魏六朝时代，作为门阀世族的一大主体——关辅世族，始终活跃在中古政治舞台上，发挥着不可估量的历史作用。当然，不同的历史阶段，关辅世族的政治位势也有所沉浮升降。

（一）汉魏六朝关辅世族仕宦与政治位势变迁

如前所述，政治位势是某一政治（集团）势力所占据的政治资本和所处的政治地位，而政治地位往往是通过仕宦来衡量的。关辅世族作为整个世族阶层的一部分，是基本价值——“道”的维护者，文化使命的承担者，也是中古政治体制的生力军。他们以政治仕宦来积蓄位势，提升家族政治影响力，借以推动中古政治进程，维护基本价值。同时，他们作为个体的人，在历史的大变局面前显得无能为力，只能以家族的力量来艰难生存。因此，关辅世族士人的政治仕宦变化，意味着关辅世族家族的政治位势的沉浮变迁。

1. 西汉时代

关辅世族肇兴于西汉地方性世家豪族，其宗族中的杰出士人，凭借个人的显著军功或卓越才能，进入西汉王朝政治体制之中，获取了崇高的政治位势。之后，又通过瞻顾宗族、教育子弟，逐步发展为政治世族。关中三辅是西汉社会的政治经济文化中心，迁居关辅区域的世族，远比其他地域世族的政治机遇大。他们依托优越的政治地缘关系，发展更早，成长更快，政治位势更显赫。比如弘农杨氏家族，其先祖杨熹以“旧秦骑士”追随汉王刘邦，并在“垓下之围”中获得军功，博得封侯，成为“汉初军功受益阶层”（李开元语）之一，也成为汉魏六朝弘农杨氏家族的崛起者。杨熹子孙虽没有担任朝廷公卿及地方郡守，但也是袭得侯位的贵族。直到汉昭帝时代，杨熹四世孙杨敞，官至丞相，封安平侯。杨敞两个儿子杨忠、杨恽，皆得封侯。尤其杨恽完全凭借自己的才华、学问和敏锐的政治嗅觉，博得侯位。因此，杨敞、杨恽父子成为弘农杨氏的奠基者。杨恽时代，其家族“乘朱轮者十人，位在列卿，爵为通侯，总领从官，与闻政事”[①]，足见其盛！再比如西汉武帝时期杜陵杜氏先祖杜周，以“文墨小吏，致位三公”（《汉书·杜周传》班固赞语）。杜周凭借个人的政治才干，由地方进入中央政府，由廷尉史一步步升为御史中丞，再升为廷尉、御史大夫，最终爬上权力的巅峰，成为西汉中期政治舞台上的重要人物。其子杜延寿、杜延考凭借勋贵子弟出任王朝腹地河南、河东太守。杜延寿、杜延考这些勋贵子弟“皆内依贵人，与三公有亲属，无所忌惮”[②]，因被人弹劾，下狱诛死。杜

---

① 班固：《汉书》，中华书局 1962 年版，第 2895 页。

② 司马迁：《史记》，中华书局 1982 年版，第 2781—2782 页。

周另一子杜延年步入仕途，贵为御史大夫，深受汉宣帝恩遇。杜周、杜延年父子成为杜陵杜氏世族的奠基者。其后，杜延年之子杜缓拜为九卿之太常，“缓六弟，五人至大官，少弟熊历五郡二千石、三州牧刺史有能名”[①]，这种鼎盛局面一直延续到西汉末年。再比如，京兆韦氏家族，其先祖韦孟在汉初藩国——楚国任太傅，后迁居山东邹城，诗书教授。其四世孙韦贤才以“邹鲁大儒”被征而进入西汉中央政府，“进授昭帝《诗》，稍迁光禄大夫、詹事，至大鸿胪”[②]。汉宣帝时代，被封扶阳侯，出任丞相。韦贤第四子韦玄成，在汉元帝时代，贵登相位，并复父爵。“及元帝即位，……永光中，代于定国为丞相。贬黜十年之间，遂继父相位，封侯故国，荣当世焉。”[③] 韦氏家族在汉宣、元帝时代的数十年间出现了两位丞相，韦玄成侄子韦安世亦有“宰相之器”，另一侄子韦赏在哀帝时代，曾为大司马车骑将军，位列三公，赐爵关内侯，食邑千户，“宗族至吏二千石者十余人”[④]。西汉时代的北地傅氏家族，虽不及弘农杨氏、杜陵杜氏、京兆韦氏显贵，但也已经崛起。汉昭帝时代，傅介子曾出使大宛，宣扬汉家声威，义责楼兰、龟兹国王，并刺杀楼兰国王，灭楼兰古国，扶建鄯善国。傅介子安定西域，重新打开丝绸之路的功勋得到西汉王朝的表彰，“封介子为义阳侯，食邑七百户”[⑤]。傅介子同样也是北地傅氏家族的崛起者。然而，此时的傅氏家族尚不属于关辅世族之一家族。西汉时代，这些家族人物在仕途上并非一帆风顺，但从长远来看，这些家族的政治位势是不断上升的，有些家族“累世为官”，位极人臣，甚为显赫。如杜陵杜氏杜周父子两世御史大夫，京兆韦氏韦贤、韦玄成父子两世丞相。有些家族虽未在朝担任要职，但建功立业，因功封侯，如北地傅氏傅介子。

2. 东汉时代

两汉之际，王莽篡汉，赤眉起义，狼烟四起。汉宗室刘秀依托南阳一带的世家豪族势力迅速崛起，建立后汉王朝。失去地缘政治优势的关

---

① 班固：《汉书》，中华书局1962年版，第2667页。
② 同上书，第3107页。
③ 同上书，第3113页。
④ 同上书，第3115页。
⑤ 同上书，第3002页。

辅世族，政治位势明显有所下移。东汉京兆韦氏韦彪曾批评王朝“阀阅取士”的用人政策——东汉王朝的后继者在政治上明显维护着南阳豪族集团的经济和政治利益，使得国家权力集中在南阳豪族集团手里，提出“士宜以才行为先，不可纯以阀阅”的主张，反映了其他地域世族阶层要求进一步获得政治权益的心声。[①] 韦彪曾借汉章帝咨问三辅旧事、礼仪风俗之机，建言叙录西汉旧族人物。当然，也不乏追随汉光武帝刘秀，积极投身于东汉帝国统一事业的关辅著姓，如耿弇、窦融、马援等，并形成了新贵世族。而西汉关辅旧族则较早地实现了儒学化，成为经学世族，在“光武中兴，爱好经术”的感召下，提升了家族的政治位势。其中，关辅世族的历史命运也不尽相同，有些家族政治位势逐步上升，成为东汉显赫的门阀世族，如弘农杨氏、京兆韦氏、杜陵杜氏。有些家族再次崛起较晚，如北地傅氏。更有甚者，有些家族有名无位，如京兆挚氏家族。在这些家族中，最为显赫的数弘农杨氏，出现了杨震、杨赐、杨秉、杨彪“四世太尉，德业相续”的鼎盛局面，“与袁氏具为东京名族”[②]。其次是京兆韦氏，出现了“好学洽闻，雅称儒宗”的韦彪，官居九卿——大鸿胪、太常。另外，京兆韦氏子嗣韦浚曾任后汉尚书令。再次是杜陵杜氏，杜延年少子杜熊一房子嗣在东汉时代也曾是累世仕宦，如杜熊之子杜穰，任东汉谏议大夫；杜穰之子杜敦，任西河太守、汉阳公；杜敦之子杜邦，任中散大夫；杜宾之子杜翕，任太子少傅。其他房支在东汉则一蹶不振。再其次是北地傅氏家族，东汉前、中期，傅氏家族开始迁居关中，渐渐成为关辅一带的大族。家族子嗣长期湮没无闻。直到东汉后期镇压黄巾之乱中，才出现著名的政治人物傅燮，官任汉阳太守。最低位势的家族，当属京兆挚氏。京兆挚氏家族在西汉就出现了著名的道德楷模——挚峻，可惜无心仕宦，并无政治位势可言。东汉时代，这个家族出现了“名震关西”的儒师挚恂。挚恂与先祖挚峻一样，无心仕宦，拒不应征，故而有其美名而无高位。

从汉魏六朝近八百年的历史长河看，如果说西汉是关辅世族政治位势迅速上升的时代，那么东汉是关辅世族持续发展的黄金时代，其中，

---

① 参阅吕卓民《长安韦杜家族》，西安出版社 2005 年版，第 10 页。

② 范晔：《后汉书》，中华书局 1965 年版，第 1790 页。

有些家族已成为“东京名族”。

3. 魏晋时代

正如宗白华先生所说：“汉末魏晋六朝是中古政治上最混乱、社会上最苦痛的时代。”[①] 关辅世族在这最混乱、最苦痛的时代，辗转沉浮。建安时代，曹操倚重河南颍（川）、汝（南）集团与谯沛集团迅速崛起，成为影响汉末政治走向的决定性力量。以文职为主的汝颍世族集团和以武职为主的谯沛集团，平分秋色，[②] 而关辅世族曾一度处在被排挤与被拉拢的地位。弘农杨氏之杨彪就身处这般境地，杨彪为“东京名族”之后，敢于冲撞权势显赫的军阀董卓，护送汉献帝从关中返回洛川。适逢曹操迎奉献帝入许，杨彪对新崛起的曹操颇多不满，被迫辞官。后来，袁术僭称，曹操借机逮捕杨彪，欲除之而后快。幸亏孔融极力营救，杨彪才幸免于难。毕竟曹操拥护汉献帝，而且用人唯贤，关辅世族子弟效命曹操，即是效命国家。杨彪之子杨修就“用事曹氏”[③]，担任“主簿”之职，备受曹操称赞，以致曹植等人乐于交接。最终，杨修因介入曹丕曹植立嗣之争而被曹操杀害。曹魏黄初之后，曹丕一改曹操打击世族的政治策略，尽量拉拢团结昔日的世族势力，杨彪又处在被拉拢的境地。四年之后，强迫杨彪接受光禄大夫的官职。曹操及其继任者对没落的关辅家族也采取“唯才是举”的政策，一边人尽其才、为己所用，一边注意制衡，不使其独大。比如曹操对杜陵杜氏人物杜畿，曹操在倚重之臣荀彧的推荐下，大胆任用杜畿为河东太守。杜畿在安定河东，平定韩遂、马超叛乱等事件中建立功勋，被曹操视为萧何、寇恂之臣。曹操当政时曾一度任杜畿为尚书，但考虑汝颍世族集团的利益，以冠冕堂皇的理由——“顾念河东吾股肱郡，充实之所，足以制天下”[④]，将其外任为河东太守。魏文帝曹丕在起兵亲征孙吴时，晋升杜畿为尚书仆射，坐镇京都。曹氏对没有威胁的关辅世族加以任用，曹

① 宗白华：《论〈世说新语〉和晋人的美》，见《艺境》，北京大学出版社 1997 年版，第 133 页。

② 参见万绳楠《魏晋南北朝史论稿》第五章，安徽教育出版社 1983 年版，第 78—83 页。

③ 范晔：《后汉书》，中华书局 1965 年版，第 1789 页。

④ 陈寿：《三国志》，中华书局 1959 年版，第 497 页。

操在谋臣荀彧的举荐下，任京兆韦康为凉州刺史，任韦康之弟为“郡上计吏，特拜郎中”[①]。韦诞曾在魏文帝时代任中书监，参与编撰《皇览》，魏明帝时代，迁为侍中、光禄大夫。曹氏在司隶校尉钟繇举荐下，任北地傅氏家族之傅干为马超的幕僚，以制约马超。马超起事反曹，傅干入邺再任丞相府参军、丞相仓曹属等职。汉末曾避难荆州依附刘表势力的傅氏另一支傅巽，因劝刘琮降曹，被封关内侯。又因参与汉魏之际的政治劝进，傅巽由关内侯、散骑常侍升任为侍中、尚书等官职。曹魏后期，在以河内世族司马氏与以皇室宗亲曹爽为代表的玄学士族的斗争中，关辅世族中除杜陵杜恕，认同并积极维护曹魏政统，对抗司马氏集团之外，其他家族多因学术取向和人际机缘，倾向于司马氏集团。因此说，关辅世族整体政治位势有所上升。如弘农杨氏杨修之子杨嚣，曾为晋武帝司马炎的心腹，任典军将军，杨嚣之子杨准任冀州刺史。西晋太康年间，弘农杨氏杨骏、杨珧、杨济等因外戚身份，曾一度左右王朝政治。再如杜陵杜恕之子杜预，一度因“其父与宣帝不相能”而“久不得调”[②]，他的政治仕途被笼罩上一层阴霾，司马懿病逝后，笼罩在杜预头上的政治阴霾才消散殆尽。晋公司马昭将妹妹高陆公主嫁给杜预，杜预才有机会拜为尚书郎，恢复了先祖杜畿的丰乐亭侯爵位。杜预也在西晋王朝中发挥了重大的政治作用，尤其在平吴战争中建立奇功，这是继西汉杜周、杜延年以来杜陵杜氏的再次辉煌。北地傅氏家族傅嘏与族弟傅玄与曹爽一党中的中坚人物何晏交恶，亲近司马懿一党，其政治位势逐渐上升。傅嘏成为曹魏后期司马氏执政中的新贵，先后任河南尹、尚书、尚书仆射等职，傅玄在西晋王朝任散骑常侍、太仆以及司隶校尉等职。傅玄之子傅咸也官拜尚书右丞、司徒左长史、司隶校尉等职。尤其是在两汉时代尚无政治位势的京兆挚氏，在曹魏后期崛起。挚模任太仆卿，为曹魏皇帝（或为魏齐王曹芳，不能确定）掌管车马、仪仗，特殊场合亲自执御。也许挚模受到了司马氏的器重，至少不为其所反感，才能担任此职。挚模长子挚育，任凉州刺史。另一子挚虞在西晋一朝历任尚书郎少府、秘书监、光禄勋、太常卿等职，贵为九卿。西晋时

① 陈寿：《三国志》，中华书局1959年版，第621页。
② 房玄龄：《晋书》，中华书局1974年版，第1025页。

代，京兆韦氏家族虽出现了任建威将军、长乐清河二郡太守的韦楷，但其政治位势并不高。

总体来看，魏晋时代，汝颍世族崛起，在政坛上占了先机，享有崇高的政治位势，而关辅世族的历史命运则充满了变数。关辅世族中尚有荣光的家族一度备受打击与排挤；而久已没落的家族则受到启用，政治位势有所提升。然而这一时期的关辅世族，与汝颍等一带世族相比，政治位势不可同日而语。

4．永嘉之乱至南北朝时代

永嘉之乱，神州陆沉。关辅世族子嗣星散南北，经历了无数苦难。其家族的历史命运处于升降沉浮之中。

（1）南渡之关辅世族

永嘉之乱后，关辅世族那些尚有地位或声望的房支随着衣冠南渡寄土南国。他们曾迁徙至建业，并向江浙一带发展，他们虽有高名，但政治位势不高。如弘农杨氏之杨朗、杜陵杜氏之杜乂。而大多数地位较低的关辅世族，在永嘉之乱后至刘宋时代，不断随流民迁至襄阳一带，沦为次等世族。他们的政治位势远不能与王、谢等高门甲族相比，但他们因家族势力强大，成为襄阳一带的武力强宗与流民统帅，影响着东晋南朝的政治。

东晋时代，弘农杨氏之杨佺期，成为荆州刺史殷仲堪所依赖的武力后盾，曾率兵攻至东晋政治中心建业，迫使东晋执政司马道子、王宝国屈服。由于杨佺期战败被杀，其宗族大多受到株连。逃往蛮地的杨思平、杨尚保、杨孜敬，在刘裕建宋后归国，并州郡刺史太守。“弟思平，从弟尚保、孜敬，俱逃于蛮。刘裕起义，始归国，历位州郡。”[①] 杨思平、杨尚保、杨孜敬后因罪获诛。“思平、尚保后亦以罪诛，杨氏遂灭。”[②] 因此，弘农杨氏消失在南朝的政治舞台之上。永嘉之乱后，杜陵杜氏家族除杜锡（杜预长子）一房随衣冠南渡外，另外有杜耽（杜预第四子）后嗣杜逊，也南迁至襄阳一带，沦为次等世族。杜逊曾官至魏兴太守，并未发挥多大的政治作用，但齐梁时代，随着雍州武力

① 房玄龄：《晋书》，中华书局1974年版，第2202页。

② 同上。

集团成为萧衍倚重的势力，杜逊一支的子孙得其风会，杜怀宝、杜嶷、杜岸父子皆以武功而显名。杜岸及其子嗣由于涉身于萧绎与萧詧（岳阳王）叔侄的政治斗争中，被萧詧杀害。杜耽后嗣中的另一支杜骥在宋武帝刘裕伐后秦（417）时，随之渡江，定居襄阳一带。迁居襄阳的杜氏子嗣因渡江稍晚而受到鄙视，前途渺茫。“晚度北人，朝廷常以伧荒遇之，虽复人才可施，每为清涂所隔。”[①] 这一支杜氏中杜骥、杜坦兄弟，直到宋文帝元嘉年间（424—453）才进入仕途。后来，杜坦、杜骥子孙从最初的边郡太守逐渐跻身政权中枢。如杜骥的第五子杜幼文，先后任散骑侍郎、黄门侍郎等职，后出任梁、南秦二州刺史，集军政大权于一身，家族势力达到鼎盛。史称“幼文所莅贪横，家累千金，女伎数十人，丝竹昼夜不绝”[②]。杜坦儿子杜叔宝则为右军参军，后挟制豫州刺史殷琰，成为左右豫州地方政治的豪族。杜氏家族势力的迅速崛起和过度膨胀，引起了刘宋皇室的警觉和不满，“帝微行夜出，辄在幼文门墙之间，听其弦管，积久转不能平”[③]，受到刘宋皇帝的诛杀。“于是自率宿卫兵诛幼文、勃、超之等。幼文兄叔文为长水校尉，及诸子侄在京邑方镇者并诛。”[④] 永嘉之乱后，一度衰落的京兆韦氏，无缘及时南渡。东晋安帝义熙末年，刘裕举兵北伐，曾一度收复洛阳、关中等地。居于关中的京兆韦氏家族才有机会南迁，如京兆韦氏家族韦华、韦罴等人在秦苻坚战败淝水后，投奔东晋；韦肃刘义真过江，仕宋历官魏郡弋阳二郡太守、豫州刺史。他们或其子嗣在南朝并未长久扎根下去，不久又返回北朝地区。只有韦祖征、韦祖归一支子嗣在刘裕北伐后南渡，长期居住襄阳。南渡至襄阳的韦华父子属“晚渡士族”，其政治地位远不及王、谢等高门士族。南朝雍州一带的“大族结构不像三吴和会稽士族与寒门那样等级森严，而是彼此之间相互照应，宗族之间关系可想是比较融洽的”[⑤]，韦华、韦玄父子曾热情接待南渡襄阳的杜骥，

---

① 沈约：《宋书》，中华书局1974年版，第1720—1721页。

② 同上书，第1722页。

③ 同上。

④ 同上。

⑤ 参阅张灿辉《六朝区域史研究》之“雍州进程研究”，岳麓书社2008年版，第31页。

并将女儿嫁给杜骥。韦华之孙、韦玄之子韦祖征曾任光禄大夫，是“州里宿德”，深受新贵柳世隆的敬重。“光禄大夫韦祖征州里宿德，世隆虽已贵重，每为之拜。”① 在韦祖征的鼓舞激励下，其侄韦睿终于成为齐梁时代的政治显要。刘宋后期，权臣萧道成为了抑制荆州刺史沈攸之的势力，任命张敬儿为雍州刺史，借雍州力量来制衡荆州势力。同时，起用雍州士族柳世隆为郢州刺史，确保郢州在荆州与建康地区之间的缓冲作用。韦睿随柳世隆守郢州，在东线抵抗荆州刺史沈攸之大军。荆州刺史沈攸之大军在东西两线联合夹击中败亡了，② 韦睿因功迁升为前军中兵参军，后任广德县令、齐兴太守、本州别驾、长水校尉、右军将军。萧齐末年，韦睿求为上庸太守，加建威将军，成为雍州武力强宗之一。在权臣萧衍出镇雍州时，韦睿为代表的雍州集团成为拥戴萧衍的主体力量。萧衍登祚后，韦睿被梁武帝萧衍任命为廷尉，并被封为子爵，邑三百户。随后又迁升为太子右卫率，出任辅国将军、豫州刺史等职。韦睿在萧梁与北魏军事战争中多次建立功勋，获得崇高的政治位势。其子韦放也因军功，持节、督梁、南秦二州诸军事、信武将军、梁、南秦二州刺史。韦放后督北徐州诸军事、北徐州刺史，增封四百户，持节、将军如故。韦睿次子韦正，“起家南康王行参军，稍迁中书侍郎，出为襄阳太守。……历官至给事黄门侍郎”③。韦睿之子韦棱，“起家安成王府行参军”④；韦睿之子韦黯“起家太子舍人”⑤；韦睿之孙、韦放之子韦粲起家为大府行参军，韦睿之孙、韦正之子韦载，“起家梁邵陵王法曹参军”⑥；韦载弟弟韦鼎，“起家湘东王法曹参军”⑦；但梁代皇帝有意无意地限制雍州势力的发展，作为雍州集团的重要力量，韦氏家族入朝只能担任散职，或任郡守州刺史，与迭为尚书令的高门甲族不可同日而语，他们只能效力疆场，与北魏进行寸土之争。尤其

① 李延寿：《南史》，中华书局 1975 年版，第 985 页。

② 参阅张灿辉《六朝区域史研究》之“雍州进程研究”，岳麓书社 2008 年版，第 27 页。

③ 姚思廉：《梁书》，中华书局 1973 年版，第 225 页。

④ 同上书，第 225—226 页。

⑤ 同上书，第 226 页。

⑥ 同上书，第 249 页。

⑦ 魏征：《隋书》，中华书局 1973 年版，第 1771 页。

在侯景乱梁之际，韦氏家族的子弟大多战亡。如韦睿少子韦黯以都督城西面诸军事而战亡。再如韦放之子韦粲在侯景之乱中，挺身而出，积极抵抗，最终因寡不敌众而战死。“粲子尼及三弟助、警、构、从弟昂皆战死，亲戚死者数百人。”① 幸免于难的韦氏子嗣，韦睿之孙、韦正之子韦载，因平侯景军功，被授冠军将军、琅邪太守，后来，积极响应杜龛的起兵，抗命权臣陈霸先，战败降陈。韦载在陈王朝中，历任和戎将军、通直散骑常侍、轻车将军、散骑常侍、太子右卫率，将军如故。南朝时代的京兆韦氏在梁代侯景之乱中元气大伤，损失惨重。即使幸免于难者，也因抗命陈霸先而受到排挤，终老山林。最后，随着隋文帝一统天下，被容纳于隋帝国的政治序列之中。如韦载之弟韦鼎，在陈朝灭亡后，成为隋文帝的座上宾。永嘉之乱后，傅咸子嗣随之南渡至浙江会稽、上虞一带，其政治位势远不及衣冠华族。傅咸长子傅敷，只能担任镇东从事中郎，傅咸次子傅晞曾任上虞令，且过世较早，导致家境贫寒。其孙傅隆40岁才得出仕，久居下位。徐羡之置建威将军府，任命傅隆为录事参军。不久，傅隆升为尚书祠部郎、丹阳丞，入朝任尚书左丞。刘宋时代，政治位势才有所提升，任左民尚书、太常。傅咸曾孙傅瑗的政治地位稍有提升，任东城太守。其子傅亮，在晋末宋初追随刘裕，成为宋国属臣，担任“令书除侍中，领世子中庶子。徙中书令，领中庶子如故。从还寿阳”②。随后，参与刘裕的禅让大计，因功被封为县公，食邑二千户，升任为太子詹事，继续担任中书令，入值中书省，专典诏命，不久，升任尚书仆射，继续担任中书令、太子詹事等职。宋武帝刘裕病逝后，傅亮与徐羡之、谢晦三人以顾命大臣辅政。宋少帝刘义符即位后，傅亮位进中书监、尚书令。傅亮谋废少帝，迎立宋文帝，以加散骑常侍、左光禄大夫、开府仪同三司，后因功高震主，被宋文帝杀害。其兄长傅迪任五兵尚书。刘宋时代，傅咸后嗣傅淡任竟陵王刘诞的掾属，在刘诞叛乱中被诛杀。傅淡之子傅昭寓居雍州，受到雍州刺史袁抃的赏识。傅昭在永明中期，历任员外郎、竟陵王萧子良参军、尚书仪曹郎等职，政治位势才有所提升。齐明帝时代，傅昭虽身居

① 姚思廉：《梁书》，中华书局1973年版，第608页。
② 沈约：《宋书》，中华书局1974年版，第1336页。

显职——中书通事舍人，却不弄权、不仗势，廉洁奉公，清静守职，深得齐明帝赞赏。萧齐后期，傅昭“累迁车骑临海王记室参军，长水校尉，太子家令，骠骑晋安王咨议参军。寻除尚书左丞、本州大中正”[①]。傅昭受到权臣萧衍的器重，曾被“引为骠骑录事参军”。萧梁时代，傅昭历任黄门侍郎、著作郎、御史中丞、五兵尚书、建威将军、平南安成王长史、寻阳太守、振远将军、中权长史、秘书监，后军将军、太常卿、光禄大夫、散骑常侍、金紫光禄大夫等职。傅昭在齐梁政坛上虽无政治建树，但作为道德楷模，受人敬重。傅昭弟弟傅映也修身厉行，累迁中散大夫、光禄卿，太中大夫等职，位至九卿。北地傅氏另一支傅祗后世子嗣傅咏、傅洪在永嘉之乱后滞留北方，直到东晋永和六年（350）南渡至梁州。傅咏任交州刺史、太子右率。傅洪之子傅韶任梁州刺史，散骑常侍。他们的社会地位不高，属次等士族。晋宋之际，随着刘裕势力的崛起，傅氏家族子嗣也获得较高的政治位势。傅韶之子傅弘之素善骑射，骁勇善战，成为晋宋之际傅氏家族的军功人物。傅弘之随刘裕征伐，屡建功勋，后北伐关中，战败被杀。北地傅氏中还有一支子嗣（远祖世系不详），在东晋后期与出身卑贱的京口刘裕家族联姻。傅弘仁因与刘裕为中表关系而官居显位，为征虏将军、南谯太守，太常卿等职。其子傅邵，官任员外散骑侍郎。其孙傅僧佑得到宋武帝刘裕的重视。后来，傅僧佑任安东录事参军、山阴县令等职，政治位势不高，但颇有能名。傅僧佑之子傅琰，几任山阴令，“并著能名，二县皆谓之傅圣。赐爵新亭侯”[②]。傅琰由山阴令擢升为益州刺史，兼任益州宁州都督、建威将军、宋宁太守。入齐后，齐太祖萧道成封傅琰为宁朔将军、骁骑将军、黄门郎，后迁升为建威将军、荆州刺史等。傅琰之子傅翙，在萧梁时代，做过山阴令、建康令等，因有能名，官至骠骑将军咨议郎。傅翙之子傅岐，美姿仪，且善言对，曾被派接待外国使臣。梁太清元年（547），傅岐升任太仆、司农卿，兼任中书舍人，参与机要十余年。傅岐曾力劝梁武帝，不要接受东魏的修好，以免使叛魏投梁的侯景生疑，引起再次叛乱。梁武帝不听，最终酿下侯景之乱。另外，北地

① 姚思廉：《梁书》，中华书局1973年版，第393页。

② 李延寿：《南史》，中华书局1975年版，第1706页。

傅氏在南朝陈代出现了一位精通佛理、兼有文才的政治人物——傅縡。傅縡以词理优洽、文无加点的文学才华入仕，取得了一定的政治地位。权臣陈霸先招傅縡为撰史学士、司空府记室。在陈代，傅縡历任骠骑安成王中记室、散骑侍郎、镇南始兴王咨议参军，兼东宫管记、太子庶子、仆、秘书监、右卫将军，兼中书通事舍人等职，深得陈后主器重。南渡的北地傅氏其子嗣虽在东晋政治位势不高，但历宋齐梁陈四世，政治位势得到明显提升，可谓才俊辈出，代不乏人。

（2）滞留北方的关辅世族

①十六国时代

西晋末年，永嘉之乱，五胡乱华，神州陆沉，衣冠南渡。匈奴、羯、氐、羌等少数民族相继入侵中原，建立了少数民族政权。史称十六国时代。在十六国时代，滞留北方的关辅世族子嗣经历了誓死抵抗到沦为戍奴再到逐步认同少数民族政权，并进入政治序列的过程。当然，这与“入主中原的少数民族统治者为了维护自己的统治，往往和统治地方上的封建势力结合，把各地的士族名门拉入政权机构，并给予一些政治特权”[①] 有关。

匈奴族政权刘曜挥兵西进，洛阳沦陷。北地傅氏家族著名政治人物、西晋名臣傅祗，在危亡之际，与朝中大臣共建行台。他曾被推为盟主，以司徒、持节、大都督诸军事身份，传檄四方，且亲自屯兵孟津。其子傅宣和公主等人奔走四方，征召义兵。傅祗另一子——傅畅任河阴县令，接应其兄傅宣。另有，关辅世族中有些家族的房支子嗣，也曾武装结社，筑坞自保，以对抗少数民族的铁骑。如杜预次子杜尹，永嘉年间，任弘农太守，率部伍退守洛阳宜阳的一泉坞，为乱兵所害。多数战败被俘，如傅祗抵抗匈奴族将领刘曜失败，其子傅畅被俘。傅宣之子傅纯、傅粹被俘，徙于平阳县。虽有部分人物任职少数民族政权中[②]，但关辅旧族多沦为少数民族政权的戍奴，失去了政治和经济特权。直到后

---

① 田延柱：《唐代士族》，三秦出版社1990年版，第8页。

② 如汉主刘聪追赠傅祗为太保，任命其孙傅纯、傅粹为给事中。傅畅曾感激汉主刘聪说：“陛下每嘉先臣，不以小臣之故而亏其忠节，及是恩也。”傅畅曾为大将军石勒的右司马。石勒建国后，傅畅曾任参军、经学祭酒。傅畅因谙识朝仪，参与机密，深受敬重。再如韦谀在前赵政权中被征为黄门侍郎。

赵时代，这些旧族的处境才有所改变，不仅免去了兵籍，还准予返回故里。关辅世族家族在政治位势上才得以提升，如京兆韦氏之韦谀在后赵时代，历任散骑常侍、廷尉，史称韦谀在后赵时代“前后四登九列，六在尚书，二为侍中，再为太子太傅，封京兆公”[①]。韦氏家族中另一人物韦华，在前秦苻坚政权中任黄门侍郎，在后秦政权中又任中书令、司徒、尚书右仆射等职，位列宰辅，权重当朝。再如杜预三子杜跻一房子嗣杜胄在前秦时代曾任太尉长史，[②] 其子杜嶷为后燕“慕容垂秘书监，仍侨居赵郡”[③]。傅氏家族的另一郡望——清河傅氏在十六国之后赵时代，出现了位居太常的傅遘。

如果说十六国中后期，滞留北方的关辅世族一变戍奴身份，开始享受政治特权，逐步获得了一定的政治位势，那么，在北朝的北魏、西魏、北周等少数民族政权的迅速汉化进程中，关辅世族成为被倚重的汉族知识分子势力，其政治位势和军事地位上升，成为影响中古政治走向的关陇集团的核心家族。

②北魏时代

北魏时代，孝文帝大力推行门阀制度，谋求鲜卑族与汉族士族的深入合作。“开始划分士族阀阅次第，……对于汉族门阀，也按照祖先官位的高低划为四等，统称为郡姓。隋唐时期的山东郡姓崔、卢、李、郑、王，关中郡姓韦、裴、柳、杨、薛、杜等，大致都是这时所划定的。”[④] 据《北魏杨颖墓志》“君籍胄膏腴”的记载[⑤]知，北魏时代弘农杨氏为“三世三公”的“膏粱甲姓”。不仅有入朝为官的杨播、杨椿、杨顺兄弟，而且“有七郡太守、三十二州刺史”。而作为世家大族的杜陵杜氏、京兆韦氏子嗣身兼将军，行使地方行政、军事大权。北地傅氏另一郡望清河傅氏的政治位势虽不高，但终归浮出了历史的地表，活跃于北魏时代。

弘农杨氏杨震后世子孙杨珍由中山国投奔北魏，不仅为“富实之

---

① 房玄龄：《晋书》，中华书局 1974 年版，第 2361 页。

② 《魏书·杜铨传》记载为杜胄任“苻坚太尉长史”，而《元和姓纂》记载为“太尉”。

③ 魏收：《魏书》，中华书局 1974 年版，第 1018 页。

④ 田延柱：《唐代士族》，三秦出版社 1990 年版，第 9—10 页。

⑤ 赵超：《汉魏南北朝墓志汇编》，天津古籍出版社 1992 年版，第 61 页。

家”，且任地方郡守，政治地位开始上升。杨播兄弟的父亲杨懿任洛川刺史，封弘农公。到了杨播、杨椿[①]等兄弟时代，开始入朝任孝文帝、文明太后的近侍之臣，深受恩宠。杨播多次领兵，骁勇善战，被赐爵华阴伯。杨播之弟杨椿出镇豫州、梁州，为梁州刺史。杨播之弟杨津受命安北将军、假抚军将军、北道大都督、右卫、左卫、抚军将军，出镇定州。而且，出现了“位登侍中、尚书，四历九卿，十为刺史，光禄大夫、仪同、开府、司徒、太保”的政治人物——杨椿。杨椿对子弟说：“汝家仕皇魏以来，高祖以下乃有七郡太守、三十二州刺史，内外显职，时流少比。”[②] 史家评曰：“杨播兄弟，俱以忠毅谦谨，荷内外之任，公卿牧守，荣赫累朝，所谓门生故吏遍于天下。”[③] 因为杨播之子杨侃参与孝庄帝诛尔朱荣的密谋，这一鼎盛的家族被尔朱荣余党报复杀戮殆尽，只有杨津之子杨愔等人逃脱劫难，投奔高欢。另外，北魏时期，弘农杨氏杨彪后裔，虽不及杨懿一支显贵，但也位至刺史、太守，如北济刺史杨屈，平原太守杨景。[④]

滞留北土的杜陵杜氏，杜预长子杜锡一房子嗣——杜建，北魏辅国将军，赠蒙州刺史。杜建之子杜皎，仪同三司、武都郡守，死后赠开府仪同、大将军、遂州刺史。杜建次子杜瓒历任北魏黄门侍郎、兼度支尚书、卫大将军、西道大行台。杜预次子杜尹五世孙杜洪太在北魏孝文帝时代，出使高丽，除安远将军、下邳太守，转梁郡太守，后除鹰扬将军、绛城镇将，带新昌、阳平二郡太守。其长子杜祖悦在魏孝明帝时代，入朝任太尉、汝南王府咨议参军，卒于高阳太守任上。杜洪太次子杜颙，任镇西将军、光禄大夫，并以守岐州之功，“赏安平县开国伯，食邑五百户”。杜预三子杜跻曾孙杜铨在北魏初年，被征为中书博士，受到北魏太武帝拓跋焘的器重，任杜铨为宗正，迁为散骑侍郎，转中书

① 杨播曾祖父杨珍投奔而来，成为富实之家，而且其父祖在北魏时代历任太守、刺史之职。“（杨播）曾祖珍，太祖时归国，卒于上谷太守。祖真，河内、清河二郡太守。父懿，延兴末为广平太守，有成绩。高祖南巡，吏人颂之，加宁远将军，赐帛三百匹。征为选部给事中，有公平之誉。除安南将军、洛州刺史，未之任而卒。赠以本官，加弘农公，谥曰简。”

② 魏收：《魏书》，中华书局1974年版，第1290—1291页。

③ 同上书，第1304页。

④ 北魏时代，弘农杨氏杨彪后嗣不见《魏书》，今据赵超《汉魏南北朝墓志汇编》中“大魏宫内司马高唐县君杨氏墓志铭”补出（天津古籍出版社1992年版，第126页）。

侍郎，赐爵新丰侯。杜铨卒后，赠平南将军、相州刺史、魏县侯。其长子杜振，[①] 举秀才，被征中书博士；杜铨次子杜遇在北魏时代，转员外散骑侍郎、尚书起部郎中，迁龙骧将军、中散大夫，出为河东太守。杜遇卒后，赠中军将军、都官尚书、豫州刺史；杜铨三子杜鸿，在魏孝武帝永熙年间任司徒仓曹参军。

京兆韦氏子弟相继进入北魏政权各机构之中。淝水之战，前秦战败。韦道福父亲韦罴投奔东晋。刘宋武帝年间，韦道福参与了徐州刺史薛安都北附于魏的行动，遂以军功擢升为北魏安远将军，并赐爵高密侯。死后，追赠为征虏将军、兖州刺史。韦道福之子韦欣宗，因随父归魏，被赐爵杜县侯。魏孝文帝初，官拜彭城内史、大将军。魏宣武帝时代，韦欣宗升任为通直散骑常侍，不久，又改任太中大夫，死后追封为龙骧将军、南兖州刺史。北魏太武帝拓跋焘，曾征京兆韦氏之韦阆为咸阳太守，武都太守。韦阆长子韦范曾官任北魏镇西大将军府司马、华山郡太守，被赐兴平男爵。韦范之子韦俊，在魏孝文帝太和年间（477—499），袭父爵，历任荆州治中、梁州宁朔府长史、太尉外兵参军、雍州中正、都水使者等职。韦俊一生为官虽不显贵，但所在职位，皆受称颂。

傅氏家族——清河傅氏[②]骤然崛起，傅灵庆、傅灵根、傅灵越三兄弟，皆有才力，为乡闾豪族。傅灵庆参加刘宋的北伐，因攻车被烧毁，傅灵庆惧军法而逃，随后被诱杀。其弟傅灵根、傅灵越惧遁入北魏。傅灵越得到北魏高宗文成皇帝的赏识，其后，又叛逃归刘宋，因参与政治斗争被杀。其子傅竖眼逃至北魏，得到镇安王肃的敬重。从此步入仕途，建立不世功勋，成为北魏时代清河傅氏的代表人物。傅竖眼两个儿子傅敬和、傅敬绍兄弟皆“好酒薄行，倾侧势家”，一被废一被杀。另外，傅氏家族还有一位文武双修、军功封侯的傅永。傅永得到北魏高祖拓跋宏的信任，为豫州刺史王肃的平南长史、建武将军。后来，傅永在北魏的军事行动中，屡建奇功，被封清河男爵。

---

① 王力平《中古杜氏家族的变迁》中认为杜铨有二子：杜遇、杜鸿，而将《魏书·杜铨传》中“子振”（杜铨之子杜振）理解为杜子振，并以为杜子振是杜铨的后人。

② 清河为傅氏之郡望始于西晋傅咸。但无史料确证这些人物与西晋时代傅咸有无血脉关联，或许非傅咸之后嗣。

③西魏、北周时代

西魏、北周时代，在宇文泰“广募关陇豪右以增军旅”的政策刺激下，形成了一支与东魏、梁朝相抗衡的关陇集团。[①] 弘农杨氏、京兆韦氏家族成为被倚重的军事力量，是关陇集团之一员。而杜陵杜氏、北地傅氏虽有名位，但绝非关陇集团成员。

弘农杨氏中最为显赫的是杨牧一系子嗣杨忠、杨绍[②]和杨牧弟弟杨奉一系杨继一房子嗣杨宽。杨忠追随宇文泰入关中，在西魏与东魏以及南朝萧梁政权的战斗中，屡建奇功，政治地位煊赫，被赐姓普六如氏，成为西魏关陇军事集团中杨氏家族的领军人物。北周时代，杨忠进位柱国大将军，封隋国公，迁大司空。其子杨坚不仅缔造了大隋王朝，而且结束了东汉末年长达近四百年的分裂局面，实现了统一。另外，杨牧一系子嗣杨绍是北魏后期、西魏、北周时代著名的武将，成为被赐姓叱利氏的关陇军事集团的代表人物。这一时期，弘农杨氏的另一系——杨牧弟弟杨奉一系杨继一房子嗣杨宽，在北魏末年，为阁内大都督，专总北魏孝武帝的禁旅。从孝武帝入关中，任吏部尚书，封华山郡公。西魏时代，杨宽曾迁车骑大将军、太子太傅、仪同三司。拜侍中、都督泾州诸军事、泾州刺史，骠骑大将军、开府仪同三司、都督东雍州诸军事、东雍州刺史，河州刺史，兼大丞相府司马、尚书左仆射、将作大监、廷尉卿等职。北周时代，杨宽拜大将军，因讨吐谷浑有功，别封宜阳县公，总管梁、兴等十九州诸军事、梁州刺史。杨宽兄长杨俭，在西魏时代都督东雍华二州诸军事、骠骑大将军、开府仪同三司、华州刺史。杨宽侄子杨敷，在西魏时代任抚军将军，迁升为廷尉少卿。北周时代，杨敷进位骠骑大将军、开府仪同三司。出镇汾州诸军事、汾州刺史，进爵为公，在与北齐军事战争中殉职。其子杨素在北周末年，任上柱国、清河

---

① 陈寅恪著，万绳楠整理：《魏晋南北朝史讲演录》，贵州人民出版社 2008 年版，第 263 页。

② 杨忠与杨绍同出于东汉杨震之子杨牧，但二人房支不同。杨忠的高祖杨元寿为北魏武川镇司马，其家迁居神武树颓焉（今山西寿阳县北境），其祖杨烈任龙骧将军、太原郡守，其父杨祯以军功任建远将军。而杨绍曾祖杨兴，任北魏新平郡守。《新唐书·宰相世系》云：“观王房本出渠孙兴，后魏新平郡守。”其祖父杨国为镇西将军，父亲杨定为新兴太守。《周书·杨绍传·校勘记》引《文馆词林》卷四五二薛道衡《后周大将军杨绍碑铭》“祖国，镇西将军。父定，新兴太守。”

郡公，成为隋王朝著名的政治家。

在西魏、北周时代，京兆韦氏子嗣也以军功显赫，成为关陇军事集团之一大家族。韦氏家族中最为显赫的要数历仕北魏、西魏、北周三朝的韦孝宽。北魏末年，雍州刺史萧宝夤叛乱于关中，韦孝宽请缨，拜统军之职，随军西讨萧宝夤，因战功授予国子博士、行华山郡事，被擢升为宣威将军。西魏时代，韦孝宽效命于西魏文帝宇文泰，曾任弘农郡守、兼左丞，节度宜阳兵马事。在东西魏的战争中，韦孝宽屡建奇功，以大将军行宜阳郡事，不久迁为南兖州刺史，移镇玉壁，进授大都督。与东魏军队在玉壁进行了长达两个月的殊死较量，因战功赫赫，加授骠骑大将军、开府仪同三司，进爵建忠郡公。在与南朝萧梁的军事战争中，韦孝宽直捣梁元帝京都江陵，杀梁元帝。以军功拜尚书右仆射，位列丞相，并赐姓宇文氏。① 北周时代，韦孝宽被拜小司徒、麟趾殿学士、勋州刺史，进爵郧国公，增邑通前一万户，曾解宜阳之围。在周孝武帝东伐时，韦孝宽镇守玉壁。随后，命韦孝宽为行军总管，协助平晋州。韦孝宽以军功，再拜大司空、进位上柱国。后来，韦孝宽任行军元帅，节度徐、兖等十一州十五镇诸军事，巡地淮南，攻破广陵（今扬州）、拔寿阳（今安徽寿县），尽取陈江北之地，平叛宇文亮的谋反。后又攻破尉迟迥的叛军，平定关东。韦孝宽成为京兆韦氏家族的代表人物，一生戎马倥偬，功勋卓著，在北朝享有极高的政治位势。这一时期，京兆韦氏家族之西眷韦潜后嗣——韦瑱父子，也是关陇集团的代表人物。韦瑱历仕北魏、西魏、北周三朝。北魏时代，韦瑱任明威将军、雍州治中、镇远将军、谏议大夫、冠军将军等职。西魏时代，丞相宇文泰施行关陇物质本位主义政策，加韦瑱为前将军、太中大夫、封长安县男爵，食邑三百户。韦瑱入朝为行台左丞、任抚军将军、迁使持节、都督南郢州诸军事、南郢州刺史。其后，韦瑱又入朝再任行台左丞。韦瑱在东西魏的多次大战中建立军功，被封为子爵，增邑二百户。韦瑱兼领

① 在西魏恭帝元年（554），韦孝宽以府兵将领，被赐鲜卑宇文姓氏。宇文泰此次举措，完全是以军功大小赐姓，这是关陇本位政策的一项非常重要的内容。

乡兵，加帅都督，[①] 晋升为大都督、通直散骑常侍，行京兆郡事，进车骑大将军、仪同三司、散骑常侍，被赐姓宇文氏，标志着韦瑱也进入关陇军事集团之中。北周时代，周明帝为表彰韦瑱功绩，又进授为侍中、骠骑大将军、开府仪同三司。韦瑱死后，朝廷追封其为平齐公，食邑增至三千户，长子韦峻袭爵。从此，韦瑱成为唐代平齐公房的始祖。韦瑱长子韦峻，官至车骑大将军、仪同三司。次子韦师，起家任中外府记室，官历兵部小府下大夫。建德末，又任蒲州总管府中郎，河东郡守。此外，北魏后期至北周时代，京兆韦氏家族一支韦佑也甚为显赫。韦佑在北魏六镇将领之一破六韩拔陵率沃野镇（今内蒙古五原北）的叛乱，庇护北魏王公大臣，被举荐为员外散骑侍郎、加轻车将军。北魏孝武帝西走关中之时，韦佑从山南赶赴，扈从魏孝武帝西行，被擢升为右将军、太中大夫，并被封为固安县男爵，邑二百户。曾率数百人，驰援守御东境的李延孙部，与东魏军队多次激战。西魏朝廷拜韦佑为车骑大将军、仪同三司，移镇九曲城，后又加拜韦佑为骠骑大将军、开府仪同三司，并进爵为公。韦佑在截击东魏运粮军的战斗中，不幸中流矢而亡。

杜陵杜氏后嗣杜杲，在北周时代任修城郡守，因平叛有功，入为司会上士，曾在北周与南朝陈朝的外交中发挥了重要作用，为北周、陈两国的交好作出了贡献。杜杲任“申州刺史，加开府仪同大将军，进爵为侯，除同州刺史”[②]。入隋后，杜杲迁工部尚书，西南道行台兵部尚书，其家族政治位势甚为显赫。北周时代，曾南渡的北地傅氏子嗣傅准父子又因岳阳王萧詧叛降而归周。萧詧在江陵东城一带建立北周藩国，傅准成为萧詧的得力助手，官至度支尚书。其子傅秉、傅执在萧岿藩国里位居尚书右丞、中书舍人、尚书左丞等。

从汉魏六朝的历史长河来看，永嘉之乱至南北朝，既是关辅世族历尽磨难、痛苦裂变的时代，也是关辅世族凭借武力，建立军功，不断提升政治位势的时代。尤其是滞留北方的关辅世族的某些家族，已经成为

① 韦瑱之所以兼领乡兵，是因为他是望族或具有州望。加都督是别令府兵，这是关陇集团政策的体现（参阅陈寅恪《魏晋南北朝史讲演录》，贵州人民出版社 2008 年版，第 267 页）。

② 王力平在《中古杜氏家族的变迁》中认为，杜杲加开府仪同大将军，进爵为侯在入隋之后。此说误也。

西魏、北周所依赖的关陇军事集团核心力量，为隋唐“关中郡姓”的政治辉煌奠定了基础。

（二）汉魏六朝关辅世族姻婚与政治位势变迁

周一良先生说：“六朝门阀制度之下，最为人所重视者为‘婚’和‘宦’。”[①] 魏晋南北朝士族将“婚”看成“保持家族高贵血统的纯净，并借以攀结其他高门贵族的必要手段”[②]。其实，在两汉时期世族就开始结为姻亲，进一步强化了他们的政治地位。正如恩格斯所说，对于封建贵族而言，“结婚是一种政治的行为，是一种借新的联姻来扩大自己的势力的机会；起决定作用的是家世的利益，而绝不是个人的意志”[③]。宁稼雨也指出：“家族社会地位的升降，是左右其子女婚姻的决定性杠杆。新旧士族子女婚姻的关联，决定于他们各自地位影响的消长。”[④] 汉魏六朝时代，关辅世族的联姻背后自然也受其政治位势的影响，反过来，关辅世族的联姻变化，也能反映出政治位势的变迁。有关关辅世族姻婚关系的零星资料和出土的墓志资料也反映了汉魏六朝时代关辅世族政治地位以及对中华民族大融合、大发展的影响。

1. 两汉时代：关辅世族联姻及政治地位

早在世族肇兴与长足发展的两汉时期，关辅家族开始在政治地位相当的世族群体中寻找联姻对象。如弘农杨氏杨敞娶了司马迁的女儿，杨敞先祖杨熹因功封赤泉侯，弘农杨氏家族取得了较高的社会地位。杨敞作为一个谨守法律制度的文吏，具有相当的文化水准，这才有机会与龙门司马氏联姻。司马迁的女儿、杨敞妻子不愧“世典周史”的史学名门闺秀，深知政治斗争的凶险，在其劝谏之下，不仅使杨氏家族躲过了灭门之灾，还提升了弘农杨氏家族的政治位势。西汉后期，杜延年之孙、杜缓之子杜业娶妻汉成帝妹妹颍邑公主。《汉书·杜周传附杜业》曰：“业成帝初尚帝妹颍邑公主。”[⑤] 正是因为杜陵杜氏家族出现了杜

① 周一良：《魏晋南北朝史论集》，北京大学出版社 1997 年版，第 81 页。

② 宁稼雨：《魏晋名士风流》，中华书局 2007 年版，第 23 页。

③ 《马克思恩格斯选集》第四卷，人民出版社 1973 年版，第 74 页。

④ 宁稼雨：《魏晋名士风流》，第 23 页。

⑤ 班固：《汉书》，中华书局 1962 年版，第 2682 页。

周、杜延年这样显宦人物，家族的社会地位才得以大幅提升，其后嗣杜业才有机会与皇室联姻。当然，杜业的婚姻充分反映了杜氏家族崇高的社会地位。据《汉书·杜周传附杜业》“主无子，薨，业家上书求还京师与主合葬，不许”① 知，王莽秉政，杜业被贬。死后，被剥夺了与公主合葬的权利。再如东汉时代后期，俱为“四世三公”的名族，弘农杨氏与汝南袁氏结为姻亲，连枝同气，“太尉杨彪与袁术婚姻”②，杨彪娶司空袁逢之女、袁术之妹。③ 这样的联姻足以显示出煊赫的政治位势。也正因这样的婚姻，弘农杨氏在曹魏时代才备受打击。曹操曾以袁术僭号为借口，抓捕太尉杨彪，因孔融等大力援救，才幸免于难。其后，曹操因“以袁术之甥，虑为后患”④ 而杀掉杨修。弘农杨氏杨彪、夫人袁氏与其子杨修受到曹操的打击，也反映出东汉末年社会阶级的分化与矛盾。正如陈寅恪先生所说的，“曹操所代表的阶级是非儒家的寒族”⑤ “曹操要在汉末取刘氏而代之，最为重要的是要摧破儒学豪族的精神堡垒，即汉代传统的儒学思想，然后才可以获得成功。”⑥ 弘农杨氏杨彪作为儒学世族，秉奉儒家名教，维护皇权。杨彪批驳董卓、扈从汉献帝入关中、反洛阳，自然受到新兴势力的打击。弘农杨彪与汝南袁术、袁绍不同的是，始终维护刘氏皇权的地位，而汝南袁术则割据一方，甚至抛弃皇室，僭号称帝。袁术认不清历史方向，走上众叛亲离的不归之路。袁绍因儒家世族自身无法克服的局限性——“繁礼多仪”的固执和“外宽内忌”自负骄傲的性格而覆灭，而弘农杨彪却成为没落的儒学世族的代表，既不会自毁儒家信仰之长城，也不能力挽狂澜以解倒悬之危，只好辞官退居，远离政坛。

2. 魏晋时代：关辅世族联姻与政治地位

魏文帝曹丕为了取得皇权，既不得不拉拢世族，与之相妥协，又要

---

① 班固：《汉书》，中华书局1962年版，第2682—2683页。

② 范晔：《后汉书》，中华书局1965年版，第1788页。

③ 《殷芸小说》卷四记载曹操杀掉杨彪儿子杨修后，卞夫人曾致书信太尉夫人袁氏以及袁氏的答书（上海古籍出版社1984年版，第92页）。

④ 范晔：《后汉书》，第1789页。

⑤ 陈寅恪著，万绳楠整理：《魏晋南北朝史讲演录》，贵州人民出版社2008年版，第9页。

⑥ 同上。

树立皇权威信，给予其必要的打击。曹丕采纳吏部尚书陈群的建议，正式颁行九品中正制，以确保世族政治、经济的特权。据《新唐书·柳冲传》记载的柳芳论氏族说："魏氏立九品，置中正，尊世胄，卑寒士，权归右姓已。其州郡大中正、主簿，郡中正，功曹，皆取著姓士族为之。以定门胄，品藻人物。晋、宋、因之，始尚姓已。"[①] 可见，州郡县的大小中正多为当地世家大族掌控，完全违背了魏文帝曹丕的初衷——"在于将选举权收归中央"[②]。正是通过"九品中正制"才将汉代以来的各地大小名士所掌控的清议选举权合法化、制度化。[③] 门阀士族通过"尊世胄"的方式进入王朝政治体制之中，成为魏晋政权中的主导阶层，同时也建立了骄傲的功绩。[④] 如曹魏时代的杜畿等，西晋时代的杜预、石崇、王浑、王濬等人，再如东晋时代的王导、谢安、谢玄等辈。曾备受打击的关辅世族在门阀制度下得以发展，这在婚姻上也有所反映。西晋时代，弘农杨氏杨骏、杨文宗家族与皇室司马氏皆为姻亲，杨文宗之女杨艳、杨骏之女杨芷均入宫立为晋武帝皇后。晋惠帝即元皇后杨艳之子。《晋书·后妃传》有《武元杨皇后传》《武悼杨皇后传》。因此，杨骏等"以后父超居重位，自镇军将军迁车骑将军，封临晋侯"[⑤]。太康末年，杨骏以太尉、太子太傅、都督中外诸军事，又任侍中、录尚书事等职，总揽西晋的军、政大权。杨济位居镇南、征北将军，太子太傅；杨珧也位居尚书令、卫将军，史称"骏及珧、济势倾天下，时人有'三杨'之号"[⑥]。杨骏弄权，很快被晋惠帝皇后等诛杀，并诛三族。只有杨珧的儿子杨超被晋惠帝特诏赦免，从弘农杨氏与皇室司马氏的联姻看，弘农杨氏杨秉一系子嗣的社会地位较高。据《晋书·杜预传》"文帝嗣立，预尚帝妹高陆公主，起家拜尚书郎，袭祖爵

① 欧阳修：《新唐书》，中华书局1975年版，第5677页。

② 唐长孺：《魏晋南北朝隋唐史三论》，武汉大学出版社1993年版，第49页。

③ 刘蓉：《汉魏名士研究》，中华书局2009年版，第203页。

④ 后世往往以穷奢极欲或把持政局压制寒族才士等理由指责门阀世族，很少看到门阀世族的政治功绩。陈寅恪先生《述东晋王导之功业》，首次为门阀世族鸣不平。宁稼雨《魏晋名士风流》在"值得骄傲的贡献"部分发挥之。其实，我们应看到魏晋时代，伐蜀平吴一统天下等皆是门阀世族之功（见拙著《西晋文风演变研究》中"士林风操的消长与西晋文风演变"一节的论述，陕西人民出版社2010年版，第263—267页）。

⑤ 房玄龄：《晋书》，中华书局1974年版，第1177页。

⑥ 同上。

丰乐亭侯”[①] 记载知，杜陵杜氏杜预与司马氏联姻，娶司马昭妹妹高陆公主。杜预凭借这种婚姻纽带，一扫父亲杜恕带来的政治阴霾，强化了与司马氏家族的关系。据《晋书·列女传·杜有道妻严氏》“时玄与何晏、邓飏不穆，晏等每欲害之，时人莫肯共婚”[②] 记载知，北地傅氏家族的傅玄因与正始时代的权贵矛盾重重，其他世族不敢与之通婚。傅玄求婚于杜陵杜氏杜有道，杜妻严氏应允了这门亲事，将女儿杜韡嫁于傅玄。据1957年出土的《晋前尚书郎北地傅宣故命妇墓志》记载，知傅宣婚娶秦国士孙松，字世兰，系翊军府君之女。从傅氏与杜陵杜氏、秦国士孙氏联姻看，其家族的政治位势较高。

魏晋时代，关辅世族或与皇室或与其他世族进行联姻，足以说明这些世家大族虽受到排挤打击，但在“九品中正制”的大力推行下，关辅世族得以发展，其政治位势得以持续上升。

3. 永嘉之乱至南北朝：关辅世族的婚姻与政治位势

（1）东晋南北朝时代

永嘉之乱后，南渡的关辅世族，少数颇有名望的家族房支与东晋皇室联姻。这一时代，帝王婚姻发生了重大变化，“魏晋时期帝王婚姻明显受到社会上向往士族、追崇士族的社会观念的影响，帝王与士族高门联姻的情况日益增多，而且双方的联姻并不完全被视为帝王天子对士族的恩赐，而是双方互相需要。帝王家族可以借助士族名门的贵胄影响，而士族高门可以依赖帝王家族的政治保护。二者的结合，在当时社会上被认为是最完美和最令人企羡的婚姻关系”[③]。作为杜预长房长孙杜乂，其女杜陵阳嫁于皇室，成为晋成帝的皇后。杜乂娶玄学名士、太尉王衍外孙女，河东名士裴遐之女裴穆。这说明杜乂一房不仅凭借先祖杜预的功绩，更凭借联姻关系，取得了崇高的社会地位。据王力平分析说，杜陵阳嫁给晋成帝的这桩婚姻极有可能是由王敦、庾亮促成的。因为成帝年幼，王、庾辅政。因此，杜乂家族通过妻子裴氏与司马氏王室、琅邪王氏等高门士族建立了广泛的社会关系。[④]

---

① 房玄龄：《晋书》，中华书局1974年版，第1025页。

② 同上书，第2509页。

③ 宁稼雨：《魏晋名士风流》，中华书局2007年版，第30页。

④ 参见王力平《中古杜氏家族的变迁》，商务印书馆2006年版，第60页。

东晋至南朝时代的其他关辅家族或房支，往往只能南渡至襄阳一带，降为次等士族。这些次等世族受到门第观念的影响和政治地位的限制，不可能与高门甲族联姻，只能与寓居襄阳一带的其他次等士族联姻。如曾寓居凉州的杜预第四子——杜耽后嗣，在刘宋时代南渡襄阳一带，与京兆韦氏联姻。京兆韦玄器重南渡的杜骥，“华子玄有高名，见而异之，以女妻焉。”[①] 另外，据《梁书·韦睿传》“时睿内兄王憕、姨弟杜恽，并有乡里盛名”[②] 的记载，知韦睿婚娶王氏女性为妻，又知韦睿父亲韦征祖与杜恽父亲为连襟。这些次等世族通过联姻，相互瞻顾，相互激励，如韦睿的外兄杜幼文任梁州刺史，邀韦睿同往，互相提携。据《宋书·臧焘传》“傅僧佑，祖父弘仁，高祖外弟也”[③] 的记载，知傅弘仁与京口刘裕家族联姻。随着刘裕势力的崛起，傅氏家族子嗣也获得了较高的政治位势。傅弘仁因与刘裕为中表关系而官居显位，为征虏将军、南谯太守、太常卿等职。傅弘仁的孙子傅僧佑被宋太祖刘裕视为通家子弟。最其下者，有些关辅家族“婚宦失类”，与寒族或少数民族通婚，备受歧视。如杨佺期的父亲杨亮，早年曾滞留北方，在少数民族政权中做过官，曾婚娶寒门子女或少数民族的子女为妻。南渡后，曾受到东晋士族群体的鄙夷和排挤，“其晚过江，婚宦失类，每排抑之。”[④] 杨佺期“自云门户承籍，江表莫比，有以其门地比王珣者，犹恚恨。”[⑤] 然而，杨佺期无论如何改变不了沦为次等世族的历史命运。即使杨佺期曾与桓玄等为同盟，对抗东晋执政司马道子、王国宝等，但桓玄依然以门第观念，鄙视甚至排抑裁损杨佺期。“佺期内怀忿惧，勒兵建牙，声云援洛，欲与仲堪袭玄”[⑥]，以至于兵戎相见。

东晋南朝时代，沦为次等士族的关辅家族子弟，受到高门甲族的鄙夷，他们奋厉不已，没有习染贵胄子弟的恶习——“无不熏衣剃面，傅粉施朱，驾长檐车，跟高齿屐，坐棋子方褥，凭斑丝隐囊，列器玩于

---

① 沈约：《宋书》，中华书局 1974 年版，第 1721 页。

② 姚思廉：《梁书》，中华书局 1973 年版，第 220 页。

③ 沈约：《宋书》，第 1546—1547 页。

④ 房玄龄：《晋书》，中华书局 1974 年版，第 2200 页。

⑤ 同上。

⑥ 同上书，第 2201 页。

左右，从容出入，望若神仙。明经求第，则顾人答策；三九公燕，则假手赋诗。"[①] 因此，关辅世族子弟往往不像东晋后期以来的门阀士族贵胄子弟那样腐朽堕落，他们在特定的历史时期曾发挥了重大的政治作用。如弘农杨佺期之于东晋，如北地傅亮之于刘宋，再如韦睿、韦粲、韦载之于侯景之乱等。

（2）五胡十六国至北朝时代

五胡十六国时代，滞留北方的关辅家族一度沦为戍奴，其后受到优待。其中，有些家族成员受到得势世族的器重，建立联姻关系。《魏书·韦阆传附韦道福》云："阆从叔道福。父罴，为苻坚丞相王猛所器重，以女妻焉。为坚东海太守。"[②] 由此可知，京兆韦罴曾娶苻坚丞相王猛的女儿，因这种婚娅关系，韦罴得任东海太守。北魏时代，弘农杨氏家族与许多世族大家联姻。据《魏故华州别驾杨府君（颖）墓志铭》"曾祖母扶风窦氏。父秦，北平太守。祖母高阳许氏，父明月，东宫侍郎。母太原王氏，封新昌郡君。父融，幽州刺史汝南庄公"[③] 的记载，知杨颖的曾祖杨珍与扶风窦氏联姻，曾祖母的父亲为北魏北平太守窦秦。杨颖祖父杨真婚娶高阳许明月之女。杨颖父亲杨懿婚娶北魏幽州刺史、汝南庄公王融之女为妻，太原王氏系北魏"文明太后之外姑"[④]，被封新昌郡君。据《魏故弘农华阴潼乡习仙里人杨范字僧敏墓志铭》"父讳颖，本州别驾，夫人河南侯氏"[⑤] 的记载，知杨颖曾婚娶河南侯氏为妻。从1986年出土的《杨椿妻崔氏墓志》"魏故使持节、督洛川诸军事、安平将军、洛州刺史弘农杨简公第二子妇清河崔氏墓志铭。永平四年十一月十七日镌记"[⑥] 的记载，知杨颖兄长杨椿婚娶清河崔氏为妻。从1993年出土的《杨顺妻吕氏墓志》"魏故洛州刺史恒农简公杨懿之第四子妇天水吕夫人之殡志，大魏正光四年岁次癸卯九月甲申朔廿二日乙巳，夫人讳法胜，字春儿，寝疾，终于家，时春秋六十有一。廿

① 王利器：《颜氏家训集解》，中华书局1993年版，第148页。

② 魏收：《魏书》，中华书局1974年版，第1011页。

③ 赵超：《汉魏南北朝墓志汇编》，天津古籍出版社1992年版，第62页。另外，同书中的《杨阿难墓志》也有相同的记载（见第62—63页）。

④ 魏收：《魏书》，第1279页。

⑤ 赵超：《汉魏南北朝墓志汇编》，第62页。

⑥ 罗新、叶炜：《新出土魏晋南北朝墓志疏证》，中华书局2005年版，第144—146页。

六日己酉，权殡于本邑华阴之潼乡习仙里家宅之西庚地"[①] 的记载，知杨颖弟杨顺婚娶天水吕氏为妻。从《魏故司空府参军事元（馗）君墓志铭》"君讳馗，字孝道，恭宗景穆皇帝之玄孙也，……司空杨公雅称其才，微（应为"征"）为参军事。年尚幼童，如仪神远畅，凡厥府僚，莫不叹伏。君杨氏之甥也。及太保遇害关右，君亦滥同其祸。于时朝野莫不痛惜，以普泰元年六月廿九日卒于华阴……"[②] 的记载，知元馗系恭宗景穆皇帝的玄孙，也是太保杨椿的外甥，这说明杨椿的姐妹曾嫁于北魏皇室。从《魏书·杨播传附杨侃传》"普泰初，天光在关西，遣侃子妇韦义远招慰之，立盟许其罪"[③] 的记载，知杨侃的儿子娶京兆韦义远之女。而且，据《周书·韦孝宽传》记载，北魏侍中杨侃为大都督出镇潼关，曾请以韦孝宽为军司马，并把女儿嫁于他。"属侍中杨侃为大都督，出镇潼关，引孝宽为司马。侃奇其才，以女妻之。"[④] 另外，北魏时期，弘农杨氏杨彪后裔北济州刺史杨屈之孙女、平原太守杨景之女曾入宫。《大魏宫内司马高唐县君杨氏墓志铭》载："文昭太皇太后选才人充宫女，又以忠谨审密，……改授宫大内司。宣武皇帝以扬忠懃先后，宿德可矜，赐爵县君，邑兮高唐。"[⑤] 北魏时代的杜陵杜氏，与鲜卑王室联姻，政治地位较高，杜瓒娶魏孝武帝妹妹新丰公主，贵为驸马。《北史·杜杲传》曰："其族父攒（瓒），……攒（瓒）时仕魏，为黄门侍郎，兼度支尚书、卫大将军、西道大行台，尚孝武妹新丰公主。"[⑥] 而且，杜瓒家族与著名士族清河崔氏联姻，世代簪缨，堪称北朝周隋间最具影响的士族家族之一。[⑦] 据《魏书·杜铨传》"初，密太后父豹丧在濮阳，世祖欲命迎葬于邺，谓司徒崔浩曰：'天下诸杜，何处望高？'浩对京兆为美。世祖曰：'朕今方改葬外祖，意欲取京兆中长老一人，以为宗正，命营护凶事。'浩曰：'中书博士杜铨，其家今在赵郡，是杜预之后，于今为诸杜之最，即可取之。'诏召见。铨器貌

① 赵超：《汉魏南北朝墓志汇编》，天津古籍出版社 1992 年版，第 62 页。

② 同上书，第 301 页。

③ 魏收：《魏书》，中华书局 1974 年版，第 1279 页。

④ 令狐德棻：《周书》，中华书局 1971 年版，第 535 页。

⑤ 赵超：《汉魏南北朝墓志汇编》，第 126 页。

⑥ 李延寿：《北史》，中华书局 1974 年版，第 2428 页。

⑦ 参见王力平《中古杜氏家族的变迁》，商务印书馆 2006 年版，第 62 页。

瑰雅，世祖感悦，谓浩曰：'此真吾所欲也。'以为宗正，令与杜超子道生迎豹丧柩，致葬邺南。铨遂与超如亲。超谓铨曰：'既是宗近，何缘复侨居赵郡？'乃迎引同属魏郡焉。迁散骑侍郎，转中书侍郎，赐爵新丰侯。卒，赠平南将军、相州刺史，魏县侯"[①] 的记载，知北魏太武帝拓跋焘为安葬岳父杜豹，以京兆杜氏的杜铨为宗正，令杜铨与杜道生[②]迎豹丧柩，葬于邺南。因太武帝拓跋焘仰慕汉魏关中郡姓，作为汉魏京兆杜陵杜氏之后，杜铨得以与北魏皇室的戚族叙亲，由赵徙魏，进入北魏政治中心，取得了较高的政治位势。北魏时期，京兆韦氏韦阆之孙、韦范之子韦俊与左仆射郭祚联姻，后被"矫擅威刑"的于忠陷害，直到魏孝明帝熙平元年（516）才得昭雪，被追封为中垒将军、洛州刺史。据《魏书·韦阆传附韦崇》"崇年十岁，父卒，母郑氏以入国，因寓居河洛。少为舅兖州刺史郑羲所器赏"的记载，知其父韦肃[③]曾婚娶荥阳郑氏。韦崇年幼早孤，随母北入魏，寓居河洛。舅父兖州刺史郑羲十分赏识韦崇，举荐为中书博士，随后任司徒从事中郎。郑羲与权贵李冲联姻，且文明太后为孝文帝娶郑羲之女，[④] 韦崇借助舅父的社会关系与北魏皇室联姻，"高祖纳其女为充华嫔"[⑤]。韦崇因女儿被选为孝文帝的嫔妃，而升任南颍州（今河南漯河市境内）刺史。北魏孝文帝迁都洛阳后，曾任韦崇为司州中正，寻除右将军。后又任武乡郡（山西武乡县境内)、华山郡（陕西华县境内）太守。据 1998 年出土的《韦彧墓志》及《韦彧妻柳敬怜墓志》知，北魏郢荆青三州刺史、霸城懿侯韦珍之子韦彧婚娶河东柳氏。韦彧妻柳敬怜，系北魏鹰扬将军、襄阳男爵东河柳师子之孙女，柳文明之女，曾被封澄城郡君。韦彧的三个女儿，长女韦伯英，嫁于陇西辛氏家族。丈夫曾任州主簿、别驾、北地太守、秦州刺史等职。儿女仲英嫁于清河崔氏。丈夫崔彦道任大鸿胪卿、

---

① 魏收：《魏书》，中华书局 1974 年版，第 1018—1019 页。

② 杜道生系杜豹之孙，密皇后之兄杜超之子（参见《魏书·明元密皇后杜氏传》，中华书局 1974 年版，第 326 页）。

③ 据《魏书·韦阆传附韦崇》"阆从子崇，字洪基。父肃，字道寿。刘义真镇关中，辟为主簿，仍随义真渡江，历魏郡弋阳二郡太守、豫州刺史"的记载，知韦肃曾在刘宋刘义真伐关中时南渡，曾任刘宋魏郡弋阳二郡太守、豫州刺史（中华书局 1974 年版，第 1012 页）。

④ 魏收：《魏书·郑羲传》，第 1238—1239 页。

⑤ 同上书，第 1012 页。

行淅州刺史。三女季英，嫁于河东柳氏。丈夫柳皓任镇远将军、相府参军等职。[①] 又据1998年出土的《韦彪妻柳遗兰墓志》，知韦彧长子韦彪娶河东柳氏柳遗兰。其父柳璨，字元璋。任“雍州长史、行州事、相州中山王长史、行州事、征虏将军、正平太守、安阳伯”[②]。据《韦彪墓志》《韦彪妻柳遗兰墓志》知，韦彪之女韦辉亲被封华阳郡君，嫁于巨鹿魏氏。其夫魏景昌，为北周使持节大将军、仪同三司、大都督、卢乡县开国侯。[③] 据1990年出土的《韦孝宽墓志》“夫人华阴杨氏，生长子那罹，长女长英”[④] 的记载，知这位华阴杨氏即杨侃之女。又曰：“长子那罹早丧，赠使持节、仪同三司、中兴县开国”[⑤]，从中知杨夫人所生的长子那罹夭折，后因韦孝宽功绩显著，被追赠使持节、仪同三司、中兴县开国。据《韦孝宽墓志》“夫人荥阳郑氏改姓贺兰，生世子总，次子寿”[⑥] 的记载，知韦孝宽又与荥阳郑氏联姻，夫人名讳毗罹，[⑦] 为韦孝宽生韦总、韦寿。据《韦孝宽墓志》“夫人河南拓跋氏，生子霁”[⑧] 的记载，知韦孝宽又娶河南拓跋氏为妻，拓跋氏即鲜卑族贵族。据《韦孝宽墓志》“长女普安郡公主，适开府、少保、新蔡郡开国公解斯恢”[⑨] 的记载，知韦孝宽的长女长英，被封普安郡公主，嫁于开府、少保、新蔡郡开国公解斯恢。从韦孝宽及其女儿的联姻看，韦孝宽通过与其他名门世族联姻，扩大其家族的政治位势。据《周书·韦孝宽传》“长子谌年已十岁，魏文帝欲以女妻之。孝宽辞以兄子世康年长。帝嘉之，遂以妻世康”[⑩] 的记载，知韦孝宽的侄子韦世康与北周皇室联姻。

---

① 罗新、叶炜：《新出土魏晋南北朝墓志疏证》之《韦彧墓志》《韦彧妻柳敬怜墓志》，中华书局2005年版，第130、234—235页。

② 罗新、叶炜：《新出土魏晋南北朝墓志疏证》之《韦彪妻柳遗兰墓志》，第237页。

③ 同上书，第237、282页。

④ 同上书，第315页。

⑤ 同上。

⑥ 同上。

⑦ 罗新、叶炜《新出土魏晋南北朝墓志疏证》之《韦孝宽墓志》疏证中称：“与韦孝宽墓志一道，还出土其夫人郑氏墓志两方，一方称‘郑氏’，乃西魏废帝二年（553）埋葬时所刻，另一方称‘贺兰氏’，并云‘夫人讳毗罹，本姓郑氏，魏末改贺兰’，是后来迁葬时重新刻的。此二墓志目前尚未见发表拓片图版或录文。”（第316页）

⑧ 罗新、叶炜：《新出土魏晋南北朝墓志疏证》，第315页。

⑨ 同上。

⑩ 令狐德棻：《周书》，中华书局1971年版，第544页。

北魏末，京兆韦佑娶李长寿之女。《周书·韦佑传》："法保……慕李长寿之为人，遂娶长寿女，因寓居关南。"[①] 韦佑听闻北魏孝武帝西走关中，从山南护卫魏孝武帝西行。韦佑被擢升为右将军、太中大夫，并被封为固安县男爵，韦佑为西魏建立了不世功勋，被加封骠骑大将军、开府仪同三司，并进爵为公。东魏时代，杨津之子杨愔幸免于难，投奔高昂兄弟。杨愔曾娶高洋之庶女为妻。《北齐书·杨愔传》曰："神武见之悦，除太原公开府司马，转长史，复授大行台右丞，封华阴县侯，迁给事黄门侍郎，妻以庶女。"[②] 后来，杨愔在东魏北齐王朝任执政宰相。颜之推称颂道："齐文宣帝即位数年，便沈湎纵恣，略无纲纪；尚能委政尚书令杨遵彦，内外清谧，朝野晏如，各得其所，物无异议，终天保之朝。遵彦后为孝昭所戮，刑政于是衰矣。"[③] 西魏、北周时代，弘农杨氏杨继一系子嗣在西魏北周时代显赫无比。杨继与杨珍兄弟一起投奔北魏。杨继子嗣虽不及杨珍子嗣杨懿子孙显贵，但也多任刺史、太守。在尔朱氏诛杀杨珍后嗣杨懿一支子嗣时，杨继后嗣未受牵连。杨继子嗣也与世家大族联姻，据《杨敷妻萧妙瑜墓志》记载，知杨暄之子、北周大将军淮鲁复三州刺史杨敷之妻系南朝兰陵萧氏，名讳萧妙瑜。萧衍之孙女、武陵王萧纪[④]之女。据"忠壮公早丧元妃，方求继德，夫人见称才淑，言归于我。朝廷以夫尊之典授千金郡君，命秩礼袟，饰显环珮……"[⑤] 知杨敷前妻早亡，另娶萧妙瑜。后，萧妙瑜被封千金郡君。据《杨素妻郑祁耶墓志》知，杨敷之子、隋朝越国公杨素曾娶荥阳郑氏为妻，名讳祁耶。其祖郑道颖，北魏开府仪同三司、司农卿。荥阳郑氏是北朝时代的世家大族，出现了郑羲、郑道邕、郑道忠等人物。据《杨矩墓志》"公正室郑夫人，周开府仪同、襄城公之女也"[⑥] 的记载，知西魏持节、侍中、尚书左仆射、华州刺史、华山元公杨宽之子杨矩婚娶北周开府仪同、襄城公郑氏之女。另外，据《杨氏妻李淑兰墓志》

---

① 令狐德棻：《周书》，中华书局1971年版，第774页。

② 李百药：《北齐书》，中华书局1972年版，第456页。

③ 王利器：《颜氏家训集解》，中华书局1993年版，第138页。

④ 梁武帝死后，武陵王萧纪与梁元帝萧绎分庭抗礼，僭号于蜀地，后战败投奔西魏。杨敷娶萧纪女萧妙瑜为妻，为杨素继母。

⑤ 罗新、叶炜：《新出土魏晋南北朝墓志疏证》，中华书局2005年版，第526页。

⑥ 同上书，第608页。

记载，北周时代弘农杨氏子嗣（名字不详）与陇西成纪李氏联姻，其名讳淑兰。“年十九，归于杨氏，杨氏，华阴盛族，四公余庆，秦晋斯匹，穆是推轮。时周室权舆，世属驰骛，而杨氏执法端朝，缉熙庶绩。”① 陇西成纪李氏是北朝的著名世族，李淑兰的曾祖父李崇、祖李璞、父李蕴皆是北魏著名的政治人物，《魏书》有传。从“而杨氏执法端朝，缉熙庶绩”一句看，这位李夫人的夫君应该是杨继一系子嗣，因为西魏、北周时代，这一系子嗣在朝为官者甚多。再从“大统十五年三月，策拜思宁郡君，从夫秩也”句看，李夫人因夫君的官禄爵位，被赐思宁郡君。

总之，五胡十六国至北朝时代，关辅世族的姻婚关系有以下几个特点：一是与同地域或相近地域的汉族世家豪族联姻。这与南渡襄阳一带的关辅世族的婚娶倒有几分相似，但存在南方所谓的次等世族之分。二是作为汉族知识分子的关辅世族，受到汉化的少数民族皇族的器重，有幸与之联姻。这与东晋南朝时代的皇室联姻颇有迥异之处。北朝的少数民族皇族是靠武力征服而获取统治地位的，不像东晋南朝的皇族那样依靠门阀士族的影响来维系政统。北方的关辅世族往往依附于皇权的家族势力，不具有分庭抗礼的能力。三是与其他少数民族贵族联姻，其间“夏夷有别”的文化隔阂逐渐在汉化进程中消失，似乎不存在南朝阀阅所有的“婚宦失类”的文化偏见。正是这样的婚姻关系，为北方的关辅世族注入了新鲜的活力。这当从体质人类学角度加以理解，与少数民族贵族联姻，改善了汉族世家大族的遗传基因，增强了他们的体质结构，使得这些家族子嗣身强力壮。这也应当从文化人类学角度加以理解，与少数民族联姻，改变了汉族世族的生活习惯及社会习俗等。关于北朝世族社会习俗的改变，颜之推的《颜氏家训》有几则记录。当然来自南朝的颜之推对之不大理解，多有訾议。《颜氏家训·治家篇》称：“江东妇女，略无交游，其婚姻之家，或十数年间，未相识者，惟以信命赠遗，致殷勤焉。邺下风俗，专以妇持门户，争讼曲直，造请逢迎，车乘填街衢，绮罗盈府寺，代子求官，为夫诉屈。此乃恒、代之遗风乎？南间贫素，皆事外饰，车乘衣服，必贵整齐；家人妻子，不免饥

① 罗新、叶炜：《新出土魏晋南北朝墓志疏证》，中华书局2005年版，第537页。

寒。河北人事，多由内政，绮罗金翠，不可废阙，羸马悴奴，仅充而已；倡和之礼，或尔汝之。”[①] 颜之推很诧异邺下妇女的种种风俗，并认为是北魏的遗风，这不正说明了少数民族妇女社会权利较高，从事的社交活动十分广泛吗？这不更说明了少数民族文化习俗的影响深远吗？因为颜之推所说的邺下妇女，并不一定都是汉化的少数民族妇女，也许包括受少数民族风气影响的汉族妇女。《颜氏家训·教子篇》说：“齐朝有一士大夫，尝谓吾曰：‘我有一儿，年已十七，颇晓书疏，教其鲜卑语及弹琵琶，稍欲通解，以此伏事公卿，无不宠爱，亦要事也。’吾时俛而不答。异哉，此人之教子也！若由此业，自致卿相，亦不愿汝曹为之。”[②] 颜之推是从儒家忠贞角度惊异这位北齐的士大夫（应为汉族世族，因为他叫儿子去学鲜卑语等）的做法，认为这多少有些奴颜媚骨。但我们从少数民族文化对改变汉族世家大族的文化习性的角度说，这位北齐的士大夫（世族）早没有“夏夷之别”的固有观念，完全认同汉化少数民族政权。正如今天，家长送孩子四处学外语，希望孩子将来能出国或在外企工作一样，似乎没有值得非议的地方。当然，我们没有证据说明，颜之推所说的，一定就是北方关辅世族。但我们已经能想象北朝的关辅世族长期熏染于这种风气之中，其家族文化习性一定有所改变。从史籍资料看，北朝的关辅世家子弟也受到少数民族骑射之风的感染，尚武之风盛行。当然，他们又赓续了儒学传统，往往才兼文武，使得他们在宇文泰的“关陇物质本位主义政策”下成功转型为军功集团。这不仅为提高家族政治位势提供了保障，也为结束汉末以来南北对峙的分裂局面、实现国家一统储备了人才力量，更为南北文化大一统、中华民族大融合作了成功的垂范，积累了有益的经验，甚至形成影响深远的融合模式。因为，南北朝时代正是中华民族大融合的关键时期，这一时期比以往任何时期的民族融合问题更严峻、更迫切、更复杂。关辅世族经历五胡乱华的时代动荡，经历民族文化认同进程中的观念阵痛，开出一条民族融合的通途。因此说，北朝时代关辅世族的联姻，成为中华民族大融合、大发展的缩影。北朝关辅世族的融合之路，不仅对开拓

---

① 王利器：《颜氏家训集解》，中华书局 1993 年版，第 48—49 页。

② 同上书，第 21 页。

中国封建社会顶峰时代的隋唐盛世具有历史价值，更对20世纪中西文化交流与融合具有现代性价值。既坚持文化本位，充满理论自信，又开阔胸襟，主动吸收异质文化因素，是关辅世族老祖先留给我们的历史智慧。

（三）汉魏六朝关辅世族迁徙与政治位势变迁

西汉时代宗族成员以个体士人身份进入王朝政治体制，进而将整个宗族迁徙至关中三辅一带，逐步形成了关辅世族。关中三辅始终是整个宗族赖以生活的桑梓故里，是他们的文化之“根”。在此后的东汉魏晋南北朝时代，曾因各种原因而迁徙流动，可他们并不因此而忘故乡。迁居异地的关辅家族始终以关中三辅为其地望，关中三辅始终是他们魂牵梦绕的故土。其迁徙流向有三：

一是出关西，向中原洛阳一带迁徙。这主要出现在东汉时代，因为东汉王朝的政治文化中心东移至洛阳。许多关辅世族中的家庭成员因游学、游宦而寓居洛阳，更有甚者，因外任地方官员，游走全国各地。当然，整个宗族仍然生活在关中三辅一带。比如弘农杨氏杨震早年游学洛阳，受学于著名的经学大儒桓郁，被京师洛阳一带的诸儒誉为“关西孔子杨伯起”。后进入仕途，曾出任东莱太守。其后，又入朝为官，居于京都洛阳。其子孙也因入朝为官而居洛。军阀董卓欲迁都西京，太尉杨彪坚决反对。董卓败亡后，杨彪又扈从汉献帝入洛，至许都。再如东汉时代的杜陵杜氏杜延年少子杜熊一房，曾入朝为官，杜熊之子杜穰为东汉谏议大夫，作为京官自然迁居洛阳。其孙杜邦任中散大夫，其玄孙杜翕任太子少傅，皆寓居洛阳。尤其杜穰的另一子杜笃，因“不修小节，不为乡人所礼”，失去乡里举察的机会，只好徙居美阳（扶风郡武功县内）。“与美阳令游，数从请托，不谐，颇相恨”，为县令迫害入狱。杜笃在京师狱中，因大司马吴汉去世而献诔文，“笃于狱中为诔，辞最高，帝美之，赐帛免刑”①。再如东汉京兆韦氏韦彪，早年曾独徙至扶风平陵，并籍于此地，而其他成员仍居于京兆韦曲一带。韦彪后进入仕途，家居洛阳。韦彪曾从汉章帝车驾西巡长安，以备章帝咨问三辅

① 范晔：《后汉书》，中华书局1965年版，第2595页。

旧事、礼仪风俗，被特许平陵故里上冢。

二是向湖北一带迁徙。这发生在汉末魏晋时代，主要是因为躲避战乱。东汉后期，胡羌叛乱以及汉末黄巾起义、军阀割据，三辅忧扰，不少关辅世族的一些房支举家迁往湖北荆州一带，如北地傅氏家族傅巽在权臣董卓挟持献帝入长安时，以尚书郎相随左右。关中大乱后，傅巽举家南奔荆州，依附刘表。后因曹操南征荆州，迁回邺城。再如建安时代，杜陵杜畿曾携母避乱荆州数年。《三国志》裴注引《魏略》曰："在荆州数岁，继母亡后，以三辅开通，负其母丧北归。"① 真正大规模的迁至湖北一带，应该在永嘉之乱后。正如陈寅恪先生所说的："西晋末年中州扰乱，北人莫不欲南来，以求保全，当时具有逃避能力者自然逐渐向南移动，南阳及新野之上层士族，其政治社会地位稍逊于洛阳胜流如王导等者，则不能或不必移居江左新邦首都建业，而迁至当日长江上游都会江陵南郡近旁一带，此不仅以江陵一地距胡族势力较远，自然安全；且因其为当日长江上游之政治中心，要为占有政治上地位之人群所乐居者也。又居住南阳及新野地域之次等士族同时南徙至襄阳一带。"② 襄阳地接北土，成为东晋南朝的一道屏障。迁居于此的关辅世族往往以武力自保，甚至成为流民统帅，他们在政治地位和文化影响上虽不及高门甲族，但深刻地影响了东晋南朝的政治格局。关辅世族群体中弘农杨氏杨准之子杨朗迁至湖北荆州，依附东晋高门甲族王敦，受到王敦器重与举荐。后因王敦举兵叛乱被俘，又被释放，后任南雍州刺史。杨朗之侄、杨俊之子杨亮曾一度滞留北方，在桓温北伐时得以投桓归晋，被任梁州刺史（东晋侨梁州治所在襄阳）。其子杨佺期在荆州刺史殷仲堪的支持下，成为荆州军司马，并率荆州兵马沿江东下，兵锋所指东晋京都——建康，对抗东晋中枢。东晋朝廷只好任其为雍州刺史，都督梁雍秦三州诸军事。杨佺期一举拿下雍州，遣还原雍州刺史郗恢，席卷梁雍秦三州。再如杜陵杜氏，杜预第四子杜耽之孙杜逊，永嘉之乱时，随司马睿等过江，居襄阳。杜耽另一子（姓名不详）的后嗣杜骥，在刘裕伐后秦（417）时，也从关中迁至襄阳。从此，杜耽后嗣的两大

① 陈寿：《三国志》，中华书局1959年版，第494页。

② 陈寅恪：《金明馆丛稿初编·述东晋王导之功业》，三联书店2001年版，第72页。

房支齐聚襄阳，衍为襄阳杜氏。杜骥子嗣随着刘宋时代设立南雍州（治所襄阳），政治位势大幅度提升，声名显赫于刘宋时代。齐梁时代，已世居襄阳的杜逊子嗣随着雍州武力为萧衍所倚重，成为显赫的武力强族。再如京兆韦氏，永嘉之乱后曾滞留北方，直到东晋末年、刘宋初年才得南渡。如韦华、韦罴等人在秦苻坚战败淝水后，投奔东晋；韦肃在刘义真北伐时过江，官居魏郡、弋阳二郡太守、豫州刺史。他们或其子嗣在南朝并未长久扎根，不久又返回北朝。只有韦祖征、韦祖归一支子嗣长居襄阳。其后嗣韦睿、韦放、韦粲和韦载父祖三代皆煊赫于齐梁时代。再如北地傅氏，傅祗次子傅畅之子傅咏、傅洪在东晋永和六年（350）迁至梁州一带。傅咏任交州刺史、太子右率。《晋书·傅祗传附傅畅》曰："过江为交州刺史、太子右率。"[①] 傅洪之子傅韶任梁州刺史，散骑常侍。《宋书·傅弘之传》曰："晋穆帝永和中，胡乱得还。洪生韶，梁州刺史，散骑常侍。"[②] 东晋后期，傅韶之子傅弘之在江陵与庾彬谋杀荆州刺史，接应庾仄起兵反对桓玄，后在刘裕北伐关中时殉职。

三是少数颇有名望的关辅世族房支子嗣迁徙至江淮、建康一带，他们虽为次等世族，与高门甲族有别，但社会影响和政治作用极大。如杜预长子长孙杜乂迁至建康一带，得与司马氏皇族联姻。再如傅咸长子傅敷，迁至建康一带，成为晋元帝的镇东从事中郎；傅咸次子傅晞曾任上虞令。傅咸玄孙傅亮在晋末宋初，虽曾与刘裕北伐至关中、洛阳，但他的政治活动主要在江淮、建康一带，其家应在建康附近。尤其刘宋时代，傅亮促成刘裕的入京辅政乃至受禅，成为显赫的权贵人物。

综上所述，汉魏南北朝时代，随着关中三辅在不同王朝时代政治地位的流转与战乱动荡等原因，关辅世族不得不迁徙流动，寻求新发展。两汉时代，关辅世族作为官僚阶层的一分子发挥着重要的政治作用。然而，东汉末年至西晋时代，关中三辅一带不再是政治文化中心地带，寓居河南的关辅世族受到一定的屏蔽。在"九品中正制"下，关辅世族的政治经济特权还是能受到保障的。永嘉之乱至南朝时代，神州陆沉，

---

① 房玄龄：《晋书》，中华书局1974年版，第1333页。

② 沈约：《宋书》，中华书局1974年版，第1430页。

关辅沦陷，社会生产受到极大破坏，关辅世族中有能力南渡的家族皆迁徙至湖北一带，甚至江淮一带。他们降为次等世族，与南渡的高门甲族不可同日而语，但他们凭借着自己的武力和文才，在南朝政治中发挥了重要的作用，取得了较高的政治地位。

（四）百年蓄势：3—4世纪关辅世族的政治命运

从历史走向看，3—4世纪是中国从分裂割据走向短暂的统一的百年；从政治力量看，3—4世纪也是以非儒学的寒族势力和服膺儒术的世族势力对抗、较量、分化和组合的百年。汉灵帝中平元年的“黄巾起义”，旬月之间，天下响应，东汉帝国瞬间破裂了。东汉各地方豪强纷纷纠集武力，在镇压“黄巾起义”的同时，也造成了“十八路诸侯”割据的混乱局面。随后董卓乱政，“山东牧守，咸以《春秋》之义，‘卫人讨州吁于濮’，言人人皆得讨贼，于是大兴义兵，名豪大侠，富室强族，飘扬云会，万里相赴。衮、豫之师战于荥阳，河内之甲军于孟津。卓遂迁大驾，西都长安。而山东大者连郡国，中者婴城邑，小者居阡陌，以还相吞灭。会黄巾盛于海、岱，山寇暴于并、冀，乘胜转攻，席卷而南，乡邑望烟而奔，城郭睹尘而溃，百姓死亡，暴骨如莽”（曹丕《典论·自叙》见《三国志》裴松之注）①。东汉帝国名存实亡。

就在“家家思乱，人人自危”的乱世之中，东汉以来的儒学世族不能力挽狂澜，真正有所作为，而非儒学的寒族曹操在颍汝文士集团和谯沛武人集团的鼎力支持下，伐平北方的割据势力，统一了北方。在这期间，曹操不仅要以武力征伐割据势力，又要从文化上打击东汉以来的儒学世族。关辅世族中那些“累世为官”颇具政治影响且服膺儒教的家族人物，自然受到曹操的打击，如弘农杨彪等；而那些或改变儒学信仰的关辅家族成员如弘农杨修、北地傅干等和那些服膺儒教但缺乏巨大政治影响力的关辅家族又受到曹操的拉拢而为其所用，如杜陵杜畿、北地傅巽、京兆韦康、韦诞等。曹魏时代，曹氏为代表的寒族一跃为皇权代表，不得不拉拢当时社会的主导阶层——世族阶层，以“九品中正制”保障世族阶层的政治、经济特权，同时，作为制约皇权的力量世

① 陈寿：《三国志》，中华书局1959年版，第89页。

族阶层也受到提防、打击，[①] 甚至世族内部也因学术取向和政治立场的差异而分化，[②] 相互倾轧。

从总体上看，以服膺儒教的河内司马氏为代表的门阀世族，逐步战胜了那些尚玄学的名士阶层，同时也战胜了以曹氏为代表的寒族力量，取得了皇权。[③] 关辅世族因服膺儒教，与当政者司马氏具有相同的阶级属性，成为司马氏团结的对象。如弘农杨修之子杨嚣成为晋武帝的心腹，杨俊、杨文宗成为晋武帝的外戚；再如杜陵杜预与司马氏联姻，成为晋武帝时代的重臣名将；再如傅嘏、傅玄受到司马氏的器重，成为一代名臣；再如京兆挚模受到司马懿的亲近与信任，成为曹魏后期皇帝的太仆卿。因此，关辅世族在曹魏中后期至西晋时代，政治地位不断提高，参与的政治活动日渐广泛，发挥的政治作用日渐重大。

关辅世族在这百年间的政治活动，主要有以下三种：

第一，参加魏晋统一大业。建安时代，关辅世族已经开始寻求政治代表，纷纷投靠曹操。这不仅仅为了家族的自身利益，更为了实现国家统一的理想。如北地傅干在父亲傅燮死于汉阳太守任上之后，一度流亡。建安时代，他成功说服了意欲联袁抗曹的马腾将军。傅干的说辞中，对曹操充满了希望。“傅干说腾曰：‘古人有言：顺道者昌，逆德者亡。曹公奉天子诛暴乱，法明国治，上下用命，有义必赏，无义必罚，可谓顺道矣。袁氏背王命，驱胡虏以陵中国，宽而多忌，仁而无断，兵虽强，实失天下心，可谓逆德矣。今将军既事有道，不尽其力，阴怀两端，欲以坐观成败，吾恐成败既定，奉辞责罪，将军先为诛首矣。’”[④] 说服马腾出兵讨郭援，打破袁尚的联盟。傅干此举，对曹操平定袁氏割据、统一北方有着极大的政治作用；再如杜陵杜畿在尚书令荀彧举荐下，出任河东太守，稳定了河东分崩离析的局面，为曹操平定河北袁绍父子等，起到了极大的作用。而且在他的经营下，河东为曹操统

---

① 参见刘蓉《魏晋名士研究》第四章第一节“名士与皇权力量的消长”，中华书局2009年版，第189—206页。

② 参见刘蓉《魏晋名士研究》第三章“名士阶层的内部分化”，第130—188页。

③ 参见陈寅恪著，万绳楠整理《魏晋南北朝史讲演录》第一章“魏晋统治者的社会阶级”，贵州人民出版社2008年版，第113页。

④ 陈寿：《三国志》，中华书局1959年版，第393页。

一事业提供了物质保障。曹魏末年至西晋太康时代，关辅世族中的某些家族成员参与了伐吴平蜀的统一大业。如杜陵杜预，早在钟会伐蜀期间，任镇西将军长史随军同往。破蜀后，钟会起谋反之心，众多僚佐或因参与谋反兵败而被杀，或因反对谋反而被钟会杀害，"唯预以智获免，增邑千一百五十户"[①]。杜预在坚定晋武帝伐吴决心上功不可没，他假节行平东将军，领征南军司，后代羊祜领镇南大将军、都督荆州诸军事等职，大破吴将张政，巧用反间计，迫使吴主孙皓临战换将，扭转了战局形势，坚定了晋武帝伐吴的信心。太康元年（280），杜预拜征南大将军，陈兵江陵，率樊显、尹林、邓圭、周奇等部循江西上，"旬日之间，累克城邑，皆如预策焉"[②]。攻克江陵后，力排众议，一举攻下秣陵，实现了国家统一。

第二，参与王朝政权更替。关辅世族有些家族成员参与汉魏之际的政权更替，推动了历史发展的进程。如北地傅氏傅巽在建安十八年（213）册封曹操为魏公的活动中，劝曹操进受封号。在延康元年（220），时任散骑常侍的傅巽参与魏文帝禅让进位活动。从此，中古历史进入三国鼎立时代。

第三，参与朝政、整顿吏治、制定法律与礼乐等活动。如杜陵杜预，在西晋王朝初期，曾参与了晋初典章制度法律的创制和修订工作。再如北地傅嘏在任曹魏后期的尚书期间，曾参与改定官制、诏对伐吴之计、劝司马师亲征毌丘俭、文钦并以尚书仆射随司马师出征，以及司马师病死后，邀司马昭入洛阳，实现了政治权力的顺利交接等。傅玄因"博学善属文，解钟律"，为西晋制作郊庙乐府歌辞，并担任谏职，上疏晋武帝。而且，转任司隶校尉，负责纠察京师，令"贵游慑伏，台阁生风"。其子傅咸任司隶校尉，以刚毅正直、忠诚果敢著称，劾奏纠察，整顿吏治，政声斐然。京兆挚虞曾参与西晋王朝《新礼》的讨论，以补《新礼》中的《丧服》之不足，并删削《新礼》篇幅之烦重，还参与讨论关于皇太孙死后的丧服问题。

---

① 房玄龄：《晋书》，中华书局1974年版，第1025页。

② 同上书，第1030页。

魏晋时代，关辅世族在王朝政治生活中发挥了重要作用，政治地位有所提升，远不及颍汝世族之于曹魏，也不及河南世族之于西晋，远没有回复两汉时代的辉煌地位。可以说，3—4 世纪的关辅世族，虽失去了昔日优越的政治地位，但并没有因此挫灭其强烈的政治意识，他们仍不失时机地寻找着政治机遇，始终与政治纠缠在一起。然而，3—4 世纪百年间的政治波谲云诡，关辅世族并没有飞黄腾达，甚至处在被打击和排挤的地位。关辅世族的政治期待，让他们为之付出了心血、精力乃至生命。3—4 世纪的百年，对关辅世族的发展有着继往开来的重大意义。具体说，所谓“继往”，即魏晋时代的关辅世族，赓续了两汉时代儒学的政治理念与文化传统，使得形成于两汉的世家大族得以薪火相传。所谓“开来”，即是魏晋关辅世族经历了战乱与王朝更替，积累了丰富的政治经验和应对策略，这为永嘉之乱后的关辅世族提供了经验与智慧。可以说，3—4 世纪的百年，是关辅世族蓄势待发的百年，也是他们寻找政治转型的百年。正是经历了这百年，他们才由两汉的儒学型世族转为南北朝的军功型世族，为隋唐关中郡姓大族的再次崛起奠定了基础。

二　关辅世族文化习性变迁与百年转型

如绪论所言的，所谓“文化习性”，是某一政治（集团）阶层为了适应政治的需要，所采取的一种集体性的、持久性的规则行为的生成机制，包括自我期待、应对方略、行事标准等。尤其，在政治风气转移以及该政治集团或阶层的政治位势下移、政治文化的影响力日渐式微的情况下，该集团或阶层会自觉或不自觉地进行观念调整和机制变更。中古时代占主导地位的社会阶层是门阀世族，而这些门阀世族往往是由地方性豪族发展而来的。因此，门阀世族阶层包括众多的地域世族。这些地域世族在不同的王朝中所占据的政治位势不同，他们为获得更多的政治经济特权、占据更高的政治位势，不得不调整家族的文化习性，主要表现为家风、家学以及家族文化取向等。

关辅世族作为中古时代重要的政治阶层，积极应变政治风气的变化，自觉或不自觉地调整着家族的文化习性，重新塑造家族的家风、家学以及家族文化取向等。

（一）汉魏六朝关辅世族文化习性特质与变迁

1. 关辅世族文化习性的特质

从汉魏南北朝近八百年的历史看，关辅世族群体虽经历了魏晋时代的文化转型和南北朝的动荡战乱，习染了玄学与尚武风气，但仍然是服膺儒学的文化世家。可以说，服膺儒教、信奉儒学精神信仰是汉魏南北朝关辅世族文化习性的总特质。

具体来说，汉魏南北朝关辅世族的文化习性包括以下几个方面：

第一，通经致用。两汉时代尤为盛行，西汉中后期崇尚的经术，并不是一种纯粹的学术研究，而是一种政治学，经术之学事关利禄之途。《汉书·夏侯胜传》曰："始，胜每讲授，常谓诸生曰：'士病不明经术。经术苟明，其取青紫如俛拾地芥耳。学经不明，不如归耕。'"① 夏侯胜以"取青紫如俛拾地芥"来激励门生学子，反映了士人对通经入仕充满了信心。正如班固所说："自武帝立五经博士，开弟子员，设科射策，劝以官禄，迄于元始，百有余年，传业者浸盛，枝叶蕃滋，一经说者至百万言，大师众至千余人，盖禄利之路然也。"② 既然经学可通禄利之途，令一般士人趋之如骛。那么，有家学渊源的世家大族自然比一般人多了几分优势。正是在西汉尚经术的风气之下，原本崇尚"刑律之学"的杜陵杜氏，终于出现了"好经书"的杜钦。杜钦通经致用，将儒家经典之义贯穿于现实政治评论之中，在《说王凤》一文中，杜钦明引《尚书》《诗经·小雅·小弁》等，暗引《易》《论语》《春秋》及《左传》等史实，进言温润博雅，旨意切近，可见其经学功底何等深厚！在《复说王凤》一文中，杜钦征引《诗经·大雅·荡》《诗·关雎》（鲁诗）、《易》以及殷高宗、周宣王等史实论证"九女之制"。《汉书》颜师古注引"臣瓒曰：'天子一娶九女，夏殷之制也，钦故举

① 班固：《汉书》，中华书局1962年版，第3159页。

② 同上书，第3620—3621页。

前代之约以刺今之奢也'"[①]。可谓知音之论。杜钦在申论中道出"九女之制"背后的旨意——"刺戒者至迫近，而省听者常怠忽，可不慎哉!"这完全是以致用为目的的。杜钦在《白虎殿对策》中，回答了西汉思想意识形态的六大问题——"天地之道何贵?王者之法何如?《六经》之义何上?人之行何先?取人之术何以?当世之治何务?"他的策对剀切真率，主旨鲜明，要言不烦。他将经书之学运用得炉火纯青、得心应手，尤其能在看似收束处——完成帝的"六问"之后，笔锋一转，翻出新意，直指成帝"好色无厌"，从皇帝个人生活的小问题看出潜在的政治危机。杜钦不仅能从儒学理论入手分析现实政治问题，而且能以经术释灾异。他引经据典从春秋历史分析日蚀、地震等灾异与人事的关系，进而分析成帝时代的政治隐忧。再如西汉时代世居邹城、精通《礼》《尚书》《诗经》等儒家经典的韦贤，以"邹鲁大儒"的身份走进西汉政治文化中心——长安，位至丞相。《汉书·韦贤传》曰："少子玄成，复以明经历位至丞相。故邹鲁谚曰：遗子黄金满籝，不如一经。"[②] 可见，邹鲁儒生以韦贤、韦玄成父子通一经而至卿相以自勉。颜之推《颜氏家训·勉学篇》曰："学之兴废，随世轻重。汉时贤俊，皆以一经弘圣人之道，上明天时，下该人事，用此致卿相者多矣。"[③]清人皮锡瑞也在《经学历史》中说："天下学士靡然向风。元帝犹好儒生，韦、匡、贡、薛，并致辅相，自后公卿之位未有不从经术进者。"[④]韦玄成在任丞相时参与讨论罢郡国庙，就通过经术之学——《周礼》等来展开周密论证。颜之推《颜氏家训·勉学篇》批评北朝儒士"不涉群书，经纬之外，义疏而已"的风气时，就引了韦玄成的故事："魏收之在议曹，与诸博士议宗庙事，引据汉书，博士笑曰：'未闻汉书得证经术。'收便忿怒，都不复言，取《韦玄成传》，掷之而起。博士一夜共披寻之，达明，乃来谢曰：'不谓玄成如此学也。'"[⑤] 再如，

---

① 班固：《汉书》，中华书局1962年版，第2668页。

② 同上书，第3107页。

③ 王利器：《颜氏家训集解》，中华书局1993年版，第176页。

④ 皮锡瑞：《经学历史》，中华书局1959年版，第101页。

⑤ 王利器：《颜氏家训集解》，第184页。

弘农杨氏杨敞也熟知《诗经》《春秋》《周礼》等儒家经典。在《奏废昌邑王》中援引《诗经》《春秋》等经典，云："高皇帝建功业为汉太祖，孝文皇帝慈仁节俭为太宗，今陛下嗣孝昭皇帝后，行淫辟不轨。《诗》云：'籍曰未知，亦既抱子。'五辟之属，莫大不孝。周襄王不能事母，《春秋》曰：'天王出居于郑'，繇不孝出之，绝之于天下也。宗庙重于君，陛下未见命高庙，不可以承天序，奉祖宗庙，子万姓，当废。"[①] 在《奏立皇曾孙》一文中援引《周礼》等，云："《礼》曰：'人道亲亲故尊祖，尊祖故敬宗。'大宗亡嗣，择支子孙贤者为嗣。孝武皇帝曾孙病已，武帝时有诏掖庭养视，至今年十八，师受《诗》、《论语》、《孝经》，躬行节俭，慈仁爱人，可以嗣孝昭皇帝后，奉承祖宗庙，子万姓。臣昧死以闻。"[②] 杨敞之子杨恽，受外祖司马迁《史记》的熏陶，熟知《春秋》等儒学经典，名显朝廷。东汉时代，经学以家族相传，尚家法的倾向更为明显。顾炎武《日知录》"两汉风俗"条中云："以故东汉之世，虽人才之倜傥不及西京，而士风家法，似有过于前代。"[③] 东汉以后，门阀世族多形成了"经史"家学传统，后面将详述关辅世族的家学问题，此处不再赘述。综上所述，汉魏南北朝时代的关辅世族皆服膺儒术，传习儒家经典。这些家族在不同时代对经学的致力点稍有差异，两汉时代重通经致用，着意解决现实政治问题。

第二，慕节尚义。当然，西汉王朝崇尚经术主要是从现实的政治需要出发的，士人习儒家经典，多以致用——解决现实政治问题为旨归，很少以儒学"修身厉行"，追求节义。如果说汉武帝时代，京兆挚氏家族挚俊主张"料能而行，度德而处，故悔吝去于身。利不可以虚受，名不可以苟得"（给司马迁的信，见《高士传》），高尚不仕，恐怕只是极个别的另类，但这多少预流了东汉经学"慕节义"的风气。东汉经学"慕节义"的取向是王朝自上而下提倡的结果。顾炎武《日知录》"两汉风俗"条："汉自孝武表章'六经'，师儒虽盛，而大义未明，故

---

① 班固：《汉书》，中华书局1962年版，第2945—2946页。

② 同上书，第2947页。

③ 顾炎武著，陈垣校注：《日知录校注》，安徽大学出版社2007年版，第720页。

新莽居摄，颂德献符者，遍于天下。光武鉴于此，故尊崇节义，敦厉名实，所举用者，莫非经明行修之人，而风俗为之一变。"[①] 杨震的父亲杨宝，是一个高尚气节的儒士，[②] 曾拒王莽征召，受到东汉光武帝的称赞。杨宝以"老病不到"，声名更大了。东汉人士多像杨宝一样，以拒绝州府甚至朝廷征召的方式彰显道德气节。杨宝之子杨震"常客居于湖，不答州郡礼命数十年"[③]，加之，师从经学大儒桓郁，赢得了京师诸儒的赞誉，直到50岁才入仕。杨震之所以入仕，极可能想恪守个人道德理想，以学术救世的心态，直道而行，试图通过个人影响并改变汉帝国官僚的性格，并不惜为之献出生命，以失败的抗争为他自己及他的家族带来了无上的光荣。[④] 杨震曾义正词严地拒绝门生——时任昌邑县令王密的重金相赠，这种行为可以解释为杨震以个人的清廉道德，试图影响并改变东汉官僚体制的不良风气。杨震之子杨秉隐居教授，40岁才入仕，清廉自养，尤以"三不惑"而著称。弘农杨震子孙赢得了"载德"之誉（范晔《后汉书》曰："杨氏载德"）。史称京兆韦彪也"好学洽闻，雅称儒宗。建武末，举孝廉，除郎中，以病免，复归教授。安贫乐道，恬于进趣，三辅诸儒莫不慕仰之"[⑤]。韦著以经行知名，拒州郡征辟。《后汉书·伏侯宋蔡冯赵牟韦列传》曰："豹子著，字休明。少以经行知名，不应州郡之命。"[⑥] 东汉末年，名士孔融盛赞韦康、韦诞的美德。《三国志·荀彧传》裴注引《三辅决录》曰："孔融与康父端书曰：'前日元将来，渊才亮茂，雅度弘毅，伟世之器也。昨日仲将又来，懿性贞实，文敏笃诚，保家之主也。不意双珠，近出老蚌，甚

---

① 顾炎武著，陈垣校注：《日知录校注》，安徽大学出版社2007年版，第718页。

② 《后汉书·杨震传》李贤注引《续齐谐记》记载，杨宝九岁时，曾救过一只黄雀。黄雀感激，以四枚白环相赠，并说："令君子孙洁白，位登三事，当如此环矣。"这个传说虽然荒诞不经，可能是汉魏时代弘农杨氏因出过"四世三公"而附会出来的，但这足以看出，年幼的杨宝就具有仁爱之心。何德章、马力群《两汉弘农杨氏》说：关于黄雀白环的传说，极有可能是杨宝神其事以教育子弟，要求子弟洁身自好，行如白玉，即便从政，亦应坚持个人操守。可备一说（见《魏晋南北朝隋唐史资料》，第7页）。

③ 范晔：《后汉书》，中华书局1965年版，第1759页。

④ 何德章、马力群：《两汉弘农杨氏》，见《魏晋南北朝隋唐史资料》，第7—8页。

⑤ 范晔：《后汉书》，第917页。

⑥ 同上书，第921页。

珍贵之。'"[①] 再如北地傅燮"少师事太尉刘宽"[②]，因仰慕儒家推崇的先贤人物——南宫绍，而改为"南容"。入仕后，慕节尚义，刚正不屈，曾当廷怒斥司徒崔烈，"由是朝廷重其方格，每公卿有缺，为众议所归"[③]。后任汉阳太守，因西羌首领韩遂叛乱，围攻汉阳城，傅燮语于其子以明志："别成，汝知吾必死邪？盖'圣达节，次守节'。且殷纣之暴，伯夷不食周粟而死，仲尼称其贤。今朝廷不甚殷纣，吾德亦岂绝伯夷？世乱不能养浩然之志，食禄又欲避其难乎？吾行何之，必死于此。"[④] 城破后，傅燮舍生取义，为国捐躯。再如一代名儒京兆挚恂，隐逸南山，教授儒学，不应征聘，名重关西。北地傅嘏、傅玄抨击浮华时风，与魏晋权贵、玄学名士交恶，在正始时代备受打击。步入仕途的傅玄、傅咸父子，不畏权势，刚正不阿。傅玄在司隶校尉任上，"每有奏劾，或值日暮，捧白简，整簪带，竦踊不寐，坐而待旦，贵游慑伏，台阁生风"。傅咸力谏炙手可热的杨俊，屡遭排挤报复，仍不避祸患，直道而行。正如他说的："'卫公云酒色之杀人，此甚于作直。坐酒色死，人不为悔。逆畏以直致祸，此由心不直正，欲以苟且为明哲耳！自古以直致祸者，当自矫枉过直，或不忠允，欲以亢厉为声，故致忿耳。安有空空为忠益，而当见疾乎！'"[⑤] 他奏免权贵河南尹澹、左将军倩、廷尉高光、兼河南尹何攀等人，以致"京都肃然，贵戚慑伏"[⑥]。总之，汉魏南北朝时代的关辅世族，无论是不应州郡征辟，恬于进趣，还是入朝为官，刚正不阿，不畏权贵，或外任郡守，忠于职守，死于任事，皆表现出他们"慕节尚义"的文化习性。

第三，辅国以忠。正因为汉魏南北朝关辅世族服膺儒术，慕节尚义的精神信仰，使得他们在仕途上能辅国以忠。早在西汉时代，弘农杨氏杨敞以社稷为重，与霍光等人谋废昌邑王。杜陵杜氏杜周打击豪强商

---

① 陈寿：《三国志》，中华书局1959年版，第313页。

② 范晔：《后汉书》，中华书局1965年版，第1873页。

③ 同上书，第1876页。

④ 同上书，第1878页。

⑤ 房玄龄：《晋书》，中华书局1974年版，第1326页。

⑥ 同上书，第1329页。

贾，增加国家财政，即使“专以人主意指为狱”，也是为巩固汉武帝的皇权统治，是忠君的表现。京兆韦贤任丞相期间，“守正持重”，与大将军霍光和谐相处，妥善处理武帝朝以来的内朝与外朝的矛盾关系。其子韦玄成任丞相，力主废郡国宗庙，以加强皇权统治。东汉时代，作为世族阶层——关辅世族，在对抗外戚和宦官干政方面，作出了巨大贡献。如弘农杨氏对抗得势的宦官集团或军阀势力。杨震上疏请出王圣，要求安帝收回王圣之女——伯荣丈夫刘环的侯爵、坚决抵制外戚们有悖礼法纲常的人事请托。太尉杨秉见“宦官方炽，任人及子弟为官，布满天下，竞为贪淫，朝野嗟怨”，上疏要求廉察。杨秉上书弹劾气焰方炽的中常侍侯览、具瑗等，迫使桓帝罢免侯览官职，削去具瑗封国。杨赐指斥宦官中常侍乐松、任芝等，因得罪宦官曹节等人被免。杨彪在献帝时代，不畏强权，指斥董卓的迁都之议。甚至弘农杨氏以社稷为念，批评皇帝的越制行为。如杨震针对安帝纵容乳母王圣等人，希望皇帝能“惟陛下绝婉娈之私，割不忍之心，留神万机，诫慎拜爵，减省献御，损节征发。令野无鹤鸣之叹，朝无小明之悔，大东不兴于今，劳止不怨于下。拟踪往古，比德哲王，岂不休哉！”[①] 杨震借地震，批评皇帝亲近佞臣，导致佞臣们“骄溢逾法，多请徒士，盛修第舍，卖弄威福。道路讙哗，众所闻见”，希望安帝能“唯陛下奋干刚之德，弃骄奢之臣，以掩谀言之口，奉承皇天之戒，无令威福久移于下”[②]。杨秉针对桓帝轻率微服去跋扈的梁冀之子梁胤府舍，规劝其守制。杨赐借灵帝问“青蛇见御坐”事，规劝灵帝。同时，杨赐批评灵帝好微服游幸外苑，授爵不依次第等行为。京兆韦彪在大鸿胪任上，能忠心事君，以国事为忧，上书言事，多匡谬正俗之论，深得皇帝嘉纳。韦彪针对郡国举荐的人才名不副实，引发守职懈怠、吏治松弛问题，批评东汉王朝用人政策以“阀阅取士”的弊病。东汉末年，北地傅燮有平黄巾军之功，却因宦官作梗，不得受封。傅燮正色力拒宦官赵忠等的拉拢诱惑，并不顾个人安危，上疏直斥宦官集团的恶行，使得宦官赵忠等为之忌惮。魏晋时代，杜陵杜畿为曹氏经营河东，成为曹操的股肱之臣。杜预参与伐吴灭

---

① 范晔：《后汉书》，中华书局1965年版，第1761页。

② 同上书，第1765页。

蜀，为西晋结束三国鼎立局面作出了巨大贡献。五胡十六国时代，滞留北方、入仕少数民族政权的京兆韦谀也是“好直谏，陈军国之宜，多见允纳”[①]。南北朝时代，星分南北的关辅世族子弟，多效命疆场，建立了不世功勋。总之，汉魏南北朝时代的关辅世族，无论是对抗外戚和宦官集团，还是批评皇帝越制行为，抑或效命疆场，皆表现出忠贞的文化习性。

第四，家风笃厚。西汉时代具有崇高政治地位的关辅世族子嗣，还不能遵守礼法，任情适性，家族家风尚未形成。如弘农杨氏杨恽，“伐其行治，又性刻害，好发人阴伏，同位有忤己者，必欲害之，以其能高人”[②]。再如杜陵杜氏杜周之子杜延寿、杜延考，以权贵子弟出任河南、河东太守。“三河太守皆内依贵人，与三公有亲属，无所畏惮。”[③] 肆行货贿，“为政酷暴”，受到刺史田仁的弹劾而下狱受诛。经过东汉儒学化后，关辅家族的家风变得笃厚、谨严。华峤《后汉书》盛赞弘农杨氏，曰：“东京杨氏、袁氏，累世宰相，为汉名族。然袁氏车马衣服极为奢僭；能守家风，为世所贵，不及杨氏也。”[④] 因此可以说，弘农杨氏不仅以高官厚禄而显赫，还以家学礼法等著称。陈寅恪称：“所谓士族，其初并不专用其先代之高官厚禄为其惟一之表征，而实以家学及礼法等标异于其它诸姓。”[⑤] 在魏晋崇尚玄学的文化转型时代，关辅世族受家族传统与家学家风的影响，仍表现出儒学门风特征。南北朝时代，“晋室南渡，神州陆沉，玄学新思潮亦被大士族带往南方，留于北方包括关中的士族仍然讲诵经学，传习不废，并试图以此思想资源来匡正北方社会”[⑥]。关辅世族以独特的家风传统立足于少数民族政权之中，获得了巨大的文化影响力。比如北魏时代的弘农杨氏，崇俭戒奢，谨守礼仪，以至于杨播兄弟门风纯厚，礼仪森然。“又吾兄弟若在家，必同盘而食；若有近行，不至，必待其还，亦有过中不食，忍饥相待。吾兄弟

---

① 房玄龄：《晋书》，中华书局 1974 年版，第 2361 页。

② 班固：《汉书》，中华书局 1962 年版，第 2890—2891 页。

③ 司马迁：《史记》，中华书局 1982 年版，第 2781—2782 页。

④ 范晔：《后汉书》，中华书局 1965 年版，第 1790 页。

⑤ 陈寅恪：《唐代政治史述论稿》，上海古籍出版社 1980 年版，第 172 页。

⑥ 李浩：《唐代关中士族与文学》（增订本），中国社会科学出版社 2003 年版，第 91 页。

八人，今存者有三，是故不忍别食也。又愿毕吾兄弟世，不异居、异财，汝等眼见，非为虚假。”① 因而受到史家的称赞。南朝时代北地傅氏家族的门风，亦为人所称颂。《梁书·傅映传》曰：“映字徽远，昭弟也。……始昭之守临海，陆倕饯之，宾主俱欢，日昏不反，映以昭年高，不可连夜极乐，乃自往迎候，同乘而归，兄弟并已斑白，时人美而服焉。”②

第五，家学渊深。在汉武帝“罢黜百家，独尊儒术”的政策下，汉代的官方学校制度得以确立，太学成为经学研究与传播的重地。而那些公卿贵族子弟，“以‘父任’而踏上仕途，无须‘养于太学’去谋求进身之阶。……士大夫官僚则多以‘世相传授’的方式教育子弟”③。西汉时代，关辅世族家族往往通过“世相传授”来教育子弟。当然，经学本身十分深奥，需要师承才能弄懂。朱熹指出：“治经必专家法，天下之理，固不外于人之一心，然圣贤之言，则有渊奥尔雅而不可以臆断者，其制度名物行事本末，又非今日之见闻所能及。故治经者，必因先儒已成之说推之。借曰未必尽是，亦当究其所以得失之故，而后可以反求诸心而正其谬。此汉之诸儒所以专门名家，各守师说，而不敢轻有变焉者也。”④ 而且，“儒学独尊后，经学作为官方学术，成为指导国家政治和人们思想行为的理论依据，又是选拔政府官员的主要标准，这一重要地位决定了经学本身必须具有权威性和稳定性，不容许随意杜撰和发挥”⑤。而王朝设立的“博士家法，更是学者追求的首要对象”⑥，因此，东汉时代，没落的关辅家族子嗣往往游学京师，如杨震受学经师桓郁，才有“关西孔子”之称。杨震学成后，居湖城教授。其子孙受学，并能传其业，家族往往担负了学术文化传承的重任。陈寅恪先生在《隋唐制度渊源略论稿》中说：“盖自汉代学校制度废弛，博士传授之

---

① 魏收：《魏书》，中华书局 1974 年版，第 1290—1291 页。

② 姚思廉：《梁书》，中华书局 1973 年版，第 395 页。

③ 俞启定：《先秦两汉儒家教育》，齐鲁书社 1987 年版，第 144 页。

④ 朱熹：《朱文公文集》卷六十九《学校贡举私议》。转引自俞启定《先秦两汉儒家教育》，齐鲁书社 1987 年版，第 193 页。

⑤ 俞启定：《先秦两汉儒家教育》，第 191 页。

⑥ 同上。

风气止息以后，学术中心移于家族。"[①] 在《崔浩与寇谦之》一文中也说："盖有自东汉末年之乱，首都洛阳之太学，失其为全国文化学术中心之地位，而汉族至学术文化变为地方化及家门化矣。故论学术，只有家学之可言，而学术文化与大族盛门常不可分离也。"[②] 这就造成了两汉"累世经学"的现象，赵翼《廿二史札记》卷五"累世经学条"："古人习一业，则累世相传，数十百年不坠。盖良冶之子必学为裘，良弓之子必学为箕，所谓世业也。工艺且然，况于学士大夫之术乎！"[③]

汉魏南北朝时代，关辅世族各家族的家学稍有差异，所治经典也不尽相同。

具体而言，弘农杨氏以《欧阳尚书》为家学，兼明《易》学，傍涉书传，且代代相承，有其家法。弘农杨氏后嗣杨宝"习《欧阳尚书》。哀、平之世，隐居教授。"[④] 杨震早年拜著名学者桓郁为师，学习《欧阳尚书》，因"明经博览，无不穷究"，赢得东京诸儒的激赏，"诸儒为之语曰：'关西孔子杨伯起。'"[⑤] 杨震中子杨秉"少传父业，兼明《京氏易》，博通书传。"[⑥] 少子杨奉"笃志博闻，议者以为能世其家"[⑦]。其孙杨赐"少传家学，笃志博闻"[⑧]。其曾孙杨彪也能"少传家学"[⑨]。

杜陵杜氏家族以"左传学"为家学，学有传承，而且在中国学术史上具有极高的地位。杜陵杜畿任河东太守，曾大兴文教，开学宫，亲自持经教授，并任用学成归乡的乐祥为文学祭酒。杜畿推广乐祥的"春秋左氏学"，《三国志》裴注引《魏略》曰："至今河东特多儒者，则畿之由矣。"[⑩] 杜恕不仅对曹魏时代鄙薄儒学提出了批评："今之学者，师商、韩而上法术，竞以儒家为迂阔，不周世用，此最风俗之流

① 陈寅恪：《隋唐制度渊源略论稿》，上海古籍出版社 1982 年版，第 17 页。

② 陈寅恪：《金明馆丛稿初编》，上海古籍出版社 1980 年版，第 131 页。

③ 赵翼：《廿二史札记》，中国书店 1987 年版，第 59 页。

④ 范晔：《后汉书》，中华书局 1965 年版，第 1759 页。

⑤ 同上。

⑥ 同上书，第 1769 页。

⑦ 同上。

⑧ 同上书，第 1775 页。

⑨ 同上书，第 1786 页。

⑩ 陈寿：《三国志》，中华书局 1959 年版，第 496 页。

弊，创业者之所致慎也。”[①] 还著有儒家类作品《体论》《兴性论》等。杜恕弟弟杜宽也有儒学著作，“经传之义，多所论驳，皆草创未就，惟删集《礼记》及《春秋左氏传解》，今存于世”[②]。杜恕之子杜预也治“春秋左传学”，“大观群典，谓公羊、谷梁，诡辨之言。又非先儒说左氏未究丘明意，而横以二传乱之。乃错综微言，著《春秋左氏经传集解》，又参考众家，谓之释例，又作盟会图、春秋长历，备成一家之学，至老乃成”[③]。杜预“少而好学，在官则勤于吏治，在家则滋味典籍”（《自述》见《全晋文》卷四三），迷恋《左传》，史称：“预常称‘济有马癖，峤有钱癖’。武帝闻之，谓预曰：‘卿有何癖？’对曰：‘臣有《左传》癖。’”[④] 杜预的《春秋左氏经传集解》成为《左传》研究的经典之作，在学术史上占有一席之地。杜预后嗣中的杜坦、杜骥等人将“左传学”、经史之学作为家族的家学，并薪火相传。《北史·儒林传》曰：“晋世，杜预注《左氏》。预玄孙坦，坦弟骥，于宋朝并为青州刺史，传其家业，故齐地多习之。”[⑤] 杜干光、杜叔毗祖孙二人也能继承家学传统，有所戍就。

京兆韦氏治经史较博，精通《周易》《春秋左传》，兼涉《汉书》等史学。韦睿精通经史，史载：“第三子棱，尤明经史，世称其洽闻，睿每坐棱使说书，其所发擿，棱犹弗之逮也。”[⑥] 韦睿“时虽老，暇日犹课诸儿以学”[⑦]。韦睿第三子韦棱，“以书史为业，博物强记，当世之士，咸就质疑……著《汉书续训》三卷”[⑧]。韦睿之子韦黯，“少习经史，有文词”[⑨]。韦睿族弟韦爱“笃志好学，每虚室独坐，游心坟素，而埃尘满席，寂若无人。年十二，尝游京师，值天子出游南苑，邑里喧哗，老幼争观，爱独端坐读书，手不释卷，宗族见者，莫不异焉。及

① 陈寿：《三国志》，中华书局1959年版，第502页。
② 同上书，第508页。
③ 同上。
④ 房玄龄：《晋书》，中华书局1974年版，第1032页。
⑤ 李延寿：《北史》，中华书局1974年版，第2708页。
⑥ 姚思廉：《梁书》，中华书局1973年版，第225页。
⑦ 同上书，第225页。
⑧ 同上书，第225—226页。
⑨ 同上书，第226页。

长，博学有文才，尤善《周易》及《春秋左氏》义”[①]。韦睿之孙、韦正之子韦载，亦是博学之士，史称：“载少聪惠，笃志好学。年十二，随叔父棱见沛国刘显，显问《汉书》十事，载随问应答，曾无疑滞。及长，博涉文史，沈敏有器局。”[②]

京兆挚虞以儒家经学、礼学为主，旁涉史学、舆地之学，参与西晋《新礼》的删补讨论等。北地傅氏虽不专治一经，但多以儒家政治学为主。强调致用，傅玄著有《傅子》一书。傅嘏著有《才性》，批评“唯才是举”选举标准所带来的浮华风气——“不复以学问为本，专更以交游为业；国士不以孝悌清修为首，乃以趋势游利为先。”其子傅祗能“明达国体，朝廷制度多所经综”[③]。

2. 关辅世族文化习性的变迁

随着文化转型和战乱的影响，关辅世族的文化习性在汉魏南北朝近八百年的历史长河中发生了两大变迁。具体而言，关辅世族由经学家族变为军功家族。西汉前期，关辅家族成员因军功（如汉初的弘农杨熹因军功被封赤泉侯，西汉中期的北地傅介子因军功被封义阳侯）、刑律（汉武帝时代，杜周以文墨小吏位至九卿）或儒学（西汉中期，韦贤以大儒被征）而进入王朝政治体制之中，宗族势力得到发展。在两汉王朝持续推行汉武帝“罢黜百家，独尊儒术”的政策下，关辅世族一变而为儒学世家，家族的文化习性愈加明显。从东汉末年到魏晋时代，儒学精神信仰开始崩溃，刑名之学、玄学等兴起，中古思想世界出现了重大的文化转型，关辅家族在秉承两汉儒学文化习性的同时，开始接触新兴的刑名之学、玄学，当然，不同家族对待新学的态度也有所差异。如弘农杨氏家族子嗣洗染玄学风气，以“高韵神检”闻名（杨准及其六个儿子）。再如北地傅燮之子傅干，吸收刑名之学、纵横之术，兼容并蓄，融会变通。傅嘏精通刑名之学，主张“才性同”，抵斥玄学名士。傅玄也以儒家政治学为主，极力抨击“虚无放诞”之玄风。虽说魏晋时代的关辅世族文化习性有所转变，但基本上仍以儒学为主。但到了五

---

① 姚思廉：《梁书》，中华书局1973年版，第226页。

② 同上书，第249页。

③ 房玄龄：《晋书》，中华书局1974年版，第1332页。

胡乱华时代，无论南迁还是居北的关辅世族不得不应对战乱，开始尚武，通过军功提升家族的政治地位。尤其滞留北方的关辅世族，一边加强经史修养，一边尚武，文武双修，提升了家族的社会地位。因此，关辅世族由两汉的文化世族（主要以经学为主）转变为南北朝时代的军功型家族，奠定了隋唐时代家族文化习性的基本走势。

（二）汉魏六朝关辅世族文化习性的家族差异

如前所述，汉魏南北朝八百年的历史进程中，关辅世族文化习性因受文化转型和战乱等影响而有所改变，仍以儒学文化习性为主。不过，以儒学为主的关辅世族也因家族差异，文化习性也有差别。

具体说，弘农杨氏和京兆韦氏是教育型道德世家。西汉时代，弘农杨熹因军功受封成为贵族，其后嗣杨敞、杨恽开始接触儒学，直到两汉之际的杨宝那里，弘农杨氏才正式成为儒学家族。其子杨震学成归湖城，以教授为业，后世子嗣秉承父业，多以教授门徒为业，成为教育的道德世家。京兆韦氏先祖韦孟在西汉初期，以太傅教授楚王戊。后来，辞官迁邹，以授徒为业。其四世孙韦贤也以教授为业，被征长安，为昭帝教授《诗经》。其子韦玄成也以教授为业，史称其“少好学，修父业”[①]，后来，任太子太傅，负责教授太子，“及元帝即位……迁太子太傅”[②]。韦贤之孙、韦弘之子韦赏，以太傅身份教授哀帝《诗经》。东汉时代，韦赏之孙韦彪，以教授为业，著有《韦卿子》。[③]

杜陵杜氏则是精通刑律，善治《左传》的学问世家。其先祖杜周，因熟谙刑律而进入西汉政治文化中心——长安。杜周定《大杜律》，其子杜延年治《小杜律》。到了西汉后期，杜钦转而爱好经学。魏晋时代，因杜畿提供乐详的“左传学”，其后嗣子嗣善治“左传”，成为“左传学”的学问世家。

汉魏南北朝，北地傅氏成为儒学型的政论世家。虽然西汉中期，北地傅介子因出使西域楼兰等国，建立军功而被封。直到东汉后期的傅

① 班固：《汉书》，中华书局1962年版，第3108页。

② 同上书，第3113页。

③ 《韦卿子》不见于《隋书·经籍志》，似在南北朝时代已佚。

燮，家族文化习性才呈现为儒学型世家。其子傅干以儒学为主、兼通纵横之学，为曹魏时代的文吏型谋士。傅干之子傅玄是著名的儒学型政论家。傅巽之子傅嘏是著名的名理学家以及政论家。

汉晋时代，京兆挚氏家族则属隐逸型的儒学世家，西汉时代，挚氏先祖挚峻隐居岍山。东汉时代，儒师挚恂隐居南山，教授门徒。魏晋时代，挚模、挚虞父子虽仕宦不隐，但思想中仍有隐逸之倾向。

（三）汉魏六朝关辅世族文化习性的培育途径

正如王力平所说的："汉魏以后，许多世家大族凭借着其所特有的文化优势，逐渐形成了自己独特的家风、家规和各种礼节，包括吉凶仪制、四时祭享礼等很多具体的制度、规范。"[①] 汉魏南北朝时代，关辅世族是通过以下几种方式培育家族文化习性的。

第一，瞻顾宗族，重视子弟文化教育。西汉时代，地方豪族逐步世族化。宗族成员一旦进入王朝政治体制，往往会瞻顾宗族。如弘农杨氏杨恽，《汉书·杨敞传附杨恽传》曰："初，恽受父财五百万，及身封侯，皆以分宗族。后母无子，财亦数百万，死皆予恽，恽尽复分后母昆弟。再受赀千余万，皆以分施。"[②] 东汉时代，京兆韦彪将"禄赐分与宗族，家无余财"[③]。北朝时代，京兆韦孝宽"所得俸禄，不入私房。亲族有孤遗者，必加振赡。朝野以此称焉。长子谌年已十岁，魏文帝欲以女妻之。孝宽辞以兄子世康年长。帝嘉之，遂以妻世康"[④]。南朝韦睿，史称其"性慈爱，抚孤兄子过于己子，历官所得禄赐，皆散之亲故，家无余财"[⑤]。

关辅世族十分看重子弟的培养，令其读书受学，为他们进入仕途做准备。关辅世族的不少家族子嗣身居高位，如杨恽《报孙会宗书》称："恽家方隆盛时，乘朱轮者十人，位在列卿，爵为通侯，总领从官，与

---

① 王力平：《中古杜氏家族的变迁》，商务印书馆 2006 年版，第 268 页。

② 班固：《汉书》，中华书局 1962 年版，第 2890 页。

③ 范晔：《后汉书》，中华书局 1965 年版，第 917 页。

④ 令狐德棻：《周书》，中华书局 1971 年版，第 544 页。

⑤ 姚思廉：《梁书》，中华书局 1973 年版，第 220 页。

闻政事。"[①] 再如杜陵杜氏杜延年儿子七人中，杜缓拜为太常，"缓六弟，五人至大官，少弟熊历五郡二千石、三州牧刺史有能名。"[②] 杜钦的儿子和昆弟们，也是世代簪缨。史称"（杜）钦子及昆弟支属至二千石者且十人"[③]。西汉后期，士人与宗族结合，互为依托，获取了更高的政治权力。在东汉政权建立过程中，世族大姓发挥了极大的作用，[④] 因此也获得了更高的政治资本和文化资源。东汉时代的关辅世族获得了更好的文化资源，培育出独特的家风。如弘农杨氏即是通过儒学教育，形成了贵而不骄，富而清廉的家风，后世史家华峤在《后汉书》中称赞道："东京杨氏、袁氏，累世宰相，为汉名族。然袁氏车马衣服极为奢僭；能守家风，为世所贵，不及杨氏也。"[⑤] 再如京兆韦氏自汉初韦孟开始，在邹鲁一带讲学授徒，世代以教授为业。北魏时代，弘农杨氏家族重视文化教育，家族开设学馆。《北齐书·杨愔传》记载："愔一门四世同居，家甚隆盛，昆季就学者三十余人。学庭前有柰树，实落地，群儿咸争之，愔颓然独坐。其季父暐适入学馆，见之大用嗟异，顾谓宾客曰：'此儿恬裕，有我家风。'"[⑥] 杨播从子、杨津之子杨愔"六岁学史书，十一受《诗》、《易》，好《左氏春秋》"[⑦]。"幼丧母，曾诣舅源子恭，子恭与之饮，问读何书，曰：'诵《诗》。'子恭曰：'诵至《渭阳》未邪？'愔便号泣感噎，子恭亦对之歔欷，遂为之罢酒。子恭后谓津曰：'常谓秦王不甚察慧，从今已后，更欲刮目视之。'"[⑧] 杨昱曾引《春秋》，辩驳从兄杨深事，"侃兄深，时为徐州行台，府州咸欲禁深。昱曰：'昔叔向不以鲋也见废，《春秋》贵之。奈何以侃罪深也？宜听朝旨。'"[⑨] 杨播之子杨侃"颇爱琴书，尤好计画。时播一门，贵满朝廷，儿侄早通，而侃独不交游，公卿罕有识者。亲朋劝其出仕，侃

---

① 班固：《汉书》，中华书局 1962 年版，第 2895 页。

② 同上书，第 2667 页。

③ 同上书，第 2678 页。

④ 参见余英时《东汉政权之建立与士族大姓之关系》之《士与中国文化》，上海人民出版社 2003 年版，第 196—245 页。

⑤ 范晔：《后汉书》，中华书局 1965 年版，第 1790 页。

⑥ 李百药：《北齐书》，中华书局 1972 年版，第 453 页。

⑦ 同上。

⑧ 同上。

⑨ 魏收：《魏书》，中华书局 1974 年版，第 1293 页。

曰：'苟有良田，何忧晚岁，但恨无才具耳'"[①]。杨播从子杨辩"有风度才学"[②]。

第二，通过戒子孙诗、诫子孙文等方式，教育家族子弟。早在西汉时代，关辅世族就试图运用这种方式来培养家族子弟。韦玄成以列侯资格侍祀惠帝庙时，因天雨道路泥淖，没有按朝例驾驷马车前行，而改骑马至庙下，受到有司弹劾，被削爵降级处分。韦玄成十分伤悼，作《自劾》诗。后来，韦玄成任丞相，作《戒是示子孙》诗，通过诗陈"己过"，现身说教，戒示子孙，希望他们能"慎尔会同，戒尔车服，无惰尔仪，以保尔域"，以"无忝显祖，以蕃汉室"，希望子孙不要重蹈自己的覆辙。这对培养韦氏子嗣的家风等文化习性意义重大。北魏时代，弘农杨氏家族杨椿也著有《诫子孙书》文，他说：我家入魏之始，即为上客，给田宅，赐奴婢马牛羊，遂成富室。自尔至今二十年，二千石方伯不绝，禄恤甚多。至于亲姻知故，吉凶之际，必厚加赠襚；来往宾僚，必以酒肉饮食。是故亲姻朋友无憾焉。国家初，丈夫好服彩色。吾虽不记上谷翁时事，然记清河翁时服饰，恒见翁著布衣韦带，常约敕诸父曰："汝等后世，脱若富贵于今日者，慎勿积金一斤、彩帛百匹已上，用为富也。"又不听治生求利，又不听与势家作婚姻。至吾兄弟，不能遵奉。今汝等服乘，以渐华好，吾是以知恭俭之德，渐不如上世也。又吾兄弟若在家，必同盘而食；若有近行，不至，必待其还，亦有过中不食，忍饥相待。吾兄弟八人，今存者有三，是故不忍别食也。又愿毕吾兄弟世，不异居、异财，汝等眼见，非为虚假。如闻汝等兄弟，时有别斋独食者，此又不如吾等一世也。吾今日不为贫贱，然居住舍宅不作壮丽华饰者，正虑汝等后世不贤，不能保守之，方为势家所夺。北都时，朝法严急。太和初，吾兄弟三人并居内职，兄在高祖左右，吾与津在文明太后左右。于时口敕，责诸内官，十日仰密得一事，不列便大瞋嫌。诸人多有依敕密列者，亦有太后、高祖中间传言构间者。吾兄弟自相诫曰："今忝二圣近臣，母子间甚难，宜深慎之。又列人事，亦何容易，纵被瞋责，慎勿轻言。"十余年中，不尝言一人罪过，当时大被

① 魏收：《魏书》，中华书局1974年版，第1281页。

② 同上书，第1293页。

嫌责。答曰："臣等非不闻人言，正恐不审，仰误圣听，是以不敢言。"于后终以不言蒙赏。及二圣间言语，终不敢辄尔传通。太和二十一年，吾从济州来朝，在清徽堂豫宴。高祖谓诸王、诸贵曰："北京之日，太后严明，吾每得杖，左右因此有是非言论。和朕母子者唯杨椿兄弟。"遂举赐四兄及我酒。汝等脱若万一蒙时主知遇，宜深慎言语，不可轻论人恶也。吾自惟文武才艺、门望姻援不胜他人，一旦位登侍中、尚书，四历九卿，十为刺史，光禄大夫、仪同、开府、司徒、太保，津今复为司空者，正由忠贞，小心谨慎，口不尝论人过，无贵无贱，待之以礼，以是故至此耳。闻汝等学时俗人，乃有坐而待客者，有驱驰势门者，有轻论人恶者，及见贵胜则敬重之，见贫贱则慢易之，此人行之大失，立身之大病也。汝家仕皇魏以来，高祖以下乃有七郡太守、三十二州刺史，内外显职，时流少比。汝等若能存礼节，不为奢淫骄慢，假不胜人，足免尤诮，足成名家。吾今年始七十五，自惟气力，尚堪朝觐天子，所以孜孜求退者，正欲使汝等知天下满足之义，为一门法耳，非是苟求千载之名也。汝等能记吾言，百年之后，终无恨矣。[①] 杨椿向子孙追溯了北魏早期弘农杨氏瞻顾宗族、崇尚节俭的家风以及父祖的戒训，讲述了自己兄弟间的家仪和仕官风格，还向子孙讲述了家族显赫的政治地位及家风，这对培养家族子弟所起到的作用是不可估量的。

第三，父祖身教言传，是两汉以来世族培养家风的基本方式。如北地傅玄任司隶校尉之作风，对其子傅咸的潜移默化，使父子皆为西晋政坛之翘楚；傅玄热爱文学，对其子傅咸的濡染，使父子二人皆为西晋文坛之名家。再如杜陵杜畿在河东太守任上，重视文教，亲炙教授，延请名儒，使得子嗣热爱经学，以"春秋左传"学为家族之学。再如西晋八王之乱时代，弘农杨准外任冀州刺史，"纵酒，不以官事为意，逍遥卒岁而已"[②]，渐染玄风，且与著名的玄学名士裴頠、乐广交好。其子受其影响，颇有神检、高韵。再如京兆挚虞，受先祖挚峻、挚恂的隐逸家风影响，著有《思游赋》，表达"知天乐命"的思想，他所追求的"履信思顺"与挚峻的"料能而行，度德而处，故悔吝去于身"如出一

① 魏收：《魏书》，中华书局 1974 年版，第 1289—1291 页。

② 陈寿：《三国志》，中华书局 1959 年版，第 561 页。

辙。其侄挚瞻亦有隐逸之倾向，刘孝标注引《挚氏世本》云：“瞻时因醉曰：‘若上服皆可用赐，貂蝉亦可赐下乎?’敦曰：‘非喻所引，如此不堪二千石。’瞻曰：‘瞻视去西阳如脱屣耳!’敦反，乃左迁随郡内史。”[①] 再如京兆韦诞热爱书法艺术，从张彦远《法书要录》卷八张怀瓘《书断》“京兆韦诞子熊，颍川钟繇子会，并善隶书”的记载，知其子韦熊亦善隶书。

第四，宗族长辈或他人的激励，也是关辅世族培养家风的重要方式。如年幼的傅咸曾得到外祖母杜严氏的鼓励，《晋书·列女传·杜有道妻严氏》曰：“玄前妻子咸年六岁，尝随其继母省宪，谓咸曰：‘汝千里驹也，必当远至。’”[②] 如京兆韦氏韦端之子，韦康、韦诞受到建安名士孔融的激赏，《三国志·荀彧传》裴注引《三辅决录》曰：“孔融与康父端书曰：‘前日元将来，渊才亮茂，雅度弘毅，伟世之器也。昨日仲将又来，懿性贞实，文敏笃诚，保家之主也。不意双珠，近出老蚌，甚珍贵之。’”[③] 再如弘农杨氏杨准与其子受到玄学名士裴頠、乐广等人褒奖，《世说新语·品藻篇第九》曰：“冀州刺史杨准二子乔与髦，俱总角为成器。准与裴頠、乐广友善，遣见之。頠性弘方，爱乔之有，谓准曰：‘乔当及卿，髦小减也。’广性清淳，爱髦之有，谓准曰：‘乔自及卿，然髦尤精出。’”[④]《世说新语》刘孝标注引《八王故事》记载了文康庾公盛赞杨准其子的故事：“杨准有六子，曰乔、髦、朗、琳、俊、伸，皆得美名，论者以为悉有台辅之望。文康庾公每追叹曰：‘中朝不乱，诸杨作公未已也!’”[⑤] 东晋高门甲族多位名士激励杨准之子杨朗，如司徒蔡谟也有“若使中朝不乱，杨氏作公方未已”之叹，谢安称赞杨朗有“大才”，大将军王敦在给丞相王导的信中称：“世彦识器理政，才隐明断。既为国器，且是杨侯准之子。位望殊为陵迟，卿亦足与之处。’”[⑥] 杨愔受到从兄杨昱的器重，“愔从父兄黄门侍郎昱特相器

① 徐震堮:《世说新语校笺》，中华书局 1984 年版，第 57 页。
② 房玄龄:《晋书》，中华书局 1974 年版，第 2509 页。
③ 陈寿:《三国志》，第 313 页。
④ 徐震堮:《世说新语校笺》，第 276 页。
⑤ 同上书，第 251 页。
⑥ 同上书，第 249—250 页。

重，曾谓人曰：‘此儿齿未落，已是我家龙文。更十岁后，当求之千里外。’昱尝与十馀人赋诗，愔一览便诵，无所遗失。及长，能清言，美音制，风神俊悟，容止可观。人士见之，莫不敬异，有识者多以远大许之”①。

第五，以“子书”记载家族或社会贤达的事迹与精神，甚至著述家令等，是魏晋南北朝时代关辅世族培养家风的新方式。魏晋文士热衷做子书，据《抱朴子》轶文记载：“陆平原作子书未成，吾门生有在陆军中，常在左右，说陆君临亡曰：‘穷通，时也。遭遇，命也。古人贵立言，以为不朽，吾所作子书未成，以此为恨耳。’”② 可见陆机对子书抱有多么热爱的程度。我们从《颜氏家训·序致篇》“魏、晋已来，所著诸子，理重事复，递相模学，犹屋下架屋，床上施床”③ 的批评中，可以反观出魏晋子书的繁盛状况。关辅世族中的傅玄《傅子》记有三国历史以及傅氏家族人物事迹。《三国志》裴注引《傅子》中记载傅氏家族人物，有以下六条：

> 傅子曰：“巽子公悌，瓌伟博达，有知人鉴。辟公府，拜尚书郎，后客荆州，以说刘琮之功，赐爵关内侯。文帝时为侍中，太和中卒，巽在荆州，目庞统为半英雄，证裴潜终以清行显；统遂附刘备，见待次于诸葛亮，潜位至尚书令，并有名德。及在魏朝，魏讽以才智闻，巽谓之必反，卒如其言。巽弟子嘏，别有传。”④
>
> 傅子曰：“嘏祖父睿，代郡太守。父允，黄门侍郎。”⑤
>
> 傅子曰：“是时何晏以材辩显于贵戚之间，邓飏好变通，合徒党，鬻声名于闾阎，而夏侯玄以贵臣子少有重名，为之宗主，求交于嘏而不纳也。嘏友人荀粲，有清识远心，然犹怪之。谓嘏曰：‘夏侯泰初一时之杰，虚心交子，合则好成，不合则怨至。二贤不

---

① 李百药：《北齐书》，中华书局1972年版，第453页。

② 《太平御览》卷六〇二，转引自金涛声点校《陆机集》，中华书局1982年版，第191页。

③ 王利器：《颜氏家训集解》，中华书局1993年版，第1页。

④ 陈寿：《三国志》，中华书局1959年版，第214页。

⑤ 同上书，第623页。

睦，非国之利，此蔺相如所以下廉颇也。’嘏答之曰：‘泰初志大其量，能合虚声而无实才。何平叔言远而情近，好辩而无诚，所谓利口覆邦国之人也。邓玄茂有为而无终，外要名利，内无关钥，贵同恶异，多言而妒前；多言多衅，妒前无亲。以吾观此三人者，皆败德也。远之犹恐祸及，况昵之乎？’”①

傅子曰：“河南尹内掌帝都，外统京畿，兼古六乡六遂之士。其民异方杂居，多豪门大族，商贾胡貊，天下四（方）会，利之所聚，而奸之所生。前尹司马芝，举其纲而太简，次尹刘静，综其目而太密，后尹李胜，毁常法以收一时之声。嘏立司马氏之纲统，裁刘氏之纲目以经纬之，李氏所毁以渐补之。郡有七百吏，半非旧也。河南俗党五官掾功曹典选职，皆授其本国人，无用异邦人者，嘏各举其良而对用之，官曹分职，而后以次考核之。其治以德教为本，然持法有恒，简而不可犯，见理识情，狱讼不加榎楚而得其实。不为小惠，有所荐达及大有益于民事，皆隐其端迹，若不由己出。故当时无赫赫之名，吏民久而后安之。”②

傅子曰：“嘏既达治好正，而有清理识要，好论才性，原本精微，鲜能及之。司隶校尉钟会年甚少，嘏以明智交会。”③

傅子曰：“初，李丰与嘏同州，少有显名，早历大官，内外称之，嘏又不善也。谓同志曰：‘丰饰伪而多疑，矜小失而昧于权利，若处庸庸者可也，自任机事，遭明者必死。’丰后为中书令，与夏侯玄俱祸，卒如嘏言。嘏自少与冀州刺史斐徽、散骑常侍荀彪善，徽、彪早亡。又与镇北将军何曾、司空陈泰、尚书仆射荀觊、后将军钟毓并善，相与综朝事，俱为名臣。”④

以上六则，事涉同宗傅巽、傅嘏的仕宦、交游、品行。这些与家族人物有关的记载，不仅为史书修撰提供了翔实的资料，而且对激励家族子嗣有着巨大意义。

---

① 陈寿：《三国志》，中华书局1959年版，第623—624页。

② 同上书，第624页。

③ 同上书，第628页。

④ 同上。

《傅子》中还有关于其他贤达的事迹品行，记载杜陵杜畿之事，《三国志》裴注引傅子曰：

畿自荆州还，后至许，见侍中耿纪，语终夜。尚书令荀彧与纪比屋，夜闻畿言，异之，旦遣人谓纪曰："有国士而不进，何以居位？"既见畿，知之如旧相识者，遂进畿于朝。①

畿与太仆李恢、东安太守郭智有好。恢子丰交结英俊，以才智显于天下。智子冲有内实而无外观，州里弗称也。畿为尚书仆射，二人各修子孙礼见畿。既退，畿叹曰："孝懿无子；非徒无子，殆将无家。君谋为不死也，其子足继其业。"时人皆以畿为误。恢死后，丰为中书令，父子兄弟皆诛；冲为代郡太守，卒继父业；世乃服畿知人。魏略曰李丰父名义，与此不同，义盖恢之别名也。②

记载荀攸之事，《三国志》裴注引：

傅子曰：或问近世大贤君子，答曰："荀令君之仁，荀军师之智，斯可谓近世大贤君子矣。荀令君仁以立德，明以举贤，行无谄赎，谋能应机。孟轲称'五百年而有王者兴，其间必有命世者'，其荀令君乎！太祖称'荀令君之进善，不进不休，荀军师之去恶，不去不止'也。"③

记载曹操谋士郭嘉之事，有以下几则，《三国志》裴注引：

傅子曰：嘉少有远量。汉末天下将乱。自弱冠匿名迹，密交结英隽，不与俗接，故时人多莫知，惟识达者奇之。年二十七，辟司徒府。④

傅子曰：太祖谓嘉曰："本初拥冀州之众，青、并从之，地广

---

① 陈寿：《三国志》，中华书局1959年版，第494页。

② 同上书，第498页。

③ 同上书，第325页。

④ 同上书，第431—432页。

兵强，而数为不逊。吾欲讨之，力不敌，如何?”对曰：“刘、项之不敌，公所知也。汉祖唯智胜；项羽虽强，终为所禽。嘉窃料之，绍有十败，公有十胜，虽兵强，无能为也。绍繁礼多仪，公体任自然，此道胜一也。绍以逆动，公奉顺以率天下，此义胜二也。汉末政失于宽，绍以宽济宽，故不摄，公纠之以猛而上下知制，此治胜三也。绍外宽内忌，用人而疑之，所任唯亲戚子弟，公外易简而内机明，用人无疑，唯才所宜，不间远近，此度胜四也。绍多谋少决，失在后事，公策得辄行，应变无穷，此谋胜五也。绍因累世之资，高议揖让以收名誉，士之好言饰外者多归之，公以至心待人，推诚而行，不为虚美，以俭率下，与有功者无所吝，士之忠正远见而有实者皆原为用，此德胜六也。绍见人饥寒，恤念之形于颜色，其所不见，虑或不及也，所谓妇人之仁耳，公于目前小事，时有所忽，至于大事，与四海接，恩之所加，皆过其望，虽所不见，虑之所周，无不济也，此仁胜七也。绍大臣争权，谗言惑乱，公御下以道，浸润不行，此明胜八也。绍是非不可知，公所是进之以礼，所不是正之以法，此文胜九也。绍好为虚势，不知兵要，公以少克众，用兵如神，军人恃之，敌人畏之，此武胜十也。”太祖笑曰：“如卿所言，孤何德以堪之也!”嘉又曰：“绍方北击公孙瓒，可因其远征，东取吕布。不先取布，若绍为寇，布为之援，此深害也。”太祖曰：“然。”①

傅子曰：太祖欲引军还，嘉曰：“昔项籍七十余战，未尝败北，一朝失势而身死国亡者，恃勇无谋故也。今布每战辄破，气衰力尽，内外失守。布之威力不及项籍，而困败过之，若乘胜攻之，此成禽也。”太祖曰：“善。”②

傅子曰：初，刘备来降，太祖以客礼待之，使为豫州牧。嘉言于太祖曰：“备有雄才而甚得众心。张飞、关羽者，皆万人之敌也，为之死用。嘉观之，备终不为人下，其谋未可测也。古人有言：‘一日纵敌，数世之患。’宜早为之所。”是时，太祖奉天子以

---

① 陈寿：《三国志》，中华书局1959年版，第432页。

② 同上书，第432—433页。

号令天下，方招怀英雄以明大信，未得从嘉谋。会太祖使备要击袁术，嘉与程昱俱驾而谏太祖曰："放备，变作矣!"时备已去，遂举兵以叛。太祖恨不用嘉之言。①

傅子曰：太祖欲速征刘备，议者惧军出，袁绍击其后，进不得战而退失所据。语在武纪。太祖疑，以问嘉。嘉劝太祖曰："绍性迟而多疑，来必不速。备新起，众心未附，急击之必败。此存亡之机，不可失也。"太祖曰："善。"遂东征备。备败奔绍，绍果不出。②

傅子曰：河北既平，太祖多辟召青、冀、幽、并知名之士，渐臣使之，以为省事掾属。皆嘉之谋也。③

傅子曰：太祖与荀彧书，追伤嘉曰："郭奉孝年不满四十，相与周旋十一年，阻险艰难，皆共罹之。又以其通达，见世事无所凝滞，欲以后事属之，何意卒尔失之，悲痛伤心。今表增其子满千户，然何益亡者，追念之感深。且奉孝乃知孤者也；天下人相知者少，又以此痛惜。奈何奈何!"又与彧书曰："追惜奉孝，不能去心。其人见时事兵事，过绝于人。又人多畏病，南方有疫，常言'吾往南方，则不生还'。然与共论计，云当先定荆。此为不但见计之忠厚，必欲立功分，弃命定。事人心乃尔，何得使人忘之!"④

记载佳士管宁之事，《三国志》裴注引：

傅子曰：齐相管仲之后也。昔田氏有齐而管氏去之，或适鲁，或适楚。汉兴有管少卿为燕令，始家朱虚，世有名节，九世而生宁。⑤

傅子曰：宁往见度，语惟经典，不及世事。还乃因山为庐，凿坏为室。越海避难者，皆来就之而居，旬月而成邑。遂讲诗、书，

---

① 陈寿：《三国志》，中华书局1959年版，第433页。
② 同上书，第433—434页。
③ 同上。
④ 同上书，第436页。
⑤ 同上书，第354页。

陈俎豆，饰威仪，明礼让，非学者无见也。由是度安其贤，民化其德。邴原性刚直，清议以格物，度已下心不安之。宁谓原曰："潜龙以不见成德，言非其时，皆招祸之道也。"密遣令西还。度庶子康代居郡，外以将军太守为号，而内实有王心，卑己崇礼，欲官宁以自镇辅，而终莫敢发言，其敬惮如此。[①]

傅子曰：宁上书天子，且以疾辞，曰："臣闻傅说发梦，以感殷宗，吕尚启兆，以动周文，以通神之才悟于圣主，用能匡佐帝业，克成大勋。臣之器朽，实非其人。虽贪清时，释体蝉蜕。内省顽病，日薄西山。唯陛下听野人山薮之原，使一老者得尽微命。"书奏，帝亲览焉。[②]

傅子曰：司空陈群又荐宁曰："臣闻王者显善以消恶，故汤举伊尹，不仁者远。伏见徵士北海管宁，行为世表，学任人师，清俭足以激浊，贞正足以矫时。前虽徵命，礼未优备。昔司空荀爽，家拜光禄，先儒郑玄，即授司农，若加备礼，庶必可致。至延西序，坐而论道，必能昭明古今，有益大化。"[③]

傅子曰：宁以衰乱之时，世多妄变氏族者，违圣人之制，非礼命姓之意，故著氏姓论以原本世系，文多不载。每所居姻亲、知旧、邻里有困穷者，家储虽不盈担石，必分以赡救之。与人子言，教以孝；与人弟言，训以悌；言及人臣，诲以忠。貌甚恭，言甚顺，观其行，邈然若不可及，即之熙熙然，甚柔而温，因其事而导之于善，是以渐之者无不化焉。宁之亡，天下知与不知，闻之无不嗟叹。醇德之所感若此，不亦至乎！[④]

傅玄记载这些贤达之士的品行、行迹和功绩，虽然并无教育家族子弟的初衷，我们推想，这些极有可能会感染家族子嗣。另外，据《隋

① 陈寿：《三国志》，中华书局1959年版，第354页。

② 同上书，第358页。

③ 同上书，第358—359页。

④ 同上书，第360—361页。

书·经籍志》“《善文》五十卷，杜预撰”[1]的记载，知杜预从经史中简择好文章，[2]其目的可能与华廙的《善文》一样有教诲子孙之意。南北朝时代，杜陵杜氏出现了家传性质的《杜氏新书》，[3]据《隋书·经籍志》记载，知韦氏家族也有《韦氏家传》一卷，[4]这些家传性质的书籍，对教育后世子嗣的意义巨大。

关辅世族家族出现了《家令》《家戒》之类的仪书来规范子嗣的行为。韦诞在《叙志赋》中称“胤鸿烈之末流，蒙祖考之馀德。奉过庭之明训，纳微躬于轨则。勉四民之耕耘，遂能辩乎菽麦”，足见其家训对自己的教育作用。据《世说新语·巧艺第二十一》刘注引卫恒《四体书势》记载“‘诞善楷书，魏宫观多诞所题。明帝立凌霄观，误先订榜，乃笼盛诞，辘轳长絙引上，就使题之。去地二十五丈，诞甚危惧。乃戒子孙绝此楷法，著之家令’”[5]，知京兆韦氏著有《家令》。《三国志》裴注引杜恕著家戒称阁曰：“张子台，视之似鄙朴人，然其心中不知天地间何者为美，何者为好，敦然似如与阴阳合德者。作人如此，自可不富贵，然而患祸当何从而来？世有高亮如子台者，皆多力慕，体之不如也。”[6]从此记载可知杜陵杜氏亦有《家戒》之类的仪书。

南北朝时代，无论是滞留北朝的关辅世族，还是南渡的关辅世族，为了满足九品中正制的门选要求，确保家族的政治利益以及婚姻特权，逃避国家徭役，尤其是高自标赏，往往会积极修撰家谱等著述。[7]因此，这一时期出现了《京兆韦氏谱》二卷、《杨氏血脉谱》二卷、《杨

---

① 据《晋书·华廙传》“廙栖迟家巷垂十载，教诲子孙，讲诵经典。集经书要事，名曰《善文》，行于世”记载，知晋世另有同名之《善文》流传。

② 关于杜预《善文》的取材和性质，章太炎《太炎文录》卷一《文章杂论》认为是总集之始。而屈守元认为杂抄经史诸家，无以别与类书（参见邓国光《挚虞研究》，香港学衡出版社1990年版，第175—176页）。

③ 此书见于《三国志》裴松之注引，而不见于《隋书·经籍志》《旧唐书·经籍志》《新唐书·艺文志》。清人严可均认为《杜氏新书》即杜恕《笃论》，王力平《中古杜氏家族的变迁》已辨之，因此，是说不足信。

④ 魏征：《隋书》，中华书局1973年版，第977页。

⑤ 徐震堮：《世说新语校笺》，中华书局1984年版，第385页。

⑥ 陈寿：《三国志》，中华书局1959年版，第354页。

⑦ 参见来新夏、徐建华《中国的年谱与家谱》第二章“家谱的发展与演变”，中国国际广播出版社2010年版，第86—91页。

氏家谱状并墓记》一卷、《杨氏枝分谱》一卷、《杨氏谱》一卷、《北地傅氏谱》一卷[①]等家谱，据《世说新语》刘孝标注引，知南北朝时代京兆挚氏家族尚有《挚氏世本》一书。此书在唐初已轶，因此《隋书·经籍志》不录。另外，魏晋南北朝时代的关辅世族人物不仅著述本家族的家谱，而且研究其他家族的谱系，如京兆挚虞撰《族姓昭穆记》谱牒之书，《晋书·挚虞传》称："虞以汉末丧乱，谱传多亡失，虽其子孙不能言其先祖，撰《族姓昭穆》十卷，上疏进之，以为足以备物致用，广多闻之益。以定品违法。"[②] 再如，齐梁时代，北地傅昭著有《百家谱》十五卷。[③]

（四）百年转型：3—4 世纪关辅世族的文化习性

从学术文化和思想信仰的走向看，公元 3—4 世纪的百年，是两汉时代定为一尊的儒家经学文化破产和儒家精神信仰失效的百年，也是刑名学及其以庄老为核心的玄学应运而兴的百年。因此，可以说，公元 3—4 世纪的百年是中古时代文化转型的百年。这种转型首先表现为盛行于两汉时代的儒学精神信仰，在东汉后期的"党锢之祸"中回光返照之后，悲壮谢幕。[④] 士人心目中的核心价值观念开始从传统的儒家体系中游离出来，儒家精神信仰受到质疑。《世说新语·德行篇》"郭林宗至汝南"条下刘孝标注引司马彪《续汉书》："郭泰字林宗，……初有道君子征，泰曰：'吾观乾象、人事，天之所废，不可支也'。遂辞以疾。"[⑤] 郭林宗是难得的清醒者，不做无望的努力。这与他"处约味道，不改其乐"的思想有关。我们尚看不出郭林宗的思想与儒学精神有明显的断裂，但至少可见他在努力游离开儒家的精神信仰。年轻的曹操也是一个清醒者，《三国志·武帝本纪》裴注引《魏书》云："……先是大将军窦武、太傅陈蕃谋诛阉官，反为所害。太祖上书陈武等正直

---

① 以上六种，皆见魏征《隋书·经籍志》，中华书局 1973 年版，第 989 页。

② 房玄龄：《晋书》，中华书局 1974 年版，第 1425 页。

③ 《隋书·经籍志》记载：《百家谱》十五卷，傅昭撰（魏征：《隋书》，中华书局 1973 年版，第 989 页）。

④ 详见何满子《中古文人风流》的"第一品：汉末清议人物剪影"，花城出版社 2007 年版，第 1—79 页。

⑤ 徐震堮：《世说新语校笺》，中华书局 1984 年版，第 3 页。

而见陷害，奸邪盈朝，善人壅塞，其言甚切；灵帝不能用。是后诏书敕三府：举奏州县政理无效，民为作谣言者免罢之。……太祖疾之。是岁以灾异博闻得失，因此复上书切谏，说三公所举奏专回避贵戚之意。奏上，天子感悟，以示三府责让之，诸以谣言征者皆拜议郎。是后政教日乱，豪猾益炽，多所摧毁；太祖知不可匡正，遂不复献言。"① 曹操政治集团的崛起以及大力推行刑名之学，迅速填补了精神信仰世界的"黑洞"，结束了公元2世纪以来儒学世族名士"处士横议"的世风。正如王夫之《读通鉴论》所说的："东汉之中叶，士以名节相尚，而交游品题，互相持以成乎党论，天下奔走如鹜而莫之能之。桓、灵侧听阉竖，极致其罪以摧折之，而天下固慕其风而不以为忌，曹孟德心知摧折者之固为乱政，而标榜者之亦非善俗也，于是进崔琰、毛玠、陈群、钟繇之徒，任法课能，矫之以趋于刑名，而汉末之风暂息者数十年。"②

在学术思想文化大转型时代，关辅世族也不得不受时代精神的影响，家族文化习性发生了缓慢转变。由于关辅地域有着浓郁的儒家文化传统，这些世族在缓慢转型的过程中显得异常艰难，所经历的思想楚痛尤为剧烈。

公元3—4世纪的百年间，关辅世族受中古文化转型的影响，家族文化习性不得不有所调整。那些声名显赫的关辅世族迫于压力，开始寻求突破。如"四世三公"东京名族——弘农杨氏杨修，史称"修虽才子，渝我淳则"，这足以说明杨修开始放弃家族所秉承的儒学观念，凭借着自己出众的才华，投靠与父亲杨彪有隙的曹操帐下。当然，曹操"挟天子以令诸侯"，并未公开反对汉室。因此，杨修效力曹操，不必背负道德压力。但曹操毕竟恃其势，屡凌天子。因此，杨修难逃后世史家的指责。这也足以说明，杨修已经摆脱了儒学的思想桎梏，观念变得通脱自由。他的家族已经受到曹操的猜忌，父亲不得不称病引退，"彪见汉祚将终，遂称脚挛不复行，积十年"③。他为了改变家族式微的历史命运，不得不效命曹操。后来，杨修因介入曹丕与曹植争立储位，被

① 陈寿：《三国志》，中华书局1959年版，第3页。

② 王夫之：《读通鉴论》，中华书局1975年版，第317页。

③ 范晔：《后汉书》，中华书局1965年版，第1789页。

曹操杀害。事后，曹操致信给杨彪，进一步刺激被打击的杨彪。“曹公与杨太尉书论刑杨修云：‘操白：足下不遗贤子见辅，今军征事大，吾制钟鼓之音，主簿应掌，而贤子恃豪父之势，每不与吾同怀。念卿父息之情，同此悼楚。谨赠足下锦裘二领，八节银角桃枝一枚，官绢五百匹，钱六十万，四望通幰七香车一乘，青牸牛二头，八百里骅骝一匹，戎装金鞍辔十副，铃苞一具，驱使二人侍卫之。并遗足下贵室错彩縠罗裘一领，织成靴一量有心，青衣二人奉左右。所奉虽薄，以表吾意，足下便当慨然承纳，不致往返。’杨太尉答书云：‘彪白：小儿顽卤，常虑当致倾败，足下恩矜，延罪迄今；闻问之日，心肠酷裂！省览众赐，益以悲惧。’”[①] 另外，曹操卞夫人也致信杨彪夫人袁氏，“曹公卞夫人与太尉夫人袁书：‘卞顿首顿首：贵门不遗贤郎辅佐，方今戎马兴动，主簿股肱近臣，征伐之计，事须敬咨。官立金鼓之了，而闻命违制，明公性急，辄行军法。伏念悼痛酷楚，情不自胜。夫人多容，即见垂恕。故送衣服一笼，文绢一百匹，房子官绵百斤，私所乘香车一乘，牛一头。诚知微细，以达往意，望为承纳。’杨太尉夫人袁氏答书：‘袁顿首顿首：路歧虽近，不殿淹久，叹想之情，抱劳山积。小儿疏细，果自招罪戾，念之痛楚！明公所赐已多，又加重赍礼，颇非宜荷受，辄付往信。’”[②] 无论这信的真假与否，但能感知到曹操的狡辩、杨彪的痛楚、卞夫人的歉意以及杨彪夫人袁氏的哀痛。魏文帝曹丕登祚后，强迫已退居多年的杨彪担任光禄大夫。也许，在魏文帝的心里，想起当年与曹植争储，总抹不去对杨修的忌恨之情吧。

何况那些已经在东汉式微的关辅家族，他们更容易接受新思想，更容易认同新的政治势力。如杜陵杜畿，成为曹操集团的股肱之臣。再如北地傅干的父亲傅燮因马腾倒戈，被围汉阳而死，按照传统观念，傅干与马腾有不共戴天之仇。傅干受了“诸方棋峙，乘时之上，颇慕纵横，骋词之风”[③] 的影响，曾辗转马腾等集团之间，成功地说服马腾拒袁联曹。这也足以说明傅干思想观念的自由。在各种政治军事集团对峙下，

---

① 殷芸编撰：《殷芸小说》，上海古籍出版社 1984 年版，第 91—92 页。

② 同上书，第 92—93 页。

③ 刘师培：《中国中古文学史》，人民文学出版社 1959 年版，第 11 页。

傅干投奔曹操帐下，为其效命。其族兄傅巽在李傕、郭汜乱关中时避难荆州，后投奔曹操集团。“儒学为主、兼杂纵横”是汉末建安时代北地傅氏家族的文化习性。魏晋玄风兴起，河南一带不少士族纷纷变为玄学名士，逐步成为魏晋门阀士族中的新贵族，关辅世族也受到时代新学术思想的影响，渐染玄风（如弘农杨氏杨修之孙杨准虽外任冀州刺史时，“纵酒，不以官事为意，逍遥卒岁而已”。其子杨乔、杨髦等也以玄学之神鉴高韵著称）。

由于两汉时代关辅一带就是全国学术文化中心（即使在政治中心东移的东汉时代，长安仍不失为学术文化重镇，出现马融、贾逵、李育、赵岐等关中著名经学家），关辅家族因此培养出了浓厚的儒学家风、家学。这些家族子嗣在魏晋百年间的文化转型中，沿袭两汉之际的路数——内修儒学、“尚经术”，来应对文化转型。京兆韦氏中的太仆韦端与名儒孔融交好，可见其儒学修养很高。西晋十六国时代，韦氏出现了又一儒林人物韦谀。“著《伏林》三千余言，遂演为《典林》二十三篇。凡所述作及集记世事数十万言，皆深博有才义。”[①] 杜陵杜恕在仕途受阻后，留意著述，著有《体论》八节，又著《兴性论》一篇。杜恕弟弟杜理“少而机察精要”[②]，杜恕弟弟杜宽“清虚玄静，敏而好古。以名臣门户，少长京师，而笃志博学，绝于世务，其意欲探赜索隐。由此显名，当途之士多交焉。举孝廉，除郎中。年四十二而卒。经传之义，多所论驳，皆草创未就，惟删集《礼记》及《春秋左氏传》解，今存于世”[③]。西晋时期，杜氏家族终于出现了学问渊深的杜预，杜预“博学多通，明于兴废之道，常言：‘德不可以企及，立功立言可庶几也。’”[④] 杜预不仅修订贾充等所制的律令，而且精研《左传》，“既立功之后，从容无事，乃耽思经籍，为《春秋左氏经传集解》。又参考众家谱第，谓之《释例》。又作《盟会图》、《春秋长历》备成一家之学，比老乃成。又撰《女记赞》。”[⑤] 在魏晋玄学风靡之际，杜预重

① 刘师培：《中国中古文学史》，人民文学出版社 1959 年版，第 2361 页。

② 陈寿：《三国志》，中华书局 1959 年版，第 508 页。

③ 同上。

④ 房玄龄：《晋书》，中华书局 1974 年版，第 1025 页。

⑤ 同上书，第 1030—1031 页。

视儒学经典《左传》的研究，十分难得。长安挚虞是西晋时代有名的礼学家，十分重视礼制研究。《晋书》说：“自元康以来，不亲郊祀，礼仪弛废。虞考正旧典，法物粲然。”[①] 挚虞还重视礼制建设，曾参加讨论《新礼》。“元康中，……时荀觊撰《新礼》，使虞讨论得失而后施行。”[②] 挚虞在给杜预的书信中探讨了葬礼制度。“元皇后崩，杜预奏：‘谅暗之制，乃自上古，是以高宗无服丧之文，而唯文称不言。汉文限三十六日。魏氏以降，既虞为节。皇太子与国为体，理宜释服，卒哭便除。’虞答预书曰：‘唐称遏密，殷云谅暗，各举事以为名，非既葬有殊降。周室以来，谓之丧服。丧服者，以服表丧。今帝者一日万机，太子监抚之重，以宜夺礼，葬讫除服，变制通理，垂典将来，何必附之于古，使老儒致争哉！’”[③] 挚虞所著《族姓昭穆》十卷，成为研究士族谱牒的最早资料。魏晋时代的关辅世族以儒学为主，对京洛一带的玄学多有抵触，以傅氏家族为代表。傅嘏是当时著名的名理学家，主张“才性同”。《世说新语·文学篇》载，“钟会撰《四本论》始毕”条，刘孝标注引《魏志》：“四本者，言才性同，才性异，才性合，才性离也。尚书傅嘏论同……”[④] 傅嘏与正始玄学名士交恶，对玄学隔膜较大。傅嘏的学术态度在一定程度上影响了傅玄。傅玄在《掌谏职上疏》中猛烈地批判玄学：“近者魏武好法术，而天下贵刑名，魏文慕通达，而天下贱守节，其后纲维不摄，而虚无放诞之论盈于朝野，使天下无复清议，而亡秦之病复发于今。”[⑤] 傅玄著有《傅子》一书，王沈评价说：“言富理济，经纶政体，存重儒教，足以塞杨、墨之流遁，齐孙、孟于往代。”[⑥]

因此，从3—4世纪的百年间看，关辅世族依然坚守着旧有的儒学经术思想，由于儒家经术之学，早已失去了思想的创造力，成为板结的思想僵土，因此，关辅世族不可能出现像王弼、何晏这样一流的哲学思

---

① 房玄龄：《晋书》，中华书局1974年版，第1426页。

② 同上。

③ 同上。

④ 徐震堮：《世说新语校笺》，中华书局1984年版，第106页。

⑤ 同上书，第1317—1318页。

⑥ 同上。

想家，开出绚烂的思想花朵，结出丰硕的哲学果实。这也使得关辅世族失去了成为魏晋新门第的机会。从汉魏南北朝八百年的历史长河看，正是3—4世纪的百年间，关辅世族经历了思想文化的转型，积累了一定的经验。尤其是这一百年来，关辅世族依然恪守儒学家风家学，才使得家族子嗣不像魏晋新门第子弟那样迅速地腐败不堪。这些家族在4世纪初，经历了中古社会出现的空前动荡——五胡乱华，铁骑肆虐，又进入新的一轮文化转型的漩涡——由崇文转为尚武。关辅世族无论南渡还是居北土，转变为军功世族，都深刻地影响了东晋南北朝的政治走向，尤其是北朝的关辅世族，最终汇入了关陇军事集团，为结束东汉末年以来长达八百年的分裂局面，实现国家一统，发挥了巨大的政治作用。同时，在3—4世纪的百年间，关辅世族所秉承且薪火相传的儒学传统，被五胡十六国乃至北朝的少数民族政权所看重，对加速中古民族文化融合起到了极大作用。

三　关辅世族文学观念演进与百年关捩

（一）汉魏六朝关辅世族文学观念的演进

如前所述，所谓文学观念，是指对文学本体、文学文体及文学功能的认知，文学观念支配着文学家的文学实践。然而，这些观念是在不同时代中不断建构出来的。汉魏南北朝的八百年间，是中古文学观念转变与建构最为剧烈的时代。两汉时代，文学观念虽有发展，但远不够清晰。梁道礼先生指出："先秦两汉时代，形成了一套以《诗经》在政治、教化实践中究竟起到什么样的作用为中心问题的'诗学'。……在两汉，'诗学'则是儒学中的一个分支。先秦诸子和两汉儒学，各有其独特的思想信仰、理论兴趣、操作规范，它们有力地操纵着先秦两汉人的文学认识。……在先秦两汉，文学（'诗'）是以其社会功利性的一面（教化手段、知识系统），才成为思想、学术中的亮点。随着文学（'诗'）成为思想、学术的亮点，文学自身的问题，却被这一'亮点'造成的阴影轻松地遮掩过去。"① 随着魏晋儒学的衰落，文学才从"经

① 《思想与方法——南北朝文论概说》（未刊稿），系梁道礼先生的讲义。

籍著述”的经学观念中摆脱出来，逐步自觉起来。汉魏南北朝时代，关辅世族的文学观念也经历了同样的转变。

具体而言，两汉时代，作为服膺儒学的关辅世族，受先秦时代文化观念的影响，依然秉承“经籍著述”的大文学观念。西汉时代，作为熟谙文案的弘农杨氏杨敞以“吏事”为务，今仅见公务性的疏奏之类。这些公务性的疏奏中完全贯穿着“以经术润饰吏事”的思维方式。杨敞之子杨恽著有文学名篇——《报孙会宗书》，其文称：“家本秦也，能为秦声。妇，赵女也，雅善鼓瑟。奴婢歌者数人，酒后耳热，仰天拊缶而呼乌乌，其诗曰：‘田彼南山，芜秽不治。种一顷豆，落而为萁。人生行乐耳，须富贵何时！’是日也，拂衣而喜，奋袖低卬，顿足起舞……”[①] 即使如此，也不意味着杨恽具有清晰的文学观念，这不是“有意为文”，而是在朋友的刺激下抒发被抑郁的情感而已，如其外祖父司马迁《报任安书》一样，是“皆意有所郁结，不得通其道”的产物。东汉时代，弘农杨氏以“明《经》通《传》”和“笃志教育”为业，成为著名的儒家经学家族，弘农杨氏致意于经术政治，不复留意为文。因此，在文章方面乏善可陈。杨震在遗言中称他的遗憾是，不能诛杀“奸臣狡猾”，不能禁止“嬖女倾乱”。杨震著有最早的地方志性质的《关辅古语》，可见他秉承的是“经籍著述”的观念，而且弘农杨氏公开批判辞赋、艺文等。如杨赐上疏，批判灵帝的“鸿都门学”。再如两汉时代的杜陵杜氏，西汉杜周、杜延年父子明刑律，所定《大杜律》《小杜律》知名一时。这在当时被称为文学之家。因为按照西汉人的理解，刑律之学属于文学，《史记·太史公自序》曰：“汉兴，萧何次律令，韩信申军法，张苍为章程，叔孙通定礼仪，则文学彬彬稍进。”[②] 杜钦受经学思潮的影响，变刑律世家为经学世家，因此，家族文化教育缺乏带有词章意义的文辞训练。直到东汉杜笃的出现，说明杜陵杜氏的辞赋水准得到了提高。京兆韦氏家族从西汉初期就是诗书世家，韦孟为楚王戊的太傅。后来，韦孟迁居邹城，深受先秦儒家文化的熏陶，其后世子嗣韦贤为“邹鲁大儒”。无论韦孟的《讽谏诗》还是韦玄成的《自

① 班固：《汉书》，中华书局 1962 年版，第 2896 页。

② 司马迁：《史记》，中华书局 1982 年版，第 3319 页。

劾诗》，都是以儒学或经学为内核的，韦贤与韦玄成的文章也多是疏奏之类的公文。韦氏子孙热衷教授、著述，如东汉时代韦彪以教授为业，著有《韦卿子》。甚至到西晋十六国时代，京兆韦谀“雅好儒学，善著述，于群言秘要之义，无不综览”[①] “著《伏林》三千余言，遂演为《典林》二十三篇。凡所述作及集记世事数十万言，皆深博有才义”[②]。东汉后期，北地傅燮“少师事太尉刘宽”，学习经学。东汉中期，京兆挚恂教授儒学，培养出东汉著名经学大师马融等。由此可见，两汉时代的关辅世族热衷经学和经籍著述事业，而对文章、辞赋较为淡漠。即使有文章撰述，也是经国致用的疏奏文字。

汉末建安时代，随着士人儒学精神信仰的失落，刑名之学以及玄学的兴起，出现了“人的自觉”，这里所谓的“人”，不是普通的士人，而是士族个体人格的自我觉醒，引发了情感世界的自觉，势必引发抒情文学观念的自觉。魏晋士族对文学本体的理解不同于以往时代，文学成为士族个体人格和情感世界的体现，而不再是“体国经野”之外在功能。关辅世族也感受到时代精神的变化，但他们积势难返的儒学文化习性，使得文学观念更新远不及京洛一带的文士。3—4 世纪的百年间，关辅世族出现了“高视上京”（曹植语）著名的文士杨修，刘勰《文心雕龙·时序篇》曰：“建安之末，区宇方辑。……于叔、德祖之侣，傲雅觞豆之前，雍容衽席之上，洒笔以成酣歌，和墨以藉谈笑。”[③]《后汉书·杨震传附杨修传》曰：“（杨）修所著赋、颂、碑、赞、诗、哀辞、表、记、书凡十五篇。”[④] 杨修不仅是弘农杨氏家族中的文士，而且在建安文学史上也占有一席之地。杜陵杜氏也出现了创作“贵道家之言”的五言诗人杜预。钟嵘《诗品》“下品”有“晋骠骑王济、晋征南将军杜预、晋廷尉孙绰、晋征士许询”条，曰：“永嘉以来，清虚在俗。王武子辈，诗贵道家之言。爰洎江表，玄风尚备。”[⑤] 在钟嵘看来，杜预的“贵道家之言”诗是东晋玄言诗潮的滥觞。杜预喜欢五言诗体，并

---

① 房玄龄：《晋书》，中华书局 1974 年版，第 2361 页。

② 同上。

③ 范文澜：《文心雕龙注》，人民文学出版社 1958 年版，第 673 页。

④ 范晔：《后汉书》，中华书局 1965 年版，第 1790 页。

⑤ 陈延杰：《诗品注》，人民文学出版社 1961 年版，第 60 页。

试着从事五言诗创作，这意味着文学观念出现了重大转变。其意义我们在第二章“杜陵杜氏的文学观念”中已分析过了，此处不再赘述。京兆韦氏家族在两汉时代，受先秦《诗经》四言诗体的沾溉，较少受楚辞风格的影响，出现了“轻辞赋而重诗教”的观念倾向，直到东汉末年至曹魏时代，才出现一位知名的辞章家韦诞。韦诞虽称不上是“握灵蛇之珠”的著名文士，但对京兆韦氏家族来说意义非凡，标志着京兆韦氏更新了传统的文学观念，开始涉足辞赋创作。西晋时代，北地傅氏家族出现了傅玄、傅咸等著名文士，京兆挚氏家族出现了著名文士以及理论家挚虞，他们在魏晋文学史和文学理论史上占有一席之地。这为南北朝时代关辅世族“重文史”之文学奠定了基础，更为隋唐时代“崇艺文”的文学观念作出了必要尝试。

经历了南北朝战乱与文化融合之后，关辅世族逐步在“重文史”观念中培育出“崇艺文”的文学观念。为何能从“文史”中培育出“崇艺文”的观念呢？因为魏晋以来，人们所理解的“文章”已不同于先秦两汉时代所谓的“文章”，不再指文明社会中的器物纹饰所呈现出的礼乐精神以及制度规范等广义的文化，而主要指精心连缀的、能独立成篇的、篇幅相对较短的精神性文辞。正如刘邵《人物志·流业》所说的：“能著文著述，是谓文章。司马迁、班固是也。”① 他认为史学家司马迁、班固等人是文章流业的代表人物。因此关辅世族找到了通往“著辞比事”性质的“文章”路径，这些家族人物在崇尚武风中能兼涉文史。如南北朝时代的京兆韦氏取得了显赫军功，同时能兼涉文史，如韦孝宽、韦睿等人。正因为保持着浓厚的文史兴趣和良好的文化传统，京兆韦氏子弟在唐代大兴科举的崇文偃武风气下，游刃有余地适应现实，与时俱进，与寒素、山东士族及南方文学士族展开了争夺竞赛。②南北朝时代，杜陵杜氏家族虽偏于经史之学及崇尚军功，但到隋唐“以诗取士”的科举制度洗礼之后，杜陵杜氏家族转变为文学士族。杜预后嗣——襄阳杜氏中出现了杜易简、杜审言。盛唐时代，杜氏家族出

① 刘邵：《人物志》，《诸子百家丛书》，上海古籍出版社 1990 年版，第 10 页。

② 参阅李浩《唐代关中士族与文学》（增订本），中国社会科学出版社 2003 年版，第 98 页。

现了顶尖级的大诗人杜甫，杜甫以“诗是吾家事”勉励儿子，并教育儿孙“熟知《文选》理”。中唐时代，杜陵杜氏出现了被白居易誉为“诗家律手”和被韩愈称赞“清文玉绝瑕”的文士杜元颖。晚唐时代，又出现一位文学家杜牧。[①] 晚唐五代，出现了著有《神仙感遇记》的小说家杜光庭。在傅玄、傅咸的文学感召下，南北朝北地傅氏家族出现了一度改变东晋文风、奠定刘宋文风的文学家傅亮以及词理优洽、文无加点的文士傅绛。

综上所述，在汉魏南北朝近八百年中，关辅世族的文学观念从“经籍著述”一变而为“尚文史”，再逐步转变为“崇艺文”。当然，这种转变在这八百年间，始终是“未完成性的”，其最终完成要经过隋唐时代科举制度的洗礼。这八百年间，关辅籍文士虽代不乏人，但没有出现真正意义上的一流文学家。直到唐代杨炯、杜审言、杜甫、杜牧、韦应物、韦庄等一流文学家大放光芒，才显示出汉魏南北朝关辅世族文学转变的伟大意义。

（二）汉魏六朝关辅世族文学观念的特质

如前所述，关辅世族在汉魏南北朝八百年的历史长河中，对文学的本体、功能、文章体势以及前代文学图景的认知发生着缓慢的转变，这种转变肇始于汉魏之际。在极为缓慢的转变中又呈现出相对稳定的、极具特质性的文学观念。

1. 重文章。西汉时代的关辅世族以儒学为旨归，自然重视儒家所提倡的礼乐制度，或礼乐文章。而魏晋南北朝以来的关辅世族不仅留意儒家经学，更留心史学，自然与那种“属辞比事”的“文章”相亲，养成重视文章的观念，回应了魏晋时代“文学自觉”的潮流。

关辅世族文士重视文章事业的运思方式各异。具体而言，弘农杨修看重文章的记述功能，“铭功景钟，书名竹帛，此自雅量，素所蓄也”（《答临淄侯笺》语）。将文章事业与经国大业同等对待。曹植《与杨德祖书》中一再称“辞赋小道，固未足以揄扬大义，彰示来世也”，并述自己的志向，“犹庶几戮力上国，流惠下民，建永世之业，流金石之

---

① 吕卓民：《长安韦杜家族》，西安出版社 2005 年版，第 178—183 页。

功，岂徒以翰墨为勋绩，辞颂为君子哉？”杨修在《答临淄侯笺》中对“圣善之教”的“经国之大业”与文章有清晰的观念区分，他说：“伏惟君侯，少长贵盛，体发、旦之资，有圣善之教。远近观者，徒谓能宣昭懿德，光赞大业而已，不复谓能兼览传记，留思文章。今乃含王超陈，度越数子矣。”① 杨修称：“若乃不忘经国之大美，留千载之英声，铭功景钟，书名竹帛，此自雅量，素所蓄也，岂与文章相妨害哉？”这足以说明，杨修将经国大业与文章相提并论，置于同样的高度，且先鸣于曹丕《典论·论文》。

而杜陵杜氏杜笃、杜预以及京兆韦诞自觉认同辞赋以及新兴五言诗体，重视文章事业。杜陵杜氏家族在东汉前期就出现了爱好辞赋的文学家杜笃，改变了西汉时代家族“重经术、轻辞赋”的观念。杜笃早年对辞赋等文章极为重视，积极著文训练，在狱中所作《大司马吴汉诔》，才会因“辞最高”，为汉光武帝所赞美，从而免牢狱之灾。杜笃的《论都赋》誉美后世，这也许与刑律世家子弟良好的文字修养有关。然而，杜笃沿袭扬雄“诗人之赋丽以则，辞人之赋丽以淫”的经学路数，看重的是辞赋的讽谏意义和政治功能。真正重视抒情性文章，应到西晋杜预时代，杜预受到魏晋五言诗风的感染，尝试五言诗的创作。他的五言诗进入南朝钟嵘的品评之列，这说明他已有相当的水准。汉魏之际，京兆韦氏家族也改变了“重儒学、轻辞赋”的固有观念，出现了颇善诗赋和书法艺术的著名文士韦诞。据《文选·别赋》注中辑录的“旨酒盈金觞，清颜发光华”的句诗看，韦诞曾做过五言诗。这足以说明汉魏之际韦诞已改变先祖所熟悉的《诗经》的四言体式，向时尚的五言诗体进军。

京兆挚虞则是从“宇宙本体”和“政教伦理本体”两个维度推崇文章的地位的。挚虞在《文章流别论》中总论文学曰：“文章者，所以宣上下之象，明人伦之序，穷理尽性，以究万物之宜者也。”这已经将文章与《周易》思想联系起来，试图建构文章的宇宙本体观念。其意义在于为文章找到了除政教之外的存在意义。邓国光认为：“由是，文章亦无所倚重于政教，而得以独立发展，此乃魏、晋文学自觉意识之流

① 严可均：《全上古三代秦汉三国六朝文·后汉文》，中华书局1958年版，第757页。

露也。"[①] 正是因为文章能"宣上下之象"，才能"穷理尽性"。挚虞"以究万物之宜者也"论文学之功用，把运用"文辞、事类"等符号体系的文学（章）与运用"阴阳二爻"等符号体系的卦象相类比，揭示了文学的地位和价值。既然文章能揭示自然万物存在之"理"，能尽自然万物之本性，那么，亦能"明人伦之序"，起到教化作用。这绝非是装点门面的虚词浮说，挚虞标举此用，齐同政教，与曹丕《典论·论文》一样，旨在抬高文学的地位。

另外，关辅世族文士还通过编撰文集和撰述文士传等方式来强调文章的重要性。韦诞曾在魏文帝曹丕时代参与中国第一部类书《皇览》的编撰工作，姚振宗《三国志·艺文志》卷三："魏文帝《皇览》千余篇……《太平御览》六百一引三国《典略》曰：祖珽等上言，昔魏文帝命韦诞诸人撰著《皇览》……《玉海·艺文》曰：类事之书始于《皇览》，韦诞诸人撰。"[②] 杜陵杜预曾编撰过类书性质的《善文》，京兆挚虞不仅编撰了《文章流别集》等，还著述过文士传性质的《文章志》。北地傅玄集古今之"七"体，并署名为《七林》。其后嗣傅亮撰有《续文章志》的著述。

2. 尚情志。由于两汉崇尚经学，世族阶层重视道德生命与功名事业等。如东汉时代，弘农杨赐批判"鸿都门学"，认为书法、音乐、绘画、辞赋等艺术，与经世致用无关，属于小道末技；认为"无行趣势之徒"的艺术家，"喜陈方俗闾里小事"，与促发道德生命无涉。且不辨是非，与阉竖之人沆瀣一气，借势而上。而魏晋南北朝时代，儒家经学知识信仰破产，门阀士族重个人生命、人格自觉。[③] 因此，在文学艺术方面表现为"尚情志"。此时的"情志"，已不是先秦两汉时代群体性的、具有讽谏性、话语权意义的"志"、"风人之致"，而变为门阀士族个体的思想、情感、精神、人格乃至风神气韵等。关辅世族文士无论在理论建构还是在文学创作上，都呈现出"尚情志"的倾向。

在理论建构上，弘农杨修、京兆挚虞等提倡"情志"文学观念。

---

① 邓国光：《挚虞研究》，香港学衡出版社 1990 年版，第 203 页。

② 参阅陆侃如《中古文学系年》，人民文学出版社 1985 年版，第 436 页。

③ 参见李泽厚《美的历程》中的"魏晋风度"，中国社会科学出版社 1989 年版，第 81—101 页。

弘农杨修在《答临淄侯笺》中提出“非夫体通性达，受之自然，其孰能至于此乎”的观点，似乎与“情志”文学观念与关。但细思之，所谓“非夫体通性达，受之自然”，乃是指先天的气质，这是情志的根本。刘勰《文心雕龙·体性篇》曰：“才力居中，肇自血气。气以实志，志以定言；吐纳英华，莫非情性。”① 可见，情志与气质表里相符。杨修运用此理论解释了曹植虽“不复谓能兼览传记，留思文章”，却达到了“含王超陈，度越数子”的效果。可以说，杨修成为“文以气为主”（曹丕《典论·论文》）的先声。京兆挚虞则通过文学记忆的建构确立了“情志”文学观念，挚虞在《文章流别论》中说：“古之作诗者，发乎情，止乎礼义。情之发，因辞以形之；礼义之指，须事以明之。故有赋焉，所以假象尽辞，敷陈其志。古诗之赋，以情志为主，以事类为佐；今之赋，以事形为本，以义正为佐。情义为主，则言省而文有例矣；事形为本，则言富而辞无常矣。”挚虞强调古诗是以“情志为本”的。挚虞认为赋是从古诗中衍化而来的，提出“古诗之赋，以情志为主，以事类为佐”。此问题在第五章论述已详，不再赘述。

在创作倾向上，弘农杨修，京兆韦诞，北地傅玄、傅亮皆有“尚情志”的观念。作为关辅籍的文士杨修，成为邺下文学集团的知名文学家。他之所以“高视上京”“傲雅觞豆之前，雍容衽席之上，洒笔以成酣歌，和墨以藉谈笑”②，应该与他贵介公子通脱潇洒的才情有关。汉魏之际，京兆韦氏著名文士韦诞在《叙志赋》一文所叙之“志”，已不是“风人之致”，而是久处大位，却“微奇功以佐时，徒旷官其何为”的自责之情和逊退之志。魏晋时代，北地傅氏著名文学家傅玄，自觉认同并主动选择建安文学来建构自己的文学观念。他沿着建安诗人的乐府诗方向，继续开掘乐府的“抒情”功能，创作了大量的乐府诗作，如《惟汉行》《秋胡行》二首、《秦女休行》《艳歌行》《西长安行》《美女篇》《有女篇》《苦相篇》《明月篇》《历九秋篇》《放歌行》《短歌行》《白杨行》等。傅玄还将耿介、慷慨之气融入深情（盛世之情）之中，既创作了《惟汉行》、《长歌行》等脍炙

---

① 范文澜：《文心雕龙注》，人民文学出版社1958年版，第506页。

② 同上书，第673页。

人口的诗篇，也创作出充满盛世之情的郊庙诗歌，如《晋郊祭歌五首》《晋天地郊明堂歌五首》《晋宗庙歌十一首》《晋四厢乐歌三首》《晋鼓吹曲二十二首》等。叶德辉称赞："至其诗赋杂辞，皆以行气为主，即无两汉高格，终不入六朝纤靡之径。"（清叶德辉辑《傅玄集》的叙语）晋宋之际，傅玄的后世子嗣傅亮，也是颇善诗赋的文学家。傅亮著有《演慎论》，侧重流露忧惧与审慎的精神层面。其文"用典入化，故能活而不滞，毫无痕迹，潜气内转，句句贯通"（刘师培语）。傅亮所演之"慎"，虽不同于先祖的"强直"和"刚简"，倒有几分阮籍"至慎"的味道。他为了提升家族的政治位势，自觉汲取传统智慧，养成审慎的处世态度。另外，傅亮著有《感物赋》，借"飞蛾投火"意象，阐发人生体验，抒发忧惧之情。尤其，傅亮以创作的方式，生动地诠释了"物感说"诗学理论，成为从西晋陆机到齐梁钟嵘、刘勰等"物感说"发展链中的重要一环。傅亮也有五言诗创作，如《道路赋诗》三首，已不同于东晋"平典似《道德论》"的玄言诗风，与西晋"缘情"诗风相近，在某种程度上具有变革东晋以来"清虚恬淡"玄言诗风的意义。

3. 主宗经。如前所述，汉魏南北朝时代的关辅世族虽受时代新风的影响，但其家族文化习性仍以儒家经史之学为主。因此，在文学观念上，多主"宗经"。

弘农杨修的文学观念中也有明显的"宗经"意识。他在《答临淄侯笺》中明确称："今之赋颂，古诗之流，不更孔公，风雅无别耳。"他认为汉魏之际的赋颂是从古诗中衍化发展出来的，与周公、孔子儒学以及《诗经》风雅之什并无区别。也就是说，今之赋颂应宗尚儒家诗学之风雅精神。而且，他在《司空荀爽述赞》一文中表彰荀爽"砥心《六经》，探索道奥，瞻乾坤而知阴阳之极，载而集之，独说十万余言"。从某种程度上可以说，杨修是十分看重儒家经典的。

西晋时代，杜陵杜氏家族出现了"左传癖"的杜预，他总结《左传》文辞的特征提出"微而显""志而晦""婉而成章""尽而不污""惩恶而劝善"等"五体"之说。不仅首次重视《左传》的文学价值，也启发了刘勰的"宗经"文学思想。刘勰《文心雕龙·宗经篇》曰："《书》标七观，《诗》列四始，《礼》正五经，《春秋》五例。义既极乎性情，辞亦匠语文理。"[①] 如果说刘勰是从文学向经典的逆向追溯的话，那么杜预则是从经典向文学的顺向递推，打开了文章著述的大门。

魏晋时代的北地傅氏家族，素有"重儒教"的学术传统。因此，傅玄形成了"宗经"的文学观念。傅玄在《傅子》中曰："《诗》之雅、颂，《书》之典、谟，文质足以相副，玩之若近，寻之若远，陈之若肆，研之若隐，浩浩乎其文章之渊府也。"（见《太平预览》卷五九九引《傅子》文）傅玄要求作家尊崇、玩味、研读儒家经典如《诗》之雅、颂，《书》之《尧典》、《皋陶谟》等，认为经典具有"文质足以相副"的特征，是文章的"渊府"。与陆机说的"倾群言之沥液，漱六艺之芳润""游文章之林府，嘉丽藻之彬彬"如出一辙。"傅玄偏偏挑选'《诗》之雅、颂，《书》之典、谟'作为称美对象，就是从内容纯正、风格典雅的意义上考虑'正言'、'盛德'的圣人之政的。这种评论标准也一直为儒家士大夫津津乐道。"[②] 可以说，傅玄的"宗经"思想是从荀子到刘勰的"宗经"链上的必要一环。其子傅咸在文学创作上也表现出明显的"宗经"意识，《晋书》时臣称傅咸"虽绮丽不足，而言成规谏"，并引用时人颍川庾纯的言论，证明之。"颍川庾纯常叹曰：'长虞之文近乎诗人之作矣！'"[③] 傅咸诗作能近乎《诗经》风致，这足以说明，他以《诗经》为宗。所谓"言成规谏"，即是傅咸一生崇信儒学，宗经尊典，力求在文章中彰显文学的政教伦理功能。安朝辉论道："傅咸重视儒家经典，出于个人求知受教的需要及娱乐消遣的用意，并有触发写作，甚至改良社会风气的愿望。《烛赋序》写到，'讲三坟，论五经。高谈既倦，引满行盈。乐饮今夕，实慰我情！''三坟'指伏羲、神农、黄帝之书，'五经'则是《诗》、《书》、《礼》、《易》、《春秋》五部著作，作者夜晚谈论圣人之书，作为消遣、自慰的方式。傅咸《青蝇赋》又曰：'幸从容以闲居，且游心于典经。览诗人之有造，刺青蝇之营营。'这是说作者闲

① 范文澜：《文心雕龙注》，人民文学出版社 1958 年版，第 21 页。

② 魏明安、赵以武：《傅玄评传》，南京大学出版社 1996 年版，第 291 页。

③ 房玄龄：《晋书》，中华书局 1974 年版，第 1323 页。

居时阅读儒家典籍，然后提到《诗经·小雅·青蝇》的，由此发感进入正题。作者把‘典经’当做日常必修的功课，常读常思，化为了激发写作的因素。”[①] 这就充分说明傅咸文学创作是宗尚儒家经典的。傅咸《孝经诗》《论语诗》《毛诗诗》《周易诗》《周官诗》《左传诗》等集句诗，便是玩味经典的产物。傅咸不仅宗述儒家经典之理念精神，而且模拟《诗经》四言语式，以至于使诗写的类同书钞，索寞无味。[②] 也许，傅咸真正关心的是诗的“箴诫”意义，并非绮丽可喜，这些都因“宗经”意识而促发。

4. 求通变。受两汉时代“通经致用”思维模式的影响，魏晋南北朝的关辅世族往往立足现实、关注现实，将“宗经”视为寻求批评现实的话语资源，求通古今之变。因此，在文学上形成了求“通变”的意识。

如前所述，北地傅玄强调玩寻陈研“《诗》之雅、颂，《书》之典、谟”，同时在文学创作上也强调“通变”。傅玄《桔赋序》曰：“诗人睹王雎而咏后妃之德，屈平见朱桔而申直臣之志焉。”（《全晋文》卷四五）所谓“屈平见朱桔而申直臣之志焉”，即有“通变”之意。按刘勰的解释，是“风雅寝声”后“郁起”的“奇文”，是“宗经”基础上发生的“通变”，即所谓“变乎骚”。这一变化的显著标志是由咏颂王政盛德转而申抒个人怨恨之志，傅玄是肯定屈原辞赋的这一“通变”现象的。[③] 傅玄创作了大量的乐府诗，充分肯定相和俗乐的娱乐功能，说明傅玄文学观念中有趋新好俗的成分，即是“通变”之体现。傅玄辑录七制赋体，并提出“引其源而广之”的观点，这便是后来刘勰在《文心雕龙》中所标举的“通变”意识。当然，刘勰是以研究者的身份来对待的，他所谓的“通变”意识，更主要从阅读者的角度分析的。而傅玄主要从创作者的角度研究七制赋作的目的，在于如何创作出更好的作品。傅咸创作的《孝经诗》《论语诗》《毛诗诗》《周易诗》《周官诗》《左传诗》等，其现实意义也是显而

---

① 安朝辉：《论傅咸的文学思想》，《文艺评论》2011 年第 10 期。

② 参见徐公持《魏晋文学史》，人民文学出版社 1999 年版，第 272 页。

③ 魏明安、赵以武：《傅玄评传》，南京大学出版社 1996 年版，第 293—294 页。

易见的。“以集句诗批评现实，不是一个简单的文字游戏，也不是单纯的道德说教，更应该是借重古代经典，来批判改变现实的一种手段。”[1] 京兆挚虞辑录古文章，编撰《文章流别论》，恐怕有建构文学史图景，寻找介入文学现实批评的理论资源的意义。挚虞按照不同的文体选录古文章，辨析各种文体的源流发展，体现了“通其正变”的文学观念。第五章论之已详，不再赘述。

5. 贵批评。汉魏南北朝时代，关辅世族文士不但重视文章撰述，而且贵批评实践。

杨修与曹植书信往来，谈论文艺。杨修《答临淄侯笺》具有批评理论上的意义，前已揭之。据《三国志·魏书·王粲传》裴注引《魏略》：“鱼豢曰：寻省往者，鲁连、邹阳之徒，援譬引类，以解缔结，诚彼时文辩之俊也。今览王、繁、阮、陈、路诸人前后文旨，亦何昔不若哉？其所以不论者，时世异耳。余又窃怪其不甚见用，以问大鸿胪卿韦仲将。仲将云：‘仲宣伤于肥戆，休伯都无格检，元瑜病于体弱，孔璋实自粗疏，文蔚性颇忿鸷，如是彼为，非徒以脂烛自煎糜也，其不高蹈，盖有由矣。然君子不责备于一人，譬之朱漆，虽无桢干，其为光泽亦壮观也。’”[2] 韦诞在鱼豢的追问下“历诋群才”，其批评为刘勰《文心雕龙·知音》所提及。北地傅玄曾“集古今‘七’而论品之，署曰《七林》”（《艺文类聚》卷五七），可惜，《七林》这样的分体文学总集兼批评性质的作品已佚失。在傅玄的《七谟》序中还可窥其一斑。傅玄在此序中历述“七”制辞赋的源流及发展脉络，评点主要作品的优劣，如以为傅毅《七激》“未尽善也”，张衡的《七辨》称不上“工”，王粲《七释》称不上“妙”。并且批评这些作品的风格，认为崔骃《七依》具有“卓轹一致”的特点，张衡《七辨》具有“缠绵精巧”的特点，曹植《七启》有“奔逸壮丽”的特点，王粲《七释》有“精密闲理”之美，开拓了刘勰《文心雕龙·杂文》中“七”制文章批评规模。

傅玄还谈论演连珠体，傅玄在《连珠·序》中不仅解释了“连珠”

---

① 马黎丽：《傅咸诗歌刍议》，《江淮论坛》2010 年第 4 期。

② 陈寿：《三国志》，中华书局 1959 年版，第 604 页。

体起源和发展，解释了“连珠”命名的原因及文体特征，还批评了一些作家作品的风格和艺术得失。因此，该篇序言也成为魏晋文学批评的典范。傅玄已经开启了刘勰的“原始以表末，释名以章义，选文以定篇，敷理以举统”的先声。[①] 傅玄承认“连珠”体的美质——“可悦”，这突破了“兴、观、群、怨”的单一政教功能，且先鸣于刘勰、沈约。傅玄还批评了张衡的《四愁诗》，认为其风格为“体小而俗”，并指出这是最早的七言诗，发前人之所未发。

挚虞《文章流别论》论及不同文体时，也采取了“释名以彰义”“选文以定篇”“述作文之背景”“比较优劣”“撮举篇旨”“述其文章体貌”等批评方法，可谓“综此四例，叙本事，显优劣，撮篇旨，陈体貌，已尽解说文章之能”[②]。傅玄的批评结论及批评方法为刘勰《文心雕龙》所吸收。可以说，挚虞《文章流别论》在文学批评史上的意义十分重大，影响也十分深远。

（三）百年关捩：3—4 世纪关辅世族的文学观念

前已详述了汉魏南北朝关辅世族文学观念的五大特质，我们应该认识到，这五大新质是在汉魏之际文化转型中涌现出来的，并在魏晋南北朝的四百年间不断发展完善。从 3—4 世纪百年来看，关辅世族的文学观念呈现出多元交错的特征。具体而言，关辅世族文士群一方面受汉魏之际刑名思想、玄学之风等的影响，文学观念出现了新变，如自觉涤荡两汉时期家族“尚经术、轻诗赋”的偏执观念，开始意识到文章的独立价值，以及文章的情志本体，逐步接受并尝试新文体的创作；另一方面受自身家族深厚的儒家文化传统积淀的制约，表现出相对的保守性与传承性，如强调文学的政教伦理功能、强调宗经，甚至文史杂糅。可以说，关辅世族文士正是在大变革的百年中发前人之所未发，先鸣于魏晋著名的文学理论家，积极推动了魏晋“文学自觉”的时代潮流，为曹丕、陆机等理论家深入开拓魏晋文论作出有益的尝试。如何评价 3—4

---

① 王运熙、杨明：《中国文学批评通史·魏晋南北朝卷》，上海古籍出版社 1996 年版，第 78 页。

② 参见邓国光《挚虞研究》，香港学衡出版社 1990 年版，第 196 页。

世纪关辅世族文学观念的价值和意义呢？

第一，3—4 世纪关辅世族的文学观念是理解魏晋文学观念整体格局多元并存状态的关捩。

从魏晋文学观念整体格局看，关辅世族文士与京洛一带的颍汝、谯沛地域世族文士在观念形态上存在着巨大的差异。京洛之河内郡以及颍汝、谯沛地域早在春秋时代，属郑、卫、宋等诸侯国的疆域，这一地域在子产、邓析等法家、刑名之学的濡染下积淀了较丰厚的学术文化。[①]战国时代，属魏国疆土，自然受李悝等早期法家思想的影响。[②] 可以说，颍汝、谯沛地域有深厚的刑名、法家思想积淀，成为“魏武好法术，而天下贵刑名；魏文慕通达，而天下贱守节”（傅玄《掌谏职上疏》语）的地域思想文化资源。这一带也曾有先秦时代的老庄思想文化积淀，在东汉末年儒家经学迅速衰亡后，很容易产生玄学之风。因此，谯沛地域的政治家、文学家曹操、曹丕等以及和陈留、谯国的玄学之士阮籍、嵇康文学家，在观念形态的转型上远比关辅文士容易得多。曹操的通脱、自由作风极易影响文学风气，推进了建安文学的繁荣。阮籍、嵇康等人“弃经典而尚老庄，蔑礼法而崇放达”，在对抗儒家名教的意识形态斗争中发挥了极大的作用，也创造了辉煌的竹林文学。尤其山阳、南阳宛地的玄学家王弼、何晏所倡导的“摈落象数专敷玄旨”的新方法——“得意忘言”，对文学艺术理论的影响极大。[③] 而关辅、江东、河北等地域的两汉经学传统依然十分深厚，这些地域的世族文士们往往沿袭经学思维模式，对文学问题的思考显得不够时尚、观念不够新颖，这构成了魏晋文学观念形态的一个层面。

第二，3—4 世纪关辅世族文学观念是理解观念形态差异与地理空间分异之间关联性规律的关捩。

如前所述，魏晋文学的观念形态整体格局，因不同地域的学术文化而形成了两大层次。这种观念形态的分层，实质上与地域空间的分异存在着同构关联性。具体而言，魏晋文学观念在地理空间上大

---

① 详见冯友兰《中国哲学史新编》第一册，人民出版社 1980 年版，第 173—183 页。

② 同上书，第 227—231 页。

③ 汤用彤：《魏晋玄学和文学理论》，《魏晋玄学论稿》，上海古籍出版社 2001 年版，第 195—209 页。

致可以划分为以下几个板块：一是颍汝、谯沛以及京洛河内郡、南阳郡以玄学知识形态为核心的文学观念，起到引导时代潮流的作用。二是周边地域如关辅、江东、河北等以儒学知识形态为核心的文学观念。

第三，3—4世纪关辅世族文学观念也是魏晋南北朝“文学自觉”思潮演进发展的关捩。

从魏晋南北朝“文学自觉”的发展趋向看，关辅世族所秉承的儒学知识形态的文学观念是推进魏晋南北朝“文学自觉”潮流的关键因素。虽然关辅及其他地域的儒学知识形态文学观念在3世纪前半叶显得保守、滞后，但随着玄学在两晋逐步成为士族高标自赏的行为艺术之后，关辅世族文士所秉承的儒学知识形态转而成为反思批判虚无放诞之风的思想话语资源，他们所秉承的儒学知识形态文学观念也成为深化“魏晋文学自觉”的知识话语资源。由于玄学知识形态的文学观念很容易将文学引向“诗必柱下之旨归，赋乃漆园之义疏”（刘勰《文心雕龙·时序篇》语）的“辞意夷泰”“清虚恬淡”玄言诗风。关辅世族文士在批判玄学放诞之风的同时，提倡以“情志”为本体的文学观，强调宗经通变以及文学的政教伦理功能等。诸如北地傅玄、京兆挚虞等在反思玄学知识形态文学观念及文学风气方面作出了有益的探索。晋宋之际北地傅亮在变革东晋“清虚恬淡”玄言文学方面所起的作用极大(第四章论之已详，不再赘述)。杜预曾尝试着创作“贵道家之言”的五言诗，客观上对东晋玄言诗风起到了推波助澜的作用，他所提倡的文章取则史学的方法，又成为遏制玄言诗风的有效方剂。正如刘师培分析的，傅亮“盖得力于《左传》、《国语》，宜探其渊源，以究其修辞之术”。

总之，3—4世纪百年间，关辅世族以儒学知识形态为内核的文学观念成为反思玄学知识形态文学观念的思想资源。当然，3—4世纪关辅世族文士并未使这种反思得以深化，这仍有待南朝文学理论家的努力。可以说，南朝文学理论家钟嵘、刘勰等在3世纪关辅世族文士所开拓的方向进行着继续深入的探究。

魏晋南北朝文学是如何沿着“文学自觉”的方向发展的？首先，是颍汝、谯沛等京洛一带的文士，倡导玄学，“故其时之思想中心不在社会而在个人，不在环境而在内心，不在形质而在精神。于是魏晋人生观之新型，其期望在超世之理想，其向往为精神之境界，其追求者为玄远之绝对，而遗资生之相对”①。这种人生观的变化，使得文学从两汉政教伦理思维模式中解放出来，日渐自觉。关辅世族文士受其影响，认识到文学的性质是“道之表现”，如挚虞称之为“宣上下之象，明人伦之序，穷理尽性，以究万物之宜者也”。在玄学知识形态的文学观念振聋发聩之后，弊端渐萌。关辅世族文士继而以儒学知识形态的文学观念反思之，矫正之。魏晋南北朝时代的“文学自觉”是在以玄学、儒学两种知识形态文学观念的合力作用下螺旋式演进的，直至南北朝时代才得以完成。

第四，3—4世纪关辅世族文学观念也是理解文学观念螺旋式演进规律的关捩。

如果抛开魏晋南北朝具体的历史时段来看文学观念的演进规律，我们可以理解，一种新的学术思想观念一旦形成并传播开来，势必会冲击旧传统中的各种观念，包括文学观念。这种新兴的文学观念因其具有新的审美素质，必然会对旧有的主流文学观念进行革新。那些先知先觉的文学家或理论家为这种新文学观念而摇旗呐喊，并躬身实践，其创作必然出现新的艺术因素。这些具有新的艺术因素的文学作品，必然不同于旧观念下的文学风貌。这样的文学作品让信仰旧文学观念的文学家震撼不已，迫使他们思考并更新旧观念。一旦认同新观念的文学家越来越多的时候，新文学观念就成为这个时代的主流文学观念。然而，一旦一种新的文学观念成为主流，自身难以克服的理论偏执所带来的弊端便逐渐萌生，而那些已经更新过的旧传统、旧观念，在克服了自身的偏执之后，往往成为反思主流文学观念的一大思想话语资源，这既是文学观念内部相生相克的规则，也是文学螺旋式发展的基本规律。即使在全球化的今天，亦是如此。

---

① 汤用彤：《魏晋玄学和文学理论》，《魏晋玄学论稿》，上海古籍出版社2001年版，第196页。

四　关辅世族文化人格精神与现代意义

（一）百年荣光：3—4 世纪关辅世族人格

3—4 世纪的百年间，儒学经术已失去了两汉的独尊地位，也没有了思想观念的创新性，但对世族个体而言，仍然是培育风操等人格精神的不二法门。关辅世族“尚经术”的文化习性，虽结不出丰硕的思想果实，却培育了他们耿介刚正的铮铮人格。这在“以诞为放”“士无特操”的魏晋时代尤为可贵。

关辅世族以儒学为立身行事准则，即使面对政治强权，也高蹈道义，刚正不阿。杨彪在“百官无敢言者”的情况下，极力反对董卓迁都长安，可见刚正与耿介的人格。董卓被杀后，李傕、郭汜反目，杨彪又一次挺身而出，指斥郭汜说：“群臣公斗，一人劫天子，一人质公卿，此可行乎？”[①] 幸得中郎将杨密等人进谏，乃得原宥。在郭汜和李傕二军的混战中，杨彪等十余人极尽臣节，侍奉汉献帝归洛阳。建安元年之后，杨彪与曹操矛盾日增，曹操几欲杀之，幸有孔融极力相劝，才免于难。曹丕称帝，杨彪耻为魏臣，其人格铮铮然。王夫之在《读通鉴论》中有“东汉之有袁氏与杨氏，皆德望之巨室，世为公辅，而隗与彪终以贪位而捐其耻心。叔孙豹曰：‘世禄也，非不朽也。’信夫！不朽有三，唯有耻者能之，隗与彪，其朽久矣”[②] 的批评，有失公正。王夫之主要批判袁隗，拉上太尉杨彪作陪，未注意杨彪批驳军阀董卓、李傕、郭汜以及在震慑曹操中所发挥的作用。王夫之已经明白了“西汉置丞相而无实，权移于大将军；故昌邑之废，杨敞委随，而生死莫能自必。东汉立三公而无实，权移于尚书”的政治体制，为何又苛责杨彪、袁隗这样有名无实权的三公呢？何况，杨彪并非贪位而捐其耻心之人！杨彪之子杨修人品亦无瑕疵，且有“谦恭才博”之称。[③] 杨修还有重义之风，在曹植见疏失爱，杨修仍不忍相弃。杨修被杀，可谓是

① 陈寿：《三国志》，中华书局 1959 年版，第 184 页。

② 王夫之：《读通鉴论》，中华书局 1975 年版，第 263 页。

③ 陈寿：《三国志》，第 558 页。

"士为知己者死"的典范。京兆韦康、韦诞被孔融誉为"双珠"，韦康"渊才亮茂，雅度弘毅"，韦诞"懿性贞实，文敏笃诚"[①]，其韦氏子嗣韦谀也以"好直谏"著称。杜陵杜氏之杜恕"推诚以质，不治饰，……及在朝，不结交援，专心向公"，被陈寿誉为"屡陈时政，经论治体，盖有可观焉"[②]。《晋书·杜预传》言明杜恕因得罪司马懿而被外放。杜恕之所以得罪司马懿，还是因其"专心向公"和"论议亢直"的缘故。杜预的人格精神也值得表彰，能"既立功之后，从容无事，乃耽思经籍"[③]，相比王浑、王浚争功以致剑拔弩张，其人格风操要高出千倍万倍；相比王浚、石崇、何曾等居功自傲，穷奢极欲，其人格风操亦高出千倍万倍。史称杜预"身不跨马，射不穿札，而每任大事，辄居将率之列。结交接物，恭而有礼，问无所隐，诲人不倦，敏于事而慎于言。"[④] 傅玄、傅咸父子也以刚正耿介著称。傅玄并不因皇甫陶为己推荐而失去原则，和皇甫陶争执不已而被免官，傅玄又在献皇后丧礼上，因座次问题詈骂尚书，并不因为尚书位高权重而噤言。在司隶校尉任上，一身正气，让京洛贵戚闻风丧胆。其子傅咸也"刚简有大节。风格峻整，识性明悟，疾恶如仇，推贤乐善，常慕季文子、仲山甫之志"[⑤]。傅咸任司隶校尉时，打击贵戚违法行为，很好地整顿了社会风气，傅咸弹劾玄学名士、尚书仆射王戎，批判权臣杨骏，周旋于八王之乱中，赢得吴郡顾荣的称赞："劲直忠果，劾按惊人。虽非周才，偏亮可贵也。"[⑥] 长安挚虞安贫乐道，在八王之乱中随晋惠帝辗转关中，极尽臣节，以改"遂流离鄠、杜之间，转入南山中，粮绝饥甚，拾橡实而食之"[⑦]。后来，在永嘉之乱中因清贫而饿死。

从上述关辅世族的行事看，他们基本上遵循着儒家"达则兼济天下，穷则独善其身"的人生准则，养成了不畏强权、刚直耿介、笃志著述、清廉洁白等人格。关辅世族批判京洛一带的玄风，鄙视元康时代

① 陈寿：《三国志》，中华书局 1959 年版，第 313 页。
② 同上书，第 515 页。
③ 房玄龄：《晋书》，中华书局 1974 年版，第 1431 页。
④ 同上书，第 1426 页。
⑤ 同上书，第 1323 页。
⑥ 同上书，第 1330 页。
⑦ 同上书，第 1426 页。

的阮瞻、王澄、谢鲲、胡毋辅之等人“以诞为放”的丑行。因此，3—4世纪关辅世族的人格操守，在西晋“士无特操”的风气[①]中大放异彩，荣光奕奕。

（二）汉魏六朝关辅世族的文化人格精神及现实意义

从汉魏六朝八百年的历史长河看，作为中古社会中流砥柱——世族阶层的组成部分，关辅世族不仅是政治舞台上的官僚群体，在中古政治生活中发挥着重要的作用，表现出一种政治人格精神；也是“无恒产而有恒心”的道德楷模，塑造着社会的道德良知，彰显着独特的道德人格魅力；更是文学艺术乃至文化的创造者，在艺术生活实践中塑造着风流倜傥的艺术人格。

1. 政治人格及现实意义

虽说汉魏南北朝时代关辅世族的政治位势沉浮不定，但这一地域世族依然属于中古社会中流砥柱的世族阶层，在中古政治生活中发挥着重大的作用。关辅世族在汉魏六朝八百年的政治生活中表现出了辅国以忠、不畏强权、专心向公、向往立功不朽等政治人格。关于辅国以忠，我们在关辅家族文化习性特质中已作了详细论述。不畏强权的政治人格，在弘农杨震、杨彪以及北地傅玄父子身上表现得尤为突出。专心向公的政治人格，则在杜陵杜畿、杜恕父子身上表现得尤为明显。无论是两汉时代的关辅世族如傅介子、傅燮，还是魏晋时代的杜预、傅祗、傅亮，抑或是南北朝时代的杨忠、杨宽、韦孝宽、韦珍、韦睿、傅弘之、傅永、傅灵越、傅竖眼父子以及杜岿、杜岸等，都向往“立功不朽”，并且建立了不世功勋。因此，关辅世族子嗣之所以能在汉魏六朝时代发挥巨大政治作用，除了较高的家族声望外，还具备了为政所需的娴熟知识、良好的文化修养，以及崇高的政治理想和卓越的政治人格。

虽然，唐末五代十国之际，作为政治阶层的关辅世族与门阀士族一起消亡在浩浩荡荡的历史之中。但这些家族成员及身上所彰显的政治人

---

① 罗宗强在《玄学与魏晋士人心态》第三章第一节中详细论述了“政无准的”与“士无特操”的世风（南开大学出版社2003年版，第151—189页）。

格仍绵延不绝，魅力无限。他们那种强烈的社会责任感和勇于担当的精神，融入中华民族的文化性格之中，孕育并滋养着炎黄子孙。

2. 道德人格及现实意义

汉魏六朝时代的关辅世族信奉儒家道德精神，并将先秦儒学道德教义践行在具体的行事之中。近八百年间，关辅家族的二十四五代子嗣以鲜活的生命诠释着儒家道德精神，他们在家族生活中养成了孝养友悌的人格精神，在个人生活中养成了清廉洁白等人格精神，在社会生活中养成了慕节尚义的人格精神。

汉魏南北朝时代，“伴随着生产力的进步、个体家庭的发展和世家大族的出现，以及汉末魏晋以后社会思潮的转型，代表着父子之伦的孝道和代表夫妻之伦的婚姻道德逐渐确立。”① 关辅家族子嗣多能践行孝道友悌等伦理道德。据《后汉书·杨震传》李贤注引《续汉书》记载，弘农杨震早年丧父，侍母甚孝，乡里称颂。“假地种殖，以给供养，诸生尝有助种蓝者，震辄拔，更以距其后，乡里称孝。”② 其子杨秉，丧妻不娶，以淳白被称颂。《后汉书·杨震传附杨秉传》曰：“秉性不饮酒，又早丧夫人，遂不复娶，所在以淳白称。尝从容言曰：‘我有三不惑：酒，色，财也。’”③ 北魏时代，弘农杨播奉养母亲王氏尽礼。《魏书·杨播传》曰：“播少修整，奉养尽礼。”④ 杨播兄弟友悌不已，前已申明。史称杜陵杜延年任御史大夫，“延年居父官府，不敢当旧位，坐卧皆易其处”⑤。史称汉末杜畿，早年丧父，遭受继母虐待，仍能奉养尽孝，被后世称颂。《三国志》裴注引《魏略》记载，杜畿与继母避难荆州，继母死后，杜畿历尽艰辛，葬母三辅。“在荆州数岁，继母亡后，以三辅开通，负其母丧北归。”⑥ 史载北周时代的杜叔毗“早岁而孤，事母以孝闻。”⑦ 京兆韦氏也多孝悌之人。西汉时代，韦玄成不欲逆父志，“阳为病狂，卧便利，妄笑语昏乱”，让爵避兄，临死时，上

---

① 陈瑛主编：《中国古代道德生活史》，中国社会科学出版社 2012 年版，第 109 页。

② 范晔：《后汉书》，中华书局 1965 年版，第 1760 页。

③ 同上书，第 1775 页。

④ 魏收：《魏书》，中华书局 1974 年版，第 1279 页。

⑤ 班固：《汉书》，中华书局 1962 年版，第 2665 页。

⑥ 陈寿：《三国志》，中华书局 1959 年版，第 494 页。

⑦ 令狐德棻：《周书》，中华书局 1971 年版，第 829 页。

书请求皇帝，允许归葬平陵父坟。东汉时代，韦彪“孝行纯至，父母卒，哀毁三年，不出庐寝。服竟，羸瘠骨立异形，医疗数年乃起”[①]。南北朝时代，韦俊以孝行闻名，“少孤，事祖母以孝闻”[②]。韦佑在父亲死后“事母兄以孝敬闻”[③]。韦孝宽“早丧父母，事兄嫂甚谨”[④]。韦睿“事继母以孝闻”[⑤]。伯父韦祖征任官期间常将韦睿带在身边，视之如子，并激励韦睿。北地傅咸奉养继母杜氏尽礼，曾因继母不愿同往冀州，傅咸上表辞去冀州刺史。刘宋时代，傅昭六岁丧父，“哀毁如成人者，宗党咸异之”[⑥]。傅昭兄弟友睦，至老不衰。

汉魏南北朝时代的关辅世族在个人生活方面也养成了廉洁清白的人格魅力。史称弘农杨恽仗义疏财，瞻顾宗族。东汉杨震力拒门生王密的馈赠，而且不治产业，以清白传家。北魏杨播家族，也是如此。东汉韦彪能将“禄赐分与宗族，家无余财”[⑦]。北朝时代，韦孝宽“所得俸禄，不入私房。亲族有孤遗者，必加振赡”[⑧]。韦世康“性孝友，初以诸弟位并隆贵，独季弟世约宦途不达，共推父时田宅，尽以与之，世以多义”[⑨]。南朝韦睿，史称其“性慈爱，抚孤兄子过于己子，历官所得禄赐，皆散之亲故，家无余财”[⑩]。京兆挚虞因清贫著称，不幸遭逢永嘉之乱，以致馁卒。同时，汉魏南北朝时代的关辅世族在社会生活中养成了“慕节尚义”的人格，这在关辅世族文化习性特质中已有详细论述。

在门阀士族大行奢侈之风的魏晋南北朝时代，关辅世族的道德人格，尤其是清廉洁白的人格魅力，起到了敦风俗、美教化的作用。虽然，关辅世族阶层后来消失在历史的长河中，但他们用生命践行、诠释的道德人格，已汇入中华民族的美德建构之中。即使在重人权的现代社会，也不能缺失孝道。即使在市场经济下，也不能寡廉鲜耻，利欲熏

---

① 范晔：《后汉书》，中华书局1965年版，第917页。
② 魏收：《魏书》，中华书局1974年版，第1009页。
③ 令狐德棻：《周书》，中华书局1971年版，第774页。
④ 同上书，第544页。
⑤ 姚思廉：《梁书》，中华书局1973年版，第220页。
⑥ 同上书，第392页。
⑦ 范晔：《后汉书》，第917页。
⑧ 令狐德棻：《周书》，第544页。
⑨ 魏征：《隋书》，中华书局1973年版，第1267页。
⑩ 姚思廉：《梁书》，第220页。

心，奢侈堕落。可以说，重孝悌、讲气节、尚廉洁是任何社会都应倡导和遵循的核心价值观念，是一种正能量。

3. 艺术人格及现实意义

关辅世族作为文化世族阶层，是中古学术、思想、文学乃至其他艺术等文化的创造者与传承者。他们无论在艺术化的生活实践中还是在艺术作品世界中，都呈现出独特的艺术人格。

具体而言，在艺术化的生活实践中，关辅世族表现出才思敏捷、聪颖善悟、不拘小节等个性精神以及耽于文史，以致手不释卷、诗书逍遥的人生追求。如弘农杨氏杨修，才思捷悟、独立不羁、抗节王侯的人格精神永远定格在《世说新语》的世界里。杜陵杜氏杜笃，不拘小节，才博思深，为刘勰所重。《文心雕龙·才略篇》："杜笃、贾逵，亦有声于文，迹其为才，崔、傅之末流也。"杜预在立功之后，能耽思经籍，以有"左传癖"为荣，追求学术化艺术化的人生。京兆韦氏韦诞爱好文学、书法艺术，成为一代书法大家！北朝韦孝宽"虽在军中，笃意文史，政事之余，每自披阅。末年患眼，犹令学士读而听之"①。史称韦敻"所居之宅，枕带林泉，敻对玩琴书，萧然自乐"② 的快意人生。南朝韦睿虽以军功著称，不废经史之学；史称韦睿族弟韦爱"笃志好学，每虚室独坐，游心坟素，而埃尘满席，寂若无人。年十二，尝游京师，值天子出游南苑，邑里喧哗，老幼争观，爱独端坐读书，手不释卷"③，颇有东汉管宁之风。

汉魏六朝八百年间，关辅世族出现了近二十位可圈可点的文学艺术家，他们在艺术世界中流露出鲜明的人格精神。弘农杨恽以《报孙会宗书》，跻身文学家的行列。《报孙会宗书》记述了自己被免官后的诗、酒、舞等艺术生活，流露出任情适性、放浪不羁的个性精神。杨修是"颇怀笔记之工"来"高视上京"的文士，其《神女赋》极尽神女之美貌多情之能事，气氛妙曼。《节游赋》塑造出欢欣、从容的蹁跹公子。北魏时代，弘农杨椿虽非一代文士，但他在《诫子孙书》中，讲

① 令狐德棻：《周书》，中华书局 1971 年版，第 544 页。

② 同上。

③ 姚思廉：《梁书》，中华书局 1973 年版，第 226 页。

述父祖的教诲，兄弟居家之礼法与任事之审慎，以此激励、严诫子孙，谆谆之情跃然纸上。京兆韦玄成在《自劾诗》中颂祖之懿德、陈己之失度，那种三省吾身、严于解剖的精神令人敬佩。如果说韦玄成在《自劾诗》中展示了严于律己、自责甚深、决心肃履的人格形象，那么《戒子孙诗》则塑造出一位身居相位，心存警惕，教诲子孙语重心长的长者形象。韦诞《叙志赋》塑造出谨记先祖明训，尽心任事中不忘夕惕愧愤的名士形象。东汉时代，杜陵杜笃在《论都赋》中塑造出了博学多才、关心政治、热爱故里的文士形象。西晋时代，北地傅玄虽在政治生活中表现出刚正耿直的人格精神，但在艺术世界中则表现出"新温婉丽，善言儿女，强直之士怀情正深"（张溥语）的风情气质。傅咸在《七经诗》中塑造出一位游心经典、言成规谏的儒雅之士。傅亮在《演慎论》《感物赋》中塑造了一位谨言慎行、敏感忧惧的政治家形象。挚虞在《思游赋》中塑造了一位乐天知命、履信思顺、箴妄规正的儒士形象。

总之，关辅世族文士在艺术实践中的独立不羁、不拘小节、关心政治，热爱文化事业以及在艺术世界中夕惕自警、谨言慎行、乐天知命、对女性富有同情心等艺术人格，对建构当代人的情感、精神有着强烈的现实意义。

主要参考文献

杨伯峻:《春秋左传注》,中华书局 1983 年版。

上海师范大学古籍整理研究所校点:《国语》,上海古籍出版社 1998 年版。

司马迁:《史记》,中华书局 1982 年版。

班固:《汉书》,中华书局 1962 年版。

范晔:《后汉书》,中华书局 1965 年版。

陈寿:《三国志》,中华书局 1959 年版。

房玄龄:《晋书》,中华书局 1974 年版。

沈约:《宋书》,中华书局 1974 年版。

萧子显:《南齐书》,中华书局 1972 年版。

姚思廉:《梁书》,中华书局 1973 年版。

姚思廉:《陈书》,中华书局 1972 年版。

魏收:《魏书》,中华书局 1974 年版。

李百药:《北齐书》,中华书局 1972 年版。

令狐德棻:《周书》,中华书局 1971 年版。

李延寿:《北史》,中华书局 1974 年版。

李延寿:《南史》,中华书局 1975 年版。

魏征:《隋书》,中华书局 1973 年版。

刘昫:《旧唐书》,中华书局 1975 年版。

欧阳修:《新唐书》,中华书局 1975 年版。

《前汉纪》《四部丛刊》初编本。

刘珍等撰,吴树平校注:《东观汉记校注》,中华书局 2008 年版。

王先谦:《后汉书集解》,中华书局 1984 年版。

吴士鉴、刘承榦:《晋书斠注》卷四十七,民国十七年刊本。

董仲舒:《春秋繁露》,岳麓书社 1997 年版。

许慎:《说文解字》,中华书局 1963 年版。

应劭撰,吴树平校释:《风俗通义校释》,天津古籍出版社 1980 年版。

刘邵:《人物志》(诸子百家丛书之一),上海古籍出版社 1990 年版。

王弼撰,韩康伯注、孔颖达疏:《周易注疏》,上海古籍出版社 1989 年版。

皇甫谧:《高士传》,龙谿精舍丛书本。

傅玄:《傅子》(诸子百家丛书之一),上海古籍出版社 1990 年版。

余嘉锡:《世说新语笺疏》,中华书局 2007 年版。

徐震堮:《世说新语校笺》,中华书局 1984 年版。

杨勇:《世说新语校笺》,中华书局 2006 年版。

干宝:《搜神记》,中华书局 1979 年版。

郦道元撰,陈桥驿校证:《水经注校证》,中华书局 2007 年版。

王利器:《颜氏家训集解》,中华书局 1993 年版。

殷芸编撰:《殷芸小说》,上海古籍出版社 1984 年版。

赵幼文:《曹植集校注》,人民文学出版社 1984 年版。

范文澜:《文心雕龙注》,人民文学出版社 1958 年版。

陈延杰:《诗品注》,人民文学出版社 1961 年版。

萧统撰,李善注:《文选》,上海古籍出版社 1986 年版。

洪适:《隶释·隶续》,中华书局 1983 年版。

顾炎武撰,陈垣校注:《日知录校注》,安徽大学出版社 2007 年版。

王夫之:《读通鉴论》,中华书局 1975 年版。

严可均:《全上古三代秦汉三国六朝文》,中华书局 1958 年版。

逯钦立:《先秦汉魏南北朝诗》,中华书局 1983 年版。

高步瀛:《两汉文举要》,中华书局 1990 年版。

张溥撰,殷孟伦注:《汉魏六朝百三家集题辞注》,人民文学出版社 1960 年版。

陈奂:《诗毛氏传疏》(中册) 卷二十,商务印书馆 1993 年版。

唐晏:《两汉三国学案》,中华书局 1986 年版。

章学诚撰,叶瑛校注:《文史通义校注》,中华书局 1994 年版。

皮锡瑞:《经学历史》,中华书局 1959 年版。

赵翼:《廿二史札记》,中国书店 1987 年版。

丁福保:《历代诗话续编》,中华书局 1983 年版。

赵超:《新唐书·宰相世系表集校》,中华书局 1998 年版。

林宝撰,岑仲勉校:《元和姓纂(附四校记)》,中华书局 1994 年版。

邓名世撰,王力平点校:《古今姓氏书辩证》,江西人民出版社 2006 年版。

何清谷:《三辅黄图校释》,中华书局 2005 年版。

刘庆柱:《三秦记辑注》,三秦出版社 2006 年版。

赵超:《汉魏南北朝墓志汇编》,天津古籍出版社 1992 年版。

罗新、叶炜:《新出土魏晋南北朝墓志疏证》,中华书局 2005 年版。

《马克思恩格斯选集》第四卷,人民出版社 1973 年版。

王国维:《汉魏博士考》,《王国维学术论著》,浙江人民出版社 1998 年版。

刘师培:《汉魏六朝专家文研究》,商务印书馆 2010 年版。

刘师培:《中国中古文学史》,人民文学出版社 1959 年版。

陈寅恪:《隋唐制度渊源略论稿》,上海古籍出版社 1982 年版。

陈寅恪:《金明馆丛稿初编》,上海古籍出版社 1980 年版。

汤用彤:《魏晋玄学论稿》,上海古籍出版社 2001 年版。

谭其骧:《晋永嘉丧乱后之民族迁徙》,《燕京学报》第 15 期。

谭其骧:《中国历史地图集》第 2—4 册,地图出版社 1987 年版。

钱穆:《略论魏晋南北朝学术文化与当时门第之关系》,《新亚学报》1963 年第 5 卷第 2 期。

冯友兰:《中国哲学史新编》第一册,人民出版社 1980 年版。

宗白华:《论〈世说新语〉和晋人的美》,《艺境》,北京大学出版社 1997 年版。

钱锺书：《管锥编》，中华书局 1986 年版。

陆侃如：《中古文学系年》，人民文学出版社 1985 年版。

余英时：《士与中国文化》，上海人民出版社 2003 年版。

徐复观：《两汉思想史》第一卷，华东师范大学出版社 2001 年版。

毛汉光：《中国中古社会史论》，（台北）联经出版事业 1988 年版。

周一良：《魏晋南北朝史论集》，北京大学出版社 1997 年版。

唐长孺：《魏晋南北朝史论拾遗》，中华书局 1983 年版。

唐长孺：《魏晋南北朝隋唐史三论》，武汉大学出版社 1993 年版。

万绳楠：《魏晋南北朝史论稿》，安徽教育出版社 1983 年版。

沈起炜编著：《中国历史大事年表》，上海辞书出版社 1983 年版。

田余庆：《东晋门阀政治》，北京大学出版社 2005 年版。

黄留珠：《秦汉仕进制度》，西北大学出版社 1985 年版。

俞启定：《先秦两汉儒家教育》，齐鲁书社 1987 年版。

田延柱：《唐代士族》，三秦出版社 1990 年版。

魏明安、赵以武：《傅玄评传》，南京大学出版社 1991 年版。

张岂之：《陕西通史·思想卷》，陕西人民出版社 1997 年版。

李浩：《唐代关中士族与文学》（增订本），中国社会科学出版社 2003 年版。

赵伯雄：《春秋学史》，山东教育出版社 2004 年版。

吕卓民：《长安韦杜家族》，西安出版社 2005 年版。

钟仕伦：《魏晋南北朝美育思想研究》，中国社会科学出版社 2006 年版。

王力平：《中古杜氏家族的变迁》，商务印书馆 2006 年版。

宁稼雨：《魏晋名士风流》，中华书局 2007 年版。

何满子：《中古文人风采》，花城出版社 2007 年版。

张灿辉：《六朝区域史研究》，岳麓书社 2008 年版。

刘蓉：《汉魏名士研究》，中华书局 2009 年版。

来新夏、徐建华：《中国的年谱与家谱》，中国国际广播出版社 2010 年版。

陈瑛主编：《中国古代道德生活史》，中国社会科学出版社 2012 年版。

郭绍虞:《中国文学批评史》,百花文艺出版社 1999 年版。

王瑶:《中古文学史论》,北京大学出版社 1998 年版。

曹道衡、沈玉成:《中古文学史料丛考》,中华书局 2003 年版。

徐公持:《魏晋文学史》,人民文学出版社 1999 年版。

王运熙、杨明:《中国文学批评通史·魏晋南北朝卷》,上海古籍出版社 1996 年版。

袁行霈主编:《中国文学史》第一卷,高等教育出版社 1999 年版。

刘跃进:《秦汉文学编年史》,商务印书馆 2006 年版。

罗宗强:《玄学与魏晋士人心态》,南开大学出版社 2003 年版。

邓国光:《挚虞研究》,香港学衡出版社 1990 年版。

葛晓音:《八代诗史》,中华书局 2007 年版。

王澧华:《两晋诗风》,上海古籍出版社 2005 年版。

叶枫宇:《西晋作家的人格和文风》,上海三联书店 2006 年版。

蓝旭:《东汉士风与文学》,人民文学出版社 2004 年版。

胡旭:《汉魏文学嬗变研究》,厦门大学出版社 2004 年版。

李剑清:《西晋文风演变研究》,陕西人民出版社 2010 年版。

张志和:《中国古代的书法艺术》,中国社会科学出版社 2001 年版。

杨励三:《司马芳残碑》,《文物》1965 年第 9 期。

何德章、马力群:《两汉弘农杨氏》,《魏晋南北朝隋唐史资料》2005 年第 22 辑。

[日] 李开元:《论史记叙事中的口述传承》,《司马迁与史记论集》,陕西人民出版社 2006 年版。

马黎丽:《傅咸诗歌刍议》,《江淮论坛》2010 年第 4 期。

陈平原:《现代中国的“魏晋风度”与“六朝文章”》,《千年文脉的接续与转化》,复旦大学出版社 2010 年版。

陶新华:《魏晋南北朝弘农杨氏的发展道路》,《杭州师范学院学报》1998 年第 2 期。

安朝辉:《论傅咸的文学思想》,《文艺评论》2011 年第 10 期。

王晓萌:《论晋宋之际文笔之辨的社会背景》,《文学遗产》2011 年第 4 期。

索引

（索引所收范围只限本书所见人名、地名、历史事件、术语概念以及关辅世族著述作品名称，按音序排列。条目后数字为本书页码。）

A

安朝辉　7,272,273,279,383,401

B

北地傅氏　3—5,7,9,183,184,187—189,195,197,199—201,207,210—212,215,222,223,231,233—235,239,240,242—244,258,260,262,275,280,310,311,313,318—320,323,325,329,339,340,343,352,355,356,369,372,377,378,381,383
北地郡　2,5,183,184,186—188
北魏太武帝　86,133,321,322,333
北魏孝文帝　32,84,105,136,138,150,321,333
北魏孝武帝　35,147,323,325,335
《笔方》　181
辨名析理　244,250,252
伯侨　11,13
博士　2,7,39,84,86,87,99,105,118,120,121,136,140—143,147,163,167,170,179,198,252,298,321,322,324,332,333,345,346,352,399
布衣将相　16

C

《才性》 245,355
才性问题 248,249,253,254
蔡邕 22,50,51,175,178—180,265,267
参劾侯览 21
曹操 23—25,38,44,53,54,71—73,93,100,127,176,180,195—197,242,246,250,251,268,274,312,327,339,341—343,350,364,369—372,387,390
曹道衡 6,52—54,401
层累式的溯祖 11
陈霸先 90,91,161,232,317,319
陈后主 232,258,319
陈奂 283,399
陈平原 300,401
陈群 198,199,328,367,370
陈寿 23—26,44,45,55,60,62,71—75,99,100,105,127,128,164,174—180,196—198,200,243—249,252,312,313,339,341,342,348,353,360—368,370,372,385,390,391,393,397
陈思 24—26,44,45,51,54,176,180,299
陈延杰 111,376,398
陈绎曾 273
陈寅恪 6,7,39,103,106,142,146,248,323,324,327,328,339,342,351—353,399
陈瑛 393,400
成都王颖 209
池阳 2,186,215
赤泉侯 3,12,15,16,326,355
"崇文尚武" 255
初涉经史 39
楚元王刘交 117
《春秋释例引序》 103
《春秋左氏经传集解》 101—103,111,354,372
赐姓 34,38,144,147,323—325
《从武帝平闽中诗》 279
《从征诗》 279
崔烈 192,260,349
崔寔 179,180
崔瑗 179,180

D

《大杜律》 95,96,356,375
大彭氏 117
大司马吴汉诔 108,379
党锢之祸 22,43,127,369
道德人格 392—394
道德生命 8,380

邓国光　7,280,282,284,287,288,293,294,296—298,300—302,304—307,368,379,386,401
邓名世　59,184,187,286,399
邓飏　199,201,247,254,329,362
邓陟　20
地域文化认同　5
第五猗　291
丁福保　273,399
东海王越　81,209
董仲舒　95,398
董卓　19,22,23,42,44,178,197,312,327,338,339,341,350,390
杜岸　90,392
杜豹　86,333
杜秉　94
杜岑　90
杜长文　85,105
杜楚客　83
杜耽　4,63,78,79,88,89,91,314,315,330,339
杜笃　59,70,106—110,338,375,379,395,396
杜度　179,180
杜甫　112,182,378
杜杲　58,81—83,104,325,332
杜光庭　112,378
杜赫　58,94
杜洪太　84,85,105,321
杜鸿　87,322
杜怀宝　89,104,315
杜缓　62,66,69,310,326,358
杜跻　78,79,86,320,321
杜畿　4,58—62,71—76,78,93,99,100,105,246,312,313,328,339,341,342,350,353,356,360,364,371,392,393
杜继　66,67
杜骥　4,5,91—93,103,104,148,315,316,330,339,340,354
杜建　81,321
杜皎　58,81,82,321
杜龛　90,91,161,317
杜宽　100,354,372
杜姥　81
杜陵　2—5,7,9,57,58,60—63,65—67,69—73,75,78,81,86,91—96,99—101,103,105—108,110—113,116,119,126—129,133,146,161,202,282,291,309—314,320,321,323,325,326,329,332,333,338,339,341—343,345,349—351,353,356,358,360,364,368,371,372,375—380,382,391—393,395,396
杜牧　86,112,378
杜钦　67—69,94,96—99,105,345,346,356,358,375
杜铨　84—87,105,320—322,332,333
杜如晦　82,83
杜绍　66,67
杜审言　112,377,378
杜氏家族世系　57,58
杜氏桑梓　58
杜叔宝　93,315
杜恕　61,62,71,73—75,100,110,248,313,329,353,354,368,372,391,392
杜他　66,67
杜坦　92,93,103,315,354

杜锡　4,78—81,83,314,321

杜熊　66,67,70,107,311,338

杜绪　66,67

杜逊　4,88,89,104,314,315,339,340

杜延年　2,7,60,62,63,65,66,70,71,93—96,105,107,310,311,313,326,327,338,356,358,375,393

杜衍　16,57,58,60,61

杜业　69,70,326,327

杜嶷　86,89,104,105,315,320

杜乂　3,4,80,81,314,329,340

杜易简　112,377

杜尹　78,79,84,104,319,321

杜幼文　4,93,149,315,330

杜预　3,4,61—63,75—80,84,86—88,93,94,100—105,110—112,297,298,313,314,319—321,328—330,332,339,340,342,343,350,354,367,368,372,373,376,377,379,380,382,383,388,391,392,395

杜遇　87,322

杜元颖　112,378

杜瓒　81,82,104,321,332

杜札　94

杜振　87,322

杜周　2,7,57,60,62—70,93—96,309,310,313,326,327,349,351,355,356,375

杜胄　86,320

杜子达　85

杜祖悦　84,85,321

E

尔朱荣　33,321

F

范文澜　51,52,108,111,171,174,176,245,267,269,299,376,381,382,398

范晔　11,19—23,25,40,42—44,49—52,95,107,108,110,123—127,163,165,168,169,180,191—193,240,241,260,261,276,284,285,293,295,311,312,327,338,348,350,351,353,357,358,370,376,393,394,397

房玄龄　26—31,46,61,75—81,83,84,88,101,102,105,130,131,164,165,201—212,233,234,250,255,261,262,267,271,275,278,282,288,289,291,293,294,296—298,300,313,314,320,328,330,340,343,349,351,354,355,361,369,372,373,376,383,391,397

冯翊郡 2,5,183,186,187
冯友兰 387,399
奉迎大驾道路赋诗 279
祓禊赋 109
浮虚竞逐 252
辅国以忠 42,349,392
傅秉 239,325
傅敞 190,240
傅畅 186,210,212,213,215,233,234,258,271,275,319,340
傅充 197,199
傅纯 186,234,319
傅粹 186,234,319
傅淡 211,227,230,256—258,317
傅迪 215,220,257,258,317
傅敷 4,211,255,275,317,340
傅干 194—197,201,242,243,261,280,313,341,342,355,357,371,372
傅遘 186,234,320
傅嘏 4,183,186,187,191,198—201,207,240,244—250,255,313,342,343,349,355,357,363,373
傅和之 211,227,256,258
傅弘之 186,187,212—215,233,234,258,318,340,392
傅洪 212,213,234,237,318,340
傅翙 225,233,318
傅介子 2,184,186,188—191,240,242,260,310,355,356,392
傅敬和 237,322
傅敬绍 236,237,259,322
傅亮 4,186,211,212,215—221,233,240,257,258,275—281,317,331,340,378,380—382,388,392,396
傅灵根 234,235,259,322
傅灵庆 234,235,322
傅灵越 186,234—236,259,322,392
傅隆 211,215,221,222,233,255,256,258,317
傅岐 186,223,225—227,233,257,258,318
傅融 234,235,259
傅僧佑 186,212,215,222,223,233,318,330
傅邵 222,318
傅叔伟 238,259
傅竖眼 186,234—237,259,322,392
傅说 184,186,367
傅晞 211,221,255,275,317,340
傅咸 4,9,183,186—188,201,204—207,210,211,215,221,227,234,255—257,267,271—275,278,279,281,313,317,322,340,343,349,360,361,377,378,383,384,391,394,396,401
傅燮 184,186—188,190—196,201,240—243,260,261,311,342,355
傅宣 186,210,319,329
傅玄 3,4,7,9,183,186—188,191,195—197,200—204,210,240—244,247,248,250—255,261—272,274,275,278,281,313,329,342,343,349,355,357,360,362,367,373,377,378,380—388,391,392,396,398,400
傅巽 197—199,201,243,261,280,313,339,341,343,357,363,372
傅琰 186,223—225,233,235,257,258,318

傅映 230,231,233,257,258,318,352
傅永 234,237,238,259,322,392
傅咏 212,234,318,340
傅瑗 186,211,215,257,275,317
傅縡 186,231—233
傅昭 211,212,223,227—231,233,239,257,258,317,318,369,394
傅祗 4,186,187,201,207—213,215,233,234,255,275,318,319,340,355,392
傅执 239,325
傅准 239,325

G

改籍 187
干宝 254,398
高步瀛 48,398
高欢 33,89,144,146,147,321
高门甲族 5,7,45,159,166,212,289,314,316,330,339—341,361
高视上京 52,376,381,395
高洋 33,34,335
葛晓音 274,401
赓续衍变 9
耿鄙 193,260
耿介刚正 8,23,390
功业生命 8
顾颉刚 6
顾荣 206,391
顾炎武 40,347,398
关辅 1—5,8,11,94,109,112,113,123,127,130,142,252,271,275,309,311,312,319,326,330,331,337,338,341,351,352,355,370—372,378,381,387,388,392,393,402
《关辅古语》 1,49,375
关辅世族 1—10,73,99,101,162,188,240,259,308—314,319,320,325—329,331,336—345,347,349—353,355—359,361,362,368—370,372—378,380,382,384—396,403
关联性规律 9,387
关陇本位主义 166
关陇集团 6,94,142,145,146,148,162,166,320,323,324
关中本位 6
光武皇帝 49,108
贵批评 385
郭绍虞 106,401

H

韩遂 72,192,193,196,312,349
汉安帝 20

汉桓帝 127,164
汉灵帝 15,127,179,180,191—193,341
汉宣帝 2,60,62,95,119,121,122,164,310
汉元帝 62,119,122,310
何德章 12,16,20,348,401
何满子 369,400
何清谷 1,49,399
何晏 175,199,201,247,254,313,329,362,373,387
河间县 188
弘农杨氏 3,4,7,9,11—13,15—20,22—26,28—35,38—46,48—52,55,56,122,240,282,291,309—314,320,321,323,326—328,331,332,335,336,338,339,347—351,353,355—361,370,372,375,376,395,401
洪适 95,398
洪饴孙 287
鸿都门学 22,50,51,56,375,380
侯景之乱 90,159—161,167,226,227,317,318,331
胡羌叛乱 2,5,186,339
胡旭 50,401
胡昭 176,177,180
华阴 3,9,12,13,32,33,40,321,331,332,334—336
槐里 196
桓玄 29,30,46,103,213,214,216,217,258,275,330,340
桓彝 4,80,216
桓郁 40,338,348,352,353
皇甫谧 284,292,295,296,398
皇甫嵩 191
皇甫陶 203,391
黄留珠 121,400
黄雀白环 40,348
黄衍 194
惠栋 95
婚宦失类 28—30,330,336
霍光 12,17,39,62,65,66,120,121,124,165,189,349,350

J

集句诗 273,384
家风笃厚 351
家学家风 9,39,351
教育型道德世家 356
节义操守 8
《戒子孙诗》 173,396
金城郡 193
晋武帝 26,45,77,78,105,187,203,207,250,252,254,288,298,307,313,328,342,343
晋元帝 4,211,291,340
京兆韦氏 2—4,7,9,113,115,119,121,123,125,127,129,130,132,140,142,145—148,156,161—169,174,

176，179—182，282，291，310，311，314，315，317，320，322—325，330，333，338，340，354，356，358，361，368，372，375，377，379，381，393，395
京兆尹司马芳 60，71
京兆挚氏 3，4，9，282，284，286，287，289，291—295，298，311，313，347，357，369，377
经世致用 8，43，51，380
经术世家 96
荆州 13，27，29，30，41，54，57，58，60，67，71，77，78，81，85，86，91，95，103，107，134，137—139，141—143，150，178，180，197，201，213，214，216，217，225，243，258，277，285，291，313，314，316，318，322，339，340，343，362，364，372，393
精神阵痛 8
九女之制 67，97，98，345，346
九品中正制 328，329，340，341，368
旧秦骑士 3，15，17，309
狷洁清俭 292，294
军功贵族 16，48，181

K

孔繁 245
宽刑惠政 72

L

来新夏 368，400
蓝旭 107，109，110，401
乐详 62，99，100，356
李百药 33，47，142，335，358，362，397
李丰 73，245，247，248，363，364
李浩 6，112，181，182，351，377，400
李开元 16，17，309，401
李延寿 81—83，89，91，102—104，149，215，219，224，239，295，316，318，332，354，397
李泽厚 6，380
理想主义者 18
郦道元 61，178，398
梁鹄 51，180
梁冀 21，43，126，164，350
梁孔达 178，179
林宝 60，107，125，129，284，285，399
灵州 183，186，187，191，211—213，221，223，225，227，231，257，258
令狐德棻 34—37，143，145—147，166，167，169，239，332，334，335，357，393—395，397
刘承翰 188，398
刘聪 186，233，234，319

刘宽 191,240,241,260,348,376
刘庆柱 113,399
刘蓉 328,341,342,400
刘师培 195,243,261,276—278,280,299,371,372,382,388,399
刘昫 82,83,181,397
刘裕 91,92,132,148,212,214—218,222,223,258,276,277,314,315,317,318,330,339,340
刘跃进 108,401
刘珍 164,397
流民统帅 4,314,339
柳世隆 149,150,316
陇西郡 193
娄敬 1
楼兰 189,190,240,260,310,356
卢云 6
陆侃如 129,175,176,201,270,287,288,380,400
逯钦立 176,269—272,276,279,398
吕卓民 6,112,118,121,142,165,311,378,400
论都赋 108—110,379,396
罗新 15,31,117,141,331,334—336,399
罗宗强 392,401
螺旋式演进规律 389

M

马黎丽 273,274,384,401
马力群 12,16,20,348,401
马腾 193,195,196,242,261,342,371
毛汉光 7,400
茂陵 2,15,57,58,60,61,63,71,96,107
美阳 108,338
门阀世族 2,308,311,328,342,344,347
愍怀太子 79,80
明《经》通《传》 40,49,375
《墨方》 181
谋废昌邑王 17,349
“慕节尚义” 349,394
慕节义,恬于进趣 164
“慕经术、尚节义” 240

N

南阳世族 5,8
泥阳 5,183,187,188,199,201,213
宁稼雨 326,328,329,400

P

彭城 113,114,116—119,132,133,139,150,162,170,217,226,238,322
皮锡瑞 49,346,399
平陵 2,113,116,118,123,125,129,168,170,338,339,394
平陵政变 202,287
普适性规律 9

Q

齐王冏 208,209
祈盈之乱 12
钱穆 7,106,169,399
钱钟书 304,305,400
清河傅氏 183,187,188,234—236,259,320,322
清廉洁正 41
“情志”文学观念 303,381
求通变 384
趋新好俗 263,384

R

染玄渐武 44
“人的自觉” 6,376
儒学型的政论世家 356
汝南王司马亮 205

S

“三不惑” 42,348
三辅 1,2,4,5,49,60,119,124,127—129,133,146,163,164,177,183,192,285,309,311,338—340,348,361,393,399,403
鄯善 189,310
“尚经术,慕节义” 19,40
尚军功 48,94,103,105,166,377
尚情志 380,381
尚武世家 103
沈起炜 400
沈攸之 103,150,316
沈玉成 52—54,401
沈约 91—93,187,211—223,234,

255—257，266，275，278—280，315，317，330，340，386，397
生发机制　9
师宜官　178，180
诗书相传　118，162，165
史念海　6
豕韦　113，117，170，172
士无特操　8，390，392
士族阶层　3
世传儒学　295
守正持重　120，121，165，350
首阳山　61，109，110
《书槴赋》　109，110
司马彪　195，261，369
司马道子　29，314，330
司马迁　15—17，39，48，49，65，106，284，292，295，304，309，326，347，351，375，377，397，401
司马懿　71，73，75，76，199，200，202，287，313，342，391
四世三公　7，19，43，327，348，370
四言诗体　171，174，307，377
宋少帝　218，279，317
宋文帝　91，92，219，220，222，235，315，317
孙会宗　18，19，39，48，49，357，375，395
孙秀　80，209

T

台辅之望　26，38，45，361
谭其骧　6，12，89，399
汤用彤　6，244，387，388，399
唐长孺　3，7，127，245，273，328，400
唐晏　295，302，399
陶新华　25，31，48，401
体论　100，110，354，372
田延柱　319，320，400
田彦和　178，179
"通变"文学观念　305
通经致用　296，299，345，347，384
退身修德，好隐逸　292
拓跋焘　86，133，321，322，333

W

万绳楠　7，142，312，323，327，342，400
王宝国　29，30，314
王弼　302，303，373，387，398
王敦　4，27，45，285，289—291，295，329，339，361
王夫之　194，195，370，390，398
王国维　179，399
王澧华　268，401

王力平 7,58,60,62,63,67,70,71,74,82,83,87,95,103,104,184,187,286,322,325,329,332,357,368,399,400
王利器 331,335,337,346,362,398
王猛 132,331
王戎 206—208,255,391
王羲之 4,80,272
王先谦 95,284,397
王晓萌 277,278,401
王瑶 301,401
王运熙 265,301,302,306,385,401
韦安世 67,123,310
韦黯 158,159,168,316,317,354
韦豹 125,126,163,164
韦彪 8,123—125,163—165,168,169,311,334,338,348,350,356,357,376,394
韦伯阳 130
韦粲 158—161,167,316,317,331,340
韦承庆 182
韦崇 132,135,136,333
韦诞 4,127—129,163,174—181,313,341,348,361,368,377,379—381,385,391,395,396
韦道福 132,133,142,322,331
韦鼎 158,161,316,317
韦端 117,127,128,163,176,361,372
韦范 134,322,333
韦放 157—159,166,167,316,317,340
韦朏 141,142,167
韦合宗 133
韦弘 121,163,356
韦华 92,130—132,148,315,316,320,340
韦惠度 146
韦济 182
韦俊 134,135,167,168,322,333,394
韦浚 125,311
韦楷 129,133,314
韦康 128,163,313,341,348,361,391
韦阆 117,129,132—142,167,322,331,333
韦棱 158,168,316,354
韦孟 117—120,162—165,170—174,274,310,356,358,375
韦罴 132,148,315,322,331,340
韦骈 147
韦千雄 146
韦荣茂 135
韦荣绪 135,167
韦睿 148—159,161,166—169,316,317,330,331,340,354,355,357,377,392,394,395
韦尚 117,137
韦世康 161,169,334,394
韦述 181,182
韦顺 125,126
韦嗣立 182
韦瑱 142,146,147,166,324,325
韦贤 2,7,113,117—123,163—165,170,172,173,310,346,350,355,356,375,376
韦孝宽 142—146,148,166,167,169,324,332,334,357,377,392,394,395
韦欣宗 132,133,322
韦休之 136
韦旭 142
韦玄 2,7,113,119,121—123,127,

148，163—165，168，170，172—174，310，315，316，330，346，350，356，359，375，376，393，396
韦洵 157
韦义 33，123，125，126，163，164，332
韦应物 182，378
韦猷之 136
韦佑 142，147，148，166，169，325，335，394
韦彧 117，140—142，167，333，334
韦元叡 133
韦载 158，161，167，168，316，317，331，340，355
韦珍 117，132，137—142，146，167，169，333，392
韦真喜 142
韦正 125，129，158，161，167，168，316，317，355
韦胄 117，129
韦著 125—127，129，163，164，348
韦庄 182，378
韦子粲 135
韦缵 140，167
卫恒 177，178，180，368
隗嚣 186
魏明安 7，186—188，195，196，201—203，241—244，250—252，254，261—264，266—268，270，383，384，400
魏收 31—33，46—48，84，86，87，129，132—134，136—142，167—169，234—238，259，320，321，331—333，346，352，358，360，393，394，397
魏舒 205
魏征 110，158，167，169，174，261，262，272，275，276，280，299，300，316，368，369，394，397
温县 202
文化碰撞 8
文化习性 5，7—10，19，24，39，40，43，44，46，67，94，96，103，105，162—166，240，242—244，255，259，292，308，337，344，345，349，351，355—357，359，369，370，372，376，382，390，392，394，402
文钦 200，343
文学观念 4—10，48，49，51，55，56，106—108，110—112，169，170，174，182，260，262—264，266，271，272，274，275，279—281，298，301，303—305，308，374—378，380—389，402
文学世族 9，181
《文章流别集》 300，301，305，380
《文章流别论》 111，175，264，299，301—307，379，381，385，386
《文章志》 177，280，301，380
毋丘俭 200，343
吴士鉴 188，398
五言诗体 111，177，376，379

X

夏侯骏　205,208
夏侯玄　199,201,247,248,362,363
襄阳　4,5,28—31,46,60,88—92,103—105,112,115,131,144,146,148,150,157,158,165,166,168,314—316,330,333,336,339,340,377
向叔　2
萧詧　90,91,103,104,239,315,325
萧道成　138,150,224,225,316,318
萧统　175,297,398
萧衍　140,142,150—152,154,156,157,166,230,236,237,315,316,318,335,340
萧绎　90,91,104,161,315,335
萧子显　223—225,397
《小杜律》　95,96,356,375
谢晦　218,317
《兴性论》　100,110,354,372
刑律世家　94,110,375,379
行事标准　5,8,94,344
徐复观　120,400
徐公持　54—56,274,384,401
徐建华　368,400
徐羡之　218—221,317
徐震堮　27,45,127,177,245,250,285,289,291,294,295,299,361,368,369,373,398
许昌　52,53,71,73,175,178,202
许慎　179,398
《叙志赋》　174,175,177,368,381,396
《续文章志》　280,380
学术救世　20,348
寻求突破　24,370
荀粲　199,245,250,362
殉道　49

Y

严可均　50,55,174,176,177,253,254,264,265,272,276,301,368,379,398
"言成规谏"　272,274,383
颜师古　2,98,117,118,345
颜之推　335—337,346
偃师　61
演连珠　265,385
杨宝　40,41,348,353,356
杨彪　4,11,19,22—25,40,42,44,49,50,311,312,321,327,332,338,341,350,353,370,371,390,392
杨秉　11,19,21,24,25,40—44,49,50,311,328,348,350,353,393
杨播　31—33,46—48,320,321,332,351,358,359,393,394
杨伯峻　12,397

杨伯石 12
杨敞 11,12,15—19,39,48,309,326,347,349,356,357,375,390
杨椿 31—33,46,48,320,321,331,332,359,360,395
杨赐 11,19,21,22,24,25,40—42,44,49—51,56,180,311,350,353,375,380
杨定 38,323
杨恩 35
杨敷 17,34,37,323,335
杨国 38,323
杨晖 35
杨济 15,25,26,75,76,205,313,328
杨继 34,35,46,323,335,336
杨坚 35,48,145,323
杨俭 36,323
杨津 32,33,47,48,321,335,358
杨钧 35
杨骏 25,26,45,186,205—207,255,273,313,328,391
杨侃 31,33,48,143,321,332,334,358
杨宽 34—37,48,323,335,392
杨朗 3,4,26,27,45,46,314,339,361
杨励三 71,401
杨亮 4,26—28,46,330,339
杨髦 3,45,372
杨明 265,301,302,306,385,401
杨穆 36,48
杨乔 3,45,372
杨佺期 4,26—30,38,46,314,330,331,339
杨绍 34,37,38,48,89,236,323
杨素 37,323,335
杨熹 3,11,12,15—17,39,309,326,355,356
杨嚣 26,45,313,342
杨兴 15,37,323
杨修 4,23—26,44,45,49,52—56,174,312,313,327,341,342,370—372,376,378—382,385,390,391,395
杨珧 25,26,31,313,328
杨愔 33,34,47,321,335,358,361
杨勇 13,25,184,186,211,215,398
杨昱 33,47,48,358,361
杨恽 17—19,39,40,48,49,122,172,309,347,351,356,357,375,394,395
杨赞 192
杨珍 31,33,46,320,321,331,335
杨震 1,8,11,12,15,19—22,24,25,31,34,37,40—44,49,50,52,311,320,323,338,348,350,352,353,356,375,376,392—394
杨忠 17,19,34,35,48,309,323,392
杨准 3,26,45,46,313,339,355,360,361,372
姚思廉 89,90,149—153,155—161,168,169,212,225—230,232,257,258,316—318,330,352,354,357,394,395,397
姚振宗 129,177,380
叶枫宇 271,401
叶炜 15,31,117,141,331,334—336,399
一泉坞 58,61,84,104,319
遗子黄金满籝 121,163,346
以儒为主、兼杂纵横 242
以书取仕 179

义阳侯 183,190,240,310,355
艺术人格 392,395,396
议礼之文 299
殷琰 93,315
殷芸 327,371,398
殷仲堪 29,30,314,339
隐逸型的儒学世家 357
应对方略 5,8,94,344
应劭 22,44,398
郢州 90,138,139,141,142,146,150,151,166,169,316,324
颍汝世族 5,7,8,73,127,129,344
永嘉之乱 4,26—28,38,46,79—81,84,86,88,89,93,94,103,104,129,133,148,165,166,181,188,210,211,233,240,289,294,314,315,317—319,325,329,339,340,344,391,394
“由文趋武” 38
余嘉锡 75,76,247,291,398
余英时 7,63,73,94,358,400
俞启定 352,400
虞愿 228
宇文泰 34,142—144,146,166,323,324,337
宇文邕 144
袁粲 228,229,257
袁行霈 109,401

Z

杂兼名理 244
《在邹诗》 117—119,163
张灿辉 7,89,92,149,150,152,315,316,400
张华 78,207,208,265,267
张鹏一 299,301
张溥 270,272—274,276,299,301,396,398
张岂之 6,103,400
张汤 60,63
张文舒 180
张彦远 175,177—180,361
张越 88
张芝 178,180
张志和 180,181,401
章学诚 305,399
赵伯雄 102,400
赵超 15,25,57,58,115,117,183,184,320,321,331,332,399
赵王伦 80,208,210
赵以武 7,186—188,195,202,203,242—244,250—252,254,262—264,266—268,270,383,384,400
赵翼 16,17,19,64,353,399
赵幼文 52,54,56,398
赵忠 191,192,241,242,350
政治人格 392
政治位势 3—5,7—10,15,25,26,35,38,43,46,63,65,66,70,73,75,79,80,83,86,89,92—94,106,119—123,

125—127, 129, 130, 132, 140, 142, 146,149,156,158,162,169,177,188, 189,193,195,196,198,207,211,212, 217,229,233,255,275,276,278,286, 287, 289, 291, 292, 308—311, 313, 314, 316—320, 324—327, 329, 330, 333,334,337,338,340,344,382,392

政治意识 8,9,95,344

知识图景 8

挚峻 3, 284, 286, 292—295, 311, 357,360

挚茂 285,287,296

挚模 285,287,291,296,313,342,357

挚氏世本 282, 283, 285, 287, 289—291,294,361,369

挚恂 284, 286, 293—295, 302, 311, 349,357,360,376

挚虞 4, 7, 9, 88, 101, 102, 111, 175, 264, 280, 282—285, 287—289, 291, 293—307, 313, 343, 355, 357, 360, 368, 369, 373, 377, 379—381, 384—386,388,389,391,394,396,401

挚育 285,287,291,313

挚瞻 4,285,289—291,294,295,361

钟会 76,199,244,245,248,278,343, 363,373

钟仕伦 39,400

钟繇 175, 177, 179—181, 195—197, 261,313,361,370

《众瑞赋》 109,110

重诗书,以教授为业 163

周一良 326,400

朱儁 191

主宗经 382

注籍 12,123

柱国之臣 19

《自劾诗》 172,376,396

自然生命 8

自我期待 5,8,94,344

自由通脱 25,44

宗白华 312,399

邹城 2,116,118—120,162—164,170, 310,346,375

祖述建安 268,269,271

后　　记

漆黑的夜晚，小车盘旋在崎岖的乡间小路上。透过刺眼的车灯，我的故乡——铁镰山依稀出现在我的眼帘。一路疲惫的母亲，话也多了起来！我禁不住有些激动，是啊！终于回到阔别了十年的故乡！

20 世纪 70 年代后期，我出生在关中东部的大荔县北铁镰山上。铁镰山又称商原、商颜，因其状如一把弯镰而得名。镰山之巅有个叫东高明的村子，“因位于镰山之巅，南踞峻岭，有建瓴之形；北面低洼，有居高临下之势，东望平畴千里，旭日东升”而得名。在那儿，我度过了难忘的童年。

儿时，我和哥哥最渴望外出做木工活的爷爷回家，爷爷总会给买不少的吃货。记得有一次，爷爷好久没回过家，我哥俩很想他。后晌，得知爷爷要回来，我哥俩便朝村南的沟坡土路走去。一道道错落有致的沟壑被暮色渐渐吞没，四野里凉气袭人，寂静无声。我们有些害怕，蹲在水渠的涵洞口，不停地朝坡下的路上喊着“爷——爷——”。这时候，从村子的来路上，传来了母亲的呼唤！她在巷子里寻不着儿子，便一路打听、一路呼唤着。从铁镰山下的土路上，也听到爷爷的应声。见到母亲，等来爷爷，别提我们有多高兴啦！如今，爷爷已静静地躺在阳坡地里，长满迎春花的坟头紧贴着坡头的土路。我跪在爷爷坟前，泣不成声！14 岁那年，远在宝鸡的父亲接我去城里上学。沿着这条土路，母亲推着自行车，送我赶进城的长途汽车。

谁曾料想，沿着这条崎岖的土路，我走向学术研究之路。我游思于魏晋时期，思考西晋文学风气与文学观念演变等，出版《西晋文风演变研究》之后，开始思索这一时期关辅地域上的世家大族的文化习性与文学观念。以此为题申报项目，得到教育部人文社科基金项目立项资助。这一项目的结题成果，意味着对关中三辅大地这一文化故乡的一次巡礼与回望！

在研究过程中，为了弄清公元3—4世纪百年间关辅世族的来龙去脉与文化特质，我上溯至两汉，下拓南北朝，历时四年之久。时刻思考着以下三个问题：一是如何让研究资料翔实，而不流于空疏？翻检各类正史、姓氏、墓志汇编等原始资料，简择相关家族的政治、学术、文学等资料。二是在确保史料翔实的同时，如何做到有见识、有理论，而不流于资料汇编？本书前五章是家族个案研究，力求严谨翔实。最后一章，是理论阐释，力求见出史识。三是如何调度"文言"资料与白话语式的差异？20世纪的述学体发生了质的变化，白话语式成为主流。如果把传统史书中的"文言"资料镶嵌在白话论述之中，显得很不协调！而"文言"言简意赅，又非白话之所能及！因此，在写作过程中，凡引证古人文言资料，多另起段落，以仿宋字体标示，而白话论述部分，以宋体字体标示。为了表达的"言简意赅"，也有将史书资料的语句摘出，夹杂在白话论述之中，凡征引今人学者的文字，不再另起一段。

随着著述的杀青，关辅世族文化研究基本告一段落，回望文化故乡，为的是再次远行。我将全身心地投向"地域分野：汉晋之际文士流徙与文学研究"，该课题刚刚获批国家青年社科基金项目，将以精神的"游子"去体味汉晋之际的文士流徙，去再现汉晋文学地理空间的分异与重组格局。从故乡——镰山之巅的那条土路向南瞭望，视野开阔，至于自己能走多远，还是个未知数。庆幸的是，如今没有了《西晋文风演变研究》那种"年届而立恐无所立"的"焦虑"了！毕竟离不惑之年不远，心态更从容了，步子更稳健了些！

宝鸡文理学院党委书记王志刚教授、校长白黎教授、副校长赵荣侠教授、学科建设与研究生教育管理处处长吴毅教授、科技处处长田延峰教授、文学与新闻传播学院前任院长赵德利教授、现任院长权雅宁教授，对本书的出版给予了极大的支持。河北大学文学院姜剑云教授慷慨应允，拨冗赐序；恩师王磊先生常关心书稿进展，并以序鞭策；姨夫——西安电影制片厂国家一级编剧王吉呈先生提出了许多宝贵的修改意见；同事魏宏利副教授也提供了相关的文献资料；妻子王红不仅要承担全部家务，并能耐心通读，推敲文字、与析疑义；表弟张军锋利用工作之余，在炎炎酷暑中校对资料、梳理语句，付出极大的艰辛。在此一并谢忱！

李剑清

2013 年 6 月 21 日初稿

2013 年 9 月 20 日定稿